三井帝国在扩张

——揭开日本财团的经营秘籍

白益民　乔梓效　著

中国经济出版社
CHINA ECONOMIC PUBLISHING HOUSE
北　京

图书在版编目(CIP)数据

三井帝国在扩张:揭开日本财团的经营秘籍 / 白益民,乔梓效著. -- 北京:中国经济出版社,2025. 9.
ISBN 978 - 7 - 5136 - 8188 - 9

Ⅰ. F279. 313. 3

中国国家版本馆 CIP 数据核字第 2025Z9V088 号

责任编辑 李若雯
责任印制 李 伟

出版发行 中国经济出版社
印 刷 者 北京科信印刷有限公司
经 销 者 各地新华书店
开 本 787mm × 1092mm 1/16
印 张 23. 5
字 数 470 千字
版 次 2025 年 9 月第 1 版
印 次 2025 年 9 月第 1 次
定 价 78. 00 元
广告经营许可证 京西工商广字第 8179 号

中国经济出版社 **网址** http://epc. sinopec. com/epc/ **社址** 北京市东城区安定门外大街 58 号 **邮编** 100011
本版图书如存在印装质量问题，请与本社销售中心联系调换（联系电话：010 - 57512564）

出版说明

《三井帝国在扩张》是作者白益民继《三井帝国在行动》《三井帝国在布局》《三井帝国在暗战》之后推出的第四部作品，也是“三井帝国系列”的最新续篇。

日本作为全球重要经济体，其产业演变始终受到高度关注。一种流行叙事认为，自泡沫经济崩溃后，日本经历了“失去的三十年”；另一种观点则指出，日本企业恰恰在这三十年间完成了静水深流式的产业升级。本书持后一立场，并以三井财团为样本，通过金融、房地产、造船、汽车、消费电子等行业的案例，剖析其长寿企业的家训文化与经营理念，旨在为中国企业跨越经济周期、实现基业长青提供可资借鉴的视角与工具。

作者长期深耕日本产业研究，行文风格鲜明，观点犀利。为尊重作者的独立判断，本社在编辑过程中仅作必要的文字修订与技术处理，保留了原文风貌。希望读者在比较与思辨中去粗取精。

正如作者在本系列图书中所言：“日本是中国的老师，中国是日本的祖师。”学习他者之长，最终是为了把我们自己的事情办好；与此同时，更要坚定文化自信，把传统智慧转化为今日发展的养分。愿本书成为读者眺望中国产业未来的一扇窗口。

中国经济出版社

2025 年 9 月

——日本房地产泡沫经济的崩溃，是谁在有限的土地和房产上不断做加法，建立新模式，最终带领日本企业做出根本性的转变?

——在美国强烈的经济攻势之下，是谁引领日本建立了一套适合自己的生存发展体系，并构建起了属于自己的隐形商业帝国?

——面对国际大市场，是谁采取了“抱团出海”的策略，使日本企业在信息获取、产业协同、融资助商等方面实现了聚集效应?

——日本“失去三十年”的背后，是谁一直在默默延伸着产业链条，不断构建起产业生态，并最终成为产业生态的真正主导者?

——当丰田集团因战后经济大萧条而面临极大的困难之时，是谁提出了一套《重建法案》，帮助丰田打开了成功的通道?

——日本银行为什么愿意向濒临破产的索尼提供巨额贷款?又是谁在为这样的制造企业海外并购撑腰?

——无论是曾经的土光敏夫，还是后来的车谷畅昭，每当陷入困境都有空降的“掌门人”拯救东芝，这些大救星来自何处?

——富士胶片通过成功的多元化转型策略，迅速实现了“二次创业”，是谁赋予了富士胶片成熟的产业财团化转型 **DNA**?

——以互联网为核心的新零售迅猛发展，不断挑战传统市场，是谁掀起了新一轮的业态创新，使历史悠久的三越百货重整旗鼓?

答案只有一个：三井

到了该借鉴日本的时候了！

梦系中国人自己的综合商社
倡导中国新经济的财团机制
促进国民企业的振兴与发展
捍卫国家经济的主权与安全

日本二战后经济复苏初期，综合商社最大限度地促进了日本国内流通的合理化、效率化，并且建立起了一套体系化的国内流通体制，形成经济内循环。因而，日本市场开放许久后，国外势力仍然无法掌控日本的经济命脉。以三井物产为代表的日本综合商社，通过掌握供应链和产业链逐渐改变了战后日本市场依赖于人、技术受制于人的局面。

经历两次石油危机，随着人工成本上涨和日美贸易摩擦的不断升温，日本从20世纪70年代后期开始了现代化和产业升级，将重化工、传统劳动密集型制造业逐步进行产业结构调整，重心转移至汽车、家电、仪器等行业。虽然其间也经历了波折，但日本始终把握着主导产业演进升级的规律，并以财团协作体系创新对接全球的产业转移浪潮。

在数十年的产业链构建中，日本综合商社一直扮演着产业组织者的重要角色，协调组织上中下游、大中小企业的发展，积极做好资源统筹的服务工作，真正实现了产业链条上的强链、补链、固链、延链。与此同时，在开拓海外市场、建立销售网，收集有关物流、市场需求的信息等方面，三井物产等日本综合商社同样功不可没。

以三井为代表的商社化、财团化的发展模式，成为日本产业升级的一种保护机制。财团大企业之间的联合与整合，丰富了产业链上的创新资源，推动产学研联合攻关新一代技术、加强技术储备及专利池构建等，促进重大关键技术突破和产业化。此外，财团体系还能够使各产业部门或产业组织间的技术水平和劳动生产率尽可能一致，使国民经济的整体素质更加协调。

自序

1991年7月，我迈出大学的校门，对社会还是一种茫然无知的状态，进入北京市第一轻工业总公司科技开发处工作。一个月后，8月10日，日本首相海部俊树为恢复和发展中日关系到中国进行访问。1992年10月23日，日本明仁天皇和皇后美智子来到中国进行访问。

1993年，我从北京市第一轻工业总公司离职，偶然进入日本三井物产株式会社（以下简称“三井物产”）北京事务所粮油食品部门。参加面试的都是国内著名院校的外语类学生，我在语言上不占优势，不会日语，英语也说得磕磕巴巴。面试我的经理内田龙太郎汉语说得非常流利，我们之间没有任何沟通障碍。他告诉我，三井物产在年初刚刚正式提出了将中国作为重点投资地区，将用全公司的力量开展对华业务。

1994年，我进入三井物产工作的第二年，记得是夏季的某一天，无意中翻开放在桌子上的《经济日报》，看到新闻报道说三井物产是1993年世界500强排名第一的企业，其后是三菱商事、住友商事、伊藤忠商事、丸红等其他几家日本综合商社。这则新闻的确让我吃惊不小，自己竟无意中闯入了全球排名第一的企业，决心一定要好好珍惜在这里学习的机会。

在三井物产等综合商社的带领下，20世纪90年代可以说是日本经济发展的巅峰时期。综合商社是日本首创并且特有的，以贸易为主导，多种经营并存，集贸易、金融、信息、仓储、运输、组织与协调等综合功能于一体的跨国公司形式的商业组织。三井物产是日本综合商社的鼻祖，至今已有150年的发展历史。

1995年，中国政府批准三井物产（中国）有限公司在北京成立，其主要职责是从事在华投资和再投资，协调已建立的企业。到1998年8月，三井物产已基本完成了其在华贸易和投资的机构网点布局，在华投资企业达到108家，对华贸易额约40亿美元。借助三井物产（综合商社）的帮助，众多日本中小企业顺利进入中国市场，并逐渐站稳了脚跟。

1996年3月下旬，樱花盛开的季节，我被选拔到三井物产东京总部研修和工作，看到办公室窗外就是日本天皇的皇宫，心中蓦然感受到三井在日本社会中的核心地位，但是当时的我对它的发展历史还没有真正了解过。后来看到资料，三井物产只是三井财团庞大体系的一部分，它有400多年的历史，曾经是德川幕府的御用商人，后来暗中资助倒幕运动，成为明治政府的功臣。

在三井物产东京总部的工作经历，打开了我的全球化视野，让我更加关注企业的全球化布局。此时正值中国加入世界贸易组织（WTO），而当中国高歌猛进杀入国际市场之时，三井物产却在进行着拆分简化、低调隐身的战略调整，选择将能源部门等重要产业机构独立核算并设立独立法人公司，这也让公司在500强的排名迅速下降，而其真正的实力被隐藏了起来。

2004年4月15日，北京首家7－11便利店东直门店正式开业。在7－11进军北京的过程中，三井物产功不可没，我参与其中。7－11便利店的同城配送业务主要由三井物产联合日本日新株式会社和北京二商集团共同投资组建的三新冷藏储运公司负责。众所周知，强大的供应链和物流体系才是便利店的核心命脉，特别是在冷藏保鲜食品等领域。

零售业有一种形象的说法，“世上只有两家便利店，7－11便利店和其他便利店”。7－11不仅仅是一家普通的便利店，它打造的其实是一种“生态”——全球7万家的门店，已经汇聚成了生产、商品、物流、信息、生活的全方位“生态平台”。每一家小小的7－11便利店都可以看成是一个微型的综合商社。

2005年初，眼看大学经济学和管理学教材都是清一色的美国学者或从美国回来的学者编写的，我给北京10所最著名的高校校长写信，表达了想从事东方商业模式研究的心愿，但是所有信件都石沉大海。当年10月，我从三井物产辞职，一心想对以三井物产（综合商社）为核心的三井财团做系统的研究，为中国经济和中国大企业集团树立学习的标杆。

第二年，我迅速在中国档案出版社出版了自己的第一部作品《三井帝国启示录——探寻微观经济的王者》。这部作品共50万字，非常庞杂，涉及历史文化、企业管理、产业竞争、商业模式等诸多方面，为我后续对三井财团的系列研究奠定了重要的基础。特别是在书中公布了我的独家考证——日本三井财团的名称和文化源自中国浙江天台山三井潭、三井瀑布（现名天台山瀑布）。

2008年，美国次贷危机爆发，日本财界发出了“一辈子才有一次的黄金机会”的号令。在这次旋涡中，日本成为有力的资本参与者，注资对象都是美国的证券和资源企业。9月22日，日本三菱日联金融集团成为美国摩根士丹利最大的股东，同一天，日本野村证券收购美国雷曼兄弟海外业务，日本财团的企业群在国际上的扩张和投资更进一步。

同年9月，我的《三井帝国在行动——揭开日本财团的中国布局》一书由中国经济出版社出版，当时正值金融危机席卷全球之际。在书中，我将日本当作一面镜子，将“三井”“综合商社”“财团”这些概念作为一条主线，展现“商战”的云谲波诡。在介绍以“三井商道”为内核的日本模式的同时，也希望帮助中国企业找到属于自己的生存之道和发展空间。

2009年4月，恰逢“丰田刹车门事件”愈演愈烈，我便就此热点为《环球财经》杂志策划了数期封面文章，包括《狙击丰田：美国打响新一轮产业战》《财团体系支撑“不死鸟”丰田将破“门”上路》《丰田用50年打败美国》等，从历史维度、产业方向、政治经济和国际博弈等多个角度阐述了丰田汽车多年来攻占美国市场的“爱恨情仇”。

2010年12月，中国商务部接到四川省稀土企业的举报：日本三井物产等综合商社利用从中国进口碎玻璃等“废弃物品”，从中提取获得镧、铈等稀土元素。原来，日本对废弃的电子产品中所含有的贵金属以及稀土金属有一个形象比喻——“城市矿山”。事实上，日本这个并不出产稀土的国家俨然已经成为稀土大国，这归功于日本版“一带一路”。

2015年11月，我编写的“财团商道”系列文集的第一部《财团就是力量——“一带一路”与混合所有制启示录》由中国经济出版社出版。在文集的一开始我便提出了“中国经济需要向谁学习”的问题。过去粗放型的发展模式让中国面临着能源、环境等一系列困境，市场化达到一定程度后如何有计划性地实现转型，中国需要学习日本经验。

实际上，与以美国为代表的欧美模式不同，日本财团体系实行的是有组织、有计划的市场经济模式，更适合现行的中国经济体制。日本财团内企业通过交叉环形持股、人事流动和总经理会议等机制，最终形成利益共同体，并通过“产商融”相结合的模式，利用商业资本，消除了金融资本同产业资本间的分离和对立，为可持续发展和对外扩张奠定了基础。

2016年7月，“财团商道”系列文集之《产业就是脊梁——“寓军于民”与“产业突围”启示录》正式出版。通过这本文集，我希望“给日本制造一个真相”。“日本失去的二十年、三十年”……在一片唱衰日本的喧嚣声中，日本却低调地实现了产业的转移与升级，淘汰低端制造业进而不断向高端产业转型，真正实现了“控心化”的发展模式。

在日本人看来，经济竞争实际上就是另一种形式的战争，也是实现民族目标仅次于武力争夺的手段。想应战并打赢这场战争，中国就必须卧薪尝胆，必须认真借鉴日本综合商社和财团模式的成功经验，指导下一步的经济发展，进行产业链的竞争，打造出中国独立自主的产业体系，争取在全球产业链上获取更多的主导权。

2018年8月，“财团商道”系列文集之《能源就是命脉——“地缘政治”与“大国博弈”启示录》出版。日本是一个资源极度依赖进口的国家，以三井物产为首的综合商社成为保障日本能源安全最核心的力量，它们在世界市场上掌控并调配能源。事实上，综合商社在能源领域涉足的深度和广度已经超过了许多专业的能源公司。

三井物产等综合商社并不是这些能源的直接使用者，作为日本特殊形态的贸易公司，综合商社集贸易、情报、投资、物流、金融等功能于一身，很好地扮演了日本能源战略执行者的角色。日本综合商社不是将目光停留在能源本身，而是重视对商权的把握，将能源的发展作为一项系统工程，不遗漏产业链上的每一个关键环节。

2018年10月，“财团商道”系列文集的最后一部《商社就是天网——“互联互通”与“产业整合”启示录》由中国经济出版社出版。在文集中，我提出了关于中国经济发展模式的反思，即应重拾“东方力量”，进而转变过去传统的加工贸易模式，重构中国国内价值链，其中学习财团模式是强盛中国实体经济的一个重要可选项。

同时，在文集中我也强调，中国企业应该把综合商社和三位一体的“产商融”财团当作一种经营哲学、一种经营理念去学习。其实，大财团与中小企业之间应该形成一种“森林体系”，在这种体系下以大的财团组织（如三井、丰田）为主的大树，庇护着若干中小企业，从而形成一个完整的生态体系，以维持整个经济的可持续发展。

2020年5月，我撰写的《三井帝国在布局——揭开日本财团的“一带一路”》由中国经济出版社出版。在本书中，我写道：三井、三菱、住友、富士、三和、第一劝银等六大日本财团及其旗下的制造企业、综合商社和金融机构，综合打击，暗度陈仓，产业升级，资源优化，情报共享，在世界经济的舞台上悄无声息地全面布局，与中国企业展开了悄无声息的博弈。

日本财团的产业运营模式独特且有效，让人耳目一新。在任何一个相关行业内部，从原材料到最后的成品，包括其中的生产、物流、营销，日本财团企业全部布下了自己的棋子，不成功都难。表面上，日本企业似乎并没有垄断任何一个行业，但是通过参股的方式既隐藏了锋芒，又精准地获得了各个链条上的信息，是一种非常值得借鉴的战略模式。

2022年5月，我撰写的《三井帝国在暗战——揭开日本财团的美国博弈》由中国经济出版社出版。当今社会是信息的社会，很多时候，国与国之间、企业与企业之间的比拼早已经超越了实际的产品，而是升级为信息战、情报战。该书详细记录了以三井为代表的日本财团如何持续开展建立在信息战基础上的贸易竞争，以及日美两国在贸易摩擦中的政策和态度变化过程。

实际上，早在40年前全面爆发的日美贸易摩擦，并未让日本衰落。特别是进入21世纪以来，在经历了股市和房市的双重“虚火”之后，日本正是依靠着三井财团强大的体系支持，基于产业链发展进行合理布局，而不盲目追求利益，真正把资金和资源投入那些投资回报慢但附加值高的高精尖行业。可以说，日本“失去的三十年”正是其完成经济转型、产业升级的30年。

2022年，中国进口集成电路5384亿件，进口额为4156亿美元，金额相当于当年进口原油和铁矿石的总和。中国芯片行业长期被国外控制，严重影响了国家经济和产业安全的战略布局。整体来看，目前全球超过一半的半导体材料是由日本企业生产的。例如，全球半导体行业涉及抗蚀剂的核心技术，主要为日本企业所垄断，这与三井财团掌控全球稀土产业链有密切关系。

在细分设备领域，以目前中国国产化率几乎为0的光刻设备为例，虽然来自荷兰的阿斯麦（ASML）公司一家就独占62%的市场份额，但除阿斯麦之外，日本还有尼康（31%）和佳能（7%）两家企业也能够生产光刻机。事实上，在20世纪90年代之前，尼康曾主导全球的光刻机市场，虽然后来在与荷兰阿斯麦的竞争中落败，但其实力仍然不容小觑。

截至2023年，日本海外净资产（海外资产总额减去海外负债总额）达到471.3万亿日元（约2.8万亿美元），比上一年增长12.2%。自1991年以来，日本连续33年位居全球最大债权国。而且，日本海外资产连续15年实现增长、连续12年创下历史新高纪录。日本连续数十年成为世界最大债权国，这背后是日本热衷于对外投资的结果。即便在新冠疫情期间，日本也在大力对外投资。

2023年，日本的外汇储备已经达到了1.29万亿美元，而大量的财富和资本都积聚在三井、三菱等日本六大财团手中。尽管日本国内经济一直陷入低通胀和低增长，但得益于作为全球第一海外投资国以及全球第一百年企业数量大国的地位，日本的财政状况仍然非常稳定。甚至由于日本拥有巨额对外净资产的实力，国际市场还会出于避险需求而不时地买入日元。

日本“失去的三十年”正是其完成经济转型、产业升级、苦练内功的30年。如今，日本经济似乎已经成功走出增长乏力的困境期，高盛集团等国际投行普遍看好日本经济的前景。“股神”巴菲特也自2020年起开始增持日本五大综合商社的股份，并于2023年4月访问日本，众多投资者也对日本兴趣高涨。这些举动都间接反映出国际资本市场对日本经济发展的信心。

截至2023年4月1日，日本文部科学省和厚生劳动省发布的数据显示，日本应届毕业大学生的就业率达到97.3%。与此同时，在日本厚生劳动省的调查之中，2023年日本全职劳动者的月平均工资达到历史最高，为31.83万日元（约1.5万元人民币）。2024年4月，日经指数盘更是再次突破4万高点，达到34年（1990年3月至今）以来最高水平。

在本书的创作过程中，感谢我的学生兼研究助理乔梓效的辛苦付出，此次乔梓效以第二作者的身份联合署名。“三井帝国”系列图书的成功出版离不开中国经济出版社15年来的持久支持，谨致谢忱！

白益民

2024年10月1日

前言

三井的商魂

日本是百年企业数量最多的国家。数据显示，早在2014年，日本超过百年历史的企业达25321家，位列全球第一。为什么日本会有那么多的百年企业？其中很重要的一个方面就是在文化传承领域，家训起到了重要的作用。

这些日本长寿企业多将自古传承的家训、社训作为当下的经营理念并加以继承和发扬。事实上，百年企业的存在正是传统与创新、保守与变革完美权衡下的成功缩影。纵观日本企业发展史可以发现，日本企业经近世商家、近代财阀企业、战后现代集团企业，直至发展为当代财团企业，家训文化一直贯穿始终。

诚然，日本家训思想深受中国传统文化的影响，存在许多值得借鉴和模仿的内容。正如南开大学日本研究院院长李卓教授所说，日本在吸收中国文化的过程中，结合自身民族性格，也逐渐形成了富有时代特征、功能多样、传承不绝且在各个时期均能发挥很好作用的日本独特家训，其中具有代表性的就是三井家训。

日本企业经营理念的核心要义就体现在其家训、家宪、社训以及经营理念中，这些思想精华在三井家族代代相传。每个家族成员都遵循此法则，用以激励每一代三井人艰苦创业。这也许正是三井系历时400多年而不衰的力量源泉。它们从最朴素的继承者的总结，慢慢发展成为三井现代化企业的文化之魂。

家训不是设计出来的

1673 年，日本伊势松阪的商人三井高利在江户（今东京）本町二条开了一家和服店，这就是现在三井财团的前身。三井高利在开店后的几年间，因为采用了在当时非常新颖的经商之法，使这家名为“三井越后屋吴服[1]店”的和服店迅速发展成为江户屈指可数的大商铺。在吴服店取得成功后，三井高利又开办两替屋[2]，主营货币汇兑业务。

1694 年，三井高利在逝世前，在结合其一生于商场摸爬滚打的经验基础上，收集整理了“弃武从商”的父亲三井高俊生前的文章、回忆录，写就了第一份真正意义上的三井家训——《高利遗言》。作为最早的商家家训，《高利遗言》开篇仅两字“勤俭”，末篇则写道“严格要求后辈，从小磨炼他”。

三井高利在《高利遗言》中强调了“人舍我与，人与我舍”和“单木易折而林木难摧”等重要观点，并提到了如何处理与大名[3]的关系，也提到了如何培养伙计及与其相处，如何用最少的钱办最多的事，等等。如今，《高利遗言》被保存在日本东京大学，成了一本研究德川幕府时期日本工商管理的重要历史资料。

1702 年，接班父亲三井高利的三井高平（长子）选择退休，将总领家之位交给了自己的二弟三井高富。三井高平从繁重的日常经营当中抽身出来，全身心地编纂起一部正式的三井家训。“攻城容易，守城难”，相比致力于三井家资产的增长和事业的扩张，48 岁的三井高平更关心如何管理好三井家族及其财富，并使其永远延续下去。

1722 年，三井高平在父亲三井高利所留遗训《高利遗言》的基础上，结合三井家的经营现状（以 1709 年三井高富离世前所总结的三井家经营草案“高富草案”为主），正式完成了一部被后人奉为三井家族和事业根本准则及方针的《宗竺遗书》。其中，“宗竺”就是三井高平退休后隐居时的名号。

《宗竺遗书》共分为 16 部分 50 余小项，内容涵盖三井家的族内管理和事业经营的方方面面。小到店员伙食费的配额、店员的招募、雇员的晋升、

---

① 吴服，据日本早期史书《古事记》《日本书纪》等记载，是指由从中国古代“吴”地带去的纺织手艺人和先进技术生产出来的服装。

② 两替屋，是指一家货币兑换的钱庄，主营业务就是兑钱，即帮助顾客在金、银、铜三种货币之间进行兑换，这在日语中又被称作“两替店”。

③ 大名，日本古时封建制度对领王的称呼。

子女的教育等，大到事业资产的分配、与幕府关系的处理、处事的原则等，《宗竺遗书》均进行了规定。事实上，此时的《宗竺遗书》已初步具备规范现代企业行为的作用。

不同于武士贵族阶层家训体现的“治国安民”等宏大思想，以三井《宗竺遗书》为代表的日本商家奉行的是实用主义，强调族人掌握经商技能，保障家业传承，推动了日本商业发展。商人们更希望将自己的经营理念、生活信条总结成文，作为家训传于后人，在传承思想的同时也起到家法、家规的作用，以期家族世代繁荣。

商人对于得来不易的家业与家产格外珍重，延续家业的愿望之强烈丝毫不亚于传统武士家族。因此，《宗竺遗书》规定：“无能者虽为总领，也要与其断绝关系，令其出家。”带领他人的人必须精通业务，三井家的子弟必须从学徒做起，一步步掌握店铺的经营之道，企业管理者只有经受非常磨炼，才能掌握过硬本领。

值得一提的是，或许是因为《宗竺遗书》的主要编纂者三井高平过早地退休选择隐居，后续的接任者三井高富突然离世，给三井家的经营带来了一段动荡的岁月。三井高平在《宗竺遗书》中对此进行了自我反思，并要求三井族人，尤其是领导者，必须终身工作，不得无故隐居，贪图安逸。

这一时期，由于日本商家经营规模不断扩大，作为家训副产物的店规、店则也随之产生。家训与店规相辅相成，体现了日本德川幕府时代大阪商人的经营宗旨。其中，比较有名的要数三井家的店则，这实际上是将店铺经营管理和家族事务进行了区分，家政与店铺的分离可以看作日本近代企业思想制度的萌芽。

自1722年公布直至1900年《三井家宪》的出现，在近200年的时间里，《宗竺遗书》一直都作为三井家族和事业的根本指导方针，为三井历代后人所遵循。《宗竺遗书》被三井族人和员工奉为圭臬，每次大元方[①]开会时都要被提及，每代三井总领家任职之时，也都要正式宣读一遍。

家训的实质，是家族企业创始人思想、理念的集合，以及创始人对未来的期许、留给后人的警戒，还包括一些行为的原则、规则等。同家族家风和企业文化一样，真正意义上的家训并不是由所谓的管理专家们“设计”出来的，而是一种在长久的文化土壤中“生长”出来的，使企业持续发展的不竭力量。

---

① 大元方，是指1910年三井高平在京都设立的制度，用来统辖管理三井家本店、银两兑换店的经营。

总结经验的“商业警示书”

1709年，三井总领家三井高富（三井高利次子）突然离世，三井高治（三井高利三子）接替兄长成为三井家的新一代总领家。三井高治年轻时便前往江户的吴服店当学徒，并跟随长兄三井高平创办了三井越后屋江户支店，后来主要负责三井家在京都的吴服店、两替屋事业，并展现出了卓越的商业和金融才能。

作为三井家体制变革时期的总领家，三井高治在职业经理人中西宗助的辅佐下，成功推行了店制改革和组织机构改革，实现了三井家事业的腾飞。1716年，三井高治效仿其大哥三井高平，以“宗印”法号皈依天台宗，三井总领家之位则由三井高平的儿子三井高房（三井高利长孙）接任。

退休后的三井高治也将精力放在了三井家创业历史和商道文化的记录及整理工作上。相较于道德观念、经营理念的抽象说教，商人三井家族更倾向于通过具体事例来给后代提供教育。三井高治整理了三井家留存下来的众多史料，又结合其亲身经历及众亲族的叙述，在1722年编撰完成了一部记述三井家创业史的《商卖记》。

三井高治在《商卖记》中详细记录了自三井高安（曾祖父）率领亲族由近江迁移至伊势，到三井高俊（第一代创业者，祖父）“弃武从商”创办越后殿之酒屋，再到三井高利（第二代创业者，父亲）创办三井越后屋，最后到三井高平（第三代创业者，长兄）率领众兄弟经营三井吴服店、两替屋等事业的过程。

三井高治的《商卖记》并不只是一部简单记录历史的史料，更是一部以三井家创业历史为鉴，用于教诲三井后人的三井商训。《商卖记》写道“三井家经商之元祖，殊法也”，认为三井高利是见证和继承了母亲三井殊法的经营方法，而三井殊法的许多商业教诲和经营见解纵使今天看来，也有很好的启发和教育意义。

1716年，三井高房接替叔父三井高治成为三井家总领家。同年，德川吉宗成为日本幕府第八代将军，并开始推行一系列幕制改革，即日本历史上著名的“享保改革”。虽然“享保改革”使当时的日本社会呈现稳定的局面，但由于其实行“贵谷贱商”的经济政策，刚刚崛起的商人阶层受到了冲击。

在这种时代背景下，许多与三井家同时代崛起的传统商家都开始走向没落，三井家的事业也接连遭受重创。1716年，营业了6年的三井蜜柑店（蜜柑为当时日本的贵族水果）关店；1718年，营业了12年的伊势山田吴服店关店；1724年，三井家在大阪高丽桥的营业店遭受火灾……

三井家的事业从快速发展的“开疆期”，转变到了艰难维持的“守城期”。面对内外交困的局面，三井高房开始思考如何带领三井家渡过难关。1728年，三井高房收集整理了日本这一时期及此前约50家商人衰落的详细经过。通过分析、解读这些商家的失败案例，三井高房为三井家族编写出了一部著名的“商业警示书”——《町人考见录》。

三井高房在《町人考见录》的序文中说道：“京都、江户、大阪的商人之先祖或来自乡下，或经过给别人帮佣才扩大了买卖，将财富传于子孙。而那些商人的子孙，生于富贵之家而不知生计艰难、金银珍贵。受不良世风影响，骄傲自大，不事家职，度日漫不经心。”其结果就是“京师有名商人，多有二三代即败家者”。

在《町人考见录》一书中，三井高房以列传形式对没落的商人进行了描写，分析其失败原因，从而完成了事例研究。“町人”是日本江户时代一种人民的称呼，即城市居民之意，主要是指商人。此外，在书中，三井高房还主张“不论何时，都要延伸收集有关商业信息的触须”，这其实也是三井商业情报体系的开端。

《町人考见录》不仅成为三井家内部族人和员工的必读之物，还很快在当时日本的商人阶层中得到了广泛传播，并对日本江户时代商业文化的形成产生了重要的作用。从某种意义上讲，三井的这些商业文化著作，已经远远超越了家训、商训的层面，而是在整个日本社会上都具有广泛而深远的影响。

无论是三井高治的《商卖记》，还是三井高房的《町人考见录》，都不是坐而论道的理论条框，而是实实在在的商业经验总结。三井高治10多岁起便一直跟随父亲三井高利走南闯北地创业，壮年又辅佐大哥三井高平和二哥三井高富经营，而三井高房则是亲身听闻创业历程的最后一代，又经历过三井家的艰难时期，这些都是后来的继承者们的宝贵财富。

新家宪更加牢固凝聚力

1889年2月，日本基于近代立宪主义而制定的首部宪法《明治宪法》颁布。1890年又公布了《民事诉讼法》和《商法》；1896年和1898年分期公布了《民法典》。从此，日本的法律制度，仿照西方各国，开始走上资本主义的道路。这些法律的颁布对三井家族产生了不小的影响，三井也决定为自己家族修订新的家宪。

1898年，在有着“三井大掌柜”之称的明治维新元勋井上馨的推动下，三井家族召集了穗积陈重、都筑馨六（日本外务次官）等外部顾问，结合三井家历代家训和商训，开始制定一部适应新时代的“家族宪法”。穗积陈重是日本法学的先驱者和开拓者，也是近代日本法律的主要奠基人，此外，穗积陈重的岳父就是大名鼎鼎的“日本企业之父”——涩泽荣一。

在新家宪的草稿完成之后，井上馨、涩泽荣一、穗积陈重、都筑馨六与三井家的各位领家在一起逐字逐句进行了讨论。显然，一个家族家训的制定，牵动政商法三界大佬的案例并不多见。在他们看来，这部三井家的新家宪虽然是一部私家内部的“法律”，但对三井财阀和日本的企业组织体制都会产生巨大而深远的影响。

1900 年 7 月，历经数年调整的《三井家宪》最终完成。在《三井家宪》公布之日，位于东京有乐町的三井会所聚齐了“三井十一家”的 26 名当家，以及井上馨、涩泽荣一、穗积陈重、都筑馨六、益田孝（大正初期三井大掌柜）、中上川彦次郎（三井财阀总经理）等 6 位高级顾问，并以神道的仪式举行了隆重的家宪奉告仪式。

此后，正是在《三井家宪》的引领下，时任三井总领家第十代家主三井八郎右卫门[①]高栋着手家政改革，推进组织明确化，并设置三井家政和事业的最高决议机关——三井家同族会，由三井家同族会统辖管理三井家整体事业。随后，他又成立了日本最初的持股公司——三井合名会社，并将其他直辖事业改组，正式确立了三井的财阀体制。

完整的《三井家宪》共分 10 章 109 条，举凡同族范围、家族资格、同族义务、同族会组织乃至婚姻、养子、分家、继承、制裁等内容，无所不包，堪称近代日本最系统、最完整的家规家训。《三井家宪》在家业经营、家内教育等方面对《宗竺遗书》的内容进行继承和补充，并加入近代法的相关思想加以发展和完善。

虽然几百年间《宗竺遗书》的精神内核一直支撑着三井家业的发展壮大，但是随着时代的变迁，族内的各种组织、制度开始老化，传统的家训、家法也需要做出相应的修改。特别是出于历史原因，《宗竺遗书》中标题与内容词不达意的文段屡屡出现，这些在《三井家宪》中被杜绝，体现了近代法的严谨与规范。

从《宗竺遗书》到《三井家宪》的变迁，反映了三井家从近世传统商家成长为近代财阀企业的成长过程。在家内伦理层面基础上，《三井家宪》形成的具有近代法因素的经营理念，则使三井家得以适应近代化的发展脚

① 三井八郎右卫门，是指由三井高平设立的，作为大元方最高负责人及家族最高指挥者的袭名称号。

步。强调和睦同心、团结协作的“和合观”是三井家训、三井家宪中出现频率最高的内容之一。

三井家在做大之后，很多企业都是依靠职业经理人来经营，而不是仅仅依靠家族后代。于是，家训、家宪就相当于企业的“宪法”，所有的规章制度、文化、价值观等都要在其基础上进行发展，而且不能“违宪”。事实上，通过《三井家宪》就可以起到约束职业经理人及管理层的作用，从而形成更牢固的凝聚力和强烈的认同感。

以三井家为代表的日本商人非常重视家训，因此无论是商家主人、家业继承人，还是奉公人（类似于现代的职业经理人），都要忠于家训。实际上，历史上的三井家不仅撰有《宗竺遗书》，还制定了《家法式目》作为向三井各家和各店铺发放的家法店规，并要求每年正月、五月和九月在店铺内朗读。

作为分家和店铺所要执行的家法店规，三井的《家法式目》内容不仅包括店铺财产分配比例的规定、经营方针，还详细规定了店内员工的日常行为、工作准则，既有实务方面的规定，又有精神上的训诫。此外，据史料记载，三井家的家法店规还有《诸法度集》《家内法度集》《此度店店江申渡觉》等。

放眼全球，历史完整、延续几百年的家训、家宪能传承下来的为数不多。三井家训绝对算是一个典范。它也是日本大企业集团的鼻祖，像丰田、松下、京瓷等企业的经营哲学，都是以三井家训为标杆发展而来的。三井现在实行职业经理人制，实际上是把这种家族文化变成了企业文化。它已不是家族企业，而是社会化企业，家族企业变成了企业家族。

家族文化力保企业永续经营

近代日本企业有相当一部分是江户时代商家的延续发展，即使是明治维新后建立的新企业，也无不是在“家”的基础上形成和发展起来的。因此，家训、家宪、家规在日本的社会条件下有了非常广阔的发展空间，并且具有很强的传承性和延展性。历史也证明了，没有文化根基、没有企业家族文化底蕴的传承，百年企业只能是痴梦。

根据南开大学日本研究院院长李卓教授于2006年出版的《日本家训研究》一书，江户中期，新兴商人逐渐取代御用商人登上历史舞台，以三井、住友、鸿池为首的三大豪商纷纷在此期间制定家训。除了三井家的《宗竺遗书》（1722年），还有鸿池家的《宗利家训》（1716年），以及住友家的《住友长崎店家法书》（1721年）。

明治维新后发展起来的新企业在充分认识到家训的重要性之后，也开始效仿传统商家制定起家训、家规，它们主要是参考其他的商家家训以及知名企业家宪，并结合自身经营的心得进行制作。1885年，三菱创始人岩崎弥太郎去世，其遗言被作为《岩崎家家宪》，虽只有约法三章似的几条，却对后人有着严格的约束力。

1887年，安田财阀创始人安田善次郎几经修改后制定了《安田家家宪》。不同于三井和住友的家宪是代代相传的，由于安田善次郎本是“丁稚”（学徒）出身，因此安田家宪的制度更符合时代的需求，实际上，与其说《安田家家宪》是家族宪章，倒不如将其当作控股公司的安田保善社（Hozensha）的企业章程。

20世纪以来，特别是昭和时代（1926—1989年）以后，随着大批新兴企业的建立，企业领导者们开始模仿传统商家的家宪创造社训、社是，将企业的经营理念、指导方针、经营规范浓缩成若干格言，用以约束员工。1935年10月，丰田喜一郎和丰田利三郎牵头，联合丰田各个公司的高级经营人员，将丰田创始人丰田佐吉的生前遗训归纳总结成五大项，即《丰田纲领》，用来引领和约束丰田的发展方向。

2019年，在《丰田纲领》推出80多年后，丰田第一次向全体员工发放了名为“社员手账”的小册子。所谓的社员手账并不是用于记事的普通本子，而是将此前一直作为丰田企业理念和员工行动准则的《丰田纲领》进行了现代语解说，并加入丰田生产方式的核心内容，制作成共65页的企业文化教育“圣经”。

不难发现，从商家家训到财阀家宪，再到现代企业的社训、社是，家训的概念似乎离“家”的范畴越来越远，但实际上其本质依旧是相同的，家训、家宪是为了一族永续而定，而社训、社是是为了企业永续而定。社训更加简明扼要，感召力更强，更易于记忆，极为流行，在现代企业管理中发挥了重要作用。

近年来，“立家规，传家训，树家风”的社会风气正在兴起，许多中国企业家也开始重视家训的作用。企业的经营是具有一定的内容和方式的，不同的企业一定是带有自己的独特风格的。永续经营的企业，大多是在经营的产品、服务与方式上有恒定的坚持。这样的坚持就是企业经营管理人员的共同价值观，实际上也就是企业的“家训”。

事实上，《华为基本法》就是一种属于企业的家训、家宪。《华为基本法》的起草人包政教授把日本三井家训中不断衍生出的传承制度“奉公人制度”——华为公司如今非常重要的“导师制”引入《华为基本法》中。三井家族的“奉公人制度”也叫丁稚制度和子饲，意思是从小培养，彼得·德鲁克将此制度定义为“教父制”。

华为倡导“用最优秀的人培养更优秀的人”，并将这个理念落地到了每一位管理干部甚至每一位新员工身上，也正是这样的人才培养理念使华为人才辈出。归根结底，家训强调的就是“以人为本”，是用来育人的工具，是传承延续的行为世范，因此对象可以是家族的继承人，也可以是企业的高管和管理层。

今天的中国民营企业，创业一代经营的往往是传统产业，而新一代往往接受的是西方企业管理经验。这些新一代在学成归来后，喜欢转向自己所学到的时髦的投资、新经济等方向。这些方向不是不好，但是如果纯粹转向，对企业的持续发展显然是不利的。逐步摸索符合实际的家训，对于打造百年企业来说，是不可忽略的战略之举。

目录 CONTENTS

自　序

前　言　三井的商魂

第一章　三越百货的前世今生

三越百货有着400余年的历史，业务能延续如此之久，必然有自己的哲学。如今在电商的冲击下，三越百货的“越后屋商法”也开启了新篇章、新时代。相较于电商网站，实体空间是百货店的宝藏。实际上，百货商店的线上线下应该是互相成就、互相补充，而不是零和博弈。

第二章　屹立东方的三井银行

三井住友银行认为，利用信息数据化的新商业模式已经出现，金融机构就像科技信息银行一样，未来可能会从金融业变成信息业。实际上，数字化业务是三井住友银行很早之前便确定的未来发展方向，并且数字化已经成为贯穿整个三井业务领域的支柱。

第三章　三井物产的谋篇布局

三井物产作为三井财团的综合商社就如同一艘秘密的潜艇、一张巨大的网——它就潜伏在你我身边，触角伸向你我生活的方方面面，你我却感受不到它的存在。在国际经济的舞台上，三井物产凭借其专业化与组织能力，构建了属于自己的隐形商业帝国，纵横世界，称霸全球。

第四章　避重就轻的三井不动产

经过20多年的探索转型，三井不动产开创了一个新的发展思路——相对均衡的商业模式。保持基本盘稳定，同时控制负债提高现金流水平，制定中长期战略优化调整业务结构，逐步提高租赁、代建和管理等轻资产的收入占比，构建起“开发＋持有＋管理”的大房地产生态圈。

第五章　商船三井的海上王国

颠覆性创新技术随时都将重塑航运业，唯有主动创新，方可立于不败之地。因此，推动变革的领先者应看得更远，为了保持领先，商船三井计划利用集成方式的商务智能来进行跨部门、跨领域的战略创新和推广。同时，商船三井还将不断强化房地产、仓储等非海运领域的业务布局。

第六章　丰田工匠与三井商人

丰田章男曾表示，“丰田将从传统汽车制造商转型为移动出行服务供应商”。这就意味着，丰田会从过去传统的单纯制造、销售汽车并提供汽车服务的制造型公司，转型为与未来移动社会的一切服务相关联的全能型公司，向消费者和相关企业提供与移动出行相关的所有服务。

第七章　三井助力索尼攻陷美国

从大众熟知的消费电子巨头SONY到全新布局的索尼集团公司，索尼早已不再是单纯的制造企业，而是发展成为一家横跨电子、半导体、游戏、音乐、影视、金融六大行业的综合性国际集团。今天，索尼已经有能力实现曾经设想的无处不在的财团化梦想。

第八章　东芝离不开三井的怀抱

当前，东芝宣布通过私有化退市，来扭转公司此前长期面临的经营混乱局面，收购出资方是由三井住友银行牵头的日本产业合作伙伴（JIP）基金。如果始终遵循三井商道的经营哲学，依托三井这套完善的财团体系，东芝未来还有机会创造新的辉煌事业。

第九章　富士胶片践行三井商道

多元化是富士胶片成功转型的关键。当然，富士胶片的多元化，并不是简单地开启完全不相关的新业务，而是一种基于自身优势的合理拓展，无畏地去追求所谓的转型并不可取。"不要把鸡蛋放在同一个篮子里"一直是三井商道"三生万物、井然有序"的理念。

第十章　百炼成钢的三井模式

完善的三井财团生态体系，并非金融化和股份化的产物，其本质是一个长期稳定、从事专业化分工和协作，相互紧密依赖，有共同文化理念的人群的集合体。实际上，“产商融”三位一体财团生态模式的灵魂是三井商道，可以理解为命运共同体的和合文化。

第一章

三越百货的前世今生

17 世纪后期，三井家开设的三井越后屋吴服店具备了百货商店的雏形，比西方真正意义上的百货商店——美国西尔斯公司要早 200 多年。它提出的商品分类、导购服务、现场定制、周边开发、售后退换等商业模式几乎和现代意义上的百货商店没有区别。

1928 年，三井财阀的三越吴服店改名为“三越百货”，全日本第一家现代意义上的百货商场出现。在三越百货的带动下，许多高级吴服店也逐渐转型为百货商店，通过开架自选、综合品类等现代零售方式，奠定了日本百货业的发展基础。

2008 年 4 月，日本两大著名百货公司——三井财团旗下的三越百货和三菱财团旗下的伊势丹百货宣布正式合并，成立一家新公司三越伊势丹控股。合并后的百货“巨无霸”——三越伊势丹控股，年销售额达到 1.58 万亿日元，成为日本第一大百货集团。

——作者题注

【阅读提示】

“三井”告诉了我们什么(1)

有着“现代管理学之父”美誉的著名学者彼得·德鲁克(Peter F. Drucker)认为,市场营销的首次实践并不是出自西方,而是来自17世纪中叶日本三井家族建立的世界上第一家百货商店——三井越后屋。其提出的“想顾客所想,按需销售”和“明码实价,现银销售”等理念,不仅为自身的经营聚集了莫大的支持和人气,也改变了日本的商业环境。

三井越后屋就是如今日本最大百货集团之一三越伊势丹控股的前身,由近江商人三井高利1673年创立于江户(今日本东京)。很长一段时间里,三井高利都被认为是三井家事业的始祖,但实际上三井高利的许多经营理念和思想都源自他的母亲三井殊法,这是一位被称为“三井家经商之元祖”的伟大女性。

“卖者欣睫,买者称意”是三井殊法坚持的宗旨,她以服务精神接待每一位顾客,不仅考虑自己的利润,也会考虑顾客的利益。可以说,三井殊法是世界上最早实践“顾客满意至上主义”这一经商方法的,后来被她的儿子三井高利作为“越后屋商法”传承下来,不久之后又在江户中期的商人之间作为“江户服务经商之法”得以普及开来。

同时,三井殊法十分善于言辞,在接待顾客时,她表现得非常亲切,会拿出糕点、香烟招待他们,有时还会留他们吃饭。她的这种服务态度,与交易和商品购买的数量无关,与身份、性别也无关。此外,三井殊法还会将顾客名册供奉在神坛和佛龛之上,以祈祷生意兴隆和全家平安。这实际上就是当今流行的顾客名册和数据库营销战略的最早原型。

正是受到母亲三井殊法商业思想的影响,在经营三井越后屋时,三井高利先后提出了明码实价、商品分类、导购服务、现场定制、周边开发、售后退换等全新的商业模式,这些几乎和现代意义上的百货商店没有区别。可以说,当时的三井越后屋已经基本具备了百货商店的雏形,这比西方真正意义上的百货商店——美国西尔斯公司还要早200多年。

后来,随着时代的进步,由三井越后屋发展而来的三越百货不再拘泥于传统的零售领域,而是开始牵头横向整合各制造商,成立联合采购机构,以联盟制的方式组建采购集团,集中采购并开发商品,继而与制造商们成立联合生产团队,共同研发、制造,并最终投放市场。而在这一过程中,三越百货扮演的实际上就是综合商社产业组织者的角色。

本章导言

1673年，日本近江商人三井高利在江户开办了一家名为“三井越后屋吴服店”的小店，自此开启了三井的崛起之路。1904年，受美国百货商店的影响，三越吴服店发表了“百货业宣言”，开始进入零售业。2008年，三越百货又与来自三菱财团的伊势丹百货进行了合并。如今300多年过去了，曾经的江户街边的小店已经发展成为商业百货领域的“巨无霸”。

1964年，阿里巴巴集团创始人马云出生于中国浙江省杭州市，其祖籍是浙江省嵊州市的谷来镇，那里距离天台山的三井潭西北仅60千米。日本三井财团的“三井”之名和三井商道也均源自中国浙江天台山的三井潭。浙江的天台山地区一直都是中国古代商帮、现代大商人的集中诞生地，除阿里巴巴集团的马云外，许多当代浙商的家乡也都在附近。

马云是在1994年底第一次听说互联网的，而后他于1999年在浙江省杭州市创立了商务服务公司阿里巴巴，同年便推出了专注于中国国内批发贸易的中国交易市场网站（现1688网站）。2003年5月，深受欢迎的网购零售平台淘宝网正式上线。从某种程度上讲，淘宝实际上就是互联网上的百货公司，马云的阿里巴巴商业帝国也正是从建立网络市场上的小商品百货起家的。

如果说在中国市场上，淘宝网最开始只是互联网上的“小卖店”，阿里巴巴凭借着从小生意中积累并探索出的商业模式最终取得成功，那么早在300多年前的日本市场上，同样有一家企业也是从小小的杂货店起家，最终成为“产商融”相结合的庞大商业生态。这家杂货店就是如今的日本第一大百货集团——三越伊势丹控股的前身，而这个庞大的商业生态就是三井财团。

抛开线上与线下的商业载体差别，阿里巴巴和三井财团的发展历程实际上有着惊人的相似之处：都是从小商品做起，并逐渐在这一过程中形成了商业结构、产业规模和金融服务的全方位业态。这本质上就是一种“产商融”三位一体的东方商道模式，我习惯将其称为“三井商道”，而三井商道并不是日本三井财团独有的，其来源于古代中国的天台山地区。

三井商道是一个极具综合性的商业思想体系，它诞生于中国，在桐柏三井潭所在的浙江天台山地区发展成熟，并一直延续至今，涵盖了该地区的市井传统、道商文化、和合理念、实学思想、事功学说等诸多文化和思想内容，是华夏商业思想的集大成者。同时，日本三井家的经营之道是中华三井商道在日本的实践总结。

浙江天台山"三井文化圈"，是以天台山上的桐柏三井潭（瀑布）为中心，北部为宁波、绍兴，西方是金华、丽水，南面是台州、温州（瑞安），东则临东海，即舟山群岛。桐柏三井潭（瀑布）所在的浙江天台山，素以"佛宗道源、山水神秀"享誉海内外，天台山既是中国佛教天台宗的诞生地，也是道教南宗的发祥地。

浙江天台山地区逐渐形成了以儒、释、道三教融合为代表的"和合文化"，奠定了深厚的文化根基。浙江天台山的三井文化自然景观是由代表"阳"的动态之水（瀑）和代表"阴"的静态之水（潭）构成的"三瀑三潭"景观，是"阴阳调和""三位一体"这些道家思想文化的自然载体。与此同时，佛教天台宗"一念三千，三谛圆融"（"三位一体"）的核心思想也诞生于此。

859年，日本的圆珍和尚自浙江天台山求法归国后，受天台山三井文化的影响，正式将比叡山上的园城寺更名为"三井寺"，近江三井寺也因此成为日本天台宗寺门派的总本山。慢慢地，在日本近江比叡山（天台山）三井寺附近就形成了三井村。1100年前后，三井氏祖藤原信正移居到了三井村，并以此地三井为姓，日本的三井家族由此诞生。

三井家族在日本天台宗寺门派总本山——近江比叡山三井寺旁诞生，并在该地区生活了近500年（约1100—1572年），因此自然而然地成为源自中国浙江天台山的日本天台宗之忠实信徒。随着以三井家族为代表的近江武士、商人们南迁伊势，天台宗信仰也在伊势繁荣起来。至17世纪初三井家族正式弃武从商创业时，依然保持着虔诚的天台宗信仰。

第一节 开启商业帝国四百年

贤妻良母奠定家业基础

1602年，出身日本武士家庭的年轻人三井高俊（三井家远祖，三井高利的父亲）迎娶了伊势国多气郡丹生的豪族永井左兵卫14岁的女儿为妻，也就是后来被誉为“三井家经商之元祖”的三井殊法。1616年，三井高俊决定放弃家族延续数百年的武士身份，主动降格为商人，开始在伊势松阪的本町经营起了一家贩卖清酒和味噌的小商铺，并希望通过经商重振三井家族。

三井高俊用家族曾经的武士头衔“越后守”为这家小商铺取名“越后殿之酒屋”。这里的“越后”也就是未来奠定三井家400多年基业的吴服店“三井越后屋”屋号的由来，后来又从“三井越后屋”诞生出了“三越”的名号，如今的三越百货是现代三井财团旗下的大型百货公司。实际上，三井家族的武士头衔“越后守”即越后国的长官，“守”是日本朝廷的职务。

虽然伊势松阪的经商环境很好，但是三井高俊从小作为武士被培养教育，他的武士素养成为经商的阻碍。作为风雅的文化人，他并不善经商，而是整天沉迷于游艺。于是，三井高俊便将越后殿之酒屋的实际经营权交给了妻子三井殊法，全权由其打理。因此可以说，真正为三井奠定家业基础的正是三井殊法这位贤妻良母。

在三井殊法的经营管理下，这家小小的越后殿之酒屋通过兼营烟酒糖茶的零售业务以及传承自天台宗“佛家典当”的借贷业务，使三井家的生意扭亏为盈，不但没有被扼杀在创业期的摇篮里，还延续400多年至今。直到三井殊法的经商备受瞩目，三井家事业的根基也得以建立。因此三井殊法的孙辈（三井高治）在《商卖记》中写道：“三井家经商之元祖，殊法也。”

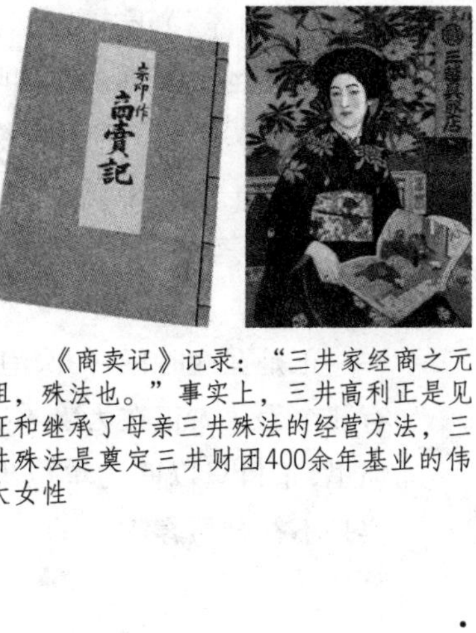

《商卖记》记录：“三井家经商之元祖，殊法也。”事实上，三井高利正是见证和继承了母亲三井殊法的经营方法，三井殊法是奠定三井财团400余年基业的伟大女性

当时日本清酒和味噌的生意竞争非常激烈，三井殊法意识到想要有所发展就必须寻找新的商业增长点。随着日本进入德川幕府时代，社会稳定，吴服生意成为清酒和味噌外新兴的商业领域，而伊势松

阪正是吴服布料——木棉的重要产地，于是三井殊法决定将三井家的产业由贩卖清酒和味噌转向贩卖吴服，可以说这是一个改变三井家族未来走向的重大决定。

三井殊法不仅是一位成功的商人，也是一位优秀的家庭教育家。被誉为三井家家祖、三井家事业奠基人的三井高利是三井高俊和三井殊法的第四个儿子，三井高利从小便在母亲的教导下学习商业和金融知识。在很大程度上，三井高利之所以成为天下闻名的商人，是因为继承了母亲三井殊法的商业血脉。

1650 年，三井殊法为儿子三井高利挑选了一位妻子——伊势豪商中川清右卫的长女三井寿赞。三井寿赞继承了婆婆三井殊法勤俭持家的品格，即便当时的三井家族已经很富有了，她也不会穿华丽的衣服。三井寿赞认真操持家务，不仅亲自下厨做饭，甚至连为三井高利理发这样的事情也亲力亲为。同时，她将家庭开销管理得井井有条，对店铺伙计也关照得亲疏得当。

此后，在婆婆三井殊法的指导和帮助下，三井寿赞全程参与了对孩子们的教育与培养，并为三井家族的振兴培养出了以长子三井高平为代表的又一代优秀的接班人。后来，三井越后屋在江户开店时，特别是以三井高平为首，三井高富、三井高治、三井高伴四兄弟发挥了很大的作用。由于三井寿赞的功绩，她也被后世人称赞为“女人的镜子”。

三井高利和三井寿赞的这些孩子，成为后来“三井十一家”的源头。资料显示，“三井十一家”由三部分构成：6 名男性子孙后代构成的本家，3 名女性子孙后代构成的连家，以及后来添加的 2 个连家。这种结构最开始形成于三井高平 1722 年所著的家训《宗竺遗书》中，直到 1900 年《三井家宪》发布时，仍然保留着“三井十一家”的模式。

市场营销的鼻祖在东方

1673 年 8 月，在母亲三井殊法的支持下，三井高利在江户本町一町处开办了一家吴服店，并挂起“越后屋三井八郎卫门”的门帘，三井越后屋吴服店（以下简称“三井越后屋”）正式开业，这就是后来三越百货的前身。

三井越后屋所在的本町是江户当时最繁华的地区，吴服商铺林立，一般售卖布料和购买吴服的商客都会集中在这里做交易。想要在这里站稳脚跟，对于三井家族这样一个行业的后来者，还是外地商贩而言挑战无疑是巨大的。事实上，在最开始的一段时间里，江户吴服店生意并不理想，三井高利甚至一度想关闭店铺一走了之。

正是在这时候，一次泡澡的经历拯救了三井高利和他的吴服店。洗澡堂里面有几个手艺人正在为凑不齐人数合伙买一条布料而烦恼。在日本当时的商业习惯里，布料只以匹为单位出售，并不单独售卖，需要凑集几个伙伴一起去买，这其实是不符合顾客需求的。于是，三井高利便在自己的吴服店门口贴上了一张纸条:“不论买多少都可以剪下来卖。”

很快,三井越后屋里所有的漂白布就被销售一空。不只是手艺人,越来越多的女孩子和附近的太太也都涌到三井的店里来买零头布。三井高利就此领悟到了做生意倾听顾客心声的好处,并乐此不疲,他把吃饭的时间都节省下来站在店门口接待顾客,由此又获得很多启示。正是在与顾客的不断接触中,三井高利开启了市场营销的首次尝试。

三井高利还是一位商业推广的奇才,放在现代绝对是一位广告大师。当时江户多雨,而且时常下暴雨,那个年代又没有天气预报,没人会在出门逛街时还随身携带笨重的木质伞。三井高利细心地在吴服店里备了许多把雨伞,下雨时就借给顾客们使用,甚至有时还会主动拿到街上去分发出借。这些伞上面无一例外都印了大大的“三井越后屋”字样,并辅以三井家的商家标识。

这些印有标识的雨伞成了三井越后屋最好的移动广告。每当江户下雨时,商业繁华的江户日本桥一带满眼都是流动着的“三井越后屋”标识。有首俳句如此描写这一景象:“江户恍似越后屋,天际飞跨如彩虹。”那些望见伞上标识的江户群众,哪怕不知道越后屋是做什么的,也会对这一品牌产生熟识感,等到以后需要吴服布料再来到店里时,自然而然地就产生了信任感。

除在市井中做宣传外,三井高利还很注重在文人墨客中宣传三井越后屋,并借用这些文人墨客描绘三井越后屋的字画来提升三井品牌的知名度和档次,毕竟上层社会一直都是高档吴服的主要消费群体。为此,三井高利常常向当地知名的画家、俳句诗人、歌者和剧作家们提供一些赞助,以支持他们的歌会、茶会活动,或以较高的价格购买他们的字画作品。

这些文人墨客也很懂得知恩图报,不时地在他们的作品中融入三井越后屋的元素。至今,仍然可以看到不少描绘江户时代市井生活和商业景象的画作,三井家或者是越后屋的标识被画得十分醒目,这恐怕就是世界上最早的植入广告了。短短几年时间,三井越后屋就从一开始的没有客户,发展成为江户城中上到将军大名下到布衣百姓人人皆知的商店了。

这些由三井高利开创的“想顾客所想,按需销售”和“明码实价,现银销售”以及“名人广告效应”等营销手段在当时是极大的革新和突破,由此聚集了莫大的支持和人气。被誉为“现代管理学之父”的美国学者彼得·德鲁克认为,市场营销的首次实践不是出自西方,而是来自17世纪中叶日本的三井家族建立的世界上第一家百货商店——三井越后屋。

日本诞生世界上第一家百货商店

17世纪的吴服店由于都是直接上门做达官贵人的生意,店铺往往更像是一处仓库,商品、布料都是随意地摆放在一起。三井越后屋开始做店前零售后,三井高利便关注起了店内的布置摆设，他把布料按照质地的不同，细分为金襕类、丝绸类、纱绫类、毛织类等。为了方便顾客对比和挑选，即便是相同质地的布料也会按颜色和花纹的不同排列。

吴服成品在三井越后屋也会按穿着场合的不同分类进行展示，并有专门的导购员为顾客介绍和推销相关商品，这种做法几乎已经和现代百货商店的商品分区及导购模式相差无几。店面装修焕然一新的三井越后屋，在门店林立但整体上相比于商店街更像是仓库区的江户布料街上十分显眼，路人一眼就能看出这家吴服店的与众不同。

三井高利发现日本家庭在女儿出嫁时需要购置许多东西，不仅是布匹和衣服，还有放置衣服的衣橱、箱包以及绸缎、梳子、簪子、餐具等。新娘和她的母亲往往需要东一家西一家地去选购，如果这些东西可以在一个地方一次性买齐，对顾客来说是非常方便的。三井高利马上付诸行动，三井越后屋的经营范围就不再限于衣服和布匹了。

当然，三井越后屋店面内摆放、售卖的嫁妆和各类商品并不是简单配套，而是经过三井高利的细心走访调查，从各个对应产品店精挑细选来的。由于三井越后屋是批量采购的，其进货均价要比消费者直接去那些店里零买便宜，这样一来许多消费者相较于东城西城地奔波采购，还不如在三井越后屋里一次性采购完成，不仅节省了时间，还获得了实惠。

此外，三井高利还推出了一项优惠政策，即顾客在三井越后屋购买一件出嫁用的高档吴服成品，如果再在店里购买一套嫁妆产品套装，便可以享受到折扣优惠。这种商业折扣模式的核心在于提供更优惠的价格，吸引更多的用户购买。同时，这种方式也能够提高销量、宣传品牌和清理库存。这种超前的模式一经上市，便在江户市场取得了巨大成功。

不仅出售商品，三井越后屋也开始出售服务。三井越后屋推出了可以量身定制“立刻做完交付”的“缝纫卖”服务，顾客可以选择将在店里购买的吴服布料直接加工成为想要的吴服样式或者其他成品。通过“缝纫卖”服务，三井越后屋填补了其作为吴服供应链中段的布料贸易商和供应链尾段的吴服销售商中间的空白，即供应链下游的吴服加工商。

值得注意的是，不同于传统的达官显贵，三井越后屋所服务的城市中产阶层只在女儿出嫁时才会大量购买吴服产品，毕竟吴服在当时仍是奢侈品。因此这些顾客往往十分在意样式的选择，可即便如此也会买到不合心意的商品，三井高利就提出“保证顾客满意”的经营宗旨，为他们设计合适的吴服款式，并保证全面供货以及退款。

如果说此前的“店前零售、款项现结”和“明码实价”是三井越后屋对于吴服生意的创新，那么后来的商品分类、导购服务、现场定制、周边开发、售后退换等商业模式就几乎和现代意义上的百货商店没有区别了。可以说,在17世纪创业初期,三井越后屋就已经基本具备了百货商店的雏形,这比西方真正意义上的百货商店——美国西尔斯公司还要早200多年。

不仅如此,三井家还在当时日本棉花的主要产地(大阪、松阪和越后)以及日本丝绸的主要产地(京都)开设了吴服布料的直接采购店,形成了"产地、市场、金融"(产、商、融)三者结合的三井事业连锁经营体系。当时三井家族在江户、京都、大阪三地至少已拥有9家吴服店和5家两替屋,其中包括松阪、越后等地的原料采购店。

从三井越后屋到三井财阀

1683年,由于采取了被称为"越后屋商法"的独特的销售、贩卖与采购技巧,三井越后屋不仅营业额在10年间增长了5倍之多,而且开设了分店,扩大了采购店的规模。当时流行着这样一种说法:"芝居千两,鱼河岸千两,越后屋千两。""芝居"就是演戏的地方,"鱼河岸"就是鱼市,外加越后屋,都是当时江户最赚钱的地方,一天的收入便达千两。

然而,即便取得了商业上的成功,三井越后屋依然没有完全摆脱"乡巴佬"的名声,江户的传统吴服商依然嘲笑着表示,三井高利"在只有两替屋的街道开设吴服店,就像油里掺水一样"。为了彻底改变形象,三井高利决定改变三井越后屋的地位,而最有效的办法就是结交当时江户的名流权贵。江户谁最有名望呢?那一定是幕府将军。

三井越后屋成为江户时期著名的观光景点,许多浮世绘经典画作中都出现了三井越后屋的形象

于是,三井高利便通过同乡本因坊道悦(1636—1727年)搭上当时幕府将军跟前的大红人牧野成贞(1634—1712年)。此后,牧野成贞在每次觐见将军时,都会刻意挑选三井越后屋最好的服饰穿上,让将军印象深刻,显然此时的牧野成贞俨然已经成为三井越后屋的"品牌代言人"。此后,在牧野成贞的建议下,幕府将军的采购也选择了无论是款式、质地还是色调都令人印象深刻的三井越后屋。

1687年,三井越后屋成为幕府将军的吴服御用供应商。幕府将军的指令一颁布,等于宣告了三井越后屋"天下第一吴服商"的地位。1689年,三井高平(三井高利长子)出任幕府御用纳户元方一职,主要负责采购幕府将军的一些生活用品以及给江户城里其他大名的赏赐品。纳户是日式住宅中用于仓储的房间,这里指幕府将军的仓库。

1690 年，鉴于三井两替屋强大的汇票交易实力，幕府委托三井家承办“大阪御金藏银御为替御用”，就是负责大阪金库的金银兑换业务。基本的业务流程是，幕府在大阪收到的进贡奉金直接交给当地的三井商号，然后由三井商号以汇票的形式发到江户，再由江户商号把汇票兑成金银交给幕府。当然在这一过程中，牧野成贞再次起到了很大的作用。

1703 年，三井家族将商业触角伸到了位于九州岛西侧的长崎。自古以来，长崎就是日本的对外门户，与中国及荷兰、葡萄牙等国交往频繁。在江户幕府执行闭关锁国政策的 200 多年里，长崎更是日本唯一的对外开放窗口。三井家以长崎为据点，大量采购国际货物，并通过自身的连锁体系将其销往日本各地，很快便成为当时日本最大的国际货物贸易商之一。

此后 100 多年间，三井作为幕府的御用吴服商、御用两替商和日本最大的国际贸易商迎来稳定的发展时期。即便经济大环境不景气期间，三井最终也都平稳度过。这种平稳一直持续到 1853 年，这一年美国以炮舰威逼日本打开了国门，日本闭关锁国的时代被终结，幕藩体制也随之瓦解，三井迎来了巨大的挑战，也是前所未有的机遇。

19 世纪中叶，伴随“富国强兵、殖产兴业、文明开化”的口号，明治维新使日本走上发展资本主义的道路。然而，一些传统财阀因为跟不上时代发展而被淘汰，与三井家族并称“江户三大豪商”的鸿池家族就在这一过程中被远远甩在了后面。而三井家族再一次抓住了机会，从传统的幕府御用商人成为明治政府下的新式财阀。

首先是在 1868 年，三井第一次提出了“贸易商社”的概念，并于 1876 年成立了综合商社——三井物产(商)。然后就是在三井物产设立的同年，日本的第一家私人银行——三井银行(融)开业，其前身正是江户街边的三井两替屋。最后是 1914 年，在三井越后屋的基础上，全日本第一家现代意义上的百货商场——三越百货总店(产)在东京日本桥附近正式开业。

第二节　与时俱进的三越百货

向西方学习现代企业制度

1893 年，三井越后屋改称“三井吴服店联名公司”(以下简称“三井吴服店”)。两年后，来自三井银行的高桥义雄出任三井吴服店新任理事，并开始对企业进行经营改革。高桥义雄曾在庆应义塾(现庆应义塾大学)学习，师从日本著名思想家福泽谕吉。由于福泽谕吉十分推崇当时先进的西方社会，因此高桥义雄也将三井吴服店的学习对象设定为欧美企业。

高桥义雄参考了“美国百货商店之父”约翰·沃纳梅克(John Wanamaker)的经营模式，同时引进了当时在欧美盛行的博览会，将二者合而为一，计划把三井吴服店打造成融商场与展览、节庆活动场所为一体的空间。同时，高桥义雄还废除了传统的柜台式物品销售模式，将柜台改为陈列场，并且积极录用女子社员。

1904 年，在三井吴服店的基础上，株式会社三越吴服店成立。日比翁助就任初代专务，同高桥义雄一样，日比翁助同样富于革新精神，在欧洲学习后，日比翁助从英国伦敦请来了两名技术顾问在公司专门指导经营活动。三越吴服店还从英国引进了西服，开启了日本人穿西服的习惯。由于产品款式新颖，当时的天皇和皇族的服装与日用品也都从三越吴服店购买。

就在这一年，三越吴服店在日本主要新闻与杂志报纸上刊登了“百货业宣言”：“与美国的百货业一样，本店销售的商品今后会进一步增加品类，与服饰相关的商品会在同一栋大楼里销售。”这份后来被称为“三越宣言”的发言，标志着日本百货业正式进入了现代零售业的启蒙阶段。1907 年，三越吴服店内开设了食堂与相片室，并相应增加了包、鞋、洋伞等商品。

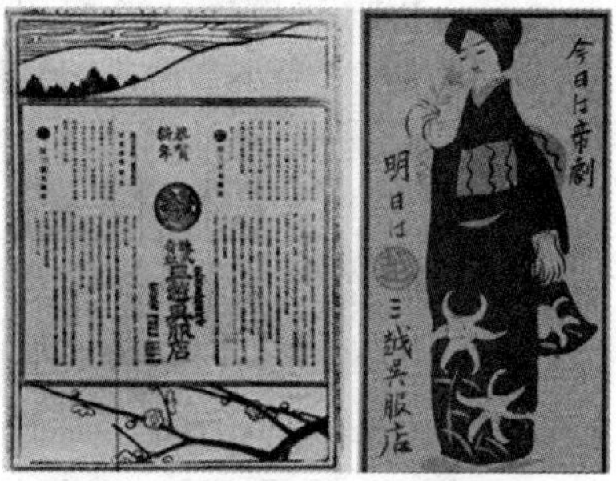

1904年，三越吴服店刊登在报纸上的“百货业宣言”（图左）和宣传册上的广告画（图右）

1914 年，全日本第一家现代百货商场——三越百货总店，在东京日本桥附近正式开业。这座新馆被称为“苏伊士运河以东最大建筑”，其以宏伟的规模和豪华的文艺复兴装饰，在崭新的大正时代炫耀着明治维新的现代化成果。三越吴服店已不再是贩卖和服的小店，而是装备着自动扶梯，全馆暖气，洋食咖啡俱全的现代化高雅场所，商品丰富程度则向美国百货商店看齐。

无处不在的西洋雕塑，烫金镶边，将文艺复兴和巴洛克风格杂糅成颇具想象力的远东第一奢侈百货。“今天去帝剧，明天去三越”(今日は帝剧、明日は三越)更是成为当时的流行语，这句话实际上拉开了日本消费时代的大幕。同三越百货类似，帝剧是日本第一座西式剧场，全称帝国剧场，由日本实业家涩泽荣一和大仓喜八郎共同设立。

1928 年，三越吴服店改称为“三越百货”。1932 年，由三越百货负责建设资金的东京地铁“三越前”站开幕，地铁出口处正是三越百货日本桥店。在三越百货的带动下，许多高级吴服店也逐渐转型为百货商店，并通过开架自选、综合品类、高品质和高雅的门店装饰等现代零售方式，奠定了日本百货业发展的基础。

1939 年，根据日本临时国政调查数据，日本百货业门店数达到 203 家，从业人数达64990人，年销售额达67亿日元，同期日本在册登记的零售店总数约为120万家，从业总人数约为260万人，零售总额为542亿日元，百货业销售额占比高达12%。百货业也由家族企业转向公司化管理，居民收入水平提高、公共交通发达使得百货店更具新时代气息，基本形成较为牢固的产业结构。

第二次世界大战结束以后，日本经济迎来了高速发展期，大众消费市场逐步形成，消费热潮到来，各大百货商店纷纷扩建。1948年，日本百货业协会成立，这一时期三越百货长年居于日本零售企业的龙头位置。车站百货店、中小城市百货店、城郊百货店发展迅猛，商品品类更加多样化和综合化，目标顾客群体也从上流富裕阶层扩大到广大的中产阶层，开始拓展大众市场。

一系列革新引领发展战略

1957年，位于日本桥附近的三越百货总店在顶层设置了一个名为"快乐的王国迪士尼"的小型游乐园，得到迪士尼授权的包括旋转茶杯在内的玩具成为和父母一起来购物的孩子们的最爱。三越百货的经营者们意识到，百货商店不应仅作为营业场所，也应该是文化娱乐场所。要积极在商店内搞些小型商品展览会、时装表演等，使顾客在选购商品的同时得到享受。

为此，三井财团的三越百货提出了一项新的经营方针：为消费者提升物质和文化生活水平、满足多种物质文化生活需求服务。在从事商品经营的同时，三越百货不断增强商店的文化色彩属性，经常举办国内外文化展览，展销知名画家作品，举办各国工艺美术、文物、绘画、宝饰、花卉的展销，设有戏院、影院，制作广播电视节目，邀请著名演员演出，举办各种游艺娱乐活动。

三越百货认为，卖东西本身不叫服务，服务是另一个概念。因此，三越百货在这一时期还开创了许多便利顾客的服务项目，如免费停车场、休息室（备有茶饮，播送歌曲等）、问询洽谈室（为顾客办婚事、送礼品，根据对象、条件建议应购商品，当好参谋）、全国免费代客送货等。商店出售的服装还可去肥改瘦、小修小改，稍等可取。正是三越百货的一系列革新，引领了日本百货的成功。

据数据统计，1963—1973年，日本百货业卖场面积以平均8%的速度递增，10年间全国新开155家门店。其中，更是出现了以三越百货日本桥店为代表的卖场面积达5万平方米的巨大门店，店面规模也一度成为全日本第一，直到1969年被商场总面积达6.5万平方米的高岛屋百货超越。事实上，购物中心类百货店正是百货业高速发展时期的典型发展战略。

1971年，三越百货成为日本零售业首家营业收入突破1000亿日元大关的公司。同年，海外第一家分店巴黎三越开店。1972年，是三越公司创建300周年。这年石油危机冲击全球经济市场，商品价格上涨，三越百货把它经营的商品价格冻结1年，号称为社会服务。三越百货还直接从生产者手里购买商品，如从农民那里买来新鲜蔬菜，并用汽车运到公司门口出售，用以招揽生意。

到20世纪80年代，除最早建立的三越百货日本桥总店外，三越百货在日本全国主要城市大阪、东京等地共设有支店14家、小店铺24家。百货全年销售额为4700多亿日元，居全日本百货行业首位。此外，还有两个仓库式商店，一个叫盐滨中心，经营高档商品，有钢琴、家具等；另一个叫冬云中心，主要经营医药、杂货等。

当时，三越百货总面积63.8万平方米，其中营业面积28万平方米，日本国内从业人员1.4万人，资本超200亿日元，企业毛利为1100多亿日元，纯利为100多亿日元。另外，资金周转平均1年10次，其中食品部20次，一般商品12次，贵重金属商品2次。不只是在日本本土，三越百货还在巴黎、伦敦、罗马、纽约、新加坡、夏威夷等地建立了海外支店。

除此之外，三越百货还有合作店14家，它们主要是在资金、进货、人事等方面与三越百货合作。这些商店规模较大，总面积为38万平方米，年销售额能够达到3700亿日元。此外，三越百货还有供给店24家，这些商店的货源基本上是由三越百货负责供给，并进行定期结算，给予优厚的待遇。实际上，这一时期合作店与供给店的总面积和销售额都超过了三越百货直属支店的总数。

为保障这一庞大的商业网络的货源供应，三越百货专门设立了3家子公司作为加工厂，分别是国际食品、三越缝纫（服装）和三越家具。这3家子公司虽然分别经营，自负盈亏，但与三越百货一直保持着密切的业务关系，并在资金分配、人事管理、商品制造与销售等方面由三越百货领导和制约，从而形成了完整的商业配套体系。

新时期的“越后屋商法”

随着日本经济的飞跃发展，国际上的新鲜事物开始不断涌入，而三越百货就成为它们登陆日本市场的第一站。1971年7月20日，在东京最繁华的银座三越百货的一楼，日本第一家麦当劳隆重开业，当天就吸引了超过1万名食客，与麦当劳汉堡同时卖出去的可乐达到了6000瓶，当天的销售额创造了100万日元的纪录。由于盛况空前，连店内的收银机和制冰机出现了故障。

1971年，日本第一家麦当劳在东京银座三越百货的一楼开业。之所以如此选址，是因为看重了银座三越百货巨大的发展潜力

购物、娱乐、饮食……基本在这一家百货店就可以满足消费者所有的需求，因此三越百货被称为当时东京最好逛的百货商店。此后，三越百货以东京银座店为基础，开启了第一次扩张：1971年，把千叶县的奈良屋百货公司收归旗下，改称“新奈良屋”，即后来的“千叶三越”；随后，又相继把新潟县的“小林百货店”和鹿儿岛县的“丸屋”也收归旗下。

然而,急速的扩张不可避免地产生了新麻烦,那就是大量新店开始出现商品短缺、资金短缺、人员短缺等问题。与此同时,也出现了传统商业资本与新型商业资本并存的局面,并且相互之间竞争非常激烈。这里的传统商业指的是以三越百货为代表的商店,而新型商业则是指在20世纪60年代中期逐渐发展起来的自助售货形式的超市,它改变了传统的面对面的售货方式。

1972年,以日本大荣超市的营业收入超过当时零售业龙头三越百货为标志,超市正式成为百货业的主要竞争业态。虽然当时百货业整体仍占据领导地位,但是单店营业收入能力被超市取代。为了快速占领卖场,满足消费者日益高涨的消费需求,同时也为了应对新型商业模式的冲击,以三越百货为代表的日本传统百货商店进行了战略性革新。

首先,百货公司纷纷与欧美高端品牌签订独家代理协议,将欧美高端品牌引入日本市场,实现商品高端化转型,与超市的低价格形成差异化竞争。二战结束初期,为了获得更大的市场,三越百货曾将顾客群体从上流富裕阶层扩大到广大的中产阶层。此时,为了形成差异化结构,三越百货则再次提高了档次。事实上,商业策略从来都不是一成不变的。

随后,为了减少对供货商的依赖和降低经营成本,日本百货公司开始推出集中联合采购制。百货企业牵头横向整合各制造商,成立联合采购机构,以联盟制的方式组建采购集团,集中采购并开发商品。例如在服装领域,就可以整合纺织制造商、大型成衣公司等,成立联合生产团队,共同研发、制造,并最终投放市场,在这一过程中,百货公司扮演的就是产业组织者的角色。

进入20世纪80年代,三越百货基本形成了"中央一贯统一进货制",即各种商品基本上由总公司设立的进货本部统一组织从国内工厂进货和海外进口。因为如果各个支店单独去组织进货,必然要设置进货机构,并配备大量的采购人员,造成浪费,加大开支,还会出现价格不一致、内部竞争等,不利于企业的经营。这样一来,进货本部实际上就成为百货商店内部的"综合商社"。

进货本部下设两个仓库和一个运输队。它既是进货部,又是批发部,同时也是一个采购供应中转站,具有管理商店和制定物价的职能,当需调价时,由各支店提出意见经进货本部批准后方可执行。进货本部每月还会进行一次进货成果活动分析,总结经验教训,调整计划。当然,考虑到区域因素,总部也会赋予各个支店一定的采购权,占进货总额的10%~20%。

17世纪后期至今,正是凭借着三井高利提出的"越后屋商法",三井越后屋一跃成为"天下第一吴服商"。而在面对新型商业带来的经营压力时,新时代的"越后屋商法"应运而生,并帮助三越百货不断前行。如果说传统的"越后屋商法"是一种独特的销售、贩卖与采购技巧,那么新时代的"越后屋商法"就是一种理念,是三井400多年商业智慧的体现。

“制贩统合”型供应链管理

20 世纪 90 年代初期，日本百货业发展进入巅峰时期，整体营业额高达 10 兆日元，占日本社会零售总额的 8% 左右。然而，随着日本泡沫经济的崩溃，日本经济开始出现长期低速不振的趋向，这也直接导致消费者的消费日益偏向低价格化。以超级市场如廉价商店为代表的新型营销机构发展迅猛，传统的百货商店受到空前激烈的挑战。

1993 年，三越百货的销售增长率为 5%，1994 年降到 1.2%，西武百货商店则更是直接由 15.7% 降到了 2.5%。于是，这一时期的日本百货企业掀起新一轮业态创新，希望借助创新的经营方式提高经营能力，实现业绩增长，使百货业重整旗鼓。三越百货提出了“扩展百货商店”的经营方针，伊势丹的口号是“综合生活产业”，西武百货商店的口号则是“综合生活信息服务企业”。

从这些企业的经营方向和目标口号中不难发现，日本百货巨头的第一次尝试是经营范围的扩大化，日本许多百货商店开始积极介入金融、服务和不动产等行业。但是，这种多元投资的发展战略并没有取得成功。20 世纪 90 年代中期，三越百货在整理其西餐服务业投资时发现经济损失竟然高达 44 亿日元，非但没有实现业绩增长，反而背上了整顿亏损子公司的包袱。

想走出百货业的困境，就要回归百货商店本身。当时，百货业面临的主要问题是促销降价导致的“价格破坏”，使得超级市场和廉价商店逐步掌握了定价权。百货公司不得不跟随降价风潮，结果背负了巨大的价格压力。于是，百货公司决定通过综合采购和开发私人商标逐步夺回定价的主导权，扭转过去被动降价的局面。

为此，日本百货业引入“制贩统合”型供应链管理方式，即通过与供货商共建快速反应体系，根据需求变化调整生产，优化原材料采购、组织生产、物流安排和销售等业务流程，实现产销联合、信息共享、共同决策的“制贩统合”系统管理。以周为单位，根据销售计划柔性调整生产，不但避免了断货和滞销的双重经营风险，而且保证了商品的个性化。

为了能够更好地实现这种供应链管理，三越百货设立了专门负责调查的部门——经营调查部，由各支店会计管理部收集情报汇总到该部门。情报内容包括但不限于：国内外市场不同商品的行情和前一年的商品销售额以及各种商品的价格、颜色、式样、规格尺寸。为了收集情报，每个商品都要填商品进销卡片，写明商品价格、性能、颜色、款式、规格，每周汇报一次，为下一周提供参考。

当然，三越百货的经营调查部不只调查商品信息，也会关注经营情报。调查发现，英国在 15 年时间内百货店减少了 200 家，其中仅 1993 年就减少了 70 家。从 1977 年到 1992 年的 15 年间，美国百货商店的市场占有率也下降了 1.8 个百分点。1993 年 11 月，德国同行业中位居第一和第三的两家百货公司合并，并调整了经营业态。种种迹象表明，百货商店的市场份额下降是世界性趋势。

作为日本百货公司未来发展生存的必由之路，加大企业重组的力度似乎也成为各家公司今后必然的选择。进入 21 世纪之后，以三越百货为首的日本百货业便出现了行业全局性整合的发展特征。2003 年，三越总店、名古屋三越、千叶三越、福冈三越、鹿儿岛三越进行合并，成立“三越株式会社”，而这也只是并购风暴前的牛刀小试。

第三节　在中国市场折戟沉沙

三越登陆中国香港铜锣湾

20 世纪 60 年代，日资百货公司就已经在努力开拓中国香港市场，但限于当时港人收入少，生活条件差，消费水平较低，加上二战阴影，因此那一时期日资百货公司对中国香港市场一直采取低调经营方针，生意也主要面向外地游客。这种情况在 20 世纪 70 年代后期逐渐发生了改变，日资百货纷纷在中国香港开设分店。

一方面，由于中国香港经济起飞和港人生活日渐富裕，港人开始重视中高档消费品的包装与品牌，加之受到当时日本经济高速发展的影响，以及中国香港新闻媒体的广泛宣传，日货开始走俏港市。在三越百货进驻中国香港之前，只有大丸、松坂屋及伊势丹这 3 家日本百货在中国香港发展，可以说是三越百货开启了日资百货在中国香港的黄金年代。

另一方面，在中国初行改革开放之时，日本百货企业就已敏锐地觉察到中国消费市场的巨大潜力。日本百货业高层决策人士预测未来世界经济发展的中心将会移向亚太地区，中国的发展前景非常乐观。他们精心重绘了未来发展战略蓝图，将重心置于中国及东南亚市场。作为实施战略的第一步，就是要短期内重拳出击中国香港百货市场，站稳脚跟。

1981 年 8 月 26 日，日本三井财团的三越百货在中国香港铜锣湾人流最旺的轩尼诗道兴利中心开张，租用了地面至地库共 4 层，连同货仓承租楼面逾 12 万方呎（约 1.1 万平方米）。三越百货用当时中国香港其他商场并不多见的滚梯，将香港民众带进了中高档商品云集的日式消费潮。香港民众回忆说：“沿着扶手电梯走下地库时，阵阵新鲜出炉的面包香扑鼻而来，引人大力追踪直下底层。”

进入 20 世纪 80 年代后，改革开放促进了香港经济的进一步繁荣。随着经济的高速发展和经济结构朝以金融贸易服务为主导的方向转型，香港中产阶层迅速崛起,成为消费市场上消费欲望及消费力极强的群体。到香港回归时的1997年,日资在港的百货公司已扩展到11家,分店22家。中国香港铜锣湾地区更是因日资百货云集,一度还被称为"小银座"。

当时的三越百货就极力维持其面向年轻化、面向中收入群体的形象,香港三越百货的目标顾客层面虽然很广,但其中六成顾客为年轻人,占约四成的生意额。三越百货在香港地区的鼎盛时期,在九龙尖沙咀北京道还开有一家分店。铜锣湾三越加入了主要针对年轻人和儿童的意大利贝纳通(Benetton)品牌,尖沙咀三越则加入颇受年轻人欢迎的日资潮牌ICE FIRE。

进入21世纪以后,日本经济开始出现颓势,中国香港零售市场也不景气,日本的百货公司为削减开支、度过衰退期,纷纷撤离海外市场。2000年,日本崇光百货将旗下的香港百货出售给了中国香港华人置业集团;2005年,日本西友百货把旗下西田百货的全数股权出售给了新鸿基地产。一时间,在中国香港的日资百货公司不是倒闭,就是自动关门,最终只剩下三越百货坚守。

2006年9月17日,经营了25年的香港铜锣湾三越百货,静静地落闸宣告结业,这也标志着中国香港最后一家日资百货公司正式撤离。事实上,自1981年进入中国香港市场以来,三越百货在中国香港的销售业绩一直表现不错。2006年2月,它的销售额达到1500万美元,这在三越整个海外分部销售额中,所占比重高达40%。那么,三越百货为什么还要选择离开中国香港呢?

对于关店的原因,时任三越百货董事长荻野纯司给出的理由是房租太高,"中国香港的租金真是crazy(疯狂),比起银座还贵很多"。实际上,日本百货全体撤离中国香港市场,也意味着香港消费者的消费习惯已经发生了变化,中高档商品云集的日式消费已经不适应潮流了,取而代之的是专卖店集中的超大规模购物商城的兴起。而在香江的对岸,日资百货的故事依然在继续。

伊势丹沉浮上海滩

1992年9月,商业部公布了《关于对试办外商投资商业零售企业中外合营者进行资格审查的通知》。日本伊势丹百货迅速响应,于1993年6月在上海、同年12月在天津开设了两家百货商店。其中,上海伊势丹百货店是与中国国家旅游局(现文化和旅游部)下属的中国华亭集团合资的企业,出资比例为伊势丹与华亭集团各占50%,因此又叫"华亭伊势丹"。

当时的上海华亭伊势丹营业面积为5400平方米,职工人数为360人,由伊势丹方面掌握经营管理权。顾客则是以在合资企业工作的职业女性及高收入家庭的妇女为主要对象。在商品构成中突出国际品牌及商品的流行性,其中20%的商品是经由香港地区进口的海外商品。另外,店内还开设了冰激凌店及咖啡店,突出了日式百货店的特色。

1993年，上海华亭伊势丹（现属三越伊势丹控股）开业，直接推动了20世纪90年代中期上海百货业的经营革新，并由此产生了“伊势丹现象”

在采取一系列措施后，伊势丹便在上海消费者中确立了高级百货店的地位。当时，上海伊势丹别具风格的经营方式，直接推动了20世纪90年代中期上海百货业的经营革新，并由此产生了“伊势丹现象”这样一个名词。国内商家纷纷派人参观学习，在不允许拍照的情况下，甚至请来画家现场素描，从橱窗到商场内的布置都不放过。

由于伊势丹方面管理得当，上海华亭伊势丹开业当年的销售额就达到24亿日元，并实现了当年盈利。这种时尚不仅是指商品，也是为那些生活品质要求较高的人士提供一种新的生活方式。引进伊势丹的成功在当时国内外产生了巨大反响，香港《大公报》就此事采访商务部原部长胡平，他肯定了引进管理也是中日的合作方式之一。

1997年5月，伊势丹决定在上海追加投资，联合香港和记黄埔地产有限公司开发了梅龙镇伊势丹。梅龙镇伊势丹是日本伊势丹继华亭伊势丹之后在上海投资的第二家分店，坐落于南京西路1038号，地处上海商圈黄金三角地段，是包含了停车场及写字楼的大型购物商场。梅龙镇伊势丹的经营宗旨是每天以新的时尚展现在顾客面前。

进入2005年以后，上海淮海中路瑞金路到重庆南路段的中高端客流量逐年来持续下降，随着沪上商业的逐渐发展，华亭伊势丹品牌经营层次不升反降，使得日方难以承受淮海路日益上涨的租金压力。花无百日红，同香港地区的三越百货一样，曾经辉煌一时的华亭伊势丹也迎来了房租这道坎。由于淮海中路高租金而带来的高成本和相对低效的物业，很多零售企业不得不“忍痛割爱”。

2007财年，华亭伊势丹的销售额滑落至23亿日元(约1.5亿元人民币)，已连续两年出现营业赤字。在“硬件”方面，华亭伊势丹也存在“先天不足”之处，如整个国际购物中心的停车位不足，“满”字标牌成天高挂；中央空调设备老化导致同一家商场温度冷热不均，顾客抱怨不断。这些都成为生意日渐冷清的因素，也成为华亭伊势丹与物业方的争执焦点。

最终在2008年12月16日，这个曾经是淮海中路高档百货代名词的华亭伊势丹通过采取“逐层关闭”的策略关店。当然不可否认的是，华亭伊势丹的关门除一些客观原因外，日本伊势丹方面没能迅速迎合中国本地市场的需求变化，固执地执行日本总部制定的各种标准化做法，也是其水土不服的重要原因。

2010年3月，经过整整一年的调整转型，与华亭伊势丹独立经营结算的梅龙镇伊势丹重新营业。然而，作为曾经上海高端商场的代表之一，梅龙镇伊势丹也不可避免地给顾客留下了设施老旧、服务不佳、楼层低、压抑等印象，最终于 2024 年 6 月 30 日终止营业，这也标志着“伊势丹系”基本退出了上海市场。

东北与大西南的相继撤退

2013 年 6 月 1 日，沈阳伊势丹百货宣布闭店，这是继 2007 年济南伊势丹以及 2008 年上海华亭伊势丹之后在中国关闭的第三家店。事实上，自 2008 年开业以来，沈阳伊势丹每年亏损额平均都在 2000 万 ~ 3000 万元人民币，一直没达成目标的预算，为了扭转亏损的局面，沈阳伊势丹也进行过很多尝试，但效果并不理想。

沈阳伊势丹选址位于沈阳繁华核心商圈太原街步行街，无论是客流还是消费群体都满足日本伊势丹方面的预判，但经营效果不尽如人意。显然，这里面存在一定的客观因素：沈阳的商业地产实际上已经呈现饱和趋势，而且，彼时商业地产已经开始了大浪淘沙，在伊势丹之前，雅仕百货、世茂五里河百货、美美百货、西武百货等外资中高端百货项目已经纷纷退市。

除当地市场混乱、竞争激烈之外，沈阳伊势丹连续亏损最终撤离的还有更深层次的原因。同此前出现问题的华亭伊势丹一样，相对保守的营销思路也是其败走的原因之一。虽然中国的百货业态经营模式在很大程度上借鉴了日本，但日资百货一直存在对市场变化不敏感的问题，这也直接导致其在与兴隆、万达等本土百货品牌的竞争中处于下风。

对此，商业地产服务公司 RET 睿意德的董事兼副总经理梁炜骅表示，“日方管理者有他们自己的理念，但这在中国就不一定适用了”。比如，沈阳伊势丹的商品很少如竞争对手那般做折扣销售，而是强调在店面管理与会员服务方面入手。沈阳分店的关闭并没有影响伊势丹在中国继续战斗的计划，此后与三越百货合并成立的三越伊势丹控股选择转战大西南。

2007 年开业的伊势丹成都春熙店是日本伊势丹在中国的第五家店，整个卖场的建筑面积达 3.5 万平方米，是其在海外最大的百货商场。2008 年，新成立的三越伊势丹控股选择将成都作为自己的新战场，之所以定位成都是因为此前成都伊势丹一直都在比较顺利地发展。据成都伊势丹百货董事兼总经理松元公博介绍，2009 年成都伊势丹销售业绩同比增长 30%。

2013 年，三越伊势丹控股宣布开启成都二号店项目。2018 年 4 月，成都二号店伊势丹超市成都银泰中心 in99 店开业，这是三越伊势丹控股进入成都以来第一次以超市的形式单独进入商业综合体。伊势丹 in99 店是面积约为 2500 平方米的食品和生活用品的综合超市，延续了三越伊势丹控股独家“安心、安全、信赖”的企业理念。

2022 年 6 月，成都伊势丹百货有限公司发布通知函称伊势丹春熙店与银泰 in99 店终止经营。其中，春熙店是因为所属的业主方将出售相关土地和建筑物，不能及时找到替代方案,而位于高新区的 in99 店则是因为持续亏损而停业。这也意味着在成都发展近 15 年的伊势丹退出了该地市场,显然伊势丹挺进大西南的计划同样遭遇了挫折。

虽然三越伊势丹控股这样的日资百货零售企业在华策略也在不断变化,但百货业态疲软的大问题仍然是不可避免的。据不完全统计,仅 2022 年就至少有 35 家百货门店关闭。全新购物中心的崛起、品牌商品种类的增加,影响了一大波传统的百货店。而体验式业态和“互联网 +”模式的崛起,更是冲击了老化的百货店。

早在 2013 年,时任伊势丹(中国)投资有限公司董事兼总经理的寒河江功一就曾表示,未来伊势丹计划将中国店铺的数量增至 10 家。可是事实上,随着上海、沈阳、成都等店面相继停业,伊势丹在中国的商业版图也就仅剩下了天津一座城市。然而,作为当地首家日系百货的伊势丹天津南京路店最终也选择了谢幕,伊势丹中国市场似乎真的折戟沉沙了。

天津卫的“独苗”:仁恒伊势丹

1993 年,伊势丹以天津第一家独资零售企业身份进入天津市场,销售业绩一直领跑伊势丹各海外分店,更是成为当时中国的建店模板。2024 年初,天津伊势丹南京路店和天津滨海新区店相继宣布终止营业。随着这两家店的相继离场,伊势丹在天津乃至整个中国也仅剩下与天津仁恒置地集团合作建造的仁恒伊势丹。

2019 年,仁恒伊势丹由天津仁恒置地集团出资 2.04 亿元人民币,日本三越伊势丹控股出资 1.96 亿元人民币共同成立,利用原乐天百货(属仁恒地产)南开 1 号店开设伊势丹天津新店,双方合作是当年天津市筹划的重点商业设施之一。2021 年 9 月,位于天津主城区鼓楼商圈的仁恒伊势丹正式开业,新店定位打造一个连接人与时代的“Shopping Museum”(购物博物馆)。

仁恒伊势丹的购物博物馆概念来自三越伊势丹控股此前提出的“时尚博物馆”理念。三越伊势丹控股作为世界上独一无二的以“时尚博物馆”为目标的商业设施,将时尚与艺术充分融合,并在此基础上孕育出了新的理念——“学”,从而诞生了伊势丹风格的体验业态——iSETAN MANABI - i(manabi 在日文中解释为学习)。

三越伊势丹控股的 iSETAN MANABI - i 分为两个主题:次世代儿童教育项目“cocoiku”和顾客交互体验项目“OTOMANA”。这些项目以提升生活品质为核心宗旨,以优质的场景构造为顾客提供更有文化、更有品质的生活方式;把日本企业所擅长追求细节与品质的优势充分发挥出来,精选每一种商品类别、商品品牌,以高品质商品引领消费。

“cocoiku”项目不同于一般的早教中心,而是以三越伊势丹控股会员的大数据

近年来，凭借着先后引入茑屋书店、抹茶东京、ROYCE巧克力、滨寿司等日本知名品牌，天津仁恒伊势丹对年轻消费者仍有不小的吸引力

为基础，对富裕家庭的儿童消费方面进行深入研究，同时广泛听取育儿家庭的烦恼与意见后成立的为核心客户的家庭设立的新型体验业态。“OTOMANA”项目的重点则是让顾客发现自己的兴趣点，通过体验各种各样的活动来提升自身的品位与素质，结识与自己志同道合的人，从而产生新的乐趣与可能性。

三越伊势丹控股认为：“每一天都是新的开始，要比任何人都更早一步接触到新的事物。从时尚的知性到感性的磨炼，提升自身的品位，生活因此变得丰盈。”这是一个迄今为止没有任何商业能够让顾客体验到的新型理念，将商业设施作为一个因兴趣与求知的汇集交融而丰富人生意义的场所。这是顺应当前的消费趋势，基于目前市场上大多数购物中心发展模式而升级的新一代商业概念。

这实际上已经超越了传统卖场的定义，而是品牌方与顾客之间在体验中相互了解和认知的过程，也是品牌价值的宣传以及文化的传递。这种传递可以扩展到更大的商业范围，这里不仅是购物中心，更是一个乐园或体验中心，在实体的空间内没有线上和线下的界限。顾客在体验的过程中感知产品的理念、性能以及企业背后的故事，最终完成体验和购买。

对于是否将三越伊势丹控股的 iSETAN MANABI－i 体验业态完全复制到中国市场，仁恒伊势丹总经理美川龙二表示：“我们并不把仁恒伊势丹定义成为一个常规的百货公司或商业购物中心，用我们的企业理念来诠释会更贴切，我们是在打造一个连接人与时代的空间，一个提升生活质感的空间，一个兑现时间价值的空间。”

仁恒置地集团董事局主席钟声坚也表示：“我们（仁恒）不在乎造出多少的房子，希望能造出一个几百年后还活着的企业。”对此，三越伊势丹控股的 CFO 伊仓秀彦表达了他对仁恒置地集团的高度赞赏和认同：“选择与仁恒合作，是因为仁恒不计一时得失、打造百年形象的理念与我们（三越伊势丹控股）的理念一致，未来还将与仁恒展开更多合作。”

第四节　稳扎稳打的新光三越

传授日式百货的服务和品质

1991 年 10 月，新光三越百货在中国台湾台北市的南京西路正式开业，是主要经营销售各项百货商品、餐饮娱乐及生鲜的超级市场，并有新光影城等附属事业。这间地上 10 层、地下 4 层的百货公司是由原来的新光百货南京西路总店拆除重建的，根据中国台湾新光集团与日本三越百货签订的合约，双方各持有新光三越 50% 的股权，共同负责经营。

日本三越百货之所以选择与中国台湾新光集团合资开办百货公司，一方面，是因为新光百货在中国台湾当地的商业影响力。20 世纪 80 年代的新光百货就已经是中国台湾百货公司营业收入排行榜前三的存在了。另一方面，是因为新光集团的日式经营渊源。在新光集团创始人吴火狮（1919—1986 年）床边，就放着日本企业家涩泽荣一的《论语与算盘》一书，他也会时不时地阅读。

吴火狮出生于中国台湾新竹县东势村的一个小商人家庭，青年时曾在日本人小川光定开办的平野商店当学徒。因工作认真负责，吴火狮深得小川光定的赏识，于是小川光定便拿出 3 万元（台湾银行券）开设了一家分公司——小川商行，让年仅 20 岁的吴火狮出任经理。由于工作的关系，吴火狮要经常往来于中国台湾与日本之间，在此期间逐渐对日本商业文化产生了兴趣。

1945 年，台湾光复。吴火狮与大哥吴金龙及洪万长、林登山等人合资在台北市建立了新光商行，这就是新光集团的前身。之所以取名“新光”，是因为“新”代表着他是新竹人，而“光”则是为了感谢有恩于他的日本老板小川光定，同时意味着“新竹之光”，取事业兴旺发达之意。成立之初，新光商行主要是从日本进口布料，以及从中国大陆进口面粉、豆类、棉布等生活必需品。

20 世纪 60 年代，新光集团开始涉足纺织品、畜牧、煤气、保险等诸多领域，并逐渐做大做强，形成了“商业 + 产业”的集团雏形。吴火狮年轻时候的梦想就是创立一家规模大、服务好的高水准百货公司。于是，新光集团在 1974 年于台北市成立了新光百货。吴火狮担任董事长，并由大哥吴金龙的长子吴东兴负责策划与管理。

进入 20 世纪 80 年代，随着台湾地区百货公司群雄并起，竞争日益激烈，新光百货经营不如从前。1982 年，为了冲出经营困境，新光百货选择与三越百货进行技术合作。由三越百货派人来到台湾地区解决指导新光百货在经营上遇到的各种问题，以及为其提供顾客服务策略。1986 年，台湾当局开放外资投资台湾零售业，随即新光百货与三越百货的关系由合作迅速升温为合资。

事实上，新光百货与三越百货在台湾地区合资百货公司是非常成功的。继 1991 年成立第一家台北新光三越百货后，1993 年新光三越台北站前店和高雄三多店同时开业。其中的台北站前店位于当时台北市最高的新光人寿摩天大楼内，将百货公司与摩天大楼的形象结合，开业当天就引起了轰动，短短一星期就创下了 2 亿元新台币的业绩。

通过合资，三越百货不仅为中国台湾新光百货带去了组织结构方面的革新，也将日式百货经营中“服务”和“品质”的特色思想传授给了它们，使新光三越与台湾其他百货公司迅速拉开了距离。这一差距最明显的就体现在营业收入方面，1997 年新光三越的营业收入为 187 亿元新台币，1998 年迅速增加到 238 亿元新台币，一举超越远东百货，成为台湾地区百货产业中营业收入最高的企业。

进入 21 世纪以后，新光三越将目光瞄向了海峡对岸，准备开拓大陆市场。此前，新光三越陆续在中国香港、新加坡等地开设分店。2001 年北京申奥的成功，为北京商业注入了强心剂，商业地产也在这股奥运东风中加速发展。时任新光三越经营企划科科长的李召贤就表示："这时候选择从北京进军大陆百货业，主要是看重 2008 年北京奥运会所蕴含的商机。"

与北京华联集团的合作与"分手"

2007 年可以说是北京商业地产市场最为热闹的一年。这一年里，乐天银泰、西直门嘉茂、东直门来福士、日本永旺、连卡佛、新世界彩旋百货、利莹百货、银座 MALL 等外资百货商超项目纷纷进军北京市场，似乎都在为即将到来的北京奥运会"大考"做准备。在这些"进京赶考"的百货公司中，当然也少不了新光三越的身影。

2007年4月19日，新光天地百货在北京CBD华贸商圈开幕，新光天地百货作为当时中国单体面积最大的百货公司，其建筑面积为18万平方米

2007 年 4 月 19 日，台湾新光三越与北京华联集团共同投资 7.5 亿元人民币的新光天地百货在北京大望路开业。北京新光天地百货定位高端，是大陆第一家精品百货购物广场，也是台湾百货第一品牌的大陆首秀。作为当时最大的单体百货，新光天地创下了多项纪录，开业当天便吸引了 24 家中国本土品牌在百货公司首立专柜，78 个国际品牌在中国与全球同步推出最新产品。

日台合资的新光三越选择北京华联集团作为首次进军中国大陆的合作伙伴，显然是看重了北京华联集团在中国零售领域的强大实力，希望借助华联更好地实现新光天地百货商场的中国大陆本土化经营。北京华联集团是中国商务部重点扶持的 15 家全国大型零售企业之一，也是国际百货协会(IADS)唯一的中国零售企业会员。

当时来大陆投资的并不是单纯的台湾新光三越，而是股本构成重新组合后的企业。在大陆合资的华联新光天地百货商场，其股东是北京华联集团、新光三越、新光集团、三越百货和以三井物产为首的几个商社的集体组合。可以说，新光三越实际上是三越百货进入中国大陆百货市场的"马甲"，以尽可能地降低中日政治因素对商业投资的影响。

对此，台湾三井物产有限公司原总经理小川隆为日本企业制定了一套相关的发展策略："第一阶段可以先进入中国台湾市场，了解中国人的胃口，打造好口碑，第二阶段再跟中国台湾业者合作，转进到中国大陆市场。”现在越来越多的日本零售服务企业也意识到了这一点，先把中国台湾当成“中继站”，进行本地化孵化发展，再以台商为商业伙伴，才是进军中国大陆市场的最佳策略。

虽然新光三越和北京华联集团各占新光天地50%的股权，但一开始百货公司是由新光三越派驻的台湾运营团队负责运营。在台湾新光三越运营团队的管理下，北京新光天地的销售额快速增加。数据显示，北京新光天地2008年、2009年和2010年的销售额分别是25亿元、33亿元和48.29亿元人民币，开业前3年新光天地每年的营业额都以超过30%的同比增幅高速增长。

2015年5月1日，北京新光天地百货正式更名为“北京SKP百货”，标志着新光三越和北京华联集团正式“分手”。对此有人认为，这是因为双方在合作上出现了很多的分歧。但实际上，这更像是一次各取所需后的和平“分手”，虽然台湾新光三越不再是商场的股东，百货商店也由“新光天地”变成了“SKP”，但“SKP”正是新光天地(Shin Kong Place)的英文缩写。

一方面，通过合资经营新光天地，新光三越完全熟悉了大陆市场。就在北京新光天地更名后的一个月，由台商独资运营的苏州新光天地开门迎客了，显然新光三越已经做好了独立运营的准备。建筑面积16.3万平方米的苏州新光天地充满了江南园林式的设计感，新光天地的美丽市场超市将苏式传统市集特色与全球知名市场的风格完美融合。

另一方面，学到了新光三越“百货真经”的北京SKP百货在几年时间里先后战胜杭州大厦、上海八佰伴等老牌商场，成为仅次于王府井百货的第二大百货商场品牌。2017年，北京SKP百货实现营业收入127亿元人民币，成为仅次于东京新宿伊势丹的亚洲百货业单店亚军，并蝉联中国百货单店冠军。

新光集团的新发展

2016年4月，台湾新光集团旗下的新光资产投资管理(香港)有限公司(以下简称“新光资产”)联手远洋集团打造北京通州远洋新光商业综合体，通过建设核心重点项目拉动城市副中心区域的发展。随后在2017年6月，新光资产又与广州城发基金合作推出广州天河国际金融城新光商业综合体。值得一提的是，新光三越方面从未宣布会运营新光资产旗下的商业地产项目。

由新光资产联合打造的远洋新光中心项目位于北京通州运河商务区的北门户，紧邻五河交汇源头岛，畅享四通八达的交通资源。项目总建筑面积37万平方米，包括17万平方米的甲级写字楼、10万平方米的全业态旗舰商业，是北京城市副中心稀缺的高品质综合体项目。“远洋+新光”，两岸知名地产企业的强强联合，造就了通州城市副中心这片热土创新商业地产开发的新模式。

资料显示，新光资产是新光集团的关系企业，是新光集团对外投资的核心企业群，主要整合集团各种资源，负责新光集团的对外投资事宜。丰富资产和多元化产业经营管理经验及全球化整合资源，使新光资产成为名副其实的资源整合运营商，进而带动了新光集团的发展。

2017年8月，由新光三越独资投运的重庆渝北区新光天地正式开业。重庆新光天地的定位是长江上游高端的购物及生活中心，开幕2周累计超过300万人次来客，日平均来客数逾22万人次，假日最高达45万人次。在离开北京华联集团后，新光三越也逐渐打开了大陆市场，而和中国台湾企业一起进入中国大陆的日本企业一直躲在背后默默获利。

2019年7月，新光资产与智富企业发展（集团）有限公司正式签约，宣布携手在上海市普陀区打造“智富新光时创汇”项目。新光资产参与的是该项目的二期商业部分，总建筑面积超过20万平方米，是一处集购物、休闲、旅游、会展等于一体的大型城市商业综合体，建成后将由新光资产负责具体运营。

对于落子上海，时任新光资产董事长林正表示：“相信此次两岸合作是强强联合。这是有益的探索，将推动双方今后继续深入合作。”同时，林正还表示，新光强调“把以人为本的客户体验放在首位”，通过不断创新来“创造商圈、做活商圈”，为上海新添一个亮眼地标，使其逐步发展成为融合上海购物和上海文化品牌理念的长三角商业新地标。

2019年12月，位于成都温江区的新光天地商业综合体正式开业，同样由新光三越独自运营。时任新光天地成都董事长的郑瑞铭表示：“项目落子成都，是川台两地在百货零售业合作的又一成果，同时契合了成都加快建设国际消费中心城市的发展目标。大陆经济快速发展，我对大陆市场相当有信心，四川庞大的消费人群和消费能力不容小觑。”

2024年3月，昆明市西山区人民政府与台湾新光资产以线上形式举行签约仪式，共同签订战略合作协议。省委常委、市委书记刘洪建对成功签约表示祝贺，称赞说：“昆台两地虽然相隔千里，但交流合作密切，取得了积极成效。”新光资产董事长林正则在签约仪式上表示，要充分发挥企业在管理、运营等方面的优势，推动项目加快落地建设。

此次签约仪式上并没有提及将在昆明落地什么项目，不过此前昆明市投资促进局发布的消息称：市招商小分队先后拜访了新光置业发展（苏州）有限公司和新光商业管理（上海）有限公司。通过座谈交流，新光资产基于对昆明的区位条件、人口规模及现有业态的综合研判，拟到昆明投资布局商业综合体项目，打造昆明城市商业新标杆，项目计划用地180～200亩①。

---

① 1亩≈666.67平方米。

新光三越的董事会风云

台湾新光三越总经理由吴昕阳担任，他领导经营团队负责运营百货业。吴昕阳是前任董事长吴东兴的次子，出自台湾地区赫赫有名的“新光吴家”

1989年，新光集团与三井财团的三越百货合作成立新光三越百货，由吴东兴出任董事长。吴东兴1939年出生于中国台湾新竹县东势村，是新光集团创始人吴火狮大哥吴金龙的长子。年轻时吴东兴便跟随叔父吴火狮在商场上打拼，并成为新光百货历史上最年轻的总经理。正是吴火狮、吴东兴这对“叔侄档”的努力付出，才奠定了新光百货在台湾地区百货业的龙头地位。

新光百货是台湾新光集团旗下的重要产业之一。新光集团的产业涉及保险、纺织、房地产、百货、证券投资、天然气、银行等众多领域，并逐渐财团化，与和信集团、远东集团、国泰集团、台塑集团等共同被称为“台湾五大财团”。生活在台湾地区的人，一辈子恐怕都离不开“新光”二字，它旗下的企业均与普通民众的日常生活息息相关。

日台合资的新光三越百货开业时，新光集团创始人吴火狮已经过世，实际负责人便是吴东兴。虽然吴东兴身为董事长，但由于日本三越在合资公司董事会中拥有6票席位，因此一直都是吴东兴和日方沟通与共事，即所谓的合资两方“共治”的模式。正是在这种共治模式的加持下，新光三越迎来了持续发展，2019年新光三越在台湾地区营运规模达800亿元新台币。

2020年8月20日，时任新光三越董事长的吴东兴因病辞世，享年81岁。担任董事长31年的吴东兴突然离去，新光三越董事长的位置出现了空缺，于是在9月22日，新光三越召开董事会，进行董事长补选。董事会最后在最小变动前提下，推出原副董事长、日本人村上英之升任董事长之职，这也是新光三越首次由日籍一方担任董事长。

2023年3月，由于日本合资方派出代表、时任董事长村上英之的任期届满，新光三越召开董事会，改选董事长、副董事长。最终通过董事会投票，决定由新光纺织董事长吴东昇接任董事长，副董事长则由合资方日本三越伊势丹控股派出的代表田中丰彦出任。吴东兴的次子吴昕阳仍担任新光三越总经理，并持续领导其经营团队。

新任董事长吴东昇和总经理吴昕阳再次构成了“叔侄档”，吴东昇是新光集团创始人吴火狮的四子，掌管着台湾地区“新光吴家”旗下的新光纺织和瑞兴银行。事实上，这次选举吴东昇担任新光三越董事长有些出人意料。在此前的董事会议上，日方董事就在发言中指出，公司不应该陷入家族纷争治理的泥沼，否则将启动

IPO,由职业经理人来运作。

原来,由于家族事业过于庞大以及成员十分复杂,“新光吴家”长期陷于家族内部斗争,这也导致了新光三越的董事长人选一度“难产”。最终能够形成吴东昇和吴昕阳的新“叔侄档”,除家族内部的势力平衡外,合资日方的从中斡旋也起到了至关重要的作用。在董事会12同意票对1反对票的结果中,日方的6票均投了同意票。

其实,在此前三次董事会的副董事长提名中,新光家族都没有达成共识,因此最终由日方董事推荐了新的副董事长人选——田中丰彦。田中丰彦拥有丰富的零售管理经验,在天津伊势丹百货工作过3年,此后在日本伊势丹拥有数年男装部管理经验并出任过门店店长,并于2015年出任成都伊势丹的总经理。

田中丰彦来自日本最大的百货公司三越伊势丹控股,三越伊势丹控股则是三井财团总经理会二木会中的核心成员企业。三井财团的前身是由三井家族统治的三井财阀,如今的三井财团更像是一个不存在上下级支配关系的利益共同体和命运共同体,通过旗下的三井物产、三越伊势丹控股、三井不动产、三井住友金融集团、丰田、东芝等企业,形成完善且缜密的“产商融”生态体系。

第五节　合并成为“巨无霸”

日本第一大百货公司

2008年4月1日,日本两大著名百货公司三越百货(属三井财团)和伊势丹百货(属三菱财团)宣布正式合并,成立新公司三越伊势丹控股(以下简称“三越伊势丹”)。合并方式是把三越与伊势丹按照各自估值注入新成立的控股公司,使两者成为新公司的全资附属公司,估值为1股伊势丹可换1股三越伊势丹,1股三越则可换3股三越伊势丹。

合并之前三越百货位居日本百货业第四,伊势丹百货则居第五位,而合并后的新百货“巨无霸”——三越伊势丹年销售额为1.58万亿日元,高于2007年由大丸和松坂屋合并而成的日本先驱零售集团(J. FRONT RETAILING),成为日本第一大百货公司。由于百货公司间的竞争日趋激烈,更好地利用双方的优势进行合并成为最好的选择。

ISETAN

MITSUKOSHI

2008年,日本百货业第四大企业三越百货和第五大企业伊势丹百货宣布合并,成立三越伊势丹控股,正式成为日本第一大百货公司

三越百货在日本全国拥有超20家商店,是一

家主要定位为富裕人群的高级百货商场。相比于三越百货的庞大规模,伊势丹百货则以日本关东市场为主,仅拥有7家店铺,但伊势丹百货在时尚服装领域颇具口碑,深受年轻人喜爱。新公司设有专门负责店铺运营和商品促销的部门,会在各自店里推出共同策划的商品促销活动,还将颇受年轻人欢迎的"伊势丹流"销售方式推广到三越百货。

实际上,随着三越与伊势丹的合并,日本百货业进入了"四强"领军的时代,它们分别是三越伊势丹、先驱零售(大丸和松坂屋合并)、高岛屋(高岛屋与阪急阪神百货合并)、新千禧(西武与崇光合并),这4家百货公司销售额达4.7万亿日元,占当年日本百货业总销售额的61%。百货公司合并风潮的背后其实就是日本百货业的不景气和企业的艰难自救。

日本百货协会提供的数据显示,仅2007年7月日本全国百货店销售额经商店数量变化(日本百货公司关闭)调整后同比下降4.3%,为7227亿日元,东京百货店销售额同比下降3.9%,为1745亿日元。此外,由于人口趋降、市场缩小和大型购物中心及超市挤压,日本百货业处境艰难,截至2007年同店销售额已连续10年下降。

在这种大背景下,日本百货业重组兼并不断,最大百货公司规模频频被刷新。然而,面临消费文化转型、基础人口萎缩、市场消费景气低迷的诸多宏观经济难题,仅依靠捆绑规模是很难领军百货行业的。如果不能像明治时代销售吴服那样及时准确地抓住市场需求动态,跟上时代文化的大趋势,日本百货企业是很难实现涅槃重生的。

三越伊势丹计划在合并5年后,即2013财年实现750亿日元业界最高营业利润(实际利润360亿日元)。要实现这个目标,最大的难题是如何重振三越百货的业绩,因为截至2008年2月底,三越百货已连续两年出现赤字,特别是重新装修后的日本桥总店和名古屋荣店等旗舰店销售一直难有起色。公司认为,伊势丹百货把握顾客心理、推出畅销产品的体制将有助于三越百货的经营改善。

2010年,为了使两家百货公司更快融合,三越伊势丹制定了三年战略规划。第一,面对客户多样化的需求与价值观,公司要求加强与客户的联系,重新审视与供应商的关系,提供更加丰富的商品,重塑百货行业的形象;第二,促进三越百货和伊势丹百货的结构改革,提高重组效率;第三,面对日益萎缩的日本市场,公司应增强更广泛的服务功能,同时加强对新兴亚洲市场的扩展。

不难发现,自三越伊势丹成立以来,无论是最早的经营责任者武藤信一,还是其后的社长大西洋、杉江俊彦,以及如今的细谷俊幸,三越伊势丹的最高管理者都清一色来自伊势丹百货,"伊势丹系"似乎牢牢掌控着公司的经营权。那么,这个被寄予厚望的伊势丹百货究竟有着怎样的魔力,又是否能真的为三越伊势丹的发展带来强大助力呢?

兼并重组不是万能药

作为日本最大的百货公司,三越伊势丹在日本全国经营着26家商场。集团旗下有4家独立的百货品牌,除三越百货和伊势丹百货外,还有川德百货、丸井今井百货。川德百货创立于1866年,总部设在岩手县盛冈市,是岩手县引以为傲的品质保证。丸井今井百货则创立于1872年,是北海道最古老的百货公司,以奢侈品牌和北海道特色食品而出名。

在三越伊势丹旗下的所有商场中,有3家尤其受欢迎,它们分别是销售额领先日本全国的新宿伊势丹百货、日本第一家百货商场——三越百货日本桥总店、东京银座潮流区数十年来的地标性建筑——三越百货。其中,三越伊势丹发布的2013财年年报显示,仅新宿伊势丹百货的纯利润就占到了整个集团净利润的20%左右。

与新宿伊势丹百货形成对比的是JR三越伊势丹店,这家位于大阪的百货商店于2011年5月4日开业,前期筹备主要由三越团队完成,实际运营管理团队则是伊势丹委派的,可以说是三越与伊势丹合并后的旗舰工程。该店第一年度预计销售业绩是550亿日元(约46亿元人民币),但到2012年底销售额仅为310亿日元,2013年销售额更是不到300亿日元,距离计划差距很大。

显然,JR三越伊势丹店并没有实现"1+1 > 2"的效果,其背后的管理层观念冲突反而越发凸显。大阪媒体就有分析说,大阪的消费者实际认同的是三越百货的经营和服务风格,但是开业以后的店铺主要展示了伊势丹百货的风格。事实上,早在合并之初就有供应商提出了自己的担忧:两者企业文化的差异可能会导致新公司的"内部失衡"。

对于三越百货而言,引进伊势丹百货这一业界顶级企业作为合作伙伴的目的非常明显:借鉴伊势丹的管理经验阻止效益的进一步滑坡。三越是日本老牌百货企业,长期以来一直是百货业的一面旗帜。因此,有专家曾表示:"三越与伊势丹合并后能否取得成功,关键要看伊势丹能否在尊重三越传统的同时,保持企业运营的一贯性。如果过于拘泥于尊重三越的传统,或完全摒弃都将适得其反。"

一位与三越和伊势丹都有业务往来的供应商如此描述两家企业的区别:三越的沟通体系是自下而上,伊势丹则是自上而下决定商品策划;三越擅长针对老顾客营销,伊势丹则将商品策划作为公司经营战略的核心。这位供应商认为,正因为两家公司都是日本久负盛名的老牌百货企业,所以如果在短期内全面灌输伊势丹的文化,可能会带来极大的风险。

企业文化的形成过程是十分漫长的,伊势丹的企业文化优势在于其商品策划和采购模式,但这些都不是一蹴而就的。事实上,伊势丹优秀的商品策划和采购模式已经形成了一种"基因",这种基因不是简单的几本手册就可以弄明白的,而是“伊势丹人”言传身教代代相传刻在骨子里的。因此，将伊势丹在商品策划和采购方面的经验移植到三越并不是一件轻而易举的事情。

面对日益严峻的商业环境，百货企业的兼并重组在一定程度上必然有利于削减间接部门的成本，但并购不是万能药。无论怎样整合，无论服务、营销、基础管理如何精致，最终决定百货企业生存的关键仍然在于“根据当地顾客的需求对商品、服务进行调整”，这与规模大小没有必然联系。新的百货公司如何顺利实现整合，成为同舟共济的组织，才是真正值得思考的问题。

银座是东京的心脏，三越百货则是心脏中的心脏。这家位于银座四丁目交叉路口的百货商店自1930年开业以来，已有近百年的历史

据业内人士预测，日本百货市场总规模未来将从现在的7万亿日元减少到6万亿日元以下，因此合并重组只是日本百货业发展过程中的一个手段，而不是最终目的。正如三越伊势丹前社长大西洋说过的那样，“小卖场、大学问。百货公司能够提供给顾客的创新产品和服务项目有很大的空间，其潜力就好像山脉一样。就看我们敢不敢、能不能冲破现有百货店的事业框架约束”。

百货商店不止于销售商品

2010年之后，日本百货企业门店数量持续减少，卖场面积同时下降。但是，以2010年为指数100计算，卖场面积下降幅度低于门店下降幅度，现存门店扩建效果显著。同时，每名员工年均销售额和坪效（商场经营效益的指标）逐年上升，百货企业的营业收入能力不断提高，利润率逐渐恢复增长，似乎日本百货业已经实现蜕变转型，重回增长通道。

不可否认的一点是，传统百货业市场依然不断萎缩，日本全国零售总额是140万亿日元规模，1991年百货业最高销售为9.7万亿日元，占零售总额的7%，2021年占比已经下降到了4.4%。与此同时，日本电子商务总额达到15万亿日元，占全国零售总额的10.7%。曾经和百货店不相干的便利店，也开始触及消费者的饮食习惯，紧紧抓住消费者，减少了消费者光顾百货店的理由。

事实上，打败你的不一定是同行，也有可能是跨界。因此，百货商店故步自封，固执地坚守过时的经营模式是没有未来的，必须引入新的技术和智慧，鼓励活跃的做法。方法是开展电商，打造“运用IT、店铺、人才的新时代平台的百货店”，从而吸引认为“百货店档次太高了”的年轻人群，以及“想购买百货店的高档商品但由于没有时间而选择邮购”的白领女性等新顾客。

在拓展电商业务方面，三越伊势丹第一步是扩充现有在线销售的商品数量，从2014年7万余种单品增加到30万种，销售额增长30%；第二步则是努力做到与实体店铺的融合，无缝开展 O2O(Online to Offline)以实现成长，并开展全渠道战略。依托最新的物流系统，三越伊势丹已经可以完成首都圈内的当天配送，实现实体店与网店的双向购物体验。

全渠道战略就是将所有销售渠道的顾客及商品信息联系起来，根据通过与顾客的交流得到的数据，在顾客需要时为其提供相应的商品。三越伊势丹于 2015 年宣布发力自主品牌，包揽服装、鞋子、杂货的设计、制作、销售的整个链条，正式做自有品牌专业零售商。三越伊势丹会分析卖场的销售情况，并在新商品策划中将其反映出来，力求制作出更多顾客想要的商品。

2015 年 1 月，三越伊势丹开设旅行业务成立旅行社，为三越百货的富裕客户提供旅行套装。当年，这项旅游业务为公司带来 70 亿日元的销售额。此外，三越伊势丹还与日本婚庆领域优秀企业 Plan · Do · See 合作，从情人节用品、婚庆用品、新生儿用品等一系列产品入手，通过网络创造新的顾客接触点。这些业务事实上都基于三越伊势丹超过 280 万人的会员群体，并为他们提供附加服务。

同年 10 月，三越伊势丹和数据分析机构(CCC)合作成立新公司，对自己超百万的会员群体数据进行抽样分层分析，挖掘营销价值。一年半之后，即 2017 年 1 月，三越伊势丹收购了全身美容巨头 Socie World。显然，三越伊势丹正在逐步减少对传统百货业的依赖，转而将旅行、美妆和健康服务打造成集团新的增长动力，可见，百货商店已不止于销售商品。

2017 年 2 月，三越伊势丹宣布收购针对富裕中老年人的旅行机构 Nikko Travel。三越伊势丹表示，因更多消费者开始倾向体验旅行而非购物旅行，本次收购将为集团带来众多潜在客户。Nikko Travel 则表示，选择三越伊势丹的原因在于“其 300 万人的顾客网络十分吸引人”，这使得其拒绝了多家同行竞争对手、私募基金、不动产开发商的收购意向。

三越伊势丹与 Nikko Travel 的目标客户群重叠率极高，收购后者能为公司带来强劲的协同效应。Nikko Travel 创立于 1976 年，主要针对日本高龄人群出售海外旅行套餐，回头客占总数的 70% 以上。公司 90% 以上的顾客年龄在 60 岁以上，其中 70 岁以上的占 50%(在日本，60 岁及以上人士最为富有)。2000—2015 年，日本 65 岁以上人士从 2204 万人增长至 3395 万人。

直面电商的冲击与挑战

近年来，电商冲击逐渐遍及全球零售业，使曾经辉煌的百货行业渐渐风光不再。不仅是中国市场，即便是零售市场相对成熟的美国、德国等欧美国家的实体百货业也受到了极大的影响：业绩下降，门店数量削减。事实上，日本百货业也正经历着同样的行业颓势期，但好在它并没有“混吃等死”。日本百货业积极进行改造转型，以应对百货店的衰退。

2016 年 4 月,三越伊势丹设立了情报战略部,开始探索相关电商 IT 战略,并聘请熟悉数字化技术的北川龙担任电商运营部部长。在加入三越伊势丹之前,北川龙曾在索尼前董事会主席出井伸之创立的 Quantum Leaps Corporation 工作。在电商的冲击下,日本百货业逐渐兴起了一种向电商平台"取经"甚至转型的趋势。

但是,三越伊势丹并没有盲目地推广电商业务,其给出的理由是,百货店合作的多是高端品牌,后者更倾向于打造自有电商渠道,因此百货店在推广自有电商渠道时并没有什么优势,专注自身发展才是核心。对此,北川龙也解释道,三越有 340 年的历史,伊势丹有 180 年的历史,业务能延续如此之久,必有自己的"哲学",纵然灵活使用各式软件,也比不上能信赖的销售人员。

相较于电商网站,实体空间是百货店的"宝藏"。若百货店本身融合了文化,肯定会有人去。这种文化不仅是服装、艺术,最好还能包括食物、饮料等。百货和客户可以理解为是一个共同体,百货店很看重客户想与之交谈的销售人员,正因为双方的关系亲近,才能说"推荐这款新品",这实际上体现的正是三井商道以人为本的经营理念。

对此,日本立命馆大学教授 Shin Ikeda 直接表示:"即便百货店强化了电商业务布局,还是比不过亚马逊。"在企业经营过程中,不要总是寄希望于"弯道超车",而是应该专注于加强自身已有的优势。百货店和客户是一个共同体,利用科技实现全渠道战略,客户体验究竟会有怎样的变化都是未知数。实际上,百货商店的线上与线下应该是互相成就、互相补充,而不是零和博弈。

日本被认为较其他国家的零售商有更强生存力的主要原因有两个:一是日本的电商普及率尚低,占总零售业的 10% 左右;二是近年来日本旅游业蓬勃发展,许多日本百货店 30% 的销售额来自海外游客。但 2020 年新冠疫情的出现,直接让这两个优势成为日本百货行业传统商业模式的最大痛点。一方面赴日游客数量大幅减少,另一方面日本也加强了对入境游客的审查。

如今,随着新冠疫情的过去,日本百货业再次迎来了新一轮的发展。据经济产业省统计口径,2022 年百货行业业绩为 5.5070 万亿日元(约 2750 亿元人民币),同比增长 12.3%。其中,三越伊势丹 2022 年累计销售额超过 3000 亿日元,是 1991 年以来最高纪录,业绩恢复速度远远超出了预期。与此同时,高岛屋、松屋百货等日本传统百货公司的营业收入也迎来大幅增长。

在电商的冲击下,"越后屋商法"也开启了 3.0 时代。商业的核心价值永远是服务,通过服务好"识别客户"这一最忠诚、最基础的群体,为百货商店提供收入保障。所谓的"识别客户",就是百货公司专用信用卡顾客、高级会员顾客、App 会员顾客,三越伊势丹为这些顾客提供贵宾厅、上门销售、会员打折、免费包装等服务,2023 年三越伊势丹"识别客户"的比例达到了 75%。

2023 年 4—12 月,三越伊势丹的总营业额增长了 11%,达到 9102 亿日元(约

455 亿元人民币）。营业利润则增长了 66.7%，达到 409 亿日元，两项数据均创下同期的历史最高纪录。在日本，百货店是一种商业文化，其始终有生存下去的社会基础。这也就解释了为什么在时代的强烈逆风之中，以三越伊势丹为代表的日本百货店还能创造历史性最好业绩。

参考文献及来源

1. 白益民. 三井帝国在布局：揭开日本财团的“一带一路”[M]. 北京：中国经济出版社，2020.
2. 崔妍. 日本企业文化探微：以天津伊势丹为例[J]. 文化创新比较研究，2019，3(22)：192－193.
3. 懂懂笔记. 三井高利：17 世纪的下沉市场与资本游戏玩家[EB/OL].（2020－06－20）[2024－10－30]. https://mp.weixin.qq.com/s/ch492KqKjwSVubj04LeLxA.
4. 窦凯文，沈乐. 战后日本零售商业的发展概况[J]. 北京商学院学报，1987(2)：79－81.
5. 冯邦彦. 日资百货在香港的崛起及其经营策略的演变[J]. 港澳经济，1994(5)：36－39.
6. 付谦. 日本见闻：零售的力量[J]. 中关村，2019(12)：28－29.
7. 高金平. 引进管理：华亭伊势丹的成功之道[J]. 上海商业，1998(10)：31－33.
8. 宏智. 日本最早的综合性百货公司[J]. 现代班组，2023(5)：45.
9. 蒋晶津. 曾经的全球“零售之王”，日本百货业在疫情后时代面临重大挑战[EB/OL].（2020－09－15）[2024－10－30]. https://mp.weixin.qq.com/s/drHXZCXQB7TRSmeVA6hmSw.
10. 李德田. 台湾零售业发展的经济学分析[D]. 天津：南开大学，2010.
11. 罗剑. 日本三越股份有限公司是怎样经营的[J]. 商业研究，1979(2)：42－46.
12. 毛晶慧. 台湾百货龙头“新光三越”进京[N]. 中国经济时报，2006－06－06(3).
13. 潘玉明. 日本百货进入“四强”时代了吗？[J]. 中国商贸，2008(5)：116.
14. 品观网. 看三越伊势丹集团如何应对百货店的衰退[EB/OL].（2016－03－06）[2024－10－30]. https://www.sohu.com/a/62095078_157432.
15. 戚业. 日本三越百货公司的经营管理[J]. 经济管理，1980(8)：56－58.
16. 三井广报委员会官方网站，www.mitsuipr.com.
17. 三越伊势丹官方网站，www.imhds.co.jp.
18. 汤雅莉. 从“三越吴服”店探究日本近代“风俗美人画”商业招贴广告[J]. 装饰，2008(12)：136－137.
19. 王继文. 日本三越百货公司售货员守则[M]. 北京：北京市第一商业局，1979.
20. 王兴田，徐迅君. 伊势丹“生活方式”新购物空间[J]. 城市环境设计，2011(9)：252－255.

21. 徐行君.被唱衰的百货业,到底还有没有未来?[J].中国储运,2019(8):100.
22. 依绍华,郑斌斌.日本百货业发展演进特征及其对我国的启示[J].国际贸易,2019(11):29-35.
23. 张涛.从新光百货到新光三越[J].海峡科技与产业,2010(5):47-49.
24. 朱桦.从“大店法”到“立地法”:日本零售大店政策的沿革[J].上海商业,2000(11):61-64.

第二章

屹立东方的三井银行

1683 年，三井高利在位于江户骏河町的三井越后屋吴服店隔壁开了一家兑换货币的钱庄，主营业务就是兑钱，这家两替屋就是如今三井住友银行的前身。三井高利在金融业和资产管理等方面的能力都源自母亲三井殊法对他的悉心教育和培养。

1876 年 7 月，日本第一家私立民间银行——三井银行以私盟会社（股份公司）的形式开业。以三井银行的设立为契机，日本各地纷纷开设私立银行。1954 年 1 月，三井银行开始联结过去三井财阀的直系核心公司，逐渐成为二战后三井财团的核心统筹领导机构。

2001 年 4 月，三井财团的樱花银行（原名三井银行）与住友财团的住友银行合并成立了三井住友银行。樱花银行和住友银行突破了财团之间的界限，不再囿于财团和系列的限制，而是按照市场经济原则进行调整和重组，属于强强合并的超大型化重组。

——作者题注

【阅读提示】

“三井”告诉了我们什么(2)

2008年国际金融危机席卷全球,日本也无法摆脱欧美市场混乱所造成的影响,但日本银行业遭受的打击远远低于预期。一方面,日本国内银行对与次贷有关的证券化商品的投资相对较少,参与度有限;另一方面,要得益于此前通过强强合并、超大型化重组形成的日本财团金融集团联盟体制,良好的产业金融基础决定了它们的抗风险能力和承受损失的能力都比较强。

正所谓“祸兮,福之所倚,福兮,祸之所伏”,危险同时也蕴藏着机遇。2008年国际金融危机之后,全球主要经济体为了挽救市场信心、加速经济复苏,纷纷采取了救助方案、扩张性财政政策以及货币宽松政策等措施,这也在客观上给了三井住友等日本金融集团国际化布局的空间。于是,凭着当时较为有利的海外经营环境,日本金融机构成功地在东亚、东南亚以及美国等区域站稳了脚跟。

日本媒体甚至认为,国际金融危机是日本强化海外事业的好机会,日本金融机构可以借此重新回归国际金融舞台。2008年9月,三菱日联金融集团宣布出资90亿美元收购美国第二大券商摩根士丹利公司21%的普通股,日本证券巨头野村证券则宣布收购雷曼兄弟在欧洲区、中东区、亚洲区的业务,与此同时,三井住友金融集团也计划向美国高盛集团投资28.3亿美元……

在国际金融危机的冲击下,美国银行体系中的问题银行和倒闭银行数量迅速增加,银行资产规模收缩、盈利水平下降、资产状况不断恶化,打击几乎是毁灭性的。数据显示,2008年国际金融危机之后,三井住友金融集团的非利息收入稳步提升,占比从2008财年的33.45%上升到2018财年的46.32%,作为金融集团的核心旗舰公司,三井住友银行提供了总营业收入利润的80%左右。

事实上,由于二战后日本的金融制度一直采取“护送船队”方式,即通过保护弱势金融机构避免过度竞争,从而保证金融业整体的存续与利益,因此日本金融业并未经历过欧美那种残酷的混业竞争阶段。从某种程度上讲,日本金融和欧美金融其实完全是两种不同的存在,如果说欧美金融的本质是数字的游戏,那么日本金融就是产业的血液。

从实践上看,日本是先有了产业和贸易的基础,才形成的金融,金融与实体经济唇齿相依。三井、三菱等大财团内部都有自己的主办银行,重要大企业相互交叉持股,大股东多为本财团内部的大企业。当企业发生财务危机时,主办银行会出面组织救援,当企业重组时,主办银行则往往拥有主导权。而当主办银行面临困境时,财团的大企业便成为其最坚实的依靠。

本章导言

根据数据统计，截至2022年9月，平安银行已综合运用保险资金、银行信贷及资产管理等金融资源，累计投入逾5.9万亿元支持实体经济发展，覆盖能源、交通、水利等重大基建项目，护航“一带一路”、粤港澳大湾区建设等国家战略规划。依托于综合金融优势，平安银行全力支持重大基础设施工程项目，提供保险保障和投融资支持，助力国家重大战略发展。

2023年，平安银行总资产近5.75万亿元人民币，年营业额超过1600亿元人民币，在全国拥有109家分行和1192家营业机构。资料显示，平安银行成立于1987年，是中国平安保险集团（以下简称“中国平安”）旗下的一家跨区域经营的股份制商业银行，也是中国第一家以保险品牌命名的商业银行。一直以来，平安银行都把金融支持实体经济当作企业集团发展的重要战略。

除重大工程和“一带一路”建设外，中国平安还积极助力国家碳达峰、碳中和目标的实现。此外，在智慧城市、乡村振兴、专精特新平台建设等方面，中国平安也发挥着积极作用。在以国内大循环为主体、国内国际双循环相互促进的新发展格局之下，中国平安积极响应党和国家的号召，始终发挥着稳定器、助推器的重要作用，全面提升服务实体经济质效，助力中国经济大局行稳致远。

近年来，中国平安在谋发展、求突破的同时，一直致力于服务实体经济。中国平安董事长马明哲表示：“金融的天职和宗旨是服务实体经济，要把服务实体经济作为发展着力点，要为实体经济和国家重要战略、重大建设引入‘活水’，保驾护航。”未来，中国平安还将继续坚持把服务实体经济作为发展着力点，不断增强服务实体经济质效。

小微企业如实体经济的毛细血管，小微兴则实体兴。支持民营企业、中小微企业高质量发展也是中国平安一直以来的重大使命。中国平安凭借数字化转型优化金融供给，支持中小微企业发展，将金融“活水”输送进千家万户，为实体经济发展注入强劲动能。新冠疫情期间，为解决小微企业融资难问题，平安普惠推出“4+1”专项小微企业金融扶助计划，累计帮扶6万家小微企业。

中国平安集保险、银行、投资三大主营业务于一体，致力于核心金融和互联网金融业务并行发展，聚焦大金融资产和大医疗健康两大产业，涉及房地产、医疗健康、汽车服务等实体行业。中国平安在很大程度上充分发挥了金融服务实体经济的能力，但单一金融机构往往难以满足实体产业的综合性金融需求，这对金融机构提出了更高的要求。

2018 年，十二届全国人大财经委副主任委员黄奇帆表示，“商业银行要着力发挥在资金、成本、金融科技等方面的优势，构造主办行模式，打造全产业链融资模式。通过将资金有效注入处于相对弱势的上下游配套企业，解决中小企业融资难和供应链失衡的问题，这方面可以借鉴日本三井住友银行的经验”。黄奇帆所言与平安银行的战略选择高度一致。

平安银行如何提供全产业链、全生命周期的金融服务，就成了更好实现“产商融”结合的关键，在这方面日本三井住友银行的发展模式或许可以成为很好的学习和借鉴模板。三井住友银行是日本三井财团和住友财团的核心企业，而日本财团模式则是典型的“产商融”三位一体结构。作为财团内部的主办银行，三井住友银行自然是深谙金融与产业间的结合共荣之道。

2023 年 1 月，在平安银行召开的以“新时代 · 新征程”为主题的 2023 年全行工作会议上，中国平安总经理兼联席 CEO、平安银行董事长谢永林宣布了平安银行支持实体经济的“十五条”举措，表示要保持战略定力，坚守服务实体经济、服务国计民生的初心，为新征程打下开门红。制造业是实体经济的基础，是国民经济命脉所系，平安银行要拿出真金白银支持实体经济。

平安银行内部将成立支持实体经济委员会，负责实体经济贷款投放工作，通过专业队伍的打造提振主心骨。同时，平安银行明确提出 3 年实现实体经济贷款客户数倍增的目标，制造业、绿色金融贷款占对公贷款增量的比例提升至 50%。为了进一步推进产融深度融合，平安银行还将引进产业专家，为行业事业部配备行业总监，打造服务现代产业差异化的优势。

对此，平安银行表示，将高举高打推动业务突破，切实支持实体经济“十五条”举措落实落细，在党和国家的领导下，保产业链供应链稳定，切实支持央国企、小微、民营企业等实体经济的发展，加大在绿色产业、汽车产业链、医药供应链、电子信息高端制造等战略性新兴产业的投入，为实体经济高质量发展，为宏观经济稳定增长、消费振兴贡献一份独特的平安力量。

第一节 日本私立银行的开创者

三井两替屋:银行的雏形

1616 年,三井高俊将越后殿之酒屋的实际经营权交给了妻子三井殊法。由于三井高俊不善经营,当时的店铺面临着倒闭危机。为了扭转店铺的颓势,三井殊法利用其娘家天台宗“佛家典当”的商业关系和运营模式,在三井家的越后殿之酒屋里经营起了典当和借贷业务。通过设定比较低的利息率的做法增加前来借贷客户的人数,可以说是金融业务拯救了三井家族。

这种贷款业务的经营模式可以追溯到佛教里的“佛家典当”,而日本的“佛家典当”源于中国南北朝时期的“质库”,唐时称“无尽藏院”,至宋代成为“长生库”,元时则被称作“解典库”,传入日本后发展成为“无尽会社”。“质库”办理抵押贷款,到期归还本息。由于母金生子息,辗转相生,绵延不尽,故谓之“长生库”或“无尽藏院”。

拯救三井的两替屋业务可以追溯到佛教里的“佛家典当”,由三井殊法引入三井家族

中国唐朝时期,“质库”收入已经成为寺院经济的主要来源。在人们急需用钱时,可持农具、衣物和首饰等既有实用价值又耐存放的物品,前来“质库”办理抵押贷款,到期归还本息。以寺庙为信用主体,僧侣主动向周边的居民、商户吸收存款、抵押物,再以此为本金发放贷款,赚取息差,盈利后再购田置地发展农业,形成了一条金融服务与实体经济紧密结合的完整产业链。

日本佛教天台宗寺门派创始人圆珍曾于 853 年入唐,并于浙江天台山三井潭附近的国清寺求法,正值国清寺寺院经济繁盛之时。据记载,当时天台山国清寺“大和(827—835 年)中置寺庄田十二顷”,是唐时著名的寺院庄园之一。圆珍在返回日本后,不仅将日本近江三井寺旧名“园城”变更为“三井”,还将中国浙江天台山地区繁荣的寺院经济模式带了回去(细节详见《三井帝国启示录——探寻微观经济的王者》,中国档案出版社,2006 年)。

1652 年,受母亲三井殊法的影响,三井高利在故乡松阪开启了自己的金融业务。三井高利会拿出一部分贷款用于农田开垦、新的农产品种植,如在松坂种棉花,在伊势种茶等,并从收益中抽成 10%。尽管这种贷款的直接目的还是实现资本增值,但在一定程度上促进了当地的农业发展。在以农耕为主的封建社会,这种类型的放贷多少具备了产业投资的意味。

1683 年,三井高利在位于江户骏河町的三井越后屋吴服店隔壁开了一家兑换货币的钱庄,主营业务就是兑钱,即帮助顾客在金、银、铜三种货币之间兑换,这在日语中又被称作“两替店”。由于当时金币、银两和铜钱这三种货币可以同时在日本市场上流通,因此这种可以进行货币间互换的两替屋非常受欢迎,同时还可以带动地区的消费经济。

当然,三井两替屋的业务不只限于货币兑换,还经营放贷。事实上,相较于经营吴服业务,三井高利在放贷业务上的经验更为丰富。年轻的三井高利就在家乡松阪主攻金融放贷业务。当时,三井高利的放贷业务大致分三类:一是针对领主和大名等权力阶层的无担保大名贷;二是针对一般人群的小额贷款家中贷;三是面向农村的抵押贷款乡贷。

正是由于有着丰富的金融实践经验,三井两替屋迅速取得了成功,自 1683 年在江户开设第一家店后,又先后于 1685 年和 1691 年在京都与大阪两地开设了三井两替屋的分店。这种分店的设立使得两替屋又增加了新的业务——以票据为支付手段的手形(期票、汇票的总称)贸易,即以大商户为对象,办理存款、贷款、票据和汇兑等。实际上,这些业务已与如今的银行业务颇为相似。

根据保存下来的由三井高利执笔的账本来看,他当时的记账方式已经与现代会计制度中的复式记账法十分接近了。可以说,三井高利在金融业和资产管理等方面都非常有一套,而这些都离不开他母亲对他的悉心教育和培养。三井高利的母亲三井殊法,出身于从事“佛家典当”业务的豪商世家,从小便耳濡目染了各种金融和商业知识。

为当权者代办金融业务

1690 年,鉴于三井两替屋强大的汇票交易实力,幕府委托其承办“大阪御金藏银御为替御用”。这一任务就是收取在大阪幕府金库聚集的银两,并于 60 天内(后来改为 90 天内)纳入江户金库。自三井接办此委托后,通过三井两替屋的汇票系统,三都(江户、京都、大阪)之间便不必用现金输送,只要一张汇票即可处理。

基本业务流程是,三井在大阪的两替屋负责收进贡奉金,然后以汇票的形式发到江户的两替屋,再由江户的两替屋把汇票兑成金银交给幕府。这一模式对于幕府和三井都有很大的好处,在此之前各地上缴幕府的真金白银以及贡米等都必须千里迢迢运到江户,当时交通不便,盗匪出没,输送成本高、风险大,汇票流通极大地减轻了幕府的负担。

在这个汇票代替现金的模式中,三井两替屋虽然没有收取幕府的中间费,但获得了几项重要的收益:免去了现金运输和货币兑换的成本;延期数月兑付,相当于获得了幕府的无息贷款,这在那个没有成熟商业银行和资本市场,大多数融资只能靠高利贷的时代,是非常珍贵的资源;由于承办幕府的业务,三井也被称作“御用汇兑三井组”,免去了不少经营上的麻烦。

随着与幕府合作规模的不断扩大,御用商人三井的业务开始不断发展壮大,三井家族的分号也如雨后春笋般冒了出来。17 世纪 90 年代,三井家族在江户、京都、大阪三地至少已拥有 9 家吴服店和 5 家两替屋,再加上松阪老家由亲戚留守打理的祖业,三井已成了名副其实的商业(吴服)和金融(贷款)的连锁企业。

18 世纪 30 年代以后,三井家的事业从快速发展的“开疆期”,转变到了稳定维持的“守城期”。这一时期在御用两替商身份的加持下,三井两替屋的规模不断扩大,逐渐成为江户时代最重要的金融机构之一。事实上,从三井两替屋当时的经营类型看,放贷、兑换、汇兑等金融业务已趋于完善,这些俨然已经有了现代银行的雏形。

1858 年,日本幕府先后同欧美五国签订不平等条约(总称《安政五国条约》)。因通商贸易的需求,三井获准成为幕府公金御用出纳机构。1864 年幕府狮子大开口,命令三井提供 266 万两金币①的巨额御用金。这使三井的经营陷入了极大的困境,当时三井家大元方的总资产尚不足 100 万两,显然无法满足幕府的要求。于是,在 1868 年 1 月的鸟羽、伏见之战前,三井家族开始向倒幕派提供援助。

1870 年,明治政府取代了德川幕府的统治,新政府依然需要继续依赖三井来提供金融服务。新政府将国库资金的出纳等业务委托给了支持倒幕运动的三井、小野、岛田 3 家。得益于现金流的稳定性,政府手中的这些现金可以暂时由这 3 家管控。那些曾经与旧幕府关系良好的御用商人在明治维新的政权更迭中,悉数被洗牌更换,唯有三井依旧风光地存活了下来。

第二年,明治政府制定了元、钱、厘的十进制日本货币单位,开始铸造新币。铸造新币的同时必须回收旧币,回收材料的金银。在井上馨和涩泽荣一的帮助下,三井成功打败了小野和岛田,单独承担起新旧货币的交换业务,并专门成立了“为换座三井组”,在东京、大阪、京都、横滨、神户、函馆等地开始了 1 两兑换 1 日元的交换业务。

但是,造币局的铸造能力已经达到了极限,不仅资金不足,太政官札(明治政府于 1868 年发行的一种不兑换纸币)的流通期限也迫在眉睫。因此,考虑设立银行机构的三井家族向大藏省(日本中央政府财政机关)要求发行兑换证券(约定支付正币的临时纸币)。在得到授权后兑换证券以“为换座三井组”的名义发行,被称为“三井札”。

创立第一国立银行与三井银行

1872 年,日本明治政府决定效仿美国,引进股份公司企业制度创办国立银行。

---

① 此处的“两”并非重量单位,而是日本江户时期的货币单位,一枚“小判”即一两。

井上馨挂帅领导这项当时最为紧迫的工作,担任大藏少辅的涩泽荣一负责起草和制定了《国立银行条例》。国立银行能否按计划建立起来,关键在于能否筹集到一定数量的资本金。井上馨和涩泽荣一首先把目光投向三井、小野等富商,计划把他们组织在一起,共同发起创办国立银行。

当时的三井家和小野家都有创办自家独立经营银行的打算,避免由政府主导的银行共同经营,但明治政府以剥夺处理公款的特权为条件,迫使双方不得已只好创建三井小野组合银行。其实在此之前,日本在翻译“bank”时并没有找到合适的词语对译,福泽谕吉使用“两替屋”“积金预所”等译词,“银行”一词来自中国邝其照编的《华英字典》一书。

1873 年,三井、小野两家联合组建的日本第一家银行——第一国立银行正式成立。三井、小野两位家长三井八郎右卫门和小野善助分别是行长,由来自三井财阀的三野村利左卫门担任经理,涩泽荣一则是主持该银行的总监。而作为总监的涩泽荣一拥有经营上的决策权,在主要出资者三井家和小野家之间出现分歧时具有调解与仲裁的权力,是实际的最高领导者。

第一国立银行成立后不久,便遭遇了巨大的困境。前文提到明治政府将国库资金的出纳等业务委托给了支持倒幕运动的三井、小野、岛田 3 家,这一过程中政府的现金可以暂时由这 3 家管控,即相当于商人获得了一笔无利息、无担保的资金,被称作“官公预金”。商人可以用这笔钱进行矿山及各类工程的投资,并从中谋利。

政府最初要求三井、小野等为各地政府提供 1 万日元的保证金便放任其“官公预金”的流用。一开始政府只要求商人拿出出纳预定额的 1/4 作为担保金,但政府逐渐意识到这种方式的危险性。于是,明治政府在 1874 年 2 月要求将保证金的比例提高到 1/3,并最终要求在 12 月前将保证金额度提高到“官公预金”的百分之百。

针对政府要求提供保证金的命令,这些商人只有两个选择,要么在截止日期前准备好这笔资金,要么偿还不足部分的政府存款。显然,无论是收回放贷出去的政府存款,还是从其他渠道筹措资金填补挪用的漏洞,对于商人而言都是极大的挑战。因此,投机了很多公款的小野和岛田根本无能为力,最后只得以破产收场,只有三井勉强渡过了难关。

由于共同出资者小野的破产,来自三井的经理三野村利左卫门计划将第一国立银行作为三井的银行,但银行总监涩泽荣一建议三井从国立银行中独立出去。1874 年,在三井越后屋和三井两替屋的根据地日本桥骏河町,三井建造了进行银行业务的 3 层洋房——骏河町“为换银行三井组”住宅。此后,三野村利左卫门开始积极推动三井银行的成立工作。

1875 年,三井向明治政府提交了创立三井银行的申请书。当时法律规定银行一定要是国立,但考虑到三井家对明治政府的贡献很大,所以政府提出两个条件:一是采用无限责任制;二是银行存款准备率必须达到二成五。三井接受了这些条件从而获得了政府的许可。三井银行成立之初便正式聘请涩泽荣一为三井家的咨议,请他协助三井银行的董事们解决经营过程中遇到的问题。

骏河町“为换银行三井组”住宅旧址,又称“三井洋馆”,也就是如今三井住友银行的前身

1876 年 7 月,日本第一家私立民间银行——三井银行以私盟会社(股份公司)的形式开业了。三井银行的业务为维持自创业以来从事的商业金融,以及继续承办明治政府资金的出纳与汇兑。以三井银行的设立为契机,日本各地纷纷开设私立银行。至 1882 年末,日本拥有的私立银行总数已达 176 家,在短期内形成了一个可供工商业发展所需的有效的金融体系。

改变过去传统的政商模式

1882 年,日本银行正式成立,这其实就是日本的中央银行。此前一直由三井银行负责的汇款方公款处理业务逐步被日本银行代替。1890 年,日本财政大臣松方正义推行货币改革制度,致使日本首次出现了经济恐慌。紧缩财政造成严重的通货紧缩,农民、中小企业主甚至士族阶层中相继出现破产者,受此影响,三井银行也陷入财务困境。

为了使三井银行摆脱危机,涩泽荣一等人受井上馨之托,为三井银行拟订了 16 条改革方案,决定大量减少分行数量,大额放款须由董事会合议确定,推动高层管理人员年轻化,等等。这些措施的实行对三井银行后来的发展起到了很大的帮助作用。此外,作为三井财阀的最高顾问,井上馨还向三井推荐了中上川彦次郎负责对三井银行进行改革。

中上川彦次郎,1854 年出生于日本一个普通的武士家庭,15 岁时进入东京庆应义塾读书。庆应义塾是江户时代一所影响深远的传播西洋自然科学的私塾,创始人福泽谕吉正是中上川彦次郎的舅舅。福泽谕吉毕生从事著述和教育活动,对日本资本主义的发展起到了巨大的推动作用,因而被日本称为“日本近代教育之父”“明治时期教育的伟大功臣”。

1891 年 4 月,在取得时任三井家主三井高栋的同意后,中上川彦次郎正式走马上任。当时的中上川彦次郎身兼数职,既是三井银行、三井物产、三井矿山的理事,又是三井吴服店的调查委员,大元方的参事,他被井上馨赋予了全盘改革三井体系的大权。此后,中上川彦次郎便开启了长达 10 年的改革之路。其中,最为重要的就是改变过去三井传统的政商模式。

当时，三井银行因为几次不良放贷而陷入经营危机，中上川彦次郎在积极清理频繁的不良贷款时发现，根本原因就在于三井传统的政商身份。在明治政府初期，三井获得了经营新政府官方资金的特权，基于这种特殊关系，政府高官纷纷向三井银行贷款，而三井银行无法拒绝，借出的钱又不便索还，久而久之，便成了无法解决的死账。

在以雷霆手段先后处理东本寺的贷款回收事件、田中久重贷款整理事件、陆军中将桂太郎以宅邸抵押贷款等事件的同时，中上川彦次郎意识到三井银行所拥有的特权业务才是政商关系最大的制约，他甚至用“公款中毒”的语言表达了官金业务的危险。可以说，官金业务特权的返还，奠定了三井与政府的旧合作关系结束的基础，也标志着三井银行正式转入现代化业务。

凭借着中上川彦次郎的一系列改革措施，三井银行一改过去传统单一的业务模式，积极开展新的业务，不断适应明治政府新的工业化政策，经营业绩也逐步增长。在增强金融实力的同时，三井银行的成功也为三井发展其他工业准备了充足的产业资金。正是有了能够提供商业资本的近代金融银行，三井才得以最终确立了“产商融”三位一体的财团体制。

1892 年，三井银行以提供救济贷款的模式介入东京棉业商社的经营中并逐渐掌握其经营权，后又将其改名为“钟渊纺织公司”。第二年，王子制纸向三井银行申请建造纸浆工厂的资金。借此机会，中上川彦次郎派出自己的心腹，以常务理事的身份进驻该厂，最终将王子制纸收归三井。此后，三井银行又不断利用金融手段陆续掌握了许多工矿企业的经营权。

日俄战争（1904—1905 年）之后，在日本经济继续壮大的环境中，三井银行也逐渐发展成为一家体型巨大的都市银行，并占据当时日本五大都市银行（三井、第一、住友、三菱与安田）中的首位。三井银行作为实力雄厚的都市银行，伴随财阀机关银行继续发展，尤其是三井银行与三井物产（综合商社）互相依存，关系非常紧密，为日本的经济发展不断提供动力。

第二节　日本金融的幕后推手

购买美元是一次自卫措施

1919 年，第一次世界大战结束后，美元率先宣布恢复金本位制。此后，1924 年、1925 年和 1926 年，德国马克、英镑和法郎也相继恢复金本位制。所谓金本位制，就是以黄金为本位币的货币制度，每单位的货币价值等同于若干重量的黄金。

当时作为一战后五大国之一,在东亚具有重要经济影响力的日本因为主客观因素,迟迟没有动作。

1929 年,日本政府提出了当时被禁止的黄金解禁(金本位制)。黄金解禁是指解除黄金进出口禁令,使汇率符合黄金价值。在这一制度下,金币可以根据其含量进行兑换,也就意味着日本经济与国际经济正式接轨。然而,进入 1930 年后,世界经济陷入了大萧条。受全球经济衰退影响,刚刚维持了几个月金本位制的日本面临前所未有的经济压力。

1931 年 9 月 21 日,英国宣布停止金本位制。事实上,英国宣布停止金本位制就意味着以金本位制为基础的国际金融体系解体的开始。此时,很多人担忧日本也会随即停止金本位制,但日本政府宣称"英国停止金本位制只是临时措施"。此前,受益于日本出口业的大幅增加,日本获得了大量外汇,这帮助日本在一定程度上抵御了萧条期。

就在英国宣布停止金本位制的 9 月 21 日,三井银行为支付美元期货贸易向横滨正金银行(外汇专业银行)申请预约购买了 1600 万美元外汇,之后的 23 日和 25 日,三井银行又以偿还电力公司外债利息为由申请预约购买了 535 万美元外汇。如此一来,不到一周时间里三井银行一共预约申请购买了 2135 万美元(约 4324 万日元)的巨额外汇,这就是著名的"购买美元事件"。

对于三井银行购买美元,日本政府公开谴责说,"三井预料到禁止再次出口黄金,所以抛售日元买入美元,加速了正币准备的流出",甚至将三井银行的行为定义为"卖国行为"。这实际上是日本政府将自身解禁黄金的失策和国内日益严重的经济问题转嫁为财阀批判的手段。无论从哪个角度讲,三井银行的美元购买都不是投机目的,而是一种自卫措施。

根据三井本家总领的传记《三井八郎右卫门高栋传》,当时三井银行的确有 1633 万美元的期货交易必须补齐货物。而受到英国停止金本位制的影响,三井银行存在英国伦敦的 8000 万日元资金遭到了冻结,此后英镑迅速缩水三成,也就意味着三井银行一下子出现了 2400 万日元的外汇损失,为了填补这一亏空必然需要购买美元。

至于所谓的外汇套利获益实际上也是一次误会。虽然三井银行于 1931 年 9 月预约了超过 2000 万美元的汇兑业务,但是考虑到短时间内进行美元兑付会对日本经济和当时金本位制的维系造成不良影响,其将兑付时间设置为 1932 年 1—3 月。然而,1932 年 1—3 月,汇率从 100 日元兑 49 美元迅速滑落到了 100 日元兑 37 美元,此前购买的美元才因此获利。

然而受到当时舆论影响,"购买美元批判"的矛头还是指向了三井银行,甚至还有部分民众到三井银行本部抗议其购买美元的投机行为。为了缓和来自舆论的"唯利是图"的批评,以三井银行为核心的三井财阀开始尝试"转向"。从某种意义上讲，三井银行的"购买美元事件"虽然让其在当时遭受了诸多非议，但实际上也是三井从家族化企业转向社会型企业的一个重要契机。

1932年，曾在三井银行长期工作的池田成彬出任三井合名常务理事，他意识到，只有让三井成为一家社会型企业，才能避免遭到攻击。池田成彬的改革得到了时任三井家主三井高栋的支持。为回应来自日本社会的各种批评，三井表示，"我们并不是一味追求利益优先"，"利益的一部分回报给社会"，并于1934年成立三井报恩会，向各项社会事业提供捐赠。

三井财阀二战后的解体与复活

1943年，日本政府命令三井财阀旗下的三井银行与第一银行合并，后又吞并第十五银行，改称"帝国银行"（Teikoku Bank）。合并后的帝国银行经营实力超过了安田银行，居日本财阀银行的首位。当时，帝国银行在三井财阀的绝大多数企业中都成为最大的股东，使三井财阀的直属企业和旁系企业都得到了强有力的资金支持。

1945年8月15日，日本在第二次世界大战中战败，并宣布投降。9月22日，驻日盟军总司令部（GHQ）颁布实施了《日本投降后美国初期对日方针》，把解散财阀（财团）作为日本非军事化的重要一环。根据规定，财阀家族失去了他们所持有公司的股票和资本，总公司被解体，总公司和子公司间的控股主从关系也随之瓦解，财阀家族被要求退出日本财界。

同年11月6日，美国政府向日本政府发出促使三井、三菱、住友、安田等四大财阀立即解散的备忘录。其中，三井财阀的帝国银行（原三井银行）成为各大财阀主办银行中唯一被要求进行拆分的银行。根据盟军总司令部的要求，三井财阀的帝国银行需恢复到二战前的状态，即三井银行和第一银行分为两个独立的银行进行经营。

1950年6月，朝鲜战争爆发，这让美国解散日本财阀的工作不得不终止，日本成为美军在亚洲的后勤基地。考虑到当时苏联在远东地区的巨大影响，美国改变了日本的定位，将其作为美国在远东的军需工厂。与此同时，朝鲜战争的爆发使日本工商业各种产品的生产量急剧增加，也增强了日本银行的金融活力。

位于日本东京的三井银行本店，1954年帝国银行恢复为三井银行，并逐渐成为二战后三井财团的核心统筹领导机构

这一年，日本财团体系下的银行提供的资金总额达到了7666亿日元，与前一年相比，增长了30%。1950年，日本全国银行的总贷款额为4077亿日元，强大的金融资本力量也为日本二战后财团的"复活"奠定了良好的基础。日本国内工业生产水平在1950年10月就突破了二战前的水平，商品

需求量及出口量的增长不仅带来了企业利润的增长,也带动了投资活动的增加。

1951年9月8日,美日两国在旧金山美军陆军第六军司令部签订了《日美安全保障条约》。出于推行冷战政策的需要,该条约规定了日本承认美国有权在日本驻扎陆、海、空军,日本不得将任何基地提供给第三国使用等条件。作为对日本的补偿,美国决定“还政”于日本政府。1952年,此前三井、三菱、住友等财团商号的使用禁令被正式解除,恢复财团的时机逐渐成熟。

1954年1月,帝国银行的名字恢复为三井银行。三井银行开始联结过去三井财团的直系核心公司,发起成立了月曜会,接着又以促进三井物产公司的合并为目的成立了总经理一级的五日会(后来更名为“二木会”)。在一定程度上,三井银行逐渐成为二战后新三井财团的核心统筹领导机构。

1955年5月,三井系公司总经理会(三井系的恳谈会)——月曜会正式设立,这为三井财团的重新联合奠定了良好的基础。此后,月曜会开展了一系列活动以推动“新三井”的诞生,并于1960年改名为“二木会”。也就是说,三井物产的旧商号虽然拖后数年才被正式予以恢复使用,但三井财团的统一合并事实上在1955年就已经初步实现了。

经过三井银行的不断努力,最终到1961年,原三井财阀的直系、旁系公司又以企业集团的新形式集结而恢复成为现在的三井财团。综合商社、大型制造业企业和主办银行,再一次构成了日本财团的核心。显然,在日本战后垄断财团的重新集结过程中,以三井银行为代表的商业银行起到了重要作用,而这一切都得益于其强大的实力。

金融机构为“过度繁荣”所迷惑

1964年,日本先后加入了经济合作与发展组织(OECD)和国际货币基金组织(IMF)。由于国际组织对每个缔约国均要求取消对经常项目和资本项目的限制,所以日本被要求实行资本自由化。但是,鉴于当时日本国内金融机构尚在发展壮大过程中,所以一直通过法律法规延迟资本市场对外开放,这种拖延开放有利于保护国内金融机构和维护国内资本市场的稳定。

1968年,三井银行(属三井财团)与东都银行合并,扩大了分支机构,对其存款增加起了一定的作用。三井银行当时发行的公司债券达40591亿日元,占日本全国公司债券发行总额的36.7%。三井银行合并东都银行,标志着日本国内银行开始有条件抗衡外资银行的“入侵”。

1971年,第一银行与日本劝业银行合并成立了日本第一劝业银行;1973年,神户银行和太阳银行合并创立了太阳神户银行……正是三井银行引领了那一时期的大规模银行合并潮,日本各大财团内部进行了以大型化、集中化为特征的银行合并风潮,以实现金融资源的互补,增强国内外竞争力。此后,日本银行业第一次被正式列入资本自由化政策中。

20世纪70年代，虽然日本开启了金融自由化，但日本财政部和中央银行依然对银行业实行较为严格的监管，对日本银行系统形成100%的安全网。这一时期的日本银行业以安全著称，银行破产是不被允许的，银行可以持有公司客户1%~5%的股份，客户也可以持有银行的股份。同时，日本强调“关系银行”，即银行对关键的公司借款客户可以收取很低的贷款利率。

进入20世纪80年代后，这一情况发生了改变，受美国金融自由化思潮的影响，日本逐步弱化高速增长时期的金融限制，以自由利率为基础的金融市场得到了扩张，金融自由化在市场上创造出了大量的“购买力”，而土地和股票不仅被视为财富的主要组成部分，且能最快产生收益。但当时，日本政府仍然不鼓励金融创新，因为其担心金融创新扰乱正常的金融秩序。

1986年，日本住友银行花费5亿美元获得了美国高盛集团12.5%的股份，成为高盛集团的两家外部机构投资者之一，其投资价格高出了高盛集团当时账面价值的4倍。当时的高盛集团只能算是华尔街上的二流投行，但住友银行敏锐地发现了其独有的特质——与时俱进的自我调整和适应外部环境的能力。果然仅仅10年之后，高盛集团就成了投资银行界的世界级选手。

到了20世纪80年代中后期，日本市场的金融投机变得越来越复杂。不仅是企业将银行贷款用于投机，越来越多的非金融机构也在发行股票或债券，投资于股票、债券或房地产。随着这些投机产品价格的不断攀升，市场向人们发出增持房地产、股票资产的投机信号，“脱实向虚”的信贷规模就这样被陆续扩大了，而与此同时实体经济的发展也自然被忽视。

在这个时期，日本新发行股票融资总额是美国的3倍，而美国的GDP是日本的2倍。日本的银行也参与了金融投机，承销发行新股票和债券，为发行新债券的本息支付担保，购买股票选择权替代客户持有的股票，一旦选择权解除，银行可以30%~40%的贴现率购买债券。到1990年，42%的未到期公司债券是用日本银行的贷款购买的。

事实证明，如果商业银行过度参与金融投机，那么后果将是毁灭性的。银行金融机构不能为眼前某些行业的“过度繁荣”所迷惑，向高风险行业或企业贷款。金融和经济发展之间的关系不是线性的和无止境的，金融发展的前提一定是服务于实体经济的。合理的金融投资并不是对实体产业的“巧取豪夺”，而应该是产业发展闭环的重要组成部分。

泡沫经济下的樱花绽放

1990年7月，由三井银行和太阳神户银行合并而成的日本樱花银行成立。三井银行是三井财团的主办银行；太阳神户银行则是一家大型的地方性零售银行，覆盖关西地区，包括大阪、神户和京都等地。合并成立的樱花银行拥有612家国内分支机构和108家海外分支机构，是日本银行业零售分支机构最多的银行，也是当时日本乃至世界的第二大银行。

1991年，受日本经济泡沫破灭以及兼并呆账银行的影响，樱花银行成了当年日本各大银行中经营业绩最差的银行之一，净利息收入低，管理成本高。樱花银行的核心资本充足率是3.67%，资本充足率是7.35%，日本银行业这两个比率的平均值分别是4.35%和8.35%。资本充足率是一个银行的资本总额对其风险加权资产的比率，目的在于抑制风险资产的过度膨胀。

在公布的年报中，三井财团的樱花银行明确表示，很难再依靠发行股票的方式提高资本充足率，而是打算用其他方法增加资本，并且限制资产的增长，重新回归稳健安全的日本产业金融形态，不断提高资产充足率和盈利能力，提高效率和风险管理技术水平。显然，樱花银行已经意识到了放任不管的自由金融市场必定创造出过度的信贷，从而导致不稳定的繁荣和萧条。

1994年6月，樱花银行开始实行机构改革。为了增强交易能力，樱花银行合并了过去的资金部和证券业务部，设置了资金证券部，并且在此部门中设置了资金室，主要是为了强化资金运用、筹措的整体管理机能。此外，它还大幅调整了营业体制，合并了法人部、业务开发部、资金企划部中具有业务推进职能的工作，设置了业务推进部和关西业务推进部。

位于东京九段南的樱花银行总行，曾经是三井财团的主办银行

最重要的是，樱花银行合并了原来的人事第一部、人事第二部、人事企划部的人事组，成立了全新的人事部。樱花银行清楚地意识到，日本二战后商业银行的成功和深具本国特色的年功序列与终身雇佣制相结合的日本型人事制度密不可分，不能盲目迷信欧美银行的人事制度，因为这些制度往往受制于各国社会文化、企业组织等差异而难以普遍适用。

当然，樱花银行也并不是完全抛弃欧美式人事制度。虽然日本型人事管理制度与欧美式人事管理制度有着明显的差别，但樱花银行依然希望实现两种人事管理制度的完美结合。在“能力—（竞争）—实力—（目标协商）—作用—业绩—成果”等人事管理系列环节中，重要的是引入了竞争机制，竞争成为能力主义与成果主义的联结点。

1995年可以说是日本经济发展的一个巅峰时期。世界银行公布的数据显示，当年日本的GDP为5.3万亿美元,达到了美国的70%。以樱花银行、住友银行、富士银行为代表的日本金融业也取得了骄人的成绩。面对泡沫经济,以主办银行和综合商社为核心的日本财团,避免了大企业、大银行的倒闭,依附于大企业的中小企业所受的影响不大,并没有使日本经济真正垮掉。

三井财团的樱花银行经历了泡沫经济的崩溃,由于采取了及时且成功的改革调整策略,并没有伤及筋骨。在1996年英国《银行家》杂志排名中,樱花银行虽然亏损30亿美元,但依然以478亿美元的资产额排在第五位。榜单中德意志银行以503亿美元的资产额排在第一位,日本三和银行以501亿美元屈居第二位。此外,住友银行、第一劝业银行、三菱银行分列第三、第四、第六。

2000年,樱花银行联合日本am/pm便利店率先推出了"方便店银行"(@ Bank),被认为是对当时传统银行服务做出的根本性转变。@ Bank的本质就是樱花银行ATM(自动取款机)的延伸,基本能够满足存款、取款、余额查询、转账及贷款等顾客日常所需。仅仅用了半年,樱花银行就在东京周边和关西地区设立了大约1000家"方便店银行"。

第三节　蓄力中国金融市场

三井银行进驻华南起步早

1963年,日本三井财团旗下的金融机构三井银行同中国银行缔结了代理行合同,随后又与中国国际信托投资公司以及广东、上海、天津、辽宁、江苏、浙江、山西等地的国际信托投资公司相继建立了协作关系。可以说,作为在日本经济界非常有影响力、非常有力量的三井财团的核心银行,日本三井银行和中国金融界的交往起步很早。

改革开放之初,大量外资银行开始进入中国,日本三井银行就是其中之一。1982年12月,经中国人民银行批准,三井银行正式在北京设立了代表处。第二年,三井银行广州办事处成立,这是第一家日资银行广州办事处。1993年10月,经中国人民银行批准,三井财团的樱花银行广州办事处正式升格为分行。

1995年5月2日,日本首相村山富市访华。同一天,日本樱花银行广州分行行长田中庸三接受了中国记者的采访。田中庸三从1979年开始就在三井银行(中国)工作。在采访中,田中庸三表示,"21世纪很有可能是中国的世纪。广东则将继续走在中国经济发展的前头,特别是随着1997年的迫近,香港对广东地区发挥的作用将更大,广东的经济将有更大的发展"。

对于将广州建设成为金融中心,田中庸三认为其已经具备了很好的条件。广州的周边有香港这个国际金融中心和深圳经济特区,三点可以连成一线;从整个亚洲全域来看,广东的位置无论往北到北京,包括韩国、日本,还是向西到新加坡、泰国、印度尼西亚等地,坐飞机都不会超过5小时,这些都为把实力雄厚的广东省省会广州市建成金融中心提供了十分有利的条件。

其实,在广州分行建立以前,樱花银行广州办事处就通过香港分行华南支援组,负责广东的融资业务。广州分行成立后继续与香港分行合作,投入更大的精力推进华南地区的业务发展。樱花银行为广东省的一些重点建设项目,如广深高速公路、广州珠江钢铁厂等都提供了相当数目的贷款。此外,还与广州市国际信托投资公司合作,为新建企业提供融资服务。

对于广州能否取代香港成为新的金融中心,田中庸三直率地表示,“两者的性质和功能各有不同,可以互为补充。而且,广州离香港很近,正好借鉴香港的经验。但广州要建成香港那样规模的金融中心,需要相当长的时间,需要金融制度及市场体系的完善。因此,香港作为一个成熟的国际金融中心,樱花银行在广州是不会投入更多的精力的”。

2008年,三井住友银行与中国香港最大的独立本地银行东亚银行签订了商业合作谅解备忘录。从2009年开始,三井住友银行持续买进东亚银行股份,到2012年,三井住友银行的持股量升至9.63%,成为东亚银行的第三大股东,正式全面进入了中国香港金融市场。三井住友银行期望借助东亚银行在中国内地拥有的近100家运营机构的力量,进一步叩开中国内地市场的大门。

2011年初,广东省政府在日本东京举办了大型招商大会。时任三井住友银行(中国)有限公司董事长的大久保克在会上表示,“脱离中国市场几乎是不可能的,而华南市场,特别是广东与香港地区都是三井住友发展业务非常重要的区域”。由于广州、深圳等地高科技产业的蓬勃发展,未来来自日本以及全球各地的投资会越来越多,三井住友银行显然已经抢占了先机。

2011年4月,三井住友银行深圳分行成立。对此,大久保克表示:“新近成立的分行将凭借三井住友银行在全球积累的先进金融经验和知识,为深圳企业提供更加多元化的金融服务,为深圳金融事业发展贡献力量。”时任深圳市副市长则表示:“三井住友银行拥有成熟高效的金融服务,未来深圳将继续重点发展金融业,一如既往地推动三井住友银行在深圳业务的发展壮大。”

住友银行看好华东竞争力

1997年12月,日本住友财团旗下的住友银行苏州分行在苏州开业。开业后不久便遭遇亚洲金融危机,经历了一段惨淡经营之后,苏州分行的经营状况迅速好转,特别是随着长江三角洲成为全球重要的生产制造基地,外资纷纷涌入苏州及其周边地区，给住友银行的金融业务带来了大幅增长的业务量和客户量，几乎呈现每年50%的增长速度。

2001年4月，三井财团的樱花银行与住友财团的住友银行合并成立了三井住友银行，这个总资产达100万亿日元的新银行是日本第二大商业银行，也是世界十大商业银行之一。三井住友银行通过股份转移方式设立三井住友金融控股公司，正式成为日本三井、住友财团的核心金融企业。其后，三井银行和住友银行便共同使用“三井住友银行”这个新商号。

日本三井住友银行分别在中国上海、天津、广州、苏州开设了分行。这4座城市中，2座是直辖市、1座是省会，唯有苏州是地级市。不仅如此，苏州与上海相距不足100千米，苏州及其周边地区的业务按理可以由三井住友银行上海分行覆盖，但三井住友银行专门成立了苏州分行，可见其十分看好包括苏州在内的华东地区未来的发展前景。

2004年，三井住友银行苏州分行原行长岩名地和夫在接受采访时表示：“如今全球瞩目的焦点是中国，尤其是中国华东地区，从基础设施、人才供应、政治的稳定性、教育水平等方面综合来看，华东地区举世公认具有竞争力。”单纯从人力成本来看，印度尼西亚、菲律宾或许更为合适，但中国不仅人力资源充足，而且人口素质高、人才多、社会更加安定。

岩名地和夫还认为，华东地区经济发达，在此地落户的外资企业一方面方便产品出口到国际市场，另一方面看好中国未来的发展，准备把产品推销到中国各地。对外资企业而言，华东地区已不仅是制造基地，也是一个巨大的消费市场，其在地理位置上具有优势，可以辐射全国。华东地区同时具备了人口和购买力这两个因素，市场潜力巨大。

淮海街是为来苏州投资的日本企业专门打造的，历史可以追溯到1994年，这条街道如今充满了日本风情

当然，三井住友银行选择在苏州成立分行还有另外一个非常重要的原因——苏州是名副其实的日资高地。2000年前后，日本在苏州的投资企业就达到了1200多家，投资领域涉及机械、电子、化工、纺织等制造业，日本是苏州进出口贸易最重要的伙伴。日本不仅是苏州最大的外资流入国，也是苏州最大的旅游客源国，在来苏州游览的外国旅游者中，日本游客占30%。

对于在苏州的生活，岩名地和夫表示非常适应。他说，苏州对日本人而言是非常适合居住的城市，气候与日本接近，苏州高新区的商业街上集中了数十家日本料理，非常符合日本人的口味，生活舒适宜人。银行中国业务推进部的调查显示，三井住友银行在日本的客户中，有数千家制造企业准备到中国投资，其中大部分企业的首选投资地为华东地区。

三井住友银行苏州分行不仅为客户提供金融服务，还提供各种信息、咨询服务。有些日本企业对中国缺乏了解，就先通过三井住友银行苏州分行进行咨询。住友财团作为日本六大财团之一，旗下的松下、住友电工、三洋等企业都已经在苏州、无锡、常州等地投资。三井住友银行苏州分行既可以对这些企业给予金融支持，也可以为更多的日本财团企业到苏州投资牵线搭桥。

三井住友银行苏州分行可以针对日本客户的性质、产品、规模、条件等具体情况，为其推荐合适的城市和开发区。在日资企业到中国考察投资期间，三井住友银行苏州分行会直接介入，全程陪同考察，介绍相关情况，起到引进投资的桥梁作用。三井住友银行苏州分行从开业至今，已至少为几百家日本企业到中国投资牵线搭桥。

持续不断入股东亚银行

2008 年底，日本三井住友银行与中国香港东亚银行签订了商业合作谅解备忘录，此后双方的合作步伐不断加快。从 2009 年 6 月开始，三井住友银行开始持续买进东亚银行股份，12 月 30 日又宣布向东亚银行投资 14. 16 亿港元。加上此前的投资，三井住友银行在东亚银行的持股比例上升到 4. 05% 。至此，三井住友银行正式进入了中国香港金融市场。

根据双方的公告，三井住友银行会利用东亚银行在中国香港和中国内地的分支网络支持该地区的日本企业，而按资产计算中国香港第三大银行东亚银行则利用三井住友银行的资源服务其在日本的客户。东亚银行成立于 1918 年，截至 2024 年仍是香港地区最大的独立本地银行，也是内地首批通过本地注册验收的外资银行之一。此外，东亚银行在香港地区还有着强大的政商背景。

时任东亚银行主席的李国宝是东亚银行创始人李石朋（李佩材）的曾孙。李氏家族是香港历史最悠久、地位最显赫的传统世家之一，家族成员横跨政治、立法、司法、教育及经济等领域。李国宝的叔叔李福善是香港高等法院的首位华人法官，参与起草了《香港基本法》。李国宝的亲弟弟李国章曾担任香港中文大学的校长，后出任香港教育统筹局局长等政府职务。

2012 年 12 月，三井住友银行再次与东亚银行达成了配股协议，金额为 33. 01 亿港元，使三井住友银行的持股量升至 9. 63% ，成为东亚银行的第三大股东。与此同时，东亚银行的第一大股东为西班牙巴塞罗那储蓄银行（Caixa Bank），第二大股东是国浩集团（香港上市公司，0053）。2014 年 9 月 5 日，三井住友银行宣布了继续增持东亚银行股份的计划，资金约 1000 亿日元。

2015 年 2 月，东亚银行与三井住友银行前一年签订的配股协议遭到国际知名对冲基金 Elliott 的“狙击”。Elliott 认为配股协议会摊薄股东权益，质疑是否有配股需要，要求东亚银行交出董事会有关配股决定的文件。资料显示，Elliott 当时持有东亚银行约2.5%的股权，而作为全球最大激进基金之一的Elliott就是以经常出手“狙击”上市公司私有化而著称的。

实际上，Elliott与东亚银行另一股东国浩集团站在同一阵线。由马来西亚富商郭令灿创办的国浩集团，近年不断增持东亚银行的股份，试图对其进行收购。因此，东亚银行选择配股给三井住友银行，在很大程度上是为了引入友好股东以抵御国浩集团的恶意收购。因此，若Elliott能够阻止东亚银行向三井住友银行进行配股，必将削弱其抵御能力。

2015年3月18日，三井住友银行与东亚银行正式订立了认购协议，三井住友银行以主事人身份，以每股29.5576港元的价格认购2.22亿股东亚银行股份。认购配发新股完成后，三井住友银行一举超过西班牙巴塞罗那储蓄银行成为东亚银行的第一大股东，持股比例达到17.43%，2016年5月持股比例进一步上升到19.01%。

对于股权认购，东亚银行主席李国宝表示，欢迎三井住友银行此次投资的决定，认为可进一步增强东亚的核心资本，同时也重视与三井住友银行过去40多年的关系，期望未来能更紧密地合作。不同于其他股东，三井住友银行作为策略性合作伙伴，将助力东亚银行实现长远发展。配股也符合日后银行业较高的资本要求，缓冲可能上升的坏账，支持未来业务发展所需。

三井住友银行成为东亚银行最大股东以后，委派一名董事级的人员出任东亚银行的非执行董事。同时，三井住友银行计划将东亚银行变为权益法适用公司，希望将三井住友金融集团的年合并最终利润提高150亿日元左右。也就是说，三井住友银行计划把东亚银行纳入日本的财团体系当中，抢滩中国香港银行业，并以此为跳板，进军中国内地金融领域。

全力绑定中国高端金融人才

1989年3月，应日本三井银行邀请，中国金融学院代表团访问了日本的东京及大阪。访问期间双方商定了《中国金融学院与日本三井银行合作协议书》，内容包括：互派专家学者访问，共同研究双方感兴趣的课题；互派留学生；互相交换情报资料；等等。三井银行表示，为了巩固同中国金融界的联络，将派员常驻中国，以保持工作的连续性与稳定性。

中国金融学院并不是普通的机构，它由中国人民银行、中国工商银行、中国农业银行、中国银行、中国建设银行、交通银行、中国国际信托投资公司、光大金融公司、中国人民保险公司等9家金融机构于1987年9月共同集资创办，隶属中国人民银行。中国金融学院由邓小平同志亲自题写校名，中国金融学院所属的中国金融培训中心，更是担负着培训中国银行系统中高级干部的工作。

2000年6月，中国金融学院和原对外经济贸易大学合并组成新的对外经济贸易大学。2001 年 3 月，在原中国金融学院金融系、工商管理系、国际经济系基础上组建成立金融学院。2015 年 12 月，对外经济贸易大学金融学院改回“中国金融学院”的旧称。学院一直致力于塑造高素质、创新性、国际化的高级金融专业人才，打造“新一代银行家摇篮”的品牌。

三井住友银行不仅积极参与中国金融市场的发展，更加注重相关金融人才的建设培养。从 2001 年开始，三井住友银行就以专家讲座的形式向清华大学的师生介绍日本经济金融发展的状况，迄今已经举办了 10 多次讲座。三井住友银行长期以来以派遣讲师开办讲座、选派职员研修、接受研究生实习等多种形式与清华大学五道口金融学院积极合作，还设立了三井住友银行(中国)奖学金。

2015 年 12 月 11 日，日本三井住友银行、三井住友银行(中国)有限公司与清华大学五道口金融学院签署《关于在教育、人才等领域交流合作的备忘录》。三井住友银行常务执行董事兼三井住友银行(中国)有限公司董事长国贺久德、三井住友银行执行董事兼三井住友银行(中国)有限公司行长龙田俊之及清华大学五道口金融学院副院长康以同分别代表三方在备忘录上签字。

清华大学五道口金融学院成立于 2012 年 3 月，由清华大学与中国人民银行共建，其前身是 1981 年成立的中国人民银行研究生部，是中国金融系统第一所专门培养金融高层管理人才的高等学府。清华大学五道口金融学院以“培养金融领袖，引领金融实践，贡献民族复兴，促进世界和谐”为使命，致力于培养理论基础扎实、实践能力突出、深入了解国情、具备国际视野的高端应用型金融人才。

2018 年 11 月 29 日，三井住友银行(中国)奖学金颁奖仪式及主题讲座在清华大学五道口金融学院举行，三井住友银行金融调查室室长森口善正以“日美贸易摩擦的经验和教训”为题做专题讲座。森口善正从美国贸易收支情况、日美贸易摩擦的经验和教训、中美贸易摩擦以及与特朗普政府的贸易谈判、中期选举后的美国贸易政策等四部分，阐释了对国际经贸关系的理解和认知。

2019 年 11 月 14 日，在新一届的清华大学五道口金融学院三井住友银行(中国)奖学金颁奖仪式之后，来自三井住友银行的森口善正又以“日本在改善中小企业融资难方面所做的努力和经验”为题做专题讲座。在这次讲座中，森口善正向清华大学的师生们介绍了日本为支持中小企业发展所采取的措施，并结合中国中小企业的实际情况提出了建议。

2019年，三井住友银行（中国）奖学金颁奖仪式，时任三井住友银行（中国）有限公司行长大野慎治（左五）与获奖学生合影

森口善正表示，中小企业虽然规模较小，但对日本经济和社会的稳定发展起到了至关重要的作用。然而，日本的中小企业也逐渐面临数量减少和老龄化等困境。森口善正通过

分析日本中小企业政策的变迁，详细介绍了日本在金融危机期间主要的中小企业金融对策，希望日本经验能对中国中小企业支持政策的强化发挥借鉴作用。

第四节　抱团取暖 应对危机

三井联手住友应对金融危机

1997 年 7 月，亚洲金融风暴席卷泰国。不久，这场风暴波及马来西亚、新加坡和韩国等地。然而，亚洲金融危机的根源并不在泰国，而在日本。从一开始，以美国为首的西方金融资本矛头对准的就是日本，希望通过对东南亚地区的打击直接削弱日本的海外投资及其在国际经济领域的影响力。受亚洲金融危机影响，日本多家银行及证券公司相继宣布倒闭，金融市场动荡不安。

1998 年 4 月，日本金融当局为了应对经济危机、与国际潮流接轨，正式开始实施“大爆炸”（Big Bang）式的金融改革和市场开放。金融市场的开放使得外国金融机构大举进军日本市场，以各种方式并购日本的金融机构。到 1999 年 4 月，一年的时间里就有 18 家日本金融机构被外国投资者收购。许多日本金融机构认识到，若不采取措施，将难以求得生存和发展。

这一时期，美国的花旗银行集团、美林证券公司及美国最大的非银行金融机构通用电气资本公司等，纷纷涌入日本市场。此外，法国、德国、瑞士等欧洲各国的各种类型金融机构也接踵而来。可以说，日本金融机构不仅失去了众多海外市场，而且其国内市场也在被欧美银行集团大量蚕食，日本金融业迎来了前所未有的挑战。

为了应对国际金融机构对日本国内金融机构造成的竞争威胁，日本财团体系的银行和金融机构纷纷选择兼并重组，形成大型综合金融集团。事实上，日本的财团体制非常有利于大型综合金融集团的形成，因为日本各大财团的成员企业之间一直呈现环状持股，都是以资本为纽带，其核心股权架构正是以大银行和金融机构为主体的。

2001 年 4 月，三井财团的樱花银行与住友财团的住友银行合并成立了三井住友银行。2002 年 12 月，三井住友银行通过股份转移方式设立三井住友金融控股公司，其正式成为日本三井财团和住友财团的核心金融企业。2003 年 2 月，三井住友信用卡有限公司、三井住友银行信贷有限公司与日本综合研究所有限公司也成了三井住友金融集团的全资子公司。

住友银行是住友财团的主办银行。早在 1875 年，住友财团就以矿山产业资本为基础，建立了从事抵押贷款业务的并合会，这便是住友银行的萌芽。1895 年 11 月，以住友吉左卫门为行长建立了住友银行。二战后，住友银行被解散，1948 年改名为“大阪银行”重新开业。1952 年，大阪银行恢复了“住友银行”的名称。在日本金融界，住友银行被称为“关西巨子”，实力可见一斑。

樱花银行和住友银行的合并属于跨财团间的一次合并尝试。从以往日本银行业的合并来看，基本上是财团内部金融资源的重新调整和再配置，目的是强化财团力量，增强竞争力。但这一次樱花银行和住友银行突破了财团之间的界限，不再囿于财团和系列的限制，而是按照市场经济原则进行调整和重组，属于强强合并、超大型化重组。

樱花银行的零售业务与住友银行的国际业务和投资银行业务在日本同业中均具有较强的实力，两者相互结合能形成较强的规模经济优势。由此，三井住友银行拥有日本商业银行中最大的零售业务网，其股本收益率为 8.8%，是日本所有金融集团中最高的。三井住友银行还有日本三井财团、住友财团作为支撑，在商社、流通、石油和化学等领域拥有一批大型企业客户。

20 世纪末，以三井联手住友成立跨财团间的超大金融控股集团为标志，日本金融机构的重组和调整进入了一个“战国时代”，财团间的银行合并成为主旋律。到 2005 年，日本基本形成了以三井住友（三井财团 + 住友财团）、瑞穗（富士财团 + 第一劝银财团）、三菱日联（三菱财团 + 三和财团）三大金融集团为主体的金融业格局。

与贪婪的资本主义共舞

2002 年 9 月，受到亚洲金融危机的持续影响，日本破产企业数量增多，三井住友银行的坏账也随之急剧增加，一度达到了 480 亿美元。为解冲销坏账之急，三井住友银行决定出售所持有 12.5% 的高盛集团的股份，这部分股份还是住友银行于 20 世纪 80 年代购买的。然而，双方的缘分并未就此结束，一年以后，高盛集团又反过来开始向三井住友银行注资。

2003 年 1 月 15 日，三井住友金融集团宣布将向高盛集团发行可兑换优先股。消息公布当日，三井住友银行的股价就暴涨 8.46 个百分点，报价 35.8 万日元。2 月8 日，三井住友金融集团向高盛集团正式发行可兑换优先股，以获得 1500 亿日元（约 12.5 亿美元）的投资，高盛集团因此也获得了三井住友银行 7% 的股权。此后，三井住友银行和高盛集团之间的合作日益加深。

2006 年 3 月，为缓解财务紧张状况，日本三洋电机（属住友财团）向三井住友金融集团、大和证券 SMBC 株式会社（三井住友金融集团和大和证券的合资公司）和高盛集团定向增发优先股。事实上，三洋电机最初只是希望三井住友银行投资，不料后者拉来了高盛集团。最后，3 家金融机构共购买了三洋电机总额约 3000

亿日元的优先股,其中高盛集团购买了价值1250亿日元的优先股。

2008年国际金融危机爆发后,三井住友金融集团准备应美国最大的投行高盛集团的请求,计划出资最多3000亿日元(约28.3亿美元)投资高盛集团。美国金融动荡使得高盛集团的经营环境趋于恶化,三井住友银行希望通过此次出资拓展其国内外的投行业务。资料显示,高盛集团此前可能已向三井住友银行发出了非正式要约,三井住友银行则计划一旦得到正式要约就将表示同意。

然而,三井住友银行对高盛集团的投资遭到了"股神"巴菲特的卖力搅局。巴菲特开出了远远优于三井住友银行的入股条件,让急需资金渡过难关的高盛集团无法拒绝。实际上,这背后是时任美国财政部部长保尔森所推行的一系列救市措施,保尔森此前曾担任高盛集团的主席和首席执行官,他并不希望高盛集团步摩根士丹利的后尘,成为日本金融集团的附庸。

显然,是美国政府出手阻止了三井住友银行对高盛集团的投资。对此,巴菲特也承认美国政府对华尔街的大规模拯救计划对他的决策影响很大,他说,"如果不确定政府将有所行动,我将不会做任何事"。对于美国的阻拦,许多人认为三井住友银行失去了一次海外拓展的机会,但实际上正是这次阻拦拯救了三井住友银行,因为如今的高盛集团已经被充斥着金钱、欲望的资本市场控制了。

《贪婪的资本主义:华尔街的自我毁灭》,[日]神谷秀树著,经济科学出版社,2009年

2009年3月,一本名为《贪婪的资本主义:华尔街的自我毁灭》的图书由经济科学出版社翻译出版并在中国发行,这是一本业内人士书写的揭露性著作。这本创作于国际金融危机之后的图书创造了日本书业的销售神话——单周销售10万册,并被《泰晤士报》、《钻石》周刊、《现代》周刊等争相报道。这本书的作者是长期从事投资银行资本运作的日本银行家神谷秀树。

神谷秀树1953年出生于东京,1975年从日本早稻田大学第一政治经济学部毕业后,进入住友银行工作,1984年加入高盛集团后定居纽约。在书中,神谷秀树探究了雷曼兄弟、AIG等公司的破产原因,同时揭露了美国投资银行家"今天赚到的给我,明天赔掉的归你"的道德准则,"投资银行家是这个世界上最贪婪的职业。一旦被金钱迷住,那么连人格也会变了"。

美国的"贪婪资本主义"一直以来是世界的"楷模",但这次轰然坍塌。神谷秀树认为现今情势下应该深思的问题是,我们究竟要建立什么样的经济社会。他认为:"当日本人重新找回自己价值观的时候,说不定能找到新的资本主义形式,作为今后世界资本主义的范本呢。""日本很可能会提出一个'为万民造福的资本主义'方案……"

推进业务和资产组合的转换

2004年12月,日本金融厅公布了《金融改革计划——面对金融服务立国的挑战》。这项指引未来的新方案使日本银行业发生了几个重大的转变:金融行政目标由确保金融稳定朝激发竞争活力的方向转变;历来由"官"主导的金融系统,朝由"民"主导的方向转变;二战后一直实行的以银行为中心的间接融资体制,将转变为以综合金融机构为中心的直接融资体制。

以三井住友金融集团为代表的日本金融企业开始采用金融控股公司模式来实现混业经营。但是,日本金融业的混业经营采取的其实是一种渐进改革模式,绝不全盘照抄美国模式,而是根据自己的实际情况稳步推进。由于21世纪日本金融改革的措施坚决而且实施得力,日本银行业很快便走出了亚洲金融危机引发的困境,全球竞争力得到了一定的恢复。

正是这种保持自我、不盲目模仿的稳健金融体系,让三井住友金融集团等日本财团的金融机构扛过了2008年的金融风暴。首先,不良贷款率大幅降低。三井住友金融集团的不良贷款率只有1.82%,处于全球较低水平。其次,盈利能力大大增强。据2006年度的数据,在日本前100大银行中,只有一家银行出现亏损,其余银行都实现了盈利,其中三井住友金融集团的税前利润为68.58亿美元。

在2008年国际金融危机的冲击下,美国银行体系中的问题银行和倒闭银行数量迅速增加,银行资产规模收缩、盈利水平下降、资产状况不断恶化,打击几乎是毁灭性的。与之相反,2008年国际金融危机后,三井住友金融集团的非利息收入稳步提升,占比从2008财年的33.45%上升到2018财年的46.32%,作为金融集团的核心旗舰公司,三井住友银行提供总营业收入利润的80%左右。

10年后,时至2017年4月,为了优化集团管理和集团范围内的资源分配,三井住友金融集团采取了与国际大型金融集团类似的"业务单元+管理单元"的管理模式,并结合自身实际推出了以集团事业部、CxO体系、子公司为组合的矩阵式管理体系,设立了零售业务、批发业务、国际业务和全球市场业务四大业务单元,每个业务单元相当于一个大事业部。

CxO体系旨在提高以控股公司为中心的集团管理能力,包括八大职能部门,分别为财务管理、战略参谋、风险管理、合规、人力、信息、数字创新、内部审计。为了适应这一机构设置,在集团首席执行官下还任命了8名部门首席执行官,分别负责上述8个领域。除此之外,还积极推进业务和资产组合的转换,最大限度地利用有限的管理资源。

2018 年 5 月，日本住友商事（住友财团的综合商社）宣布收购日本三井住友金融租赁公司，这是双方进行租赁合资关系重组的重要一部分。三井住友金融租赁公司通过多个步骤重组后，由住友商事和三井住友金融集团共同控制，并继续由二者提供全方位的金融服务。未来，三井住友金融租赁公司将全面拓展新的业务领域，深耕环境、基础设施和医疗保健等增长领域，提高资本和资产效率。

2019 年，三井住友资产管理公司与大和住银投信投资顾问公司合并成立三井住友 DS 资产管理公司。其中，三井住友资产管理公司擅长面向个人提供投资信托和人寿、非人寿保险的运营建议；大和住银投信投资顾问公司则拥有大量境内外养老基金企业客户。通过合并，三井住友 DS 资产管理公司有效降低了组织重叠成本，扩大人员、客户群和产品阵容，实现协同效应。

同期，三井住友金融集团的业务整合还包括：将三井住友信用卡重组成为集团全资子公司，建立作为无现金支付战略的核心业务功能；将 SMBC 日兴证券与 SMBC 朋友证券合并，降低组织重叠成本，整合两家证券公司的产品、研究和渠道资源。此外，三井住友金融集团还提出了成本控制的目标和措施，通过业务改革提高效率、零售商店改革和集团内部业务重组手段等压缩成本。

数字化业务是未来发展方向

2016 年，三井住友银行联合日本近畿大学、美国 IBM 和日本 NEC，在金融、房地产和资产托管领域开展区块链应用研发，开发区块链汇款和结算服务原型系统，希望将来可以“用区块链技术开发新的汇款和结算服务”。此后，三井住友银行又联合三井物产（三井财团的综合商社）、泰国第三大银行曼谷银行等进行了区块链贸易融资测试。

随后，2017 年日本《银行法》的修正案中，出现了“银行业高度化的公司”这一全新概念。在此之前，日本对于银行持股的公司，如果对银行相关业务以外的企业进行投资，会有 15% 的最高表决权限制，而银行直接向其他公司投资的比例不得超过 5%。根据该修正案，如果银行是向金融科技类的信息技术（IT）公司投资，即使超过 5% 的投资比例，依然可以获得金融厅的许可。

这一《银行法》修正案让三井住友银行在推进数字化进程中更加游刃有余，并建立起与数字化转型相适应的业务规划、组织管理、外部合作体系。三井住友银行完全可以通过购买服务，投资或并购具有创新理念的初创公司，推动自身科技能力的提升，构建数字金融生态。为此，集团设置了首席数字创新官（CDIO），专门负责金融数字化的推进工作。

2018 年 5 月，三井住友银行、三菱东京 UFJ 银行和瑞穗银行等提出了“J－Coin 构想”，发行数字货币——“稳定币”J－Coin（1Coin＝1 日元）。近年来，传统商业银行、证券交易所正在进入数字货币、代币发行等数字资产领域，并将其作为提升全球金融中心竞争力的机遇。再加上日本大力宣传的"5.0社会"中,无现金无纸币国策,让数字货币赚足了眼球。

2020年,三井住友银行表示,为了应对新冠疫情带来的经济冲击,银行一方面在筹备跨行转账的手续费用,另一方面为了推进电子网上交易,降低交易成本,正在构建新的网络系统。三井住友银行计划将以面向个人资产运用等业务为主的小型分行的比例,在未来3年内从目前的5%提高到70%左右,并推行让顾客使用店内的平板电脑终端等自行办理手续的营业方式。

以三井住友银行、三菱东京UFJ银行和瑞穗银行等为主体提出的数字货币——J-Coin,其主要功能是为个人、企业提供移动支付和转账服务

2021年3月,三井住友银行与美国投融资服务平台Securitize合作推出了首个资产支持证券型代币,这是第一个符合《金融工具和交易法》(FIEA)的证券型代币,并已获得日本评级机构格付投资情报株式会社的a-1评级。证券型代币被认为是数字货币行业的未来,因为它能提供一种便于监管的方式,将传统行业与区块链行业联系起来。

2021年5月,三井住友金融集团宣布计划与日本最大的广告传播公司电通集团联合成立一家新公司专门来处理广告业务。从此,三井住友银行的手机App会通过匹配用户的年龄、性别等信息,有针对性地投放电通集团以及三井住友银行客户企业的广告。与普通的投放广告不同,三井住友金融集团与电通集团的合作目标是,成立专门处理关联广告业务的公司。

三井住友金融集团以上的一系列动作被外界解读为疫情倒逼下的改革,但实际上数字化业务是三井住友金融集团很早之前便确定的未来发展方向,并且数字化已经成为贯穿整个集团业务领域的支柱。三井住友金融集团认为,利用数据的新商业模式已经出现,金融机构就像科技信息银行一样,未来可能会从金融业变成信息业。

为了快速有效地推进数字化工作,三井住友金融集团将客户和合作伙伴的数据、技术与专业知识适当结合在一起。例如,成立三井住友硅谷数字创新实验室、建立先进技术实验室等。推进以人工智能(AI)和区块链为核心的新技术的数字化,在无现金支付领域,三井住友金融集团积极开发"下一代支付平台",以提供将金融、IT与营销相结合的混合解决方案。

第五节　银行之外的金融力量

成为日本最大保险集团

1893 年，大阪保险株式会社成立，这是住友海上火灾保险株式会社的前身之一。其后于 1916 年加入大阪商船集团，成为大阪海上火灾保险株式会社。1917 年，山下汽船公司于东京有乐町成立了另一个住友海上火灾保险株式会社的前身——扶桑海上保险株式会社，而后经营权移转至住友财团，公司也改名为“住友海上火灾保险株式会社”。

1918 年 10 月，大正海上火灾保险株式会社成立，这是三井海上火灾保险株式会社的前身。当时，大正海上火灾保险株式会社总部设在东京日本桥，另有大阪、神户两家分公司，主要经营的险种为海上保险、运送保险及火灾保险。1941 年以及 1944 年，在特殊的战时经济控制下，大正海上火灾保险株式会社又先后与新日本火灾保险以及三井火灾保险合并。

1944 年，大阪海上火灾保险株式会社与住友海上火灾保险株式会社合并，成为大阪住友海上火灾保险株式会社，1954 年改称“住友海上火灾保险株式会社”。在日本经济高速发展的时期，住友海上火灾保险株式会社以扩大良质契约签订量为目标，全力朝担保力优良的保险公司发展，而后转变经营方向，全力推动大众化路线。1996 年，住友海上火灾保险株式会社成立住友悠悠生命株式会社，跨足人寿保险领域。

进入 20 世纪 60 年代，正值日本经济快速增长时期，随着汽车、房地产方面的需求急剧增加，日本财产保险业迅猛发展，交通事故保险、地震保险也相继出现，特别是汽车保险所占比例自此时期开始增高并逐渐成为财险的核心产品。时至 1991 年，大正海上火灾保险株式会社更名为“三井海上火灾保险株式会社”，并设立三井未来生命株式会社，进军人寿保险领域。

2001 年 10 月 1 日，在樱花银行与住友银行合并成立三井住友银行 6 个月后，三井财团旗下的三井海上火灾保险株式会社和住友财团旗下的住友海上火灾保险株式会社同样也选择了合并，成立了三井住友海上火灾保险有限公司（以下简称“三井住友海上火灾保险”），总部位于日本东京，总资产 65806 亿日元（约 5250 亿元人民币），在全球开展财产保险、人寿保险、金融服务、风险管理等相关业务。

2008 年，国际金融危机使得财险行业普遍面临严峻的经营环境。金融危机引发日本汽车、房屋销售锐减，各财险公司经营收益普遍下滑。这主要是因为占日本大型财险公司收益五成左右的汽车保险业务收益受汽车销量低迷影响而持续下滑。于是,效仿此前财团主办银行的合并方式,日本保险公司也开始积极进行合并重组,同样有抱团取暖之意。

2010年4月,三井住友海上火灾保险、爱和谊财产保险公司、日生同和财产保险公司宣布进行经营整合,组建日本MS&AD保险集团。整合之后的MS&AD保险集团是日本第一、世界第七的财产保险集团,当年总资产达114450亿日元(约9156亿元人民币),保费收入达25437亿日元(约2035亿元人民币),并在2011年《财富》杂志世界500强公司排名中位居第215。

在合并之前,三井住友海上火灾保险、爱和谊财产保险公司、日生同和财产保险公司分别排在日本非寿险业的第二位、第四位和第六位。其中,爱和谊财产保险公司同三井财团旗下的丰田汽车关系密切,丰田汽车曾是该公司的控股股东。截至2024年,丰田汽车仍是MS&AD保险集团的重要股东,在全球范围内与汽车生产厂家有如此紧密关系的大型保险公司非常罕见。

3家保险公司的合并不仅能够使企业摆脱困境,还可以进一步增强日本的金融实力。同三井住友、瑞穗和三菱日联形成日本银行业三巨头模式类似,如今的MS&AD控股(三井财团+住友财团)与东京海上控股(三菱财团)、SOMPO控股(日本财产保险公司)三大集团的保费收入之和,约占日本财险业界的90%,也被视为日本财险业界的三巨头。

在中国市场试探与发力

2004年10月,三井住友海上火灾保险宣布与中国太平洋保险集团达成一项综合协定,双方将共同致力于开发保险产品、培育中国保险市场,计划未来在车险、人意险、货运险、再保险等各领域开展深入的业务合作。对此,三井住友海上火灾保险方面表示,这是公司第一次在中国保险市场与当地的重量级保险公司达成类似协定。

中国太平洋保险集团成立于1991年,总部位于上海,是仅次于中国人保财险的第二大财产保险公司,也是我国三大人寿保险公司之一。作为中国国内领先的综合性保险集团,中国太平洋保险集团也是首家A+H+G(上海、香港、伦敦)三地上市的保险公司。中国太平洋保险集团连续10多年入选《财富》杂志世界500强榜单,2022年位列第182。

2009年12月,在中国太平洋保险集团香港H股上市的过程中,三井住友海上火灾保险作为基础投资者出资入股中国太平洋保险集团,认购金额约6500万美元,希望通过入股的方式进一步强化双方的合作关系。基础投资者较一般投资者具有股份优先认购权。一旦与受让方订立合同,可按协议购入约定的股份数,但同时必须担负认购义务。

2010年3月，三井住友海上火灾保险与中国太平洋保险集团在东京签署了战略合作伙伴关系的框架协议，确立了战略合作关系。2010年10月，中日双方又在上海举行高层战略峰会，并签订了《关于货物运输保险理赔代理业务合作的谅解备忘录》。此外，还启动了货物运输保险理赔代理业务合作项目，这是基于双方深层战略合作协议框架，在航运保险领域加强业务合作的重要内容。

2010年4月，三井住友海上火灾保险斥资24亿日元（约1.75亿元人民币）入股总部设在杭州的信泰人寿，持股比例为7%，从而正式进军中国寿险市场。这也是继认购中国太平洋保险集团H股2%上市股权后，三井住友海上火灾保险又一次布局中国保险业。三井住友海上火灾保险的两次投资额都不多，这种投资方式显然要比欧美保险巨头的中国战略谨慎得多。

2018年5月，三井住友海上火灾保险发表声明称，计划出资收购交通银行的人寿保险子公司——上海市交银康联人寿保险公司37.5%的股份。虽然投资信泰人寿出现亏损，但并没有影响到三井住友海上火灾保险对中国保险市场的信心。交银康联人寿保险公司成立于2000年，其保险以银行柜台售卖为主，2017年12月期的保险费收入总额为131亿元人民币，在当年中国人寿保险市场上排名第28。

2020年12月，经中国银保监会批准，澳大利亚康联集团将所持有的交银康联人寿保险公司37.5%的股权正式转让给日本MS&AD保险集团。MS&AD保险集团正是由三井住友海上火灾保险、爱和谊财产保险公司集团、日生同和财产保险公司整合而成的日本最大财险集团。近年来，随着中国保险市场高水平对外开放政策的持续深化，日本保险企业看到了更多机会。

2022年11月6日，在商务部主办的进博会专场活动——中日先进技术交流对接会上，三井住友海上火灾保险以"金融保险服务数智化创新"为主题做了相关展示。同时，三井住友海上火灾保险还发布了其在智慧工厂领域最新的探索实践，并与南京安元科技达成战略合作协议。双方以"保险+服务+科技"为理念，以工厂的安全生产、降本增效、品质提升为目标，打造数智化风险解决平台。

三井住友海上火灾保险（中国）董事总经理菅匡彦表示："我把自己当作中国的代言人，每次回到日本，总会跟身边的人说一定要来中国、来上海看看。"

第二天，三井住友海上火灾保险与中国太平洋保险集团、松下四维出行、广东光华科技围绕推动新能源汽车动力电池回收利用，促进构建电池循环经济体系签订战略合作协议。三井住友海上火灾保险表示，会发挥在保险产品设计以及项目风险管理等方面的优势，与多方资源共享，合作共赢，共同推动退役电池的高值化循环利用，助力保险公司在新能源保险服务方面的发展。

排名日本信托界的“No. 1”

信托是一种理财方式，也是一种特殊的财产管理制度和法律行为，同时又是一种金融制度，与银行、保险、证券一起构成了现代金融体系，并称金融业的四大支柱。简单理解，信托业务就是由委托人依照契约规定，为自己或第三方（即受益人）的利益，将财产上的权利转给受托人，受托人按规定条件和范围，占有、管理、使用信托财产，并处理其收益。

早在 1924 年，三井财阀就剥离其信托部门成立了三井信托银行。1962 年，日本另外 3 家银行决定分拆其信托银行，即兴业银行、东海银行和中央信托银行，共同成立新的中央信托银行，并于 1998 年收购因亚洲金融危机而陷入困境的北海道拓殖银行的本州业务。此后很长一段时间里，三井信托银行和中央信托银行都是竞争关系。

2000 年，这一状况有所改变，三井信托银行和中央信托银行宣布合并成立中央三井信托银行株式会社。2002 年，中央三井信托银行株式会社进行改组，成立中央三井信托控股公司。2007 年，再次实施集团内的企业重组，旗下拥有两个信托银行及两个资产管理公司：中央三井信托银行株式会社、中央三井资产信托银行株式会社、中央三井资产管理株式会社、中央三井创投株式会社。

住友信托银行的成立要晚于三井信托银行，时间是在 1925 年 7 月。1948 年，住友信托银行更名为“富士信托银行株式会社”。1952 年，再次改回“住友信托银行”。1998 年，为应对经营危机，日本长期信用银行并入住友信托银行。2000 年，住友信托银行又收购了住银信托银行与大和国际信托银行，一举成为日本当时最大的信托银行。

2009 年 7 月，住友信托银行以 756 亿日元（约 7.95 亿美元）收购美国花旗集团持有的日兴资产管理有限公司 64% 的股权。随后，住友信托银行又从小股东处继续收购股权，最终以 1124 亿日元（约 12.6 亿美元）收购日兴资产管理有限公司 98.55% 的股权，剩下 1.45% 的股权属于员工配股计划。日兴资产管理有限公司成立于 1959 年，是日本三大资产管理机构之一。

2011 年 4 月，中央三井信托控股（属三井财团）和住友信托银行株式会社（属住友财团）通过换股形式成立新公司——三井住友信托控股股份有限公司（Chuo Mitsui Trust Holdings Inc.，以下简称“三井住友信托控股”）。2012 年 4 月，两家集团继续整合旗下的银行业子公司，成立核心银行业务子公司三井住友信托银行（Sumitmo Mitsui Trust Bank Ltd.），这是当时日本国内最大的信托银行及第五大银行。

三井住友信托控股作为日本知名财团旗下的资管公司，共持有超 1000 家美股公司的股票，其中前十大持仓分别为苹果、微软、亚马逊、特斯拉、谷歌、谷歌 A、联合健康、强生、英伟达及埃克森美孚，其中苹果和微软两家便占据了其10%的仓位。此外，其持有的中概股则包括拼多多、蔚来、百胜中国、携程、理想汽车、贝壳、中通、小牛电动、小鹏汽车、台积电等。

根据三井住友信托控股披露的持仓报告统计，在美股持仓的行业分布中，约1/5的市值集中于科技股，其中系统软件行业的市值最大，占比9.32%；电信设备位列第二，占比6.05%；互联网软件及服务行业位列第三，占比4.80%。其他占比较大的投资领域还有房地产投资信托、专业制药、专业医疗、半导体以及互联网零售，显然三井住友信托控股更加偏重于科技行业。

截至2022年3月31日，经历了数十次并购重组的三井住友信托控股，年营业额达到了11584亿日元（约567亿元人民币），净利润达到了1691亿日元（约83亿元人民币），已经是日本信托界当之无愧的“No.1”了。三井住友信托控股具有非常雄厚的背景，同时依托三井财团和住友财团的强大实力，其已经逐步形成了具有信托与银行、金融与实业混业经营的独特商业模式。

中日韩携手资管新市场

2010年2月，日本住友信托银行（现三井住友信托银行）联合三胞集团、南京高新技术经济开发总公司等4家战略投资者参与了由南京紫金投资控股公司主导的南京市信托投资公司重组项目，合资成立了紫金信托有限责任公司。成立之初，控股股东为国资全资设立的南京紫金投资集团，持股60.01%；三井住友信托银行为第二大股东，持股19.99%。

据三井住友信托控股的数据，截至2010年，中国信托业管理的资产总计约3.7万亿日元（约480亿美元），而日本的这类资产则高达76.9万亿日元。三井住友信托控股认为，尽管中国也在发展自己的信托业，但当时中国只有65家信托公司，并且中国信托业与银行业是分离的。与其他金融机构相比，中国信托公司由于受到的监管较少，因此在运营上更像是对冲基金。

2012年，首任三井住友信托银行行长常阴均在接受采访时表示，“三井住友信托银行的海外战略可能与日本其他大银行的海外战略有所不同，信托银行业务在中国大有可为。三菱东京UFJ银行和瑞穗银行等日本大型商业银行都通过多个海外办事处参与全球放贷，而三井住友信托银行的目标是坚持做一个信托银行企业，包括资产管理和全球托管业务”。

公司股东	引战、增资及股权转让前		引战、增资及股权转让后	
	出资额（亿元）	持股比例	出资额（亿元）	持股比例
南京紫金投资集团有限责任公司	14.72	60.01%	16.57	50.67%
三井住友信托银行股份有限公司	4.9	19.99%	6.54	20%
江苏宁沪高速公路股份有限公司	0	0%	6.54	20%
南京新工投资集团有限责任公司	1.8	7.34%	1.8	5.50%
三胞集团有限公司	1.25	5.11%	1.25	3.83%
南京江北新区产业投资集团有限公司	1.23	5%	0	0%
江苏金智科技股份有限公司	0.63	2.55%	0	0%

2021年，三井住友信托银行突破“境外机构投资入股比例限制的规定”，持有紫金信托有限责任公司20%的股权，一举成为持有中国信托公司股份比例最高的外资股东

时至2021年8月，三井住友信托银行宣布增资5亿元人民币，在资金信托中的持股比例达到20%，成为持有中国信托公司股份比例最高的外资股东。近年来，外资股东纷纷减持或清退所持的信托股

权。在这种背景下,三井住友信托银行选择增资显然是有着不一样的考量。当前中国国内信托业发展正处于深度转型期,虽然存在业绩风险,但也是一个战略布局投资的好时机。

2022 年 6 月,摩根大通宣布挂牌转让百瑞信托 19.99% 的股权,一旦达成,有外资背景的中国信托公司将缩水至 6 家。然而,三井住友信托银行非但没有萌生退意,反而越战越勇。此前,外资机构与中国信托公司曾经历数年的甜蜜期。高峰时期,中国国内有外资背景的信托公司一度达到两位数,自 2015 年起开始减少,外资机构股东陆续清退或减持信托公司股份。

2022 年 11 月,三井住友信托控股在北京参加了第三届中韩日资产管理高峰论坛。作为 2022 年金融街论坛年会相关活动之一,高峰论坛由北京朗姿韩亚资产管理有限公司联合韩国韩亚金融集团、日本三井住友信托控股主办,主题为“应变局 迎新局”。在当前复杂多变的国际政治经济形势下,该论坛强调中国、日本、韩国作为亚洲重要的经济体,需要携手共进、同心毕力。

北京朗姿韩亚资产管理有限公司成立于 2016 年,自成立以来,一直受到外资股东韩亚金融集团(21.93%)和日本三井住友信托银行(5%)的大力支持,在业务层面上不断探索,深耕股权投资、信用投资、不动产与基础设施投资等领域,对外投资企业超 60 家,累计资管规模约 500 亿元人民币。未来,该公司还将着力于新一代信息技术、高端制造、新能源和生物科技等领域的布局。

韩亚金融集团是韩国第二大金融集团,前身是 1971 年完全以民间资本创建的韩国首个金融企业——韩国投资金融。1991 年,韩国投资金融成功转变为商业银行——韩亚银行。2005 年 12 月,韩亚金融集团正式成立。韩亚金融集团将中国市场视为其全球业务扩张中一个至关重要的节点,同北京朗姿韩亚资产管理有限公司等中国伙伴合作,共同全力支持韩国企业或个人在中国市场取得更好的发展。

在中韩日资产管理高峰论坛上,三井住友信托控股社长高仓透表示,“近年来中国和亚洲在全球投资管理市场的地位不断提升,大家都热切地期待中国本土的资管企业能够走向世界。同时,日本在应对少子、老龄化等困扰全球社会性挑战方面走在了前面,而中国经济规模巨大、实力超群,如果中日两国进一步加强政府和民间合作,一定能够在世界上有更大作为”。

参考文献及来源

1. 白益民,乔梓效. 三井帝国在暗战:揭开日本财团的美国博弈[M]. 北京:中国经济出版社,2022.
2. 樊宁. 三井住友看好苏州:访三井住友银行苏州分行行长岩名地和夫[J]. 上海经济,2004(1):45-48.

3. 范剑. 混业经营:美英日的模式[J]. 经济月刊,2001(10):73-74.
4. 富瑞和 SMBC Group 宣布结成战略联盟来推动增长[EB/OL]. (2021-07-21)[2024-10-30]. https://blog. csdn. net/sinat_41698914/article/details/118972979.
5. 龚先念. 日本三井住友信托转型历程及对中国的启示[J]. 北方金融,2022(3):13-19.
6. 何碧玉. 三井住友:未来三年拟50亿美元投资美银行股[EB/OL]. (2010-07-09)[2024-10-30]. https://finance. sina. com. cn/stock/t/20100709/10203381657. shtml? from=wap.
7. 乐绍延. 日保险公司纷纷赴华掘金[N]. 新华每日电讯,2003-02-21(8).
8. 刘姝威. 泡沫经济与日本的银行:日本樱花银行的教训[J]. 新金融,1998(5):25-26.
9. 庞德良. 论日本银行重组与经营战略的变革[J]. 国际金融研究,2000(7):46-49.
10. 钱风. 日本大型银行合并行为的微观分析:以三井住友银行为例[J]. 网络财富,2008(7):83-85.
11. 日本三井住友将优先把资源投向中国[N]. 中国保险报,2009-11-25(4).
12. 三井住友海上火灾保险官方网站,www. ms-ins. com.
13. 三井住友银行官方网站,www. smbc. co. jp.
14. 石伟. 三井住友信托:日本最大资管公司[EB/OL]. (2018-12-27)[2024-10-30]. https://www. sohu. com/a/284400344_498715.
15. 王欢. 日本三井住友银行新行长有意收购美国地方银行[EB/OL]. (2017-04-01)[2024-10-30]. https://finance. huanqiu. com/article/9CaKrnK1H9c.
16. 王晓雷. 日本银行产业全球竞争力的演变分析[J]. 现代日本经济,2008(3):16-19.
17. 王应贵,娄世艳. 日本都市银行三巨头的国际经营效益及启示[J]. 现代日本经济,2020,39(4):50-60.
18. 王玉洁. 疫情下的日本银行业[J]. 银行家,2021(2):24-29.
19. 我院代表团回访日本三井银行[J]. 金融科学,1989(2):14-89.
20. 余熳宁. 日本银行业重组问题浅析[J]. 中国金融,2000(7):44-45,49.
21. 余培翘. 赴三井银行考察见闻[J]. 中国金融,1983(8):62-64.
22. 袁吉伟. 从日本信托银行看我国信托公司的未来发展[EB/OL]. (2021-03-17)[2024-10-30]. https://finance. sina. cn/trust/hydt/2021-03-17/zl-ikkntiam3752397. d. html.
23. 增永岭,常思纯. 全球金融危机以来的日本银行业[J]. 银行家,2010(12):100-102.
24. 张丹枫. 三井住友银行在华经营现状与发展对策研究[D]. 苏州:苏州大学,2016.
25. 赵幼力. 日本银行的再造[J]. 中国城市金融,2004(11):60-61.
26. 周晓波. 三井住友金融集团业务转型及经验启示[J]. 国际金融,2020(8):20-26.

第三章

三井物产的谋篇布局

1876 年，一家全新的贸易公司三井物产成立。公司的利润并不来自商品的销售，而是来自贸易佣金。成立之初，三井物产就在其实行的《社则》中明确规定："本社经营之商业，专以受他人委托，负责代销物产，赚取中间费用，或直接收购，推销给二级商贩获得利润。"

1959 年，第一物产与日东仓库合并后重新恢复了"三井物产"的商号。随后，以三井物产为代表的综合商社承担起了协调大工业生产与星罗棋布的中小企业的关系的重任，并根据当时日本经济高速发展的实际需要，积极引进国外先进科学技术武装本国工业部门。

1997 年，亚洲金融危机爆发，日本经济一时间遭遇重创。以三井物产为代表的日本综合商社，扮演了社会和经济稳压器的角色，放弃了表面的风光和张扬，在暗中却一直没有停止自己的经济扩张，悄无声息地攫取和瓜分着世界的财富。

——作者题注

【阅读提示】

“三井”告诉了我们什么(3)

1991年和2002年，为寻找新的业务增长点和应对国际金融危机，三井物产先后两次进行了大规模的组织结构调整。而随着新事业的不断开发及持续成长，原本在综合商社业务中占据绝对优势的重化工业业务份额逐年下降。其实，不断转变与成长才是三井物产等综合商社的最大特点。综合商社就是个“软体动物”，必须不断改变自己适应环境，而不能僵化。

过去对于传统行业，三井物产往往以服务贸易为主、股权投资为辅的方式开展业务，这种方式有利于其牢固地掌握商权。但对于新兴行业，传统的贸易模式并不适用，相比于短期的贸易性收益，三井物产更看重行业长期发展空间和企业成长潜力。然而，与欧美单纯的风险投资不同，三井物产会依托已有的业务网络为新兴行业提供更多的支持，以期待实现更大的发展。

很长一段时间里，作为综合商社，三井物产的经营范围都被认为集中在钢铁、纺织、机械、化工、能源、电子和信息、粮油食品、有色金属、轻工建材等传统领域。但事实上，为了开拓新兴业务，三井物产一直都在寻求新赛道的拓展机会。对于年青一代喜欢的直播、电竞、社交平台等互联网新兴产业，三井物产非但不排斥，反而进行积极投资。

无论是传统行业还是新兴行业，三井物产从来都不会贸然涉足自己不熟悉的领域，而是利用遍布全球的商务网络以及在各地区各领域积累的商业经验，寻找最为合适的伙伴。同样，三井物产也并不准备操纵和控制整条产业链，它只是完整产业链中的参与者和组织者。也就是说，三井物产一直扮演的都是服务者的角色，而不是管理者的角色。

“转变与成长”的概念一直贯穿着三井物产发展的整个历史。二战结束初期，以三井物产为代表的综合商社，发挥着从海外引进技术、进口现代化设备的特殊作用，同时也积极参与大宗商品的物流贸易。然而，随着丰田通商、日铁商事等大型生产企业的专业商社被引入，三井物产不得不改变过去以收取贸易佣金为主要来源的传统，开始开发新的事业领域，开创新的商业模式。

2020年5月1日，三井物产重新修订了企业的使命、愿景、价值观(Mission, Vision, Values, MVV)。新的使命是为全世界建立更光明的未来，新的愿景是360度商业创新。三井物产表示，在快速发展的今天，MVV作为企业管理的罗盘，其重要性较以往任何时候都更为凸显，集团将继续以挑战和创新的精神，为实现转变与成长而努力。

本章导言

1996年，浙江物产集团由原浙江省物资局成建制转体组建成立，它是国家重点培养发展的20家大型流通企业集团之一。2003年6月，胡江潮从浙江能源集团董事长调任浙江物产集团董事长、党委书记。当时胡江潮接手的浙江物产集团并不突出，尽管其作为国有企业拥有许多渠道和网络上的独特优势，但辐射范围有限，供应链上的话语权也很弱。

2004年，经过国家和浙江省有关部门组织的专家论证，《浙江物产集团发展战略规划》正式实施。浙江物产集团确定了“推进流通产业化，加快实现由传统流通向现代流通产业战略转型，努力打造千亿（规模）企业，建设具有国际竞争力的一流现代流通企业集团”的战略发展总任务。此时，胡江潮为浙江物产集团找到了一个商业模式标杆——日本三井物产（综合商社的鼻祖）。

2008年9月，曾在三井物产工作12年的笔者（白益民）应邀前往浙江物产集团授课，讲演三井模式。其间，笔者将当时刚刚出版的《三井帝国在行动——揭开日本财团的中国布局》一书赠予了时任浙江物产集团董事长胡江潮。该书系统地介绍了以三井物产（综合商社）为核心的日本三井财团在中国众多产业上拓展市场和控制商权的手段。

作为浙江物产集团的掌门人，胡江潮一直试图更好地挖掘产业与金融的价值结合点，希望未来能够像三井物产那样，通过资本合作来增强渠道网络和价格控制力。浙江物产集团在其拥有强大流通产业的基础上，积极在产融结合的框架下布局金融领域，涉及银行、证券、保险、信托业务，方式是公司金融、供应链金融、物流金融，最终计划实现构建物产“全牌照”智慧金融服务体系。

2015年2月15日，浙江物产集团与浙江大学、浙江工商大学现代商贸研究中心联合主办物流4.0研讨会，并发布了《西湖宣言》。时任浙江物产集团董事长的王挺革表示，未来要将浙江物产集团打造成为一家新型的综合商社——流通4.0版的企业。

何谓“流通4.0版”？浙江物产集团董事长王挺革用一句话概括：流通企业和

供应商、制造商、客户相关方大融合的平台化运营，以卖商品向卖服务转变的流通业发展新阶段。现实中，这要求浙江物产集团加快构建钢铁、化工、汽车、能源、粮食、外贸等O2O(线上到线下)电商集成服务平台，在全球范围内实现流通资源优化配置和整合，打造流通4.0新型综合商社。

对于浙江物产集团的未来发展战略，王挺革认为，既要形成“一体两翼”，即以集成服务为主体、金融和实业为两翼的“轻(集成服务商、金融业)、重(不动产)、高(高端制造业)”产业格局，又要继续打造钢铁电商平台、出口综合服务平台，利用互联网和物产信息公司及团队等特殊优势，实现商业模式与流程的巨大创新。

2018年，时任物产中大(浙江物产集团整体上市的名称)董事长的王挺革在接受采访时表示，公司将继续紧紧围绕“一体两翼”的发展战略，加快推进“供应链集成服务”这一核心主业的商业模式创新，加快推进“供应链+金融、供应链+实业”的“两翼”板块的专业化管理；打造综合商社化的新商业模式，走可持续发展之路。

2022年8月，《财富》杂志世界500强榜单正式发布，物产中大以872亿美元的营业收入位列第120，连续12年位列世界500强。作为一家大宗商品供应链集成服务商，物产中大按照“以供应链思维、做产业链整合、构建物产中大生态圈”的实施路径，在金属、能源、化工、汽车、粮食、物流、金融等领域都取得了不俗的成绩，荣登全国流通业上市公司竞争力排行榜首。

物产中大的远景目标是成为具有国际竞争力的产业生态组织者。而在日本，综合商社一直被认为是产业组织者，它们拥有巨大的产业协调和带动能力。综合商社正是一种以商业职能为主导，兼具金融、信息、服务、组织功能的实业化、多元化、集团化的综合性商业组织。事实上，物产中大产业生态组织者的角色定位就来源于日本的三井物产。

第一节 贸易立国的“龙头大哥”

日本第一家国际贸易公司

1858年,日本和美国签订了《日美友好通商条约》,并相继开放了神奈川、长崎、新潟、兵库为通商口岸,美国还取得了派遣领事权、旅行权、自由贸易权、协定关税权和领事裁判权。第二年,日本又开放了神奈川、长崎、函馆为自由贸易港。此后大量的外国商品进入日本,导致货币贬值,物价持续飞涨,外商在获得巨额利益的同时不断冲击着日本旧有的社会体制。

这一时期,日本的命运轨迹实际上与其他亚洲国家相似,一系列不平等条约接踵而至。日本在政治、经济上都面临着严重的危机,实际上已经开始沦为列强的半殖民地。为了避免日本真正成为列强的经济殖民地,明治政府提出“恢复商权”的口号,希望日本商人能够成立自己的进出口商社。于是,一些有识之士开始组建日本人自己的贸易公司。

1874年,三井家族率先设立了专门经营日本国内流通业务的三井组国产方。同年,日本实业家井上馨主导成立了先收会社,其主营业务是经营对外进出口贸易,以及为陆军省进口缴纳绒毯、毛毯。同时先收会社还拿到了进口英式后装步枪的大订单。这种枪属于当时的先进武器,日本还没有能力大批量进口,但即便是少量进口,也足以让先收会社赚得盆满钵满了。

1876年,三井家族提出了由三井来收编先收会社并成立新贸易公司的提议,得到了井上馨的响应和支持。于是,在这一年的7月1日,先收会社与国产方合并成为一家全新的贸易公司——三井物产。社主(董事长)由来自三井家族的三井武之助和三井养之助担任,28岁的益田孝出任三井物产社长(总经理),并负责主持工作。

三井物产首任社长益田孝(1848—1938年)和位于桥坂町的三井物产本店(右)。益田孝是日本明治末期到大正初期的“三井大掌柜”

益田孝,三井物产总经理,出生于1848年,来自日本佐渡的一个藩士家庭,少年时学习过英语,还在横滨当过洋商伙计,1863年随幕府使节访问欧洲,1871年被井上馨推荐担任大藏省(财政部)造币权头的职务。1874年,益田孝与井上馨一起创建先收会社并担任副社长,开始经营对外贸易。可见,益田孝虽然年轻,却有着国际化的商业经验。

三井物产成立之初,经营资金仅为三井银行提供的5万日元透支契约，只有16名员工。由于一开始的三井物产只是一家小贸易公司，利润并不是来自商品的销售，而是来自贸易佣金，因此根本无须押上大笔资金，只要有一笔可透支的启动资金就可以了。事实上，这5万日元也是益田孝通过私人途径从三井银行借到的。

三井物产成立之初，就在其实行的《社则》中明确规定："本社经营之商业，专以受他人委托，负责代销物产，赚取中间费用，或直接收购，推销给二级商贩获得利润。"与此同时，《社则》还明确了三井物产作为早期贸易商社的性质，业务也是从先收会社继承下来的一部分对美贸易，主要经营日本土产，如茶叶、生丝等农副产品。

1877年1月，西乡隆盛集结对政府不满的九州士族（德川时代的武士）发动武装起义，由此引发了日本历史上最大也是最后的士族叛乱。战事必然导致军需用品买卖激增，三井物产隔年获利达到20万日元。对于刚刚成立的三井物产而言，20万日元可谓一个天文数字。按照1875年的薪俸标准，陆军大将的月俸是400日元，当时东京的米价是每升4钱（0.04日元）。

此时，三井物产承办了国产方原有的稻米业务，与三井财团旗下的三井银行合作，参与日本政府的地租改革。农民把地租以贡米的形式直接缴给三井物产，再通过三井银行以货币的形式转交给政府。三井物产等于不用自己掏钱收购大米，就可以白拿着贡米去做出口买卖，然后从中收取一定的回扣。短短4个月的时间，大米生意的比重就占到三井物产营业收入的四成以上。

完成了最初的资本积累

1876年，也就是在三井物产成立的同年，经过对日本九州福冈县三池煤矿和周围港口的详细考察，三井物产社长益田孝把一份独家承揽三池煤矿煤炭出口的申请书递到了时任日本工部卿伊藤博文的手上。在申请书中，益田孝为三井物产开出了收取出口额的2.5%作为佣金，以及分占一半利润的高额价码，伊藤博文很快就批准了这一申请。

当年，三井物产和日本工部省缔结条约，正式取得了官营三池煤矿所产煤炭的独家贩卖权，这也成了三井物产此后非常重要的盈利中心。1877年，三池煤矿的出口量仅为2.7万吨，而到1886年这一数字就已猛增到了183.7万吨，9年间增长了67倍。凭借着"官与民利益均分"的策略，如果算上佣金，三井物产在官办的煤炭出口贸易中，赚得比明治政府还要多。

此后，以三池煤矿的成功为基础，三井物产又先后承办了唐津、多久、高岛、筑前、幌内等地的煤炭出口业务。三井物产在帮助日本成为煤炭出口大国的同时，也借此机会不断开拓海外市场，扩大亚洲分店网，除中国上海外，还出口到中国香港、汕头等地区以及新加坡等国，甚至在伦敦、巴黎、纽约等地亦设有分店。由此，三井物产完成了最初的资本积累。

1888年,日本明治政府决定将三池煤矿卖给民间公司。三井物产社长益田孝力排众议,倾尽三井财力,以455.5万日元买下了当时日本最大的三池煤矿。益田孝认为,"当时三井物产主要靠三池煤矿,若无法取得,便得放弃海外发展"。两年后,三井物产又买下了田川煤矿的开采权,设立三井田川矿业所,并逐渐成为筑丰地区最大的矿主,其煤炭生产量一度占到全日本的50%。

此前,三井物产只负责煤炭的运输与贩卖,并没有经营矿山的知识,于是聘请了三池煤矿的原主任技师团琢磨担任事务长。团琢磨毕业于美国马萨诸塞工科大学矿山专业,曾多次赴欧洲学习。他将现代采矿技术带入三池煤矿,提升了日本煤矿的现代化程度。在团琢磨的带领下,三井的三池煤矿利益甚至超过了三井银行,与三井物产并肩,被称为"三井的手提式保险箱"。

1888年,三井买下了当时日本最大的三池煤矿,此后三池煤矿的利益日益增加,甚至获得了"三井的手提式保险箱"的称号

1889年,明治维新基本结束,日本只用了短短的21年,就基本上实现了整个国家向现代社会的转型发展。同时,这段时间也是三井物产从无到有、从弱到强的发展阶段。其实,三井物产的迅速崛起得益于日本政府开展的"殖产兴业"政策。鼓励、扶植民众经营实业,才是经济现代化成功的关键,政府的作用是引导、服务。

19世纪80年代末,由于美国商品价格下降、日本国内需求饱和,对美贸易利润骤降,三井物产开始寻求新的业务方向。三井物产把伦敦分店作为纺织机进口的窗口,开启了日本进口机械设备的先河。日本近代纺织企业的进口机器大部分是由三井物产承办的,其市场占有率一度超过了八成。此外,三井物产还参与外汇、海上保险、船舶运输等业务,逐渐朝综合商社的方向发展。

1905年,日俄战争结束后,日本入侵中国辽东半岛。三井物产也随着日本势力进入中国,先后取得了鞍山铁矿和抚顺煤矿的开采权。此后,三井物产参与对华铁路借款、工矿投资、军火输出等业务。1906年,三井物产已经基本完成独占辽东市场的准备,并开始了棉布、武器、砂糖、面粉的贩卖,以及大豆、豆饼、杂粮等的收购出口。

1908年,三井物产开始将亚洲(特别是中国东北)大豆出口至欧洲,销售成绩非常好。在欧洲,那时候的大豆是肥皂原料,豆饼是饲料,需求量都很大。三井物产主要经办的商品包括煤炭、棉花、棉纱、棉布、蚕丝、砂糖、机械、稻米、大豆、豆饼、木材、金属器物等。当时,三井物产对外贸易总额已占同年日本全国贸易总额的二成左右。

持续推进股份制改革

1891年，中上川彦次郎入职三井财阀，在取得时任三井家主三井高栋的同意后正式走马上任。中上川彦次郎身兼数职，既是三井银行、三井物产、三井矿山的理事，又是三井吴服店的调查委员，大元方的参事，并被赋予了全盘改革三井体系的大权。中上川彦次郎把西方的商业理论应用于三井的改造之中并取得了成功，因此赢得了“三井中兴之祖”的称号。

1892年，为了进一步规范企业经营，中上川彦次郎把过去归三井物产管辖的三池煤矿划分出来，并与其他收购的矿山合并，设立三井矿山合资公司。一年后，他联合三井第十代家主三井高栋，设置了最高决议机构——三井家同族会。三井家同族会以涩泽荣一为顾问，从各个企业单位的管理要员中遴选了益田孝、中上川彦次郎等7人作为列席人员。

在中上川彦次郎改革之前，三井家族的治理结构一直依赖的是三井大元方和《宗竺遗书》。三井大元方最早设立于1710年，成员由六本家（三井正支）和三连家（三井旁支）组成，统一管理京都、江户、大阪的越后屋吴服店和汇兑店，以及三井家族的财产，负责各店资金的融通。《宗竺遗书》则于1722年制定，是三井以后直到近代同族结合和事业存在的根本方针。

从组织层面上看，虽然三井大元方实现了分家不分业的所有权控制状态，但是功能及作用并不完善，影响了整体的协同。改革后的三井家同族会、三井大元方及其相关家族机构，很好地调和了日本近代化转型期间三井内部各个企业之间、企业与家族内部成员之间的关系，充分保证了工业企业群得以维持自主且多样化的经营模式。

1894年，为了顺应日本产业革命的工业化高潮，中上川彦次郎在三井内部特设工业部，从而确立了工业、土地两大部门和三井物产、三井银行、三井矿山三大公司的所谓“两部三社制”。这一时期，三井家同族会掌握最高决策权，由三井大元方改革而成的三井元方则负责管理三井家所有事业，并对三井家同族会直接负责。

三井物产自身下设本店—本国支店—本国办事处/海外支店—海外办事处。其中，办事处级别最低，所内事务由所长管理，办事处由当地支店管辖。本店管理所有支店和办事处，决定支店、办事处的升降，也决定着从经营细则到支店资金等许多事项。总的来说，经历改革后，三井物产逐渐脱去了过去政商的外衣，开始适应国内、国际的商业环境。

自1909年开始，三井物产、三井银行和三井矿山相继改组成股份制公司，在此基础上三井总公司改为“三井合名会社”，这也是日本第一家控股公司。三井合名会社百分之百持有三井物产、三井银行和三井矿山，同时还保有三井同族所有的其他公司的股份。此外,本次改组还将过去作为三井家同族会下层组织的三井元方和董事会统合到三井合名会社之下。

三井合名会社不会干涉子公司的经营,子公司获得授权可以独立经营本公司的业务。三井合名会社只是作为控股公司从三井事业整体的角度通盘管理人事、资金配置等事宜。三井并没有将同族会直接改组为控股公司,而是新设立三井合名会社,从整体上管控并分配利益,其目的就是消除过去家族企业的弊端,从而实现企业现代化经营的独立自主。

三井在考虑对其组织进行改革时,内部曾进行了多次的讨论。益田孝作为中心人物在考察西欧公司制度归来之后,也曾向三井高层历陈事业部门股份公司化的重要性。被称为"三井合名体制"的控股公司化改革引领了时代风潮,安田财阀于 1912 年设立了安田保善社。此后,三菱合资、古河合名、合资会社川崎总本店、鸿池合名、住友合资、野村合名等悉数登场。

日本商社的暴富时代

一战(1914—1918 年)时期,因亚洲各国军需增加和不再向欧洲各国进口货物,外国商社在日本的实力减弱,以三井物产为代表的日本商人承担了国内大部分的纺织业务。三井物产的交易额从 1914 年的 4 亿 52 万两白银增长到 1918 年的 16 亿 300 万两白银,批发价格也增长了 1.5 倍。同时,军需用品的大量交易也为三井物产带来了巨大的收益。

当时,在欧洲的交战国看来,全世界范围内能够提供战争供给品的只有美国,日本次之。除此之外,其他国家并没有生产战争必需品的工业设备和技术,因此日本商社获得了大量的军需品订单。出口产品运输同时带动了海运业的崛起,对船只需求的增加刺激了造船业的发展,而造船业所需的钢铁等产业亦随之繁荣,因此一战期间也被称为"日本商社的暴富时代"。

三井物产以三井家族庞大的资金为基础,再加上三井银行的辅助,善于把握利用日本各种机会扩展,不仅经办多种商品,也介入各种商品的生产过程,展开多元性的综合经营,最终发展成为综合商社,确立独立地位,成为三井财团中重要的直系事业之一。虽然所经办的商品五花八门,但这些重要项目是确保三井物产顺利发展的基础。

此外,在一战之前日本的进出口商品业务主要是由那些设在神户、横滨等地的外国洋行把持。但是,战争的爆发使这些外国洋行自顾不暇,以伦敦为中心的国际金融网络因一战而断裂,资金供应链的中断让这些外国商馆、洋行不得不退出日本市场。如此一来,日本国内生产厂家只能寻求新的贸易商社合作,以三井物产为代表的日本商社分得的"蛋糕"自然有所增加。

数据显示,在一战爆发的 1914 年,日本商社的年平均利润为 19.6%。而

1915—1916年，日本商社的年平均利润便已经达到了61%，这就意味着一年所获得的利润是出资额的六成。特别是到了1917—1918年，日本商社行业的利润率达到了惊人的90%，也就是说两年间就获得了接近一倍的收益。此外，海运和造船行业的利润也增长巨大，反映了当时日本进出口贸易的高速成长。

国际竞争对手如英国、德国等忙于欧洲的战事而无暇顾及亚洲市场，也给了日本商社拓展国际业务的时机。三井物产在全球大量设置分店使得其在这一时期与国外的交易量激增，其占总交易量的比重从1914年的14%提升到了1918年的30%。1915—1918年，三井物产每年的纯利润率都在50%以上，资本金在1918年达到了1亿日元。

此外，三井物产还把持着当时中国东北的大豆出口贸易。正是三井物产将百吨大豆运往伦敦试销成功，才开启了中国大豆的欧美市场。到一战后期，中国东北占全世界大豆生产的六成，生产的大豆八成以上用于出口。大豆三品（大豆、豆油、豆粕）输出额占中国东北对外贸易总额的一半以上，而三井物产在其中的输出稳定占比七成。

经历了甲午战争、日俄战争及一战，三井物产控制着10多家公司，在日本国内外开设支店40余处，营业额超过10亿日元，掌握了当时日本全国进出口总量的36%以上。从1876年成立到1919年，短短43年间，以三井物产为代表的综合商社不仅帮助日本摆脱了成为西方列强殖民地的命运，甚至还使其成为西方阵营中的唯一亚洲国家。

事实上，早在一战中期的1916年，三井物产就已经预想到了一战结束后国际商品需求量的必然减少，因此便采取了相对谨慎的经营方针。果然，自1919年春季开始，日本物价飞速上涨，陷入了战后的经济危机。由于提前做好了准备，1920年和1921年两年，三井物产的决算虽然利润下滑，但没有出现负增长，展示了三井物产作为日本商界“龙头大哥”的实力。

第二节　走多元化经营之路

商船三井在海运市场崛起

1871年，日本政府委托三井财阀的手代（江户时期对商家内部中层领导的称呼）吹岛四郎兵卫接手旧洄漕会社，成立洄漕取扱所。洄漕会社是明治政府初期整合而成的一家海运企业。后来，日本政府以此为基础，联合三井、岛田、鸿池、小野等富商将洄漕取扱所吸收，成立了享有运输贡米特权的日本邮便蒸汽船会社。

但是，到了1875年，出于船舶陈旧、经营不善等原因，三井商会的邮便蒸汽船会社经营失败了，这也直接导致了后来三井物产的海运业难有作为。虽然有公司内部的船舶部门在进行船运业务，但三井物产作为当时日本最大的商贸企业，其对外运输却需要三菱输送。三菱的涨价使三井的经营成本迅速上升，据说每年三井支付给三菱的邮费便达到了70万日元。

1876年，三井物产在成立的第一年便获得了官营三池煤矿所产煤炭的独家贩卖权。为了能够更好地运输煤炭，三井物产便在公司内部成立了船舶部门，开展船运业务。1878年，三井物产旗下的铁制蒸汽船“秀吉丸”开始了三池煤炭的海外运输，当时的航线是从日本的大阪口之津到中国的上海。事实上，这已经不是三井第一次接触船运业务了。

1942年，三井物产将社内的船舶部门剥离单独成立公司，设立三井船舶株式会社，总部设在东京日本桥的三井本馆，这里是二战前三井财阀的总部所在地，也是三井系列各子公司的总部。10年后，即1952年，日本海运被允许重返国际市场。为了减少本国航运公司的竞争，增强在国际市场上的竞争力，日本决定重组国内航运企业。

1942年，总部设在东京日本桥三井本馆（上）的三井船舶株式会社及其运营的商船

1964年，三井财团的三井船舶株式会社与住友财团的大阪商船株式会社合并为大阪商船三井船舶株式会社，开创了日本跨财团大公司合并的先例。合并后的大阪商船三井船舶株式会社迎来快速发展，迅速成为当时仅次于英国半岛—东方航运公司的世界第二大航运组织。20世纪80年代，在大阪商船三井船舶株式会社的带领下，日本一跃成为世界船舶拥有量第一的国家。

1995年4月，大阪商船三井船舶株式会社对其机构进行调整和重组，将公司战略目标放在集装箱运输的盈利上。公司的北美部和欧亚部合并成一个部门，以对联营部门进行管理；将日本的揽货部独立出来；将港口配载部的码头处独立出来，纳入港口码头处下；看重新兴的亚洲市场，在新加坡设立一个地区管理机构，行使总部的部分职权。

1999年4月，大阪商船三井船舶株式会社与当时日本排名第四的海运公司Navix Line合并，定名为“商船三井株式会社”（以下简称“商船三井”）。合并后的商船三井拥有世界上最大的商船队伍。不同于马士基等以集装箱运输为主的海运公司，商船三井的经营范围涉及各个船种，商船三井拥有业界第一位的液化天然气（Liquefied Natural Gas，LNG）船队，以纯利润及市价总值计算居日本第一位。

虽然早在1942年就脱离三井物产独立成立公司，但商船三井一直奉行着综合商社“绝不将所有的鸡蛋放在同一个篮子里”的经营宗旨。在继续投资建造新的集装箱船的基础上，商船三井也有干散货、石油、汽车船队全面扩张的计划。不仅如此，商船三井还积极介入航空货物运输，于2006年收购了由联合日本航运公司和日本邮政所建立的货物航空货运服务公司5%的股份。

为了加强与其班轮服务的客户关系，商船三井还提供了一系列的陆上物流服务，包括远洋集散业务、铁路和卡车运输、清关、仓储和分拨。商船三井在北美洲、亚洲和欧洲营运将近20个物流中心，在日本本土也有2个。事实上，作为日本最大的航运公司之一，商船三井正在积极布局海陆空全方位的物流服务，以期利用资源最佳配置实现利润的最大化。

不断转型升级的三井造船

1917年，三井物产的造船部在日本冈山县儿岛郡的日比町（现玉野市）建立了一家造船厂，正式进入船舶制造领域。这一时期，日本政府颁布了相关法令，鼓励民间造船业的发展。1924年，三井物产的船厂建造了日本首个搭载柴油发动机的轮船“赤城山丸”号。1926年，三井物产造船部与丹麦B&W公司就船用柴油内燃机建立了技术合作关系。

1937年，三井物产将公司内部的造船部门剥离单独成立公司，设立玉造船所株式会社，1942年更名为“三井造船株式会社”（以下简称“三井造船”）。1948年，三井造船生产出了二战后日本首艘钢制出口船舶“KNURR”号捕鲸船。1951年，三井造船还为东洋人造丝株式会社（现东丽株式会社）提供了尼龙成套生产设备。1952年，三井造船在日本东京设立研究部。

自20世纪50年代中期开始，日本一直雄踞世界造船业的霸主地位，其造船总吨位居世界的一半以上，造船业的产业总值甚至一度占日本国内生产总值的80%左右。这一时期的三井造船也逐渐开展新的业务领域，涉及集装箱起重机技术和化工厂领域。1961年，由三井造船生产的世界上第一艘大型自动化货物船“金华山丸”号下水。

1968年，三井造船和三井物产投资创办三井海洋开发株式会社，一开始从事港湾设施工程的设计与施工，后来转向浮式石油生产装置的设计、施工以及涉及海底油田开发的各种工程。如今的三井海洋开发株式会社已经成为世界上最主要的海洋工程总承包商之一，其生产的装置设备可以在各类超深水和恶劣环境下进行相关油气生产。

随着地缘政治和经贸形势发生转变，以及韩国造船业迅速崛起，日本造船业地位发生变化，船企整合周期性出现。1979年，日本造船业进行了一次大规模整合，将61家造船企业改组为11家集团和10家单独公司。1987年，日本船企整合再次开启，形成了8家大型造船集团。在造船企业机构重组的高潮中，三井造船不断加强一体化建设，发展成为日本造船界不可忽视的力量。

进入21世纪，三井造船年销售额约为1000亿日元，拥有两家大型船厂，分别为千叶造船厂和玉野造船厂。其中，千叶造船厂以LNG船、油船、散货船和海洋工程装备制造为主；玉野造船厂则负责军船的建造，民船以油船、客船和海洋工程装备制造为主。此外，在FPSO（浮式生产储存卸货装置）领域，三井造船也在不断扩大其设计与建造优势，巩固其在海洋工程企业中世界排名第二的地位。

2002年，面对并不景气的日本国内经济，三井造船在其“2010年展望”中明确提出了企业新世纪的发展目标，进一步明确其改革思潮：三井造船制造的产品一定是客户满意的产品（首先是质量），制造的产品是具有世界先进技术的产品；三井造船要成为世界上造船周期最短的造船厂；在船用柴油机等设备的开发研制方面，开发研制速度要成为世界第一。

近年来，国际航运市场持续低迷，日本造船企业也面临着巨大危机。2017年前三季度，三井造船未获得任何新订单。于是，三井造船开始积极拓展其水上发电站，在当年提出的中期管理计划中，把水上发电站定为环境和能源业务领域的重要组成部分。水上发电站是一种配备大容量电力系统的浮式移动发电站，可以方便地移至有发电需求的近海区域。

2018年4月1日，三井造船正式转型为控股公司体制，商号也由过去的“三井造船”改为“三井E&S控股公司”，同时将过去三大事业部拆分为造船（船舶与海工）、机械（港口起重机和发动机制造）和工程（工厂设施业务）3家独立子公司。三井E&S控股公司持有拆分后的3家子公司100%的股权，此举是为了使子公司能够更加快速地响应未来的兼并收购等策略。

东洋棉花成为又一家综合商社

1920年，一战后的经济恐慌开始在日本出现。一方面，美国恢复战时中止的金本位货币制，由此导致的通货紧缩使美国经济陷入短暂萧条。由于日本当时的出口对于美国市场高度依存，这一冲击便向日本国内快速传导，东京、大阪股市暴跌。另一方面，英国、法国、德国等欧洲国家经济复苏后，大量欧洲货物涌向日本及亚洲市场，日本货节节败退，导致了一场空前严重的经济危机。

当年4月，三井物产决定将此前公司内部的棉花部门单独分离出去，成立相对独立的东洋棉花株式会社（以下简称“东棉”），新公司资金为2000万日元，其中90%的股权归三井物产所有。新成立的东棉由三井物产原董事儿玉一造负责经营管理。事实上，三井物产的棉花部门就是由儿玉一造一手创办的，在此之前儿玉一造还担任过三井物产名古屋支店长。

儿玉一造出生在滋贺县的彦根，他的父亲儿玉贞次是德川幕府时代彦根藩的武士。儿玉一造19岁时以全校第一名的成绩毕业于滋贺县立商业学校，并被推荐到静冈县立商业学校任教。但儿玉一造认为:“我不适合做教师,而应是一位实业家。”因此,他参加了三井物产公司招收中国实业训练生的考试,并以出色成绩考上,成为天下三井的职员。

1921 年在中国大连、香港,1922 年在上海,1923 年在青岛、天津,东棉分别开设了分店。从 1922 年 7 月开始,东棉在中国使用“东棉洋行”这一名称,直到二战结束。东棉洋行在东北地区以大连为中心,并在奉天(沈阳)、营口、安东(丹东)、新京(长春)、哈尔滨、铁岭、四平街(四平)、开原、吉林等地设有出张所(办事处)。

在日本丰田的发展过程中,东棉起着至关重要的作用。1921 年,东棉为丰田纺织公司提供资金进行补充投资,帮助其扩大生产规模。随后,丰田纺织公司还向东棉承接了 3 万股,这笔资金后来被用来投入汽车研发。东棉对丰田纺织公司的帮助一方面源于其对棉纺织业前景的预估,另一方面则是因为儿玉一造和丰田佐吉良好的私人关系。

儿玉一造的弟弟儿玉利三郎入赘到丰田家,和丰田佐吉的女儿爱子结婚,成为丰田家的“婿养子”,并改名为“丰田利三郎”。后来,丰田利三郎成为丰田自动织机制作所第一任社长和丰田汽车的首任社长。1927 年,儿玉一造又将自己的远房表弟石田退三推荐到丰田纺织公司工作,石田退三在丰田的发展过程中发挥了极为重要的作用,被后世称为丰田的“中兴之祖”。

20 世纪五六十年代,东棉先后兼并钟渊商事、太洋物产和南海兴业,不断扩大纤维、食品、金属等部门的运营规模。东棉不断适应时代变化的需要,从一个专营纺织品的商社,逐渐发展成为一家综合性商社。此后,东棉又连续参与新兴领域,创立新型业务,在 20 世纪 90 年代与三井物产、三菱商事、伊藤忠商事等并称为“日本九大商社”。

2000 年,东棉启动集团经营再建计划,并由丰田通商第三方增资至 75 亿日元,开启与丰田通商的资本、业务合作。此时,东棉经营的产品堪称无所不包,核心事业包括化学制品、电力、信息通信、纤维和食品等五大领域,并通过持有全球经销权在世界范围内销售各种产品,在世界各地积极拓展新的事业,力争成为世界性高机能综合企业。

2006 年 4 月,丰田通商与在汽车以外的领域开展多项业务并拥有广大顾客群体的东棉合并,并制定了受益比例为“汽车: 汽车以外 =50: 50”的企业愿景,从而诞生了今天的丰田通商(丰田财团的综合商社)。也正是与东棉的合并,丰田通商才得以全面进军基础设施、化学品及食品材料等汽车以外的领域,大幅扩大了其价值链的范围。

三机工业提升本国制造能力

1923 年 9 月 1 日,日本关东地区发生里氏 8.1 级强烈地震,伤亡约 10 万人,

200多万人无家可归,财产损失65亿日元。大地震破坏了关东地区的煤气管道,引发了熊熊大火,东京大火持续燃烧了3天,街道、建筑大部分被烧毁。这次强震导致的电力中断、道路损毁也令日本的股票和商品交易陷于瘫痪,使得本已萧条的日本经济雪上加霜。

地震火灾所造成的人员伤亡和财产损失是前所未有的,这也对日本的防灾工作产生了深远的影响。关东大地震后,为了不使悲剧重演,政府在东京复兴计划中提出了把东京建成不燃化城市的构想。日本建筑物近代化的发展计划被迅速提上日程,由此空调、给排水、电气化建筑等附带设备工事的需求大幅提升,技术也随之进步。

1925年4月22日,三井物产机械部从公司分立出来,成立了三机工业株式会社(SANKI ENGINEERING,以下简称"三机工业"),资本金50万日元,员工12名,主要经营建材、电气技术及城市环境卫生事业。1933年,三机工业设立中国大连支店。到1935年,三机工业已经拥有5家支店、6个出张所(办事处)和3个关联会社,员工超300人。

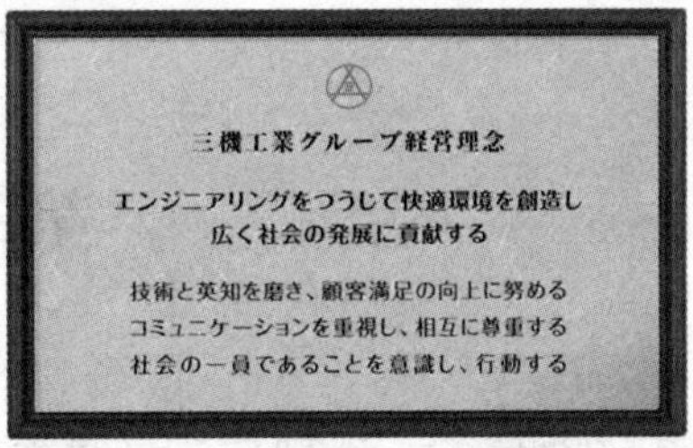

1925年，三井物产机械部分离成立三机工业株式会社。如今三机工业已成为日本知名的建筑设备和工厂设备提供商，业务遍布日本本土

恢复日本经济成为当时日本企业界的头等大事,日本企业界意识到,相较于欧美国家,日本的工业基础还是非常薄弱的,提升本国工业产品的生产能力尤为关键。引进欧美的先进生产机器以及导入先进技术成为当时日本综合商社的重要工作之一。其中,三井物产自然就承办了纺织机器进口的大部分,其市场占有率一度超过八成。

1926年1月12日,考虑到纺织业仍然是当时日本工业革命的核心产业,三井物产在三井家族的发源地日本滋贺县(近江国)成立了东洋人造丝株式会社(以下简称"东洋人造丝"),这是现在日本东丽株式会社的前身。在成立大会上,三井物产常务安川雄之助代表发起人表达了成立这家公司的想法——为了最大限度地做有益于国家经济的事。随后,由安川雄之助担任第一任会长。

同年4月16日,东洋人造丝获得了工厂设立许可,三机工业参与了该工厂的建设工作。第二年8月,东洋人造丝制造出了日本最早的人造丝,开始阶段由三井物产作为总代理店负责产品的销售。到二战爆发前的1938年,日本纺织品出口已占到商品出口总额的67%,对日本经济的复苏和发展起到了巨大作用。

1950年6月,朝鲜战争爆发,军需商品的需求使日本工商业各种产品的生产量急剧增加,大量工厂建筑设备的增加也让三机工业的业绩大幅上升,到1958年,公司资本金便已突破10亿日元。1968年,三机工业参与了由三机不动产主持建设的日本超高层项目霞关大楼的建设,负责其中空调、卫生和电气设备的施工。

20世纪70年代，日本三机工业开启了多领域的技术革新，开发出了世界上最早的无人货物分拣设备；20世纪90年代，三机工业则启动了环境与情报领域的相关技术开发工作；进入21世纪后，三机工业将研究重点放在了如何实现节能和减少CO_2排放方面，致力于独立的废水处理、废弃物处理设备和系统开发工作。

如今，经过90多年的发展，三机工业的事业涉及多个方面，涵盖社会基础设施的各领域。除一开始的空调建筑设备事业以外，在智能大楼的解决方案事业中，三机工业也取得了巨大的成功，可以针对办公室等工作场所，进行构筑和转移相关的设计项目管理以及技术咨询工作。此外，三机工业还提供建筑物租赁、土地租赁等不动产服务。

第三节　当之无愧的产业组织者

重新恢复“三井物产”的商号

1947年7月3日，驻日盟军总司令部发布了名为《关于解散商社会社事项备忘录》。根据占领军当局的解散令，三井物产和三菱商事作为过去财阀的象征被强制解散。三井物产被拆分成了包括日东仓库建筑物公司（以下简称“日东仓库”）在内的223家小公司，三菱商事则被分解成了139家小公司。三井物产和三菱商事这两家综合商社的拆分，标志着日本二战前形成的财阀体系在二战后的彻底瓦解。

为了确保商社彻底解体，美国对于商社解体后成立的新公司附有严苛的条件：首先需要由过去10年部长级别以上的人来成立新的公司，其次规定原有公司职员不能超过100名，最后则是禁止继续使用“三井物产”“三菱商事”等旧商号。这一时期，日本严格管制对外贸易，一切民间进出口都要经过贸易厅办理，综合商社基本处于分散、限制和不受重视的状况。

随后，1950年爆发的朝鲜战争让日本工商业各种产品的生产量急剧增加。但是，高速增长的商品需求量及出口量给当时分散的日本贸易商社带来了巨大的冲击。从1950年末到1951年初，由于外汇预算扩大，自动承认制预算的放宽和英镑套借的实施，商社更容易筹措到外汇，便大抓高价值的商品进口，错误地认为朝鲜战争势将激发世界性的物资需求紧张。

1951年，停战谈判一开始，商社的出口合同锐减。即便是已签订的合同也被大量取消，造成严重的出口商品积压。到6月末，商社内部仅棉布和人造纤维的积压就达到了260亿～300亿日元。与此同时，日本商社的进口同样损失惨重，停战谈判导致了日本国内进口原料价格的暴跌，单仅“新三品”（橡胶、生革、油脂）的进口就损失了176亿日元。

在这种情况下，由过去三井物产、三菱商事解体出去的各个贸易公司和其他商社都负债累累，难以为继。不仅如此，商社的危机还波及与之利害密切相关的银行和生产企业，暴露了分散经营的脆弱性。为了改变这一不利局面，日本政府于1953年实施了旨在给予商社税制优待、改善外汇分配和放宽进出口管制政策，在一定程度上为商社重组提供了政策支持。

1955年5月，在三井银行主导和支持下，三井系公司总经理会（三井系的恳谈会）——月曜会（现在的二木会）正式设立，这为三井物产的重新联合奠定了良好的基础。恳谈会在当时是私人性质的联系组织，成员主要是第一物产和日东仓库等原三井物产内部的头面人物。此后，月曜会开展了一系列活动以推动新三井物产的诞生。

1955年7月，第一物产买下了第一通商的营业权。9月，第一物产又合并了日本机械贸易。与此同时，日东仓库也和室町物产合并，成立了以金属、仓库业为主体的公司。随后，发挥主导作用的第一物产与日东仓库（其持有“三井物产”的商号）在当年开始进入合并的协商日程。1959年，第一物产与日东仓库合并后重新恢复了“三井物产”的商号。

1955年，为三井物产二战后重组做准备的组织月曜会（二木会）正式设立，成员主要是二战前原三井物产内部的头面人物

进入20世纪60年代，以三井物产为代表的综合商社承担起了协调大工业生产与星罗棋布的中小企业的关系的重任。熟知中小企业经营状况又富于资金筹集力的综合商社，一能出资扶植，二能引进技术和设备，三能分担设备投资风险，因而深得大银行和大企业的信任，同时也使那些被纳入各大企业系列的中小企业避免了偏离经济发展轨道的风险。

为了应对这一时期的高速增长，重组后的三井物产也积极进行内部改革升级。1960年4月，三井物产根据日本经济高速发展的实际需要，以及引进国外先进科学技术武装本国工业部门的客观要求，在企业内部增设了技术室，专门捕捉世界新技术动向和为生产企业引进所需的机械设备。1961年在科技发达的美国纽约等城市设置了海外分室，1969年又将技术室升格为技术部。

在经济高速发展时期大显身手

日本是一个自然资源贫乏的岛国，绝大部分的能源和工业原材料依赖进口。二战结束以后，日本政府把对外贸易作为整个经济振兴与发展的国策，即贸易立国政策。贸易立国代表学者中山伊智郎认为：以削减进口来平衡国际收支的做法是消极的，从日本经济自身固有的特点来看，日本只能走贸易立国之路，即通过扩大出口增加所需的进口物资,实现经济的恢复与发展。

从20世纪50年代中期到60年代,日本引进的大量国外技术集中于重化学工业部门,如钢铁制造成套设备、大型发电设备、煤矿采掘设备、石油精炼与乙烯等化工生产设备,以三井物产为代表的综合商社扮演着中间人和牵线人的角色,活跃在大规模装备引进的舞台上。不仅是先进设备,综合商社在进口廉价的原材料方面也发挥着尖兵作用。

通过拥有强大的金融实力和国际信息网络的综合商社,日本在二战后不到20年的时间里就完成了从"引进来"到"走出去"的转守为攻战略。三井物产(综合商社)利用其在海外庞大的营业网、情报网和各种贸易渠道,为向国外大力推销日本的商品做出了巨大的贡献。这不仅使日本商品增强了适应性和竞争力,而且在国际市场上长期占有优势。

进入20世纪70年代以后,日本国民平均收入大幅提高,消费在品种、数量、质量上都与以往大不相同,零售业迎来发展时机。三井物产利用其跨行业联系、金融筹集力和海外营业网开拓国内外商品生产基地,组织联合运输,统筹安排商品分配输送网,建立起以市场实际需求为基础的消费品生产、运输、分配、销售体系。

由于零售业往往涉及原料供应、商品生产、批发、仓储、运输、终端销售等一连串的领域,三井物产(综合商社)形成的这一套物资流通体系,不仅大为扩充了传统商社的贸易容量,还促进了生产、流通、消费循环,促进了日本流通经济的发展。在这一过程中,三井物产作为三井财团的综合商社充当着主要的参与者和组织者角色。

以三井物产为代表的综合商社,因在贸易中的巨大作用而于日本经济的高速增长时期大显身手。关系到日本经济存亡的主要资源贸易,相当集中地由其掌控。这造就了综合商社规模庞大、实力雄厚、经营商品多、贸易地区广的局面。到1978年,三井物产拥有38249.2亿日元的总资产,仅次于日本最大的企业——东京电力公司的48000亿元,位居全国第二。

进入20世纪80年代,以贸易为核心的三井物产遇到了危机。一方面,受石油危机和欧美贸易关税政策影响,传统国际贸易领域备受打击;另一方面,日本国内市场相对饱和,综合商社之间竞争日趋激烈,利润普遍下降。于是,三井物产被迫采取防守态势,精减人员,压缩开支,处置闲置资产,清理债权和呆账,并积极调整经营策略。

1984年,时任三井物产社长的八寻俊邦提出两个改革要点:一是进一步搞好国际化,在国际社会中,公司受孤立就意味着走投无路;二是各国技术革新的速度很快,从而出现了软件技术的时代,三井物产必须改变过去偏重原材料的倾向,朝着软件化、信息化的方向发展。事实上,八寻俊邦的改革是对贸易立国的一次升级，由情报贸易代替了过去的货物贸易。

相比传统的货物贸易，三井物产的情报贸易在经济飞速发展的信息时代必然拥有更为广阔的市场，也更符合日本的发展需求。从1985年开始，三井物产向海外提供电子计算机情报处理的服务，其主要内容包括经济新闻、证券情报、企业分析、一般情报等4个部门27个种类。由此，三井物产将电子计算机情报处理商业化，甚至不惜出卖数据信息。

扮演社会稳压器的角色

1986年，受此前《广场协议》的影响，日本国内出现了短暂的经济衰退，史称"日元升值萧条"。但是，"日元升值萧条"的时间很短，仅仅是日元升值后市场的自动调整，当年底日本经济便恢复增长。日本经济的根基其实是以主办银行和综合商社为核心的财团体制，财团中的大企业、大银行并没有倒闭，依附于大企业的中小企业所受的影响也不大。

1994年，美国《财富》杂志评选世界500强，排前五名的都是日本财团的综合商社：三井物产、三菱商事、住友商事、伊藤忠商事、丸红。1995年更是日本经济发展的一个巅峰时期，当年日本的GDP为5.3万亿美元，达到了美国的70%，对美国构成了威胁。显然，在三井物产等综合商社的带领下，日本经济在20世纪90年代初期并未衰落，反而呈现出良好的上升势头。

1997年，亚洲金融危机爆发。事实上，亚洲金融危机的根源不在泰国，而在日本，从一开始西方金融资本就将目标锁定在了日本身上。当时，日本财团金融机构对东亚的直接贷款达到2750亿美元，占该地区跨国贷款的1/3。泰国的外债中有55%来自日本财团金融机构的借款。

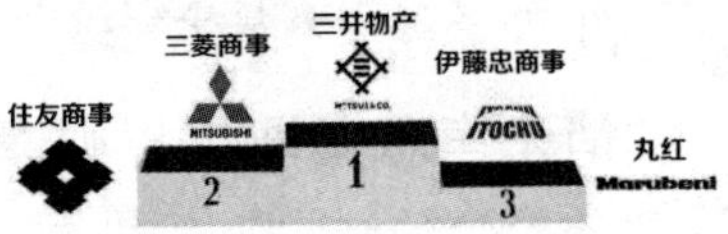

20世纪90年代是日本经济发展的巅峰时期，三井财团旗下的综合商社三井物产更是位列世界第一

面对生存压力，日本银行业加快了从东南亚回收投资的速度。日本金融机构对综合商社也出现了惜贷，三井物产这样的综合商社不能再从银行借入巨额的资金，这让财团扩张的步伐骤停。综合商社预算被压缩，投资被削减，许多在建项目被迫终止。商社员工从1997年到2001年都没有上调过工资，综合商社的低迷真实反映了当时日本经济的状况和财团陷入的巨大困境。

时任三井物产社长的上岛重二对媒体表示："20世纪90年代后半期，可以说是我们一个非常困难的时期。我相信泡沫经济大家也有所耳闻，三井物产也有这种泡沫的包袱，因为我们在亚洲的生意有很多，所以1997年以后受到金融危机的影响，要克服这样的困难，我们付出了很多的努力。日本的银行也非常困难，日本银行在恢复的过程当中，日本国内商业也难以发展，这是事实。"

一直以来，经济下行危机必然伴随着企业的裁员，而大规模裁员潮往往很容易影响社会稳定。与此同时,经济的不景气也会造成劳动市场供求关系的不平衡,大批优秀的应届毕业生找不到工作。以三井物产为代表的综合商社在这一过程中扮演了日本社会稳压器的角色,不仅稳定日本社会经济,其消化减员也极具日本特色。

在经济形势不景气的年代,三井物产等综合商社也不允许像欧美企业那样随便裁人。部分员工往往会被外派到境外的公司去任职,根据事业领域不同而有所不同。海外子公司派遣的人员不断增多,这也反映了财团商社企业集团的全球化发展趋势。一部分员工则是选择 50 岁提早退休,在商社的帮助下开店并领取养老金。

危机中也往往蕴含着新的生机。虽然亚洲金融危机让三井物产这样的大型综合商社遭遇了投资失败和利润下降的打击,但是也加快了它们的转型升级步伐。首先,各大商社在观念上发生了变化,各家都放弃了单纯的销售额竞争,转而竞逐利润。其次,日本商社开始相继裁撤冗余部门,进行机构重组。在很短的时间里,三井物产便走出了经营泥潭。

1999 年,三井物产实现年营业额 111799 亿日元、纯利润 167 亿日元,下属集团公司有 1100 家,在全球 93 个国家和地区设有 227 个办事处,员工超过 1 万人。事实上,三井物产的规模、经营方式、活动领域及其能量,可以说是日本经济的一个缩影,随时随地体现着日本经济的动向和特征,既操纵着日本赖以生存的资源贸易,又充当着日本经济的先导。

悄无声息攫取世界财富

2000 年前后,在美国《财富》杂志公布的世界 500 强排行榜上,出现了一个值得经济界和企业界人士注意与思考的问题。那就是自 20 世纪 80 年代以后长期居于世界经济之冠的日本,其入围世界 500 强的企业比例连年下降,而美国则连年上升。直到 2001 年以前,虽然三井物产排名有所下降,但一直排名世界 500 强前十。

2001 年,三井物产位列世界 500 强榜单第 11,第一次掉出前十。此前多年来一直雄踞世界 500 强冠亚军的日本三井物产和三菱商事,也让位于美国的通用汽车公司和福特汽车公司。事实上,三井物产为了能在全球更好地进行产业布局,自己将能源部门等重要产业机构独立核算并设立独立法人公司,才让公司在世界 500 强的排名迅速下降,而其真正的实力和活动也被隐藏了起来。

从 2002 年 4 月开始,三井物产又将 16 个营业本部简化为 5 个集团,将结算、人事、投资权限大幅赋予这 5 个集团的社长。这一系列措施增强了综合商社内部各部门组织内的资金运用自主性,强化了对取得利润的激励,通过管理责任增强了成本意识。在这种组织中,商社各集团部门之间相互独立,分担向股东资本的分红责任,有效提高了经营决策的速度。

三井物产的这种拆分简化、低调隐身,一方面是为了让企业能更好地适应新世纪的发展需求,另一方面则是受外部环境的巨大影响。在美国的强烈攻势之下,出于政治、军事和经济等多方因素考虑,日本政府和企业没办法采取正面对抗或者报复的措施,于是便选择做出重大让步,同意对所有存在争议的出口产品及相关领域进行“自愿约束”。

其实,以三井物产为代表的日本综合商社很“享受”这种所谓的失败,一改其过去咄咄逼人的强大气势,借助经济泡沫破裂后的颓势,将自己打扮成了一个始终无法从过去走出来、失去二十年美好光景的虚弱巨人。其营造出一种“无威胁的国际生产环境”,开始以另外一种方式建立适合自己的生存发展体系,并构建属于自己的隐形商业帝国。

根据总部设在日内瓦的世界经济论坛发表的年度报告,曾长期居于国际竞争力排行榜榜首的日本,在三井物产等综合商社淡出世界500强头部的同一时期似乎也出现了衰退情况,排在了美国、新加坡、加拿大、新西兰、瑞士、挪威等国家的后面,位列第14。有媒体认为,这也代表着日本企业的竞争力和综合经济实力的下降,可事实真的如此吗?

三井物产、三菱商事等日本综合商社虽然放弃了表面的风光和张扬,但是在暗中一直没有停止自己的经济扩张,悄无声息地攫取和瓜分着世界的财富。从能源矿产、化工材料、机械制造、医疗卫生到关系到每个人衣食住行的方方面面,三井物产这个日本最大的综合商社,以不同方式,在不同程度上,参与甚至控制着这个世界的运行,俨然是微观经济世界里的隐形王者。

美国经济学者 Eamonn Fingleton 表示,美国政府正是被日本所谓的“失去的二十年”的谎言所蒙蔽,从而采取了不恰当的对日政策,结果导致美国在过去一段时间里丧失了很多的经济利益。实际上,在这“失去的二十年”里,日本经济创造了许多世界第一,只是这一次日本政府和财团企业选择了刻意隐藏实力,从自身情况出发走相对务实的道路。

如今,在全世界范围内,由三井物产这家综合商社投资、参股的企业堪称无所不在,但是在这些关联企业的身上基本看不到与“三井”有关的名称。三井物产作为三井财团的综合商社就如同一艘秘密的潜艇、一张巨大的网——它就潜伏在你身边,触角伸向你生活的方方面面,你却感受不到它的存在。在国际经济的舞台上,三井物产凭借其专业化与组织能力,构建了属于自己的隐形商业帝国,纵横世界,称霸全球。

第四节　构筑与中国企业的关系网

从广交会到北京事务所

1971 年 7 月 9 日，美国国务卿基辛格秘密访华，并就美国总统尼克松访华一事达成协议。日本三井物产（三井财团的综合商社）驻纽约的人员得到消息后，便开始研究中国经济，发现当时中国正大量地从英国和加拿大进口废铁，而英国、加拿大对废铁出口似乎有所限制（美国是世界上最大的废铁出口国）。当世界上大多数商家还在认为美中经济交易往来为时尚早时，三井物产竟令人难以置信地分别与美国、中国谈判成功。

1972 年 3 月，在《中华人民共和国和美利坚合众国联合公报》发表几天后，由三井物产主导的大批废铁从美国运往中国。事实上，在新中国成立以后，日本政府在美国的促压控制下，长期奉行远离中国的政策。于是，周恩来总理提出了“民间先行、贸易入手”“民间来往、官方挂钩”“渐进积累方式”等对日外交策略，使中日“民间外交”蓬勃发展。

1978年，日本三井物产派出代表团参加第44届秋季广交会，当这届广交会开幕时，人们已经察觉到了机遇的临近

1978 年 10 月，日本三井物产东京总部派出代表团前往广州参加秋季中国出口商品交易会（以下简称“广交会”）。这届广交会的开幕正值中国改革开放的前夕，日本综合商社敏锐察觉到了机遇的临近。创办于 1957 年春季的广交会是中国外贸领域的第一促进平台，是中国外贸的“晴雨表”和风向标，也是中国对外开放的窗口、缩影和标志。

三井物产（广东）贸易有限公司董事、总经理西村周表示：“公司在中国的事业发展史可以说是与广交会发展史同步的。”三井物产每年都会有几百名出差人员参加一年两届的广交会，这些通过广交会构筑的与中国企业的关系网，现在仍在维系，是一项巨大的财富。与此同时，不断扩大的贸易也促进了三井物产在中国的事业发展。

1979 年 5 月，服装纺织正是当时广交会的重点展品之一，三井物产与内蒙古自治区纺织工业公司签署了合作协议。根据协议，三井物产帮助当时工业基础还很薄弱的鄂尔多斯购置纺织设备，并且将生产的原毛和羊绒产品出口到日本，充抵设备款项，同时开始筹建伊盟羊绒衫厂（鄂尔多斯羊绒公司）。如今鄂尔多斯的纺织产业已经占世界羊绒市场的 40%，地位难以撼动。

1980年,三井物产在北京设立了中国首家事务所,由带队参加过秋季广交会的久佐贺义光担任三井物产第一任中国总代表兼北京事务所所长。1984年4月,三井物产在中国上海投资设立了国际租赁有限公司。从那以后,三井物产在中国的投资项目逐渐增多。1985年,三井物产同中国的贸易额达到了12.7亿美元,占当时中日贸易总额的6%。

1987年,三井物产与四通集团建立了第一家合资企业——北京四通办公设备有限公司。当时,日本拥有先进的电子工业技术和高水平的文字处理硬件技术。于是,由三井物产出面,把四通集团开发的软件送到日本,把软件硬件化,然后再把经过开发的硬件拿到中国,这就是著名的四通打字机。累计销量超过了30万台的四通打字机,很快帮助四通集团完成了原始资本的积累。

1990年秋天,熊谷直彦社长亲自率领三井物产首脑访华团访问北京。派出由30多位首脑组成的访华团是史无前例的,此举也说明了三井物产重视同中国的发展关系。三井物产向中国对外经济贸易部提出捐资创设基金,协助中国培育经贸人才的建议。双方同意在对外经济贸易大学设置"三井教授基金",使用三井物产捐款,安排"三井讲座",招聘外籍讲师开展经贸学科的讲座。

20世纪90年代,中国成为全球公认的、将来具有快速增长潜力的巨大市场。而在日本对华贸易和投资中,超过一半都与综合商社有关。以三井物产为代表的综合商社,不仅本身具有庞大的商业贸易规模,也与日本制造业和金融业存在很深的内在联系。因此,综合商社成了带动财团及关联企业投资中国市场的发动机。

综合商社以贸易带动投资

凭借着丰富的国际贸易经验和遍布全球的信息网络,三井物产(综合商社)往往比一般公司更早地发现新的商业机会。但是,三井物产不是专门的制造业企业,因此很难具体地从事某一工业项目,这就需要工业制造企业与其合作。同属三井财团的东芝第一次直接在中国进行投资,正式进入中国市场的背后就是三井物产的牵线搭桥。

1991年9月25日,东芝大连有限公司成立,经营范围包括生产电动机、泵、彩色电视机用偏转线圈、印刷线路板组件及录放相机用磁鼓组件等。在东芝大连有限公司的建立过程中,三井物产承担了从了解大连投资环境、进行项目可行性研究,到协调日方投资者与中国当地有关部门的关系等投资服务方面的大量工作。实际上,早在东芝进入大连的10年前,三井物产就在大连设立了办事处。

以中山武司为代表的东芝大连管理层,最开始就是租用大连三井物产的一间办公室作为办公场所的。三井物产在东芝大连有限公司中的股份很少,2000年三井物产持有公司的股份不到3.6%。2005年,三井物产更是完全退出东芝大连有限公司。但三井物产对于东芝在中国业务的拓展作用不言而喻,可以说,是三井物产扶植东芝在中国站稳了脚跟并帮助其走向了成功。

1993 年 1 月,三井物产提出将拥有 12 亿人口的中国作为重点投资对象,用全公司的力量开展对华业务。这一时期三井物产在华的经营重点也逐步从过去的贸易转向直接投资,组织相关企业在华投资也就成为三井物产的核心职能。凭借丰富的贸易经验,三井物产开始为日本及外国客户提供在中国市场的咨询、代理、融资、策划等各种商业服务。

1994 年,在上海举行的日中经济协会日中贸易扩大协议委员会会议上,三井物产的代表有田昭二郎表达了在中国建立法人企业的愿望。他说:"我希望中国能允许日本的综合商社建立法人企业,我希望能开办一个以北京为总部与各地的分公司横向联系的法人企业。"事实上,三井物产这样的综合商社被称为"创造企业的企业",善于带动关联企业对多种多样的经济领域进行投资。

有田昭二郎还表示,"中国有建立综合商社的动向,对此,我将尽全力协助。但希望中国理解,我们商社的发展历史表明,综合商社不是一朝一夕形成的。中国恐怕会担心这样一来,日本的综合商社会垄断中国的流通、贸易,这未免夸大了我们的能力,我们也没有这个意图。我们希望与中国的产业、商业、贸易界合力,为中国的贸易、流通、外资利用做出微薄的贡献"。

1995 年,中国政府批准三井物产(中国)有限公司在北京成立。当时,三井物产(中国)有限公司的主要职责是从事在华投资和再投资,协调已建立的企业,并为所投资的企业提供国内外贸易和金融支持。彼时,三井物产在中国的机构基本形成了沿海、沿江流域交叉的"T"形配置。后来,出任三井物产社长的上岛重二就是三井物产对华事务的最高负责人。

到 1998 年 8 月,三井物产已基本完成了其在华贸易和投资的机构网点布局,实现了其第一阶段的在华发展计划。三井物产对华贸易额约 40 亿美元,在华投资企业达 108 家,直接注资 2.2 亿美元,带动其他企业共投入 10 亿多美元。项目涉及电子、通信、港口等基础设施和钢铁、有色金属、机械、化工、纺织品、建材、粮油、食品等领域。

时任三井物产(中国)有限公司总经理的白鸟隆夫接受采访时表示:"三井物产将进一步促进大规模、多领域和高层次的对华投资,将对交通、基础设施、能源和农业等项目以及新产业政策下的支柱产业采取倾斜方针,加强与中国的合作。在京沪高速铁路建设、三峡水电工程、汽车产业、连通通信信息网和食品联合加工基地等重大项目上,充分发挥三井物产和三井财团的作用。"

全方位参与中国的发展

1997 年,日本三井物产的一个考察团来到中国大连韩伟公司考察,这是一家蛋鸡饲养企业。两年后，三井物产再次到访，负责人掏出了一张写满日文并盖有几个大红印章的证书交给了公司创始人韩伟，并说道："您的企业及产品'咯咯哒'牌鸡蛋经过了我们三井物产株式会社3年多的跟踪考察，希望您的产品能考虑从现在起就进入日本市场。"

众所周知，日本人对进口食品的检验之苛刻是世界有名的，单鸡蛋就有超过700项的检查。由于有生食的习惯，他们对鸡蛋的要求极高：不仅要绝对新鲜（超市内鸡蛋上架6天后一律撤下），还需满足无菌、无药残、无腥味、无激素、低胆固醇、高活力钙等标准，同时具备蛋黄红、自然香的特点。能通过三井物产如此严格考察的公司，全世界都寥寥无几，而大连韩伟公司成为中国唯一的对日鸡蛋供应商。

大连韩伟公司的"咯咯哒"牌鸡蛋经过三井物产3年多的严格考察，成为中国唯一的对日鸡蛋供应商

2001年1月，日本三井物产、三井物产（中国）有限公司、日新株式会社和北京二商集团有限责任公司合资组建了北京三新冷藏储运有限公司。该合资公司是一家专业从事全国干线运输、区域配送、仓库管理、零担混载等业务的第三方冷冻冷藏物流公司。由此，三井物产也成了外资企业中第一个获准在中国全国范围内经营食品流通业的企业。

经过多年的发展，北京三新冷藏储运有限公司已经从当年只有麦当劳一家客户的企业，发展成为拥有包括7-11、养乐多、肯德基、希杰（CJ）、正大公司、面包新语、京日集团、汉堡王、麦德龙超市在内的一大批客户群体的优秀第三方冷链物流服务企业；业务范围更是覆盖东北、西北、华北、华中、华南等国内经济发达城市和地区，年配送商品额超10亿元人民币。

2005年11月21日，日本三井物产期货公司和中国国际期货公司在深圳签署战略合作协议。这是中日期货业巨头之间的联姻，也是深圳地区期货公司与境外同行首次合作。三井物产期货公司是日本期货业的佼佼者，在日本80多家商品期货经纪公司中规模位居前五，作为三井物产（综合商社）的子公司，期货公司的原油、金属等商品交易量都非常大，拥有丰富的期现结合经验。

对此，三井物产期货公司的总经理高松公表示，中国的期货市场前景广阔，加强与中国期货公司合作，可以取长补短共同发展。通过与中国国际期货公司签署战略合作协议，加强双方人才与信息的交流，同时了解中国期市政策的动态。中国的期市政策尚未完全对外开放，一旦政策松动，三井物产就会考虑在客户和资本等方面进行合作。

2011年1月，三井物产在其中文官网上发布公告，宣布通过第三方定向增发以及从其他股东接受转让持股的方式，获得了向中国电视购物企业提供服务的中视购物有限公司25%的股权。中视购物有限公司成立于1998年，是中国国际电视总公司的直属企业，也是中央电视台旗下唯一的电视购物运营平台，自开播以来，中视购物有限公司的诚信形象得到了行业、市场的一致认同。

对于此次股权变动，中视购物有限公司希望通过引进国际战略投资者，学习先进的电视购物管理运营经验，加速打造以数字电视为核心的全媒体运营平台。三井物产则表示，十分看好中国电视购物的市场潜力，要利用其在日本国内及中国台湾积累的电视购物事业的经验，为今后将急速发展的中国电视购物市场完善相关服务体系做出贡献。

2015年，中国电视购物销售额出现高峰，当年市场总体销售额达到了399亿元人民币。然而自2016年起，随着中国移动互联网的大面积普及、4G网络和智能手机的覆盖提升，以电商直播为代表的网络购物迅速成长为中国零售业的中坚力量，对电视购物造成了巨大的冲击。2020年，中国网上零售额达11.76万亿元人民币，三井物产显然也不会错过这样的市场，开始谋篇布局。

时刻关注中国新兴产业

2013年8月，日本三井物产与湖南省人民政府在长沙签署全面战略合作框架协议。双方计划在钢铁制品、化学品、汽车机械、农产品深加工等领域开展技术交流、项目对接、投资促进等相关合作。三井物产总部执行董事泽田真治郎表示，三井物产将湖南视为其在中国最重要的合作地区，此次签订合作框架协议后，公司将加大对湖南的投资力度，促进湖南与日资企业的贸易往来。

实际上，这已经不是双方的第一次合作。在三井物产的帮助下，湖南的锰矿出口到日本，欧美的钢板进口到湖南。湖南省商务厅的资料显示，截至2012年，日本在湖南投资项目210个，累计实际投资数居来湘投资国家和地区的第五位。不仅是三井物产，日本的丸红、雅马哈发动机、住友商事、神户制钢、日立、住友金属、住友橡胶等世界500强企业在湖南也都有投资项目。

2019年7月6日，瑞幸咖啡烘焙（屏南）基地奠基仪式在福建屏南举行。该基地由瑞幸咖啡和亚洲最大的现磨咖啡生豆供应商三井物产、亚洲规模最大的专业咖啡烘焙厂之一台湾源友合资共建。屏南基地作为瑞幸咖啡在美国纳斯达克上市后首个落地的烘焙基地，其占地62亩，建筑面积4.9万平方米，预计投产后年产能将达3万吨熟咖啡豆，年产值15亿元人民币。

一直以来，瑞幸咖啡的生豆供应商都是日本三井物产，而巴西则是世界上最大的咖啡生产国和出口国。由于特殊的历史关系，巴西有超过150万的日裔人口，日本企业在当地具有非常大的影响力，特别是在农业种植领域。同时，三井物产旗下的Mitsui Alimentos是巴西的第五大咖啡商，主要经营咖啡生豆贸易业务，公司的烘焙及研磨咖啡在当地有3.8%的市场占有率。

2019年8月23日，日本三井物产与中国复星基础设施产业发展集团在上海BFC外滩金融中心举行战略合作签约仪式。本次战略合作是双方携手布局智慧出行产业的开端，双方充分发挥各自的产业和资源优势，进一步联手在新能源汽车、智慧城市、氢能、5G等领域进行深度合作。通过合作，三井物产旨在加速推进和扩大在中国智慧出行领域的战略布局。

在签约仪式上，三井物产基础设施项目部的阪井大雪表示，“我们的方针是今后在中国积极开发和建设以可再生能源发电、电动汽车（EV）关联服务、智慧城市、5G与氢能相关产业为首的项目。我们也非常希望以这份战略合作协议为开端，开启贵我两司积极而友好的合作之路，并实现产业规模和投资效益的共同提升”。

2019年，三井物产会长饭岛彰己在接受采访时表示：“三井物产以能源开发、物资调动、产品出口、企业投资等方式，对中国的产业、经济做出了一定贡献，的确跟中国的现代化发展密不可分。我本人常常以参与了中国的工业发展、现代化建设而骄傲。对于日本企业来说，中国资源丰富，是经济产业的生产据点，伴随着经济增长，近年来更成为巨大的消费市场。”

2021年1月，日本三井物产宣布计划与中国腾讯控股成立合资公司，未来将为想要开拓中国市场的日本企业提供营销支援服务，将在腾讯的微信App内开设电商网站并投放广告。在访日中国人锐减的情况下，日本中小企业希望通过网络直接获取中国客户。微信营销对于中国企业来说已是很普遍的营销活动，三井物产希望可以通过这种新模式帮助更多日企。

很长一段时间里，三井物产作为综合商社，其经营范围都被认为集中在钢铁、纺织、机械、化工、能源、电子和信息、粮油食品、有色金属、轻工建材等传统领域。然而，为了开拓新兴业务，三井物产一直在寻求新赛道的拓展机会。对于年青一代喜欢的直播、电竞、社交平台等互联网新兴产业，三井物产非但不排斥，反而进行积极投资。

第五节　多元化的全球产业投资

布局锂电池全产业链

2010年9月，日本三井物产出资2.1亿元人民币参股捷威动力工业有限公司（以下简称“捷威动力”）。捷威动力位于天津市西青区，由北京建龙重工集团出资兴建，拥有世界上最先进的锂离子动力电池生产线。通过参股，三井物产与北京建龙重工集团共同打造了锂离子动力电池芯及电池组、电动汽车用驱动电机和动力总成系统等新能源电动汽车关键零部件生产基地。

2016 年 11 月，在赛迪顾问发布的 2016 年度中国锂电池产业链年度竞争力品牌榜单中，由三井物产、北京建龙重工集团投资的捷威动力位列第十。资料显示，捷威动力 2015 年营业收入为 3 亿元人民币，总体产能约为 0.7 吉瓦·时，专注于三元软包电池和钛酸锂电池的生产与销售，主要客户包括长安汽车、东风汽车、众泰汽车、奇瑞汽车等。

2018 年，日本三井物产联合住友金属矿山在菲律宾投资了两家冶炼厂，生产用于制造锂电池的镍和钴半成品。电动汽车的核心是电池，其中锂电池被广泛使用。随着全球对锂电池需求的不断增加，锂电池主要原料货源也出现紧缺情况。于是，以三井物产为代表的日本综合商社，开始在全球积极布局锂电池相关原料的供应网络。

2019 年 4 月，日本三井物产与加拿大西格玛锂业资源公司（Sigma Lithium Resources，以下简称“西格玛公司”）签订长期承购协议。按照协议，三井物产向西格玛公司预付 3000 万美元，并在 6 年内购买西格玛公司每年最多 5.5 万吨的电池级锂辉石精矿，该承购协议还可以延长 5 年。此外，三井物产还会为西格玛公司提供融资和物流方面的相关支持。

三井物产投资位于巴西的Grota do Cirilo项目，其生产的锂辉石被用于制造特斯拉汽车电池中的氢氧化锂

西格玛公司全资拥有并运营巴西的 Grota do Cirilo 项目，该项目是世界上最大的硬岩锂矿床之一，并且该项目靠近巴西的主要港口和基础设施，使其能够进入北美洲、欧洲和亚洲的主要市场。资料显示，该项目中平均氧化锂品位为 1.4% 的锂辉石矿石，已被运往中国，转化为特斯拉汽车电池中使用的氢氧化锂。

2023 年 6 月，三井物产宣布计划和出自大阪大学的风险企业微波化学（MWCC）合作开发新技术。从矿石中提取锂时，该技术可用微波减排九成左右的 CO_2，从而在生产锂电池原料的过程中实现去碳化。时任日本三井物产基础设施项目事业部总经理、首席运营官若菜康一表示，“随着全球能源转型进程加快，新能源电力成为三井物产基础设施项目事业部的核心板块”。

同样是在 2023 年 6 月，日本三井物产与中国天奇股份签署备忘录，双方将在锂电池的回收循环利用产业闭环领域携手合作，充分发挥天奇股份在锂电池循环利用领域的产业优势和三井物产的全球化布局优势，实现整合资源。此前，三井物产就曾联合日本丰田汽车、中国格林美公司共同推进退役动力蓄电池回收的利用技术试验项目。

2024 年 3 月,日本三井物产宣布斥资 3000 万美元收购美国阿特拉斯锂业公司(Atlas Lithium)12% 的股份,进军巴西锂矿,以满足对这种电池矿物的需求。美国阿特拉斯锂业公司是巴西最大的锂矿权持有人之一,在米纳斯吉拉斯州的巴西锂谷开发 Neves 项目。Neves 项目计划到 2026 年实现年产量 30 万吨,可以用于至少 100 万辆电动汽车。

趁国际锂矿石价格暴跌之际,三井物产首次完成了对锂矿石矿山项目的投资,这也是其构建包括开发、生产和回收在内的电池材料价值链战略的重要一部分。对此,时任三井物产新金属和铝部门总经理的 Akinobu Hashimoto 表示:“三井物产的目标是通过参与更多的上游和转化项目来扩大其锂投资组合,同时也着眼于镍和锰等其他电池矿物的投资。”

在国际物流中大显身手

2011 年 7 月,日本三井物产宣布向新加坡码头运营商普泰国际公司(Portek International)发起价格为 1.8 亿美元的 51.3% 股权收购要约,以进一步拓展其在新兴市场的物流业务。普泰国际公司在印度尼西亚及部分非洲国家经营着港口装运业务,资料显示,在被三井物产收购前的半年内,普泰国际公司营业收入为 5350 万美元,净利润为 591 万美元。

同年 8 月,三井物产再次出资 30 亿日元(约 2.5 亿元人民币),收购中国台湾长荣集团(Evergreen Group)旗下的泰国港口运营公司 ECTT 49% 的股份,参与运营泰国最大的贸易港口林查班港。面对新兴国家物流需求迅速增长的趋势,日本各大综合商社纷纷加快投资速度,积极参与新兴国家港口运营,三井物产计划用数年时间使自身的年集装箱吞吐量进入世界前 15 行列。

2013 年 8 月,三井物产宣布在印度尼西亚首都雅加达的丹戎不碌港(Tanjung Priok)新设集装箱设施,并计划在当地和港湾公社及船舶公司建立合资公司,展开运营工作。丹戎不碌港是印度尼西亚最繁忙最先进的海港,也是东南亚最大的港口之一,该港口处理印度尼西亚 50% 以上的货物转运。同时,庞大的货物流通使丹戎不碌港成为印度尼西亚经济的“晴雨表”。

事实上,布局港口物流产业,三井物产从来都没有想过“吃独食”,而是希望可以通过打造亚洲最强物流事业来强化其商权地位,进一步加强与其他日资企业的合作,从而扩大贸易量和影响力。对此,曾担任三井物产运输物流本部部长的桑野努表示:“如果该构想实现,对计划投资中国内陆地区,而又担忧物流的日企来说,(三井物产)可以提出积极的经营建议。”

2022 年 6 月,三井物产与厦门象屿股份旗下的象屿智运签订战略合作备忘录。通过此次合作,象屿智运作为厦门首家获评“4A 级网络货运平台”资质的企业,将依托三井物产在全球范围内的商用卡车供应链服务能力,结合象屿股份丰富的大宗商品供应链服务场景及象屿智运网络货运平台的运力资源,全力在物流货车及车后市场领域创造新价值,打造商用车全生命周期服务。

厦门象屿股份是中国农业农贸的大型综合型交易仓储冷链物流企业,收益来源主要是供应链综合服务收益。近年来,非洲猪瘟、新冠疫情等一系列事件使得象屿股份更加重视冷链物流服务,将结合未来的发展战略,依托现有物流基础,积极研究、探索布局冷链物流服务等新市场、新机遇、新模式,建设起闽西南地区规模较大、等级较高的冷链枢纽。

2022 年 9 月,三井物产宣布向全球领先的供应链可视化公司 FourKites 提供 1000 万美元的投资,用于扩大 FourKites 在亚太地区的业务规模。FourKites 在亚太地区 46 个国家(地区)从事国际货运跟踪,其客户包括雀巢日本、雪佛龙、卡夫亨氏、SpaceX 等。FourKites 通过将实时数据与强大的机器学习相结合,帮助企业实现端到端供应链的数字化。

对于三井物产的投资和未来的合作,FourKites 的创始人兼 CEO Mathew Elenjickal 表示:"日本是全球居领先地位的供应链和物流枢纽,我们将首次推出针对日本国内货运的陆运(OTR)跟踪服务。三井物产无疑在确保满足日本客户的独特需求和高期望值方面是我们理想的合作伙伴,我们也希望凭借着与三井物产的伙伴关系能在亚太地区更有所为。"

2024 年 2 月,美国拜登政府宣布,未来 5 年计划拨款 200 亿美元,使用日本三井物产美国子公司 PACECO 制造的港口起重机代替中国产品。4 月,PACECO 宣布与加拿大基础设施基金管理公司 Brookfield 开展合作,在美国加利福尼亚州重建港口起重机的总装。此外,三井物产还获得了来自越南海防国际集装箱码头、马来西亚丹戎帕拉帕斯港等的港口起重机订单。

抢占大健康产业阵地

2013 年 9 月,日本三井物产宣布参股亚洲最大的民间医院集团马来西亚 IHH Healthcare(以下简称"IHH"),投资金额为 900 亿日元(约 64 亿元人民币),这是三井物产第一次直接参与医院的营运服务工作。IHH 作为全球市值第二大医疗集团,其医疗网络遍布全球,在马来西亚、新加坡、荷兰、保加利亚等 10 个国家经营 82 家医院,床位超过 1.5 万张。

同时,三井物产在 IHH 旗下的新加坡综合医院开设了日本最尖端的生物肝移植诊所。除手术外,该诊所还承担共享移植技术和经验技巧、指导和教育医生等业务。对此,时任三井物产医疗服务室长的横山贺一表示,"日本阵营打入医院经营之后,能带来一个产业链,日本高端医疗、医疗机器、医药品、医院饮食等多个下游业务端都将出现在世界的医疗产业链上"。

一直以来,资源能源产业都占据着综合商社(三井物产)利润的半壁江山。但是，随着新兴市场的不断兴起，传统业务很难再为综合商社带来更高的附加价值。于是，日本的综合商社开始寻求非资源领域的开拓，其中潜力巨大的医疗健康领域成为主要方向。在此之前的数十年时间里，三井物产就曾长期充当医药品和医疗器械供应商的角色。

2018 年 11 月，三井物产宣布向 IHH 追加出资 2300 亿日元（约 143 亿元人民币），出资比例占到 32.9%，成为最大股东。此后，三井物产进一步增强了其在 IHH 经营领域的影响力。三井物产为 IHH 引入电子病历等欧美 IT 系统，充当 IHH 与日本制药及医疗器械厂家间的中介。此外，三井物产还积极帮助 IHH 在中国各地开设新医院。

在成为 IHH 最大股东后，三井物产计划构建起一个可供 60 万患者入院的整体组织，从而提升医疗效率。时任三井物产保健、服务事业本部部长的永富公治表示，“亚洲的保健市场，因为人口的增加与老龄化，每年规模增长 10%，但病床数等医疗资源严重不足。因此（三井物产）想要推进包含各种周边产业的商业构想”。

2019 年 6 月 25 日，日本三井物产与中国华润集团、厚朴投资在中国香港华润大厦举行 CMH 健康基金签约仪式。总额 10 亿美元的基金将专注于医疗服务、前沿诊断技术以及医疗器械等领域，在全球范围内寻找最具潜力的投资机会，致力于将世界优质的医疗服务和技术带给中国居民。三井物产社长安永龙夫、华润集团董事长傅育宁、厚朴投资董事长方风雷共同见证签约仪式。

2019年，三井物产与华润集团、厚朴投资举行CMH健康基金签约仪式。图为三井物产社长安永龙夫（左）与华润集团董事长傅育宁（右）

三井物产在亚洲医疗行业有强大的投资组合管理能力，并在全球持有大量优质的医疗资源；华润集团具有产业经验和中国领先的医疗网络；厚朴投资则善于执行大型复杂交易，精准把握中国市场。因此，三方的合作将有助于推动中国医疗产业的升级。通过合作，CMH 健康基金共同掌控的医疗集团规模可以达到亚洲首位、全球前三。

2024 年 4 月，三井物产宣布联合日本乐敦制药，收购总部位于新加坡的百年中药品牌余仁生的股份，价值 46.4 亿元人民币。余仁生中药店在中国港澳台地区，以及东南亚的华人圈可谓家喻户晓。今后，这家有着 145 年历史的华资中药企业余仁生便成了日资公司，其中乐敦制药持有 60% 的股份，三井物产持有 30% 的股份，余仁生的创始家族持有 10% 的股份。

从某种程度上说，三井物产收购中药品牌余仁生是日本在全球化浪潮中对中医药的一次重要布局。事实上，日本本土的汉方药就是中药的变体，既沿用了中药材料，又融入了日本本土的医疗理念，形成了独特的医药文化。时至今日，在三井物产等日本企业的努力下，日本汉方药在国际上的影响力正在蚕食中医药的市场。

卡位全球育种产业链

2018年2月，日本三井物产成立了力争向海外推广蔬菜种子的Japan Vegetable Seed项目。该项目以三井物产收购的以色列蔬菜种子新创企业Top Seeds International为主体推进育种，并在意大利、西班牙等地设立实验室，调查能否在海外的气候下培育日本的种子。资料显示，日本农林社和久留米原种育成会等都参与了该项目。

如今，全球的种子市场规模高达4万亿日元（约2000亿元人民币），未来仍将以年均8%左右的增速持续成长。在市场份额方面，美国孟山都（现为德国拜耳）占据最高份额，欧美的大型生物企业紧随其后。虽然日本的种子品质很好，但是在全球市场的业务规模相当有限。因此，三井物产将目光瞄准了全球种子市场，并努力把相关业务推向事业化发展。

事实上，三井物产已经开展了50多年的农药业务，因此计划最大限度地利用该领域的销售网络，帮助其开拓种子业务。三井物产在"营养与农业事业单元"内专门设置了农业科学部，其主要业务就是植保产品和中间体、种子。三井物产希望积极向世界宣传日本企业掌握的优秀品种和技术实力，让诞生于日本的蔬菜也能在海外扎根。

2020年6月11日，三井物产与袁隆平农业高科技股份有限公司达成合作，基于在蔬菜品种多样化、联合育种、育种技术、海外市场开拓等方面的战略互补性，双方确定通过资本合作形式建立战略合作关系。根据股权转让协议，隆平高科向三井物产转让控股子公司湖南湘研种业有限公司（以下简称"湘研种业"）20%的股权，交易完成后，三井物产合计持有湘研种业30.4%的股份。

合作确立后，湘研种业开始在中国国内引进、开发和销售三井产业所属蔬菜种子公司高品质、高附加值的甘蓝、辣椒、白菜、胡萝卜等蔬菜品种。同时，双方准备开展联合育种和育种技术合作，推动湘研种业提高育种效率，加快育种速度。此外，双方还将充分利用优势销售网络，在全球开发并销售湘研种业的辣椒种子。

2020年7月，三井物产宣布与来自日本国内东京都、奈良县和福冈县等地的中小种子企业组建联盟，开展向中国市场销售卷心菜和黄瓜种子的业务。由三井物产领衔的企业联盟将把这些企业的种子带到中国，与出资对象的当地企业开发新品种并销售。日方计划采取只向当地输送花粉的合作方式，旨在防止种苗违规流出，同时开拓巨大的市场。

三井物产一直将蔬菜种子视为具有长期增长潜力的领域，并希望通过加大研发投资力度以及与跨行业和价值链领域合作促进相关业务的发展。对此，三井物产农业科学部部长渡边彻表示:“日本的种子企业掌握着具有抗寒、甜等特点的‘遗传资源’,同时擅长杂交培育种子的人才在日本也很多,缺少的只是进入世界市场的渠道。”

2021 年 11 月 9 日,日本三井物产与意大利 ISI Sementi S. p. A(以下简称“ISI 公司”)达成收购协议,三井物产收购 ISI 公司 100% 的股权。意大利 ISI 公司成立于 1981 年,是一家从事蔬菜种子研究、生产和销售的知名公司。ISI 公司与 60 多个主要的农业国家都建立了长期良好的关系,并在地中海市场拥有强大的影响力。

收购 ISI 公司后,三井物产利用全球影响力和销售渠道支持其在国际市场上实现增长。同时,三井物产还计划引进其他集团公司开发的品种,包括与 4 家日本研究型蔬菜种子公司合资的日本蔬菜种子公司,以补充意大利 ISI 公司的产品组合。实际上,收购海外种子公司也是三井物产此前 Japan Vegetable Seed 项目的进一步延伸。

参考文献及来源

1. 白益民. 三井帝国在行动:揭开日本财团的中国布局[M]. 北京:中国经济出版社,2009.
2. 池喜生. 试谈日本商社全球化的战略布局[J]. 中国商论, 2018(5):83 - 85.
3. 何文英. 隆平高科与三井物产达成合作 加大蔬菜业务战略布局[EB/OL]. (2020 - 06 - 12) [2024 - 10 - 30]. https://baijiahao. baidu. com/s? id = 1669299984641893011&wfr = spider&for = pc.
4. 黄俊峰. 上海广电集团牵手三井物产[N]. 中国证券报,2002 - 12 - 12(2).
5. 蒋丰. 专访:三井物产与中国的现代化发展密不可分[EB/OL]. (2019 - 08 - 22)[2024 - 10 - 30]. https://www. sohu. com/a/335711685_570249.
6. 李愿富. 中国改革开放背景下的日本企业对华经贸:体制改革、战略调整和发展趋势[J]. 日本研究, 2016(2):1 - 10.
7. 罗影. “综合商社”模式化解危机的典范 三井 300 年的领跑者[J]. 英才,2009(2):110 - 112.
8. 内贸是外贸的基础 金融是商业的核心 三井物产有田昭二郎谈日本的综合商社[J]. 世界机电经贸信息,1994(Z1):9.
9. 潘洪岩,刘继媛. 浅析三井物产在中国的投资[J]. 劳动保障世界(理论版),2010(11):190 - 192.
10. 潘林杰. 三井物产发展战略研究[D]. 上海:上海交通大学,2014.
11. 三井物产官方网站,www. mitsui. com.
12. 商社重生 贸易永远有商机![J]. 中外管理,2007(4):32 - 34.

13. 史惠康. 综合商社在战后日本经济发展战略中的作用[J]. 世界经济研究,1984(5):1-7,14.

14. 孙世春. 日本、韩国、美国三国综合商社比较[J]. 日本研究,1996(2):7-13.

15. 孙在国. 神话与现实:日本综合商社与火凤凰[J]. 中国商贸,1998(6):48.

16. 滕学峰. 三井物产:日本对华投资的发动机[J]. 中国外资,1998(10):52-54.

17. 田中光雄. 三井物产的中国文化梦[J]. 商学院, 2008(12):29.

18. 王欢. 日本三井物产将启动全球最大规模天然气田开发[EB/OL]. (2018-05-30)[2024-10-30]. https://finance.huanqiu.com/article/9CaKrnK8R3R.

19. 吴德烈,马元鹤. 樱花时节访"三井":记日本三井物产株式会社的收集信息情报机能[J]. 国际贸易,1985(6):53-55.

20. 谢向前. 三井物产的成功经验和启示[J]. 武汉冶金管理干部学院学报,2002(2):11-14,19.

21. 严复淇. 日本综合商社面临的挑战、经营变革及启示[J]. 企业经济,2003(8):35-36.

22. 杨伟中,邱江. 光明食品与三井物产开展食品业合作[N]. 上海证券报,2010-09-08(F09).

23. 姚瑶,左斌. 三井物产的六大商业模式[J]. 企业管理,2012(3):34-36.

24. 叶孝理. 综合商社在日本经济发展中的作用:访三井物产株式会社[J]. 外国经济参考资料,1981(11):9-11.

25. 喻春来,薛黎. 三井物产"掘金"中国能源产业[N]. 上海证券报,2006-05-31(B05).

第四章

避重就轻的三井不动产

1941 年,负责管理三井合名会社不动产业务的不动产课独立,三井不动产株式会社由此诞生。刚刚独立不久的三井不动产便迎来了企业发展的第一个黄金时期——轰轰烈烈的填海造城运动开始了。以此为契机,三井财团的三井不动产走上了土地开发商的道路。

20 世纪 80 年代,从临海工业带、游乐园到超高层住宅、酒店购物中心,三井不动产记录着日本二战后几十年的城市和商业繁荣变迁。2000 年 5 月,三井不动产提出新发展计划,通过减少有息负债、增加轻资产、培养新业务等提高盈利能力,从传统开发商转变为服务提供商。

2014 年,三井不动产主导开发并运营的柏之叶智慧城市项目正式运行,把环境共生、健康长寿、新产业创造设定为三大建设主题。同时,三井不动产为了强化业务发展,扩大业务领域,在革新共创事业部内创建了 31 VENTURES 平台,从传统地产商摇身变为新锐创投家。

——作者题注

【阅读提示】

“三井”告诉了我们什么(4)

如今,中国房地产行业快速发展的黄金时代逐渐结束,随之而来的必将是整合提速、格局重铸,中国房地产开发企业未来发展将走上什么样的道路值得思考。对此,中国学者普遍认为中国房地产开发企业有三种未来选择:重资产的中国香港模式、专业化的美国模式和轻资产的新加坡模式。但实际上,中国房地产开发企业还有第四种未来选择,那就是以三井不动产为代表的日本模式。

在20世纪90年代日本房地产泡沫破灭后,经过20多年的探索转型,日本三井不动产其实可以给中国房地产开发企业提供一个新的发展思路——相对均衡的商业模式,即保持基本盘稳定,同时控制负债提高现金流水平,制定中长期战略优化调整业务结构,逐步提高租赁、代建和管理等轻资产的收入占比,构建起“开发+持有+管理”的大房地产生态圈。

现在的三井不动产旗下拥有超过200家子公司,主营业务横向包括办公、商业、住宅、物流、酒店和房地产金融等,纵向则覆盖开发、交易、持有、运营等多个环节。显然,已经不能用单纯的房地产企业来定义三井不动产了,更加流行的说法是“日本领先的房地产解决方案和服务提供商”,从本质上来讲则是房地产领域的综合商社。

作为商业资本、产业资本与金融资本的结合体,综合商社的核心功能是“商”,即贸易。三井不动产旗下三井不动产REALTY公司的房产中介业务已经取得了连续30多年全日本交易件数第一的傲人成绩,是日本当之无愧的“不动产销售王”。时至今日,三井不动产REALTY公司为客户提供的早已不只是简单的房屋买卖,而是各种解决方案。

通过三井不动产REALTY公司建立起来的庞大网络系统,三井不动产的业务可以延伸到更多的领域,从而让每一位三井不动产的客人都能享受到综合服务。例如,当有顾客对购买到的公寓结构感到不满意时,三井不动产便会介绍体系内部的装修公司给顾客,并从方案设计、原材料采购到最后的改造装修,提供整套的全方位服务。

三井不动产还专门成立了31VENTURES事业部,通过基金的方式对日本国内外的初创企业进行投资。未来智慧城市等技术已经变得不可或缺,而房地产企业自身并没有内部的系统工程师或研发团队,需要与提供尖端和创新服务的初创公司开展合作。实际上,三井不动产做创投业务并不是意气用事、追热点,而是综合商社发挥产业投行职能的一种体现。

本章导言

1991 年，深圳市政府推动深圳几大国有企业引进日本综合商社模式，向百亿元集团的目标发展。事实上，正是深圳市政府在国企内部首倡的综合商社概念，给了当时正在突飞猛进多元化的万科以巨大的鼓舞。虽然当年万科的营业额仅为日本最小的综合商社兼松营业额的 0.26%，但这丝毫没有影响王石创建万科综合商社的兴致。

对此，万科创始人王石曾回忆说："综合商社的提出与万科靠贸易起家不无关系，也有我对于中国商业现状的一些思考。日本综合商社是以金融为纽带，下属企业互相参股，通过商贸的上下游关系形成关联的利益集团。"

于是，在 1991 年，由王石领导的万科成为最早确立综合商社这一发展模式的中国企业。与此同时，王石还按照三井物产等日本综合商社的模板，积极勾画多元化蓝图，将万科的业务扩展到十大行业：进出口贸易、零售连锁商业、房地产开发、金融证券投资、文化影视制作、广告设计发布、饮料生产与销售、印刷与制版、机械加工和电气工程。

1991—1993 年，万科全体员工讨论最热烈的一个话题是：万科如何成为一个中国特色的国际化综合商社。当时，万科给每位员工都发放了一本 200 多页的《日本的综合商社》。以这场大讨论、大学习为标志，万科的多元化战略走到了极致。万科决定向商业连锁零售、电影制片及激光影碟等新的领域投资，初步形成了商贸、工业、房地产和文化传播四大支柱的经营架构。

万科当时所属的企业有万佳百货、怡宝饮料、深圳国企广告、万博精品、万科扬声器厂、万科供电服务、万科贸易、万科协和等 10 多家，涵盖了企业多元化的方方面面。然而，万科早期的综合商社试水，仅仅做到了形似而非神似。盲目推进多元化的万科，其业务布局近似匆忙搭建起来的木架台子，从外面看虽有规模却缺乏稳固支撑，未能给企业创造实际效益。

1993 年，由于综合商社式的扩张，王石和万科管理层很快感觉到了资金短缺的巨大压力。最终，王石痛下决心删减业务，并确立以城市大众住宅开发为主营的发展方向。虽然此后很长一段时间里，综合商社模式被王石和万科管理层束之高阁，但是实际上万科的发展过程中一直都没有放弃过综合商社理念。

2013年，万科再次由专业化向多元化过渡。这里的多元化不是经营其他行业，而是把万科单独的住宅建设变成建设医院、学校、商场等，是由单一住宅开发向综合配套的过渡。2014年，万科正式提出向城市建设服务商转型，除去传统的房地产开发以外，又在产业办公、物业服务、商业运营、长租公寓、物流仓储等多个城市建设相关赛道上建立领先领跑优势。

同年，万科提出“轻资产、重运营、极致服务”的口号，以产业地产及其延伸业务为代表的新业务群将贡献新的利润增长点，而所有的新业务都将采取轻资产、资本化的模式。事实上，早在20世纪90年代，日本的三井不动产就提出了构建轻资产的运营模式，从重资产的开发业务转变为轻资产的地产服务业是房地产企业实现可持续发展的必由之路。

2018年，万科将自身战略定位由城市配套服务商进一步迭代升级为城乡建设与生活服务商。实际上，通过20多年的相关多元化发展，万科已经逐渐成长为房地产领域的综合商社。同年6月的股东大会上，万科董事会主席郁亮表示，谁再说万科是住宅开发商就和谁急，未来还考虑把公司招牌里的“地产”“房地产”字眼都去掉，全部改成“万科企业”。

2019年12月19日，嘉兴万科与日本三井财团的三井不动产正式签约合作，共筑万科·泊樾湾项目。泊樾湾是嘉兴市高铁新城概念出台后，区域内出让的首宗居住宅地，项目选址在嘉兴国际商务区和高铁新城叠加区域。这是万科与三井不动产的首次合作项目，而三井不动产正是日本房地产领域的综合商社，按照三井物产的经营逻辑，不断在转型升级中取得长期事业的成功。

2024年3月，在万科的业绩推介会上，公司再次举出了日本三井不动产的案例。三井不动产作为日本最大的地产集团之一，历史上也曾经以重开发、重销售、重交易为主，但如今早已迈过了存量时代，转型为日本最大的房地产投资信托基金(REITs)管理人。现在，三井不动产已经形成了“代建+销售+租赁+管理”的房地产企业新发展模式。

第一节 成为土地开发商

日本最大规模的填海工程

1909 年，日本第一家控股公司——三井合名会社成立，不仅百分之百持有三井物产、三井银行和三井矿山这 3 家企业的股份，还保有三井同族的相关产业。1914 年，三井合名会社内部设置了不动产课，专门负责管理三井家族拥有的土地和建筑物。1929 年，由三井不动产课负责建设的三井本馆竣工，此后很长一段时间里，三井本馆都是三井系列各公司的总部所在地。

1941 年，负责管理三井合名会社不动产业务的不动产课独立，三井不动产株式会社由此诞生，注册资金 300 万日元。刚刚独立不久的三井不动产便迎来了企业发展的第一个黄金时期——轰轰烈烈的填海造城运动开始了。当时，考虑到东京港水位较浅，制约了物流的发展，日本政府决定填海造陆，最初目的是让码头能够伸向深水区。

从二战结束的 1945 年到 1951 年短短 6 年的时间里，日本人口增加了 1300 多万，大量新生的二孩、三孩都将面临饿肚子的风险。为了尽可能多地生产稻米，日本除鼓励民众提高水稻种植比例之外，还开启了一系列填海工程项目，为日本工业提供更多的场地，进而使原有农业用地得到最大限度的保留。自此，日本史上最大规模的填海工程正式拉开序幕。

20 世纪 50 年代中后期，日本经济向上爬坡，三井不动产开始进行临海地区的填海事业，大规模工业区、企业园区由此诞生。二战后日本推行“大进大出”的经贸战略，大量进口能源和资源，加工生产后再销售到世界各地。由于沿岸土地严重不足，不得不向海上发展。填海后生成的土地一般用来建造港口和仓库，或成为化工炼油的生产基地。其中，最具代表性的就是京叶临海工业带。

日本京叶临海地区填海事业的主导者正是三井不动产。以此为契机，三井不动产走上了土地开发商的道路。京叶临海工业带位于东京湾内，沿东京湾东岸呈现“L”形布局，其核心区域位于千叶市、市原市、袖浦市以及君津市的临海区域，长约 31 千米，用地规模约 60 平方千米，其用地全部通过填海造陆获得，现已发展为日本最大的材料与能源生产基地。

得益于京叶临海工业带的建设，千叶县从原本的食品、酒的制造中心，摇身一变，成了以钢铁、石化为主的重工业地带。如今，世界上最大规模的液化石油气储备基地就位于京叶临海工业带。以钢铁、石油为主的重化工产业对用地有较高的要求，填海造陆成为满足产业用地需求的有效措施，填海造陆形态可以体现出港口—工业一体化的布局特征。

三井不动产主持建设的京叶临海工业带采用挖入式港池布局模式，工业环绕港口布局，可供20万吨货轮停靠的大型深水码头，为临海工业输入铁矿石、原油等工业原料，并将大量工业产品及精炼石油销往海外市场，其产业流通也具有极为鲜明的“大进大出”特征。依托港口填海造陆发展工业可有效地满足产业对原料输入及产品输出的大运量流通要求。

从20世纪50年代到70年代的20多年里，日本填海造陆新增领土约1180平方千米，相当于中国香港的面积，东京湾、伊势湾、濑户内海、八郎舄等地为日本贡献了大量的新陆地。进入20世纪70年代以后，由于日本民众的生活水平显著提高，饮食开始多元化，对大米的依赖性降低，同时考虑到环境等问题，大规模填海造陆工程被叫停。

随后，日本进行产业结构调整，重化工业让位于服务业，原来的工业项目逐渐退出，取而代之的是民生领域、娱乐业和各种新型服务业。从这一时期开始，三井不动产也改变了过去主要依赖于工业用地建设的业务模式，在临海地区相继完成了新住宅和办公楼等项目的建设，至今仍有许多人在此生活与工作，此处成为人们来访的据点。

建设和运营东京迪士尼乐园

1957年，三井财团旗下的三越百货在其位于日本桥的总店顶层设置了一个名为“快乐的王国迪士尼”的小型游乐园。此时，距离第一家迪士尼乐园——美国加利福尼亚州迪士尼乐园开业才不到两年，三越百货就敏锐地意识到了这种主题乐园拥有巨大的发展前景。此后很长一段时间里，得到迪士尼授权的包括旋转茶杯在内的游乐项目，成为和父母一起来购物的中产阶层孩子的最爱。

进入20世纪六七十年代，随着日本经济的飞速发展，对美国流行文化的需求成为当时日本社会的风向标。1971年，麦当劳在日本开了第一家分店，并取得了巨大的成功。从1972年开始，日方代表频繁访美争取迪士尼落户日本，三井不动产还和京成电铁株式会社合资设立了协助经营东京迪士尼乐园的东方乐园株式会社（Oriental Land Co.，Ltd.，OLC）。

但是，当时美国迪士尼公司主要精力都放在了新建成的美国奥兰多迪士尼乐园上，对于进军海外市场的兴趣并不大。于是，在多次谈判之后，双方最终形成了美方只提供形象版权而不管理具体经营的合作模式。由日本三井等几家超级财团筹资1500亿日元向美国迪士尼有限公司购买相关版权，并必须全部按美国洛杉矶迪士尼乐园的蓝图进行建设。

为了建造这座乐园，日本方面付出了巨大的代价。购买版权费之巨不说，开业之后日方还要从每年营业额中抽取10%交给美国迪士尼公司,这笔钱是无论日方盈亏的。此外,在建设过程中,乐园中许多项目的设备、安装也被要求由美国人包办。日本方面愿意付出如此大的代价来建设东京迪士尼乐园,显然是看到了其背后的巨大商机。

1980年,东京迪士尼乐园破土动工,由三井不动产和京成电铁株式会社的合资公司东方乐园株式会社负责建造。在选址初期,日美双方都曾考虑把乐园开在富士山脚下,但由于富士山这一日本文化的代表太容易把迪士尼乐园内部闭合的故事性打断,于是最终选了东京湾附近千叶县的浦安市舞滨地区。事实上,东京迪士尼乐园也是在填海造陆的基础上建成的。

1983年4月15日,东京迪士尼乐园正式开园。开业初期许多人对乐园的前景并不看好,园区周边甚至一度无法吸引到住宿业者的投资。在当时,每年要有1000万游客来访的目标,在大多数人看来并不现实。要知道当时日本全国总人口才1.2亿人,这相当于日本人口的1/10每年都要去一趟迪士尼乐园。显然,这些是小看了迪士尼乐园的吸引力,或者说小看了经济腾飞后日本人的消费潜力。

东京迪士尼乐园被誉为亚洲第一游乐园,由三井不动产和京成电铁株式会社的合资公司东方乐园株式会社负责建造

20世纪80年代初中期,日本人均GDP已经达到9894.2美元,国内传统旅游消费能力充足,但是本土游乐设施相对匮乏,东京迪士尼乐园的兴建正好与日本消费者寻找新型娱乐方式的需求契合,“去迪士尼”成为日本家庭度假的主要方式之一。开园1个多月后的5月23日,东京迪士尼乐园便迎来了第100万名游客。1984年4月2日,1000万人的目标提前两周左右达成。

此后,伴随园区附近希尔顿等高级酒店的开业以及JR东日本铁道舞滨站的新设等众多利好,东京迪士尼乐园的运营就此步上了成功的轨道。不仅如此,投资迪士尼乐园也给三井不动产带来了其他收益。1991年,东京迪士尼乐园周边的土地就卖到了每平方米400万日元,而同比东京都市圈均价为每平方米194万日元,成为东京都市圈涨幅最高的地段,迪士尼乐园对所在地区的房价有巨大的带动作用。

如今,在世界上现有的6个迪士尼主题乐园中,只有东京的迪士尼乐园没有美国总部任何比例的持股。除每年要向美国迪士尼支付一定的版权费用外,三井不动产持股的东方乐园株式会社全权承担园区的建设和运营。这种本土化是东京迪士尼乐园成为全世界最为成功的主题乐园之一的重要原因,成功实现了美国式的迪士尼文化与日本当地的东方文化的融合。

迎来房地产的黄金时期

从20世纪60年代开始，日本经济进入高速成长期，随之而来的便是日本的城镇化建设进程加速。1945年，日本的城镇化率仅为28%，到1975年，日本城镇化率已上升至75%。这一时期，日本每年约有90万人从农村转入城市。随着大量人口涌入城市，日本传统的家族同居模式逐渐发生变化，自建一户建的需求量降低，企业宿舍、商品公寓成为新的居住方式。

1968年4月，由三井不动产主持建设，三井建设（三井不动产投资的建筑公司）和鹿岛建设联合承建的霞关大楼竣工。位于东京千代田地区的霞关大楼总高156米，是日本第一座超高层建筑。在建设过程中，三井不动产提出了“恢复大城市中的人性化”的主题，通过提高建筑物的高度，来确保地面上的绿地和人们的休闲场所。

3年后，即1971年，三井不动产推出了日本首座高层大厦——三田纲町花园大厦，这是继东京铁塔和霞关大楼之后，日本所诞生的第三座高层建筑。“生活在天空”的观点，在当时成了热门话题。而“出售景观”的构思，同样颇具划时代的创新，三田纲町花园大厦也成了日本超高层住宅建造的参考样本。以此为契机，三井不动产开始大力拓展中高层住宅公寓的建设和销售业务。

在经历了1971年和1979年两次石油危机之后，日本提出“科技兴国”的口号，大力发展高科技，第二产业占GDP的比重开始下降，第三产业蓬勃发展。在此背景下，日本的城市化建设由从无到有迈入从有到优的阶段。为了解决东京人口过于集中的问题，尽可能避免大城市病带来的危害，日本开始了以分散首都圈功能为核心的计划。

所谓分散首都圈功能，就是避免教育资源持续向首都圈集中、控制首都圈工业用地数量、完善首都圈周边中等人口城市的设施，将首都人口疏散到千叶、横滨、八王子等城市。这一计划让东京圈逐渐形成了“一都三县”的结构，即东京都、千叶县、埼玉县和神奈川县。在这一过程中，三井不动产发挥了积极作用，特别是在完善周边城市基础设施领域。

1981年，由三井不动产开发的啦啦宝都（LaLaport）船桥购物中心在千叶县开业，这是日本的第一家美式购物中心。所谓美式购物中心的特征，就是拥有广大的土地面积，建筑物采取低楼层的建筑等。作为一个广域型购物中心，啦啦宝都设有包括文化设施、体育设施和方便设施等在内的200家专门店，在日本开创了同类设施的先河，同时还拥有可容纳4000辆汽车的停车场。

啦啦宝都以中档服饰和杂货为主，目标客层是具有年轻心态的各年龄段人群。此外，这里不仅是一个购物中心，更承载着一种社区型的生活方式。除购物之外，这里还提供剧场、文化中心和幼儿临时托管所等。作为当地社区的核心，它在城市建设中发挥着主要作用。于是,一些追求生活质量的居民选择离开东京到千叶县生活居住,实现了“逆城市化”的格局。

从1972年开始,三井不动产以集团之名,不仅在日本本土,也在全球各地展开各种业务。1973年,集团在美国设立了美国三井不动产(Mitsui Fudosan America, Inc.)。1980年,美国三井不动产成立子公司Halekulani Corporation,并于1984年将历史悠久的夏威夷饭店Halekulani重新改建开业,并由三井不动产直接运营。

从临海工业带、游乐园到超高层住宅、酒店购物中心,三井不动产以一幢幢外化的建筑记录着日本二战后几十年的城市和商业繁荣变迁。作为地产开发商,三井不动产的黄金时期,也是日本经济高速增长的时期。但是,经济的发展和城镇化的进程不可能一直无限制地进行下去,企业发展需要长期稳定的增长点。

疯狂的楼市隐藏巨大危机

1985年9月,美国召集日本、联邦德国、法国、英国四国,签订了《广场协议》,五国同意联合干预外汇市场,允许美元对日元及马克等主要货币有秩序性地贬值,以化解美国的巨额贸易赤字。在《广场协议》宣布前,美元兑日元大致在1:250的水平,1988年,美元兑日元已经达到了1:120的水平,这意味着日元在短短3年内升值了一倍多。

日本为了维持企业出口额以及遏制日元进一步升值,开始实行宽松的货币政策,并在两年内连续降低利率达五次之多。企业的利润得到了大幅提升,大量的活钱流入银行。手握大把现金的银行,不得不以超低的利率把这些钱贷出去,以形成更多的存贷回报。在众多的行业中,房地产无疑是风险最低的行业,于是大量活钱进入房地产,日本的房价开始大涨。

1986—1990年,日本全国商用土地的平均价格累计涨幅高达67.4%,其中东京、大阪、名古屋三大城市圈平均地价涨幅达到了1.2倍,日本东京地价在1985—1988年涨了2.7倍。伴随地价上涨的必然是高房价,光是1987年,东京的房价就翻了一倍。许多购房者认为,日本是个岛国,土地稀缺,而作为首都的东京也只有一个,资源的稀缺性将会支撑房价一直上涨。

到1989年底,日本的全部房地产价值超过了美国房地产价值的5倍,是全球股市市值的2倍以上。到1990年,日本土地的总价值超过了世界其余地区全部土地价值的一半,东京的单个家庭的住房价值高达3000万美元或4000万美元,据说仅东京23个区的房价总值就与整个美国的房价总值相当。

房地产领域的高速发展,在一定程度上也带动了日本经济的起飞。日本GDP从1980年的1.10万亿美元上涨至1990年的3.19万亿美元;日经225指数由 1985 年末的 13000 点上涨至 1989 年末的接近 39000 点，涨幅接近 200%。一时间，房地产似乎成了日本经济的助推器，并能够为经济的增长提供无限期支撑。

狂热的情绪传导到工业上，许多实业放弃了原有的产业，把资金投入房地产，以分享房地产快速上涨的红利。大量国际热钱也进入日本房地产，助推日本房价上涨。但是，这种狂热的背后隐藏着巨大的危机。从房地产市场的基本规律看，大多数国家的房地产在经历一个 20 年左右周期的上涨之后，难逃泡沫破灭的命运，因为城市化进程接近尾声、人口老龄化的问题无法避免。

《三井帝国在暗战——揭开日本财团的美国博弈》，白益民、乔梓效著，中国经济出版社，2022年

与此同时，全民炒房、实业炒房逐渐走向不可控的边缘，在房价泡沫越来越大之际，日本的实体工业陷于停顿，农业用地大量被占用。无论是大城市，还是偏远的孤岛县，各级地方政府都热衷于卖地，土地财政大行其道。疯狂的楼市已经动摇了日本“科技兴国”的战略。于是，日本政府迅速做出应对——自己亲手刺破虚拟经济的泡沫（详见《三井帝国在暗战——揭开日本财团的美国博弈》）。

1990 年，日本房地产泡沫破灭。彼时，无论规模大小，百年老店还是新兴的房地产公司，都只剩下两种模样——破产或濒临破产。靠着财团系内部的资本互助和折价兜售资产清还债务等方法，三井不动产得以幸存，但其净利润也遭遇重创。从 1996 年开始，三井不动产连续 4 年亏损。2000 年，三井不动产不得已出售了其持有的东京迪士尼乐园股权，以换取 304 亿日元的资金。

面对前所未有的困境，时任三井不动产社长的岩沙弘道意识到：“当宏观经济难以有所新期待时，就只能在有限的土地和房产上不断做加法，除此别无他法。以经济泡沫的破灭为转折点，日本地产出现了根本性转变，土地不再是一种非要手中攥着才踏实的特殊财产，在如今这个客观性价值由市场来评价的时代，只有以自己的智慧和努力创造出真正有价值的资本才有意义。”

第二节 变身为"经纪人"

"不动产销售王"的华丽转身

1969 年,三井不动产开始进军住宅的建设、销售业务,并成立了三井不动产贩卖株式会社,这就是现在三井不动产 REALTY 公司的前身。三井不动产 REALTY 公司的不动产中介与顾问业务始于 1975 年,累计中介件数突破了 100 万件。1986—2020 年,三井不动产 REALTY 公司面向个人和企业的房产中介业务取得了连续 35 年全日本交易件数第一的傲人成绩。

截至 2020 年 4 月,作为日本最知名的中介公司,三井不动产 REALTY 公司在日本各地建立了 19 家分公司和 282 个营业所,是日本名副其实的"不动产销售王"。通过三井不动产 REALTY 公司这一庞大的服务网络系统,客户随时都能找到三井,找到日本最为优质的不动产中介服务。此外,三井不动产 REALTY 公司还有中国籍的专门对应人员。

在日本的不动产流通市场,三井不动产 REALTY 公司创造了两个先例:第一,导入三井式加盟制度,在东京首都圈的埼玉县、千叶县、神奈川县设立了 10 多家住宅销售公司,建立了区域连锁网络。第二,强化企业的品牌意识与文化意识,创立了"三井のリハウス"(三井 Rehouse)这一品牌,使其成为日本社会二手房交易的代名词。

在很长一段时间里,三井不动产的良好业绩都依赖日本房价的不断上涨,"房价永远涨"也成了当时日本人共同的信仰。1991 年日本房价达到顶峰,从这时往回数,过去的 36 年时间里,日本六大城市住宅地价上涨了 211 倍,其中仅有一年出现下跌。但也同样是在 1991 年,经济泡沫被戳破后,在全日本最大的城市东京,3 个月内房价暴跌 65%。

不仅如此,1992 年日本施行新的地价税,再次对房地产企业的资产负债表造成了毁灭性的打击。在两年多时间内,日本 2323 家房地产企业集中破产,平均每天就倒闭 3 家。地产泡沫的出清带来经济增速的下滑,叠加老龄化社会的到来,多重重压下,日本各大房地产企业意识到,单纯靠卖地建房的时代已经过去了,只有实施确实有效的战略调整,才能在行业的废墟中生存与发展。

面对房地产行业下行的大趋势,三井不动产开始不断折价抛售表上资产,不仅是房地产项目,股权以及其他有价值的资产也一并出售,力求现金的迅速增加。三井不动产的存量项目从 1995 年的 1100 多件下降到了 2000 年的 500 件,与此同时，公司的现金流水平却从20世纪90年代的危机初期不降反升，现金流一直保持在占总资产5%左右的水平。

在房地产泡沫破裂之前，日本房地产企业是传统的资本密集型开发经营，依赖土地升值赚取利差。泡沫破裂后，原先的盈利模式无论收入和效率都普遍骤降，日本房地产企业开始探寻新的增长点，纷纷将重资产的开发业务转变为轻资产的地产服务业。以三井不动产为例，轻资产转型主要是三个方向：代建业务、商用租赁业务和房地产投资信托基金（REITs）管理业务。

2000年5月，三井不动产提出新的发展计划，希望通过减少有息负债、增加轻资产、培养新业务等提高盈利能力，以完成从传统开发商向服务提供商的角色转变。为应对行业可能长久的不景气，现金流的储备成为企业的长线战略，除了短期抛售资产回笼现金，三井不动产同时制定了降负债的中长期量化目标，以保障现金流长期稳步地提高。

从20世纪70年代到2020年，在日本TOP 20房地产企业名单上，只有三井、三菱、住友3家成功穿越了50年，仍然占据20强的一席之地。其余TOP 20的房地产企业倒下的倒下、转行的转行。这显然离不开其背后强大财团体系的支持，在日本地产泡沫骤然破灭的情况下，财团通过内部交叉持股的方式，分担了旗下房地产企业的亏损压力，但同时三井不动产内部的转型策略也发挥了重要作用。

轻资产的代建租赁模式

经历了20世纪90年代的经济泡沫破灭，日本三井不动产逐步演变为房地产综合服务公司

20世纪90年代，日本经济泡沫破裂之后，三井不动产由过去传统的房屋中介交易公司演变为房地产综合服务公司，业务也由房地产买卖延伸到二手房的运营和管理，又延伸到装修业务，构建轻资产的运营模式。事实上，三井不动产REALTY公司为客户提供的不是简单的房屋买卖，而是各种解决方案，让每一位客人都能享受到综合服务。

三井不动产REALTY公司能成为日本的“不动产销售王”，除了庞大的网络系统，细致入微的服务也是成功的要素。迎顾客所需，想顾客所想，是三井服务精神的精髓。客户在购买了公寓之后，如果对原有的房屋结构感到不满意，那么三井不动产REALTY公司将会根据客人的需求，为客人提供多个改造方案，并介绍三井不动产内部的装修公司进行改造装修。

进入21世纪，日本的二手房市场已经超过了新建公寓楼市场。于是，“旧瓶装新酒”的二手房代建租赁模式逐渐火爆了起来。三井不动产REALTY公司国际部部长横沟大解释说:“一般人理解,二手房的改造只是更换一些设备、做一些装修,但日本的公寓房内的隔离墙基本上不是承重墙,也不是砖混结构的材料,因此都可以敲掉,重新分割空间,重新设计装潢,变成一个崭新的家。”

2010 年,三井不动产将独栋住宅建设、住宅和商业物业翻新、租用物业的租赁管理业务统一划分至三井家园(Mitsui Home)板块。这实际上体现的就是三井不动产的可持续城市综合发展理念——保留、复苏、创造。显然,三井不动产已经走过了野蛮生长的青年时期,开展二手房经纪业务、旧建筑翻新等是其向轻资产转型的关键。

三井不动产的代建租赁模式之所以称为轻资产,是因为其租赁住宅事业几乎不持有租赁住宅的所有权,而是通过促进房子的开发与销售来获得收益。三井不动产不选择拥有普通租赁住宅所有权的主要原因在于日本的住宅建筑物相对老旧,存在日常修缮费用较高、入住率低下等问题,持有这些房产资源相对而言投资回报率低、风险高。

这种比较特殊的代建租赁模式在日本被称为“包租模式”。所谓包租模式,是指公司接受业主委托代其管理房屋,与业主签订房屋租赁协议,承担房屋租赁空置期风险,为业主提供寻租及租后管理服务以获取稳定租金差的模式。日本租赁中包租房屋数量占比高达 65%,而包租业务的供给端通常是大型的房地产开发商,或者说是多元化的建筑服务商。

一方面,随着城镇化的不断发展,日本核心区可建筑面积越来越小,传统的房屋建筑收入也逐渐减少,包租模式是房地产企业多元化拓展的必然需求。另一方面,日本新建的木质房屋越来越少,钢筋混凝土的房屋占比越来越高,日本房屋的优越质量也为长租期的包租模式发展提供了契机。相较于中国租期较长的集中式公寓也仅为 10~15 年,而日本则以 30 年租约为主导。

数据显示,三井不动产的公寓存量业务从 2000 年的 2.12 万套,上升到 2017 年的 3.86 万套,年均增长 4% 左右,远超日本住宅开发市场整体增速。代建租赁(包租模式)业务虽然只有 1%~2% 的经营利润率,但基本能维持盈利,在行业低谷期可维持开发团队正常运营,降低重资产带来的债务风险。同时,为公司积累了大量的存量房客户资源,可为物业管理部门贡献创收机会。

2019 年,三井家园板块贡献收入 2617 亿日元(约 175 亿元人民币),占三井不动产总收入的 14%。其中,新建业务占比 69.3%,翻新业务占比 16.2%,租赁管理业务占比 10.3%,其余占比 4.2%。三井不动产的代建租赁(包租模式)业务主要包括木质框架的独栋住宅建设、住宅和商业物业翻新及租用物业的租赁管理等。

商用租赁收入熨平周期波动

2017 年,三井不动产的 WORK STYLING 共享办公室诞生,面向企业为用户提供一种不受时间、地点限制的自由工作方式。突破传统单一的总部办公模式，通过在全国各地设置灵活办公楼，使员工可以根据工作需求自由选择办公地点和时间。这不仅支持多样化工作形态、提高生产力，又减少了集中办公的可能性、降低聚集密度，增加了可举行远程会议的单独空间。

2018 年 3 月，日本大型高端百货高岛屋公司以经常出外勤的采购员等 230 名员工为对象，在日本全国 25 个地点确保了办公位。高岛屋公司使用的正是三井不动产运营的 WORK STYLING 共享办公室。采购员需要经常出外勤拜访客户或是参加展会。高岛屋公司希望通过在日本全国为采购员提供设施完善的工作空间、来缩短移动时间、提高办公效率。

此时，NTT DoCoMo（日本最大的移动通信运营商）、味之素（全球十大食品企业之一）和资生堂等企业也在使用三井不动产运营的 WORK STYLING 共享办公室。三井不动产除在东京、名古屋、大阪三大都市圈外，还在札幌、仙台、广岛和福冈等 25 个地点运营共享办公室。由于签约企业已超过 100 家，三井不动产今后还计划在东京都中心等地进一步增加办公室。

三井不动产运营的 WORK STYLING 共享办公室，不仅能够满足现代人不受时间和地点限制的多样化工作方式需求，还致力于为所有劳动者提供舒适的工作方式。办公楼内配备了消除身心疲劳的健身房“& BIZ fitness”、在工作间歇转换心情的工作空间“& BIZ lounge”，以及为推进企业的健康经营提供一站式支持的综合平台“& well”等。

2019 年 5 月 30 日，三井不动产宣布，面向制药等生命科学产业，开展实验室和办公室一体化设施的租赁事业。首先是东京都市区近郊型，9 月开始在东京都江户川区内的三井 link 实验室葛西进行租赁业务，随后在东京江东区开设三井 link 实验室新木场。之后，根据风险企业等的需求，三井不动产计划在市中心近郊陆续开设租赁设施。

在生物工程和制药产业领先的美国，出租实验室的事业很普遍，但在日本几乎没有先例。特别是生命科学领域的研究机构多设在郊区，从风险企业等主体来看，为了促进与大学和其他同行的交流，同时加强与基金和金融机构的联系，其需要在市中心近郊拥有实验室和办公室。三井不动产认为，日本相关领域发展实验室的租赁业务今后将不断增长，因此决定进军这一领域。

截至 2019 财年，三井不动产拥有 133 座写字楼、87 座零售物业。商用租赁收入已经取代房地产开发的销售收入，成为三井不动产收入占比最高的单项业务收入。它们源源不断地提供的租金收入，可一定程度上熨平周期波动。从历年营业利润贡献数据看，即使是三井不动产大幅亏损的年份，商用租赁业务的利润也相对稳定，收入中的 56% 来自写字楼，约 40% 来自零售物业。

2021 年 1 月，位于日本名古屋市名古屋站前的三井不动产新综合设施名古屋三井大厦北馆竣工，建筑物高约 100 米，其地上有 20 层，地下有 2 层。除了古驰（Gucci）名古屋旗舰店、资生堂美容沙龙·名古屋店等知名商铺外，由三井不动产面向法人推出的共享办公室“办公空间·名古屋”位于大厦的 12 层和 13 层，办公面积约 2000 平方米。

2024 年 1 月，三井不动产宣布，在东京日本桥地区启动一个木结构租赁办公楼的建筑工程项目，计划建设为地上 18 层。三井不动产的共享办公室项目为商业提供了更多的可能性，大型企业可以根据员工的居住地址就近租用共享办公室，进一步提升员工的工作效率。此外，多家企业共享办公室也能够实现资源交流共享的最大化。

摇身变为新锐创投家

2015 年，日本三井不动产为了强化主要业务的发展，扩大业务领域，在革新共创事业部创建了 31VENTURES 平台，借助三井不动产的资产，催生共创，致力于打造一个开放性的创新生态系统。三井不动产为此设立了总额为 50 亿日元（约 3.2 亿元人民币）的 31VENTURES Global Innovation Fund 1 号/CVC 1 号基金，对日本国内外约 40 家初创企业进行投资。

三井不动产的 31VENTURES 平台，从公司风险投资（CVC）、工作空间（Workspace）、社区（Community）三大解决方案方面，谋求与初创企业的共同创造。与此同时，除了针对初创公司的 31VENTURES，三井不动产的革新共创事业部还有专门对大企业新事业开发提供支持的 BASE Q 业务，共同构成分别满足初创企业和大企业需求的开放性创新平台。

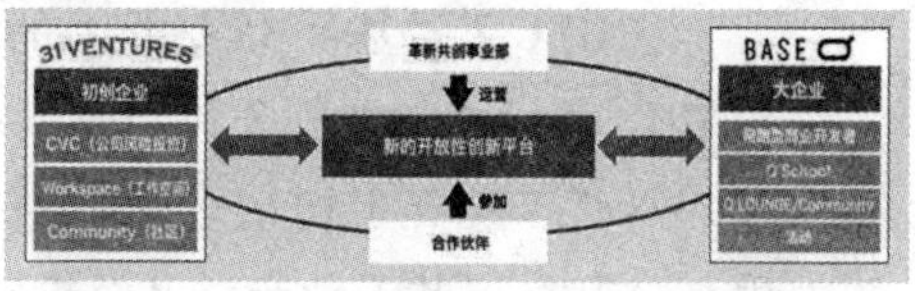

日本三井不动产通过 31VENTURES 和BASE Q 这两大事业主轴，向新的事业开发发起挑战，并打造一个开放性的创新生态系统

31VENTURES 除了针对风投企业快速的事业发展，设立了公司风险投资，以通过其他直接投资、外部风投等形式出资外，还在以日本桥为中心的东京东部，开展面向初创企业的工作空间——“startup workspace THE E. A. S. T.”，为初创企业提供办公室。“E. A. S. T.”是 Empowering Ambitious Startups in Tokyo 的缩写，意思是鼓励在东京东部地区有雄心壮志的企业。

当然，三井不动产从传统地产商摇身变成新锐创投家，不是意气用事、追热点，而是深思熟虑后的战略举措。随着科技的发展，未来智慧城市等技术已经变得不可或缺，而房地产自身并没有内部的系统工程师或研发团队，需要与提供尖端和创新服务的初创公司开展合作。初创公司有不同的阶段，虽然不能立即合作，但也有未来的潜力，所以三井不动产会密切关注。

欧美学者普遍认为 CVC 创投源于美国，但实际上是源于日本。早在 1893 年，日本三井财阀就收购了由发明家田中久重于1875年创办的田中制作所，并帮助经营困难的公司重组，发展至今，便是东芝集团。1894年，三井财阀为丰田创业者纺织机发明家丰田佐吉提供周转资金，并为其纺织产品开拓市场，为日后丰田转战汽车领域铺平了道路。

脱胎于三井财阀的三井不动产本质就是商人思维，它进行产业投资并不是为了资本控股，而是为了编织产业链。日本企业习惯从有利于产业发展的角度出发，以自身企业资本为主体，而不是假借金融中介机构去进行投资、并购等产业经济活动。这种投资往往更侧重于中观或微观层面，最终目的也是促进产业的培育和实现良性发展，真正实现投资战略与产业发展协同。

2020年9月，三井不动产表示，与Global Brain公司共同设立总额为85亿日元（约5.5亿元人民币）的CVC基金，即31VENTURES Global Innovation Fund 2号/CVC 2号基金。Global Brain公司成立于1998年，是日本当时最大的独立风险投资公司之一，旗下管理资产与投资达5亿美元，业务遍布美国、以色列等国家和亚太、欧洲地区。

三井不动产CVC 2号基金投资的初创企业不仅包括不动产服务、数字转化、智能城市等可以强化自身业务的领域，还计划将能够产生新商业的初创公司纳入投资范围。除交通服务（MaaS出行一体化服务平台、车辆管理等）、太空技术、食品及食品科技、农业及农业技术、娱乐等领域外，CVC 2号基金还重点投资了15个新的领域。

在CVC 2号基金85亿日元的基础之上，再算上CVC 1号基金的50亿日元和对2018年设立的初创公司growth stage投资的300亿日元（约19.5亿元人民币），三井不动产投资于初创企业的资金已经达到了435亿日元（约28.2亿元人民币）。同时，三井不动产对已经投资过的公司进行追加投资的方案也在研究之中，大约700家公司被提名支持。

第三节　资产证券化道路

手中没有地皮的地产公司

二战结束后，相比于直接接管了东京都丸之内地区（三菱财团大本营所在地）土地经营权的三菱地所，三井不动产并没有属于自己的建筑土地，因此也被称为“手中没有地皮的地产公司”。因此，三井不动产需要寻找适合自己的发展方向，显然从其他地产企业手中购入土地成本太高，于是三井不动产一边紧跟政策填海造陆，一边则努力构建不带资产经营的模式。

当然，所谓的不带资产经营并不是指完全放弃资本投入，而是有些类似于前文中提到的轻资产。在地产项目获取和建设阶段，吸收更多的合资伙伴，不过多动用三井不动产自己的资金。地产项目的收益不只有销售和租金，优秀地产项目的生命周期其实可以延续数十年。与其耗费重金单独取得某一地产的独家开发经营权，还不如以少量的投资期待更大的收益。

20 世纪 90 年代中期，日本泡沫经济崩溃，房地产价格随之一落千丈。与此同时，出于风控的要求，银行也收紧了向地产及相关项目的贷款，以遏制金融体系坏账的不断上升。陷入融资困境的房地产企业迫切需要新的融资渠道，而政府也需要解决庞大的不良资产问题。在长期投入政策性资金仍未见效的情况下，日本将目光转向了房地产证券化。

日本房地产的证券化一开始分为两种类型：一为资产流动型，其代表为不动产小口化证券化，但事实证明这是一次错误的尝试。二为资产运用型，其代表为房地产投资信托基金（REITs）。这是一种以发行收益凭证的方式汇集特定多数投资者的资金，由专门投资机构进行房地产投资经营管理，并将投资综合收益按比例分配给投资者的一种信托基金。

1998 年 9 月，日本实施了《特殊目的公司实现特定资产流动化法》，规定了特殊目的公司可以对不动产进行证券化，为日本房地产证券化奠定了法律基础。2000 年 5 月，日本政府对《关于投资信托以及投资法人法》进行了修订，允许投资信托对房地产投资，并引进了日本公募房地产投资信托基金（J－REIT）。这使房地产具有一定程度的流动性，从而降低银行乃至整个金融体系的风险。

1999 年的新日铁大厦项目被认为是三井不动产不带资产经营模式的典范，也是日本资产证券化道路的真正开端。当年，三井不动产在取得了日本能源公司总部大楼新日铁大厦的经营权后，第一时间便大胆地采用了地产经营证券化的方式来集聚资金，也就是将新日铁大厦的土地和建筑设定为一定的信托受益权，以发行证券的方式进行融资。

对于高达 700 亿日元的购入资金，三井不动产即便找来了美国保险公司 AIG 集团共同出资也很难完全吃下。此外，相比于两家企业拥有大厦地产，多找几家企业共同拥有地产无疑能够更好地分散风险。不过，对于当时的日本金融界来说，资产证券化融资还是一件闻所未闻的新鲜事，最终是美国的摩根大通集团参与进来并提供了资金支持。

很长一段时间里，人们都习惯把“高大上”的金融当作欧美国家的专利，因此也就自然而然地将日本第一只 REITs 上市的 2001 年，看作日本房地产资产证券化的元年。但实际上在很早之前，三井不动产在反复实践中就提出了省资金、集资金的经营方针，集资金就是从公司以外集聚必要的资金，其实就是所谓地产经营证券化的雏形。

中文“金融”一词来自日本，1875 年三野村利左卫门(1821—1877 年)提交的《关于金融的建言书》中就曾多次出现“金钱融通”一词，金融正是“金钱融通”的缩写。1900 年前后，日本译者第一次将 finance 译成“金融”。三野村利左卫门是明治初期三井财阀的奠基人，作为三井家的大掌柜使一度衰落的三井家族发展成日本第一豪商。

房地产投资信托基金

进入 21 世纪，在参与东京都汐留 SIO - SITE 地区再开发项目时，三井不动产采用的仍然是不带资产经营模式。项目总开发经费预计高达 1000 亿日元，但三井不动产所占的份额只有 7%，连 1/10 都不到，开发经费大部分由合作开发者——新加坡政府投资公司(GIC)出资的一家投资商负担。在这个项目中，三井不动产看中的同样是服务佣金收入，这与 REITs 的理念一致。

REITs 产生于美国 20 世纪 60 年代，由美国国会创立，意在使中小投资者能以较低门槛参与不动产市场，获得不动产市场交易、租金与增值所带来的收益。1997 年亚洲金融危机后，欧美投资者乘机进入日本市场，以较低的价格收购了大量的资产，给日本不动产市场带来了新的投资理念和金融产品，让日本政府和企业意识到房地产证券化的重要性。

日本东京证券交易所的第一只上市 REITs——NBF，其发起方以三井不动产(属三井财团)和住友生命保险（属住友财团）为核心

2001 年 9 月 10 日，日本第一只上市 REITs——Nippon Building Fund(NBF)在东京证券交易所挂牌。NBF 的发起方以三井不动产(属三井财团)和住友生命保险(属住友财团)为核心，同时承担着资产管理人的角色，背后有管理团队、投资团队、研究团队等提供支持。NBF 作为三井不动产旗下管理写字楼的基金，其管理资产规模在 2020 年时就已经超过 1 万亿日元(约 620 亿元人民币)。

日本第二只上市 REITs——Japan Real Estate Investment Corporation(JRE)同样于 2001 年 9 月在东京证券交易所上市。JRE 背后的资产管理公司包括三菱地所(属三菱财团)、东京海上日动火险公司、日本第一生命保险公司和三井物产(三井财团的综合商社)等。JRE 委托房地产管理公司运营房地产，并可以通过金融机构借款补充资金。

REITs 的设立不但破解了日本房地产企业融资难题，也为物业持有者和开发商提供了退出渠道，为投资者提供了以房地产为基础的金融工具。基金管理平台扩大了三井不动产、三菱地所等房地产公司的管理资产规模，还在开发销售利润、基金管理收益外，贡献了丰厚的物业管理收益。显然，新兴证券化市场的建立和新资金流动性的增强，也激活了日本房地产交易。

2003年，三井不动产提出了寄存资产，就是在获得或开发地产时，由其他投资商等公司外的共同出资者投入的资金。按照三井不动产的规划，未来公司投资地产，寄存资产要超过本公司投入资金的数倍，并提高利润。对此，瑞银集团资深证券分析家冲野登史彦认为，三井不动产调动第三方资金的做法可大大增加赚钱的机会。

2005年，三井不动产计划在东京市中心的港区赤坂九丁目建设一座当时东京最高的建筑物，这就是后来著名的东京中城大厦。当然，这一次依然采取了不带资产经营的模式，由三井不动产联合其他5家企业共同参与开发建造。参与投资的公司一旦增多，未来所获取的利润就会受到压缩，同时风险也会被进一步分散。在时代潮流中，不带资产经营是必然的归结。

日本公募房地产投资信托基金（J－REIT）由于具有税率优惠等特点，迅速受到了机构投资者的青睐。投资对象也由单一的写字楼物业扩展到酒店、物流设施等，市场规模迅速扩容。2006年，J－REIT总市值达6.82万亿日元（约4000亿元人民币）。2007年5月，日本不动产证券化资产总额更是达到了9万亿日元（约5300亿元人民币）的高峰。

在2007年8月的美国次贷危机发生之前，多家日本的REITs公司采取了相对激进的投融资策略。虽然长期压抑的日本房地产投资需求被重新激发，但是也导致了它们在经营管理和财务方面的风险暴露快速增加。危机发生后，这些公司为了偿还债务而不得不亏本变卖物业，导致资产负债失衡，也使投资者蒙受巨大损失。受次贷危机的影响，J－REIT股价陷入了长达5年的低迷期。

J－REIT更倾向于成为管理工具

2009年初，J－REIT价格大幅回落，总市值回落至2.2万亿日元（约1200亿元人民币）。个人与海外投资者大幅减少，资金的净流入量减少，发行萎靡。J－REIT的股票也从2008年的42只持续回落到2012年的34只。日本政府和企业逐渐意识到，和已有40年历史的美国房地产投资信托市场相比，盲目模仿学习美国模式显然只会带来更多的风险。

于是，日本开始完善REITs相关的安全保障体系，于2009年9月设立房地产市场安定化基金，通过发行公司债券来改善J－REIT公司的财务状况。与美国相比，J－REIT的监管更为严格。首先，根据日本法律规定，J－REIT不能采用内部管理模式，即J－REIT的发起方必须是资产管理公司。其次，不同于美国的REITs，J－REIT并没有UPREITs条款。

美国推出的UPREITs又被称为“伞形合伙REITs”。自1992年第一家UPRE-

ITs 产生，这种形式在美国市场上很快流行起来，此后新上市的美国 REITs 中有 75%采用的是这种形式。UPREITs 并不直接拥有房地产，而是通过拥有伞形结构中的合伙人制的实体，间接拥有房地产。UPREITs 最大的好处是能够帮助房地产公司在不出售资产，并规避资本利得税的前提下，实现资产的流动性。

然而，由于日本法律规定，J－REIT 仅是一个资产持有工具，不允许雇用自己的员工；其相关的资产管理、托管以及行政管理功能都必须委任给其他专业机构。因此 J－REIT 均为外部管理模式，即与资产管理公司签订合约，由其对 J－REIT 旗下不动产进行管理。日本法律还规定，J－REIT 必须将其收益的 90% 以上用于分配，相比于在资本市场获取高额回报，J－REIT 更倾向于成为管理工具。

在日本，公司型 REITs 和契约型 REITs 均可设立。公司型 REITs 是以公司法为依据，通过发行 REITs 股份筹集资金，用于投资房地产资产。契约型 REITs 则以信托契约成立为依据，通过发行收益凭证筹集资金，投资于房地产资产。二者的主要区别在于设立的法律依据与运营的方式不同，因此契约型 REITs 比公司型 REITs 更具灵活性，但相对风险也会大一些。

不同于美国占主导地位的契约型 REITs，日本的 REITs 清一色为公司型的。日本的公司型 REITs 的结构大致为：以一个投资公司（三井不动产或三菱地所）为核心，通过这个平台进行股权融资和房地产资产的投资。投资公司以房地产的投资、运营为目的，向投资者发行证券来募集资金，从而购入、保有房地产来产生收益，并对持有证券投资者进行分红。

事实上，J－REIT 与美国 REITs 最大的区别在于 J－REIT 属于被动管理型。投资者无法对物业进行直接的管理和运营，J－REIT 中的资产管理公司（三井不动产、三菱地所等）掌握着实际的经营管理权。与其说这是 J－REIT 的弱点，倒不如说是它的最大优点。日本推动 REITs 的最终目的是解决日本房地产不良资产的问题，以及促进房地产市场的有序发展，而不是单纯金融化。

2013 年 6 月，日本通过《金融商品交易法》等部分修改法案，很多 J－REIT 不再持有单一不动产，开始朝酒店、物流、医疗保健等多元化方向延伸。同时，日本央行开始以每年 900 亿日元的速度购买 J－REIT，这也进一步推动了房地产证券化市场的扩张。三井不动产的物流地产 REITs 就是在这样的背景下于 2016 年成立的。此外，日本相对稳健的 REITs 市场也吸引了中国投资者的目光。

2016 年 12 月，中国复星地产旗下的日本房地产投资及管理平台 IDERA 和日本三井物产共同出资成立的 REIT，正式于东京证券交易所上市交易。复星地产与三井物产联手成立的 REIT 名称为“投资法人 MIRAI”，初期规模为 1000 亿日元（约 59 亿元人民币），以日本国内的优质写字楼、商业设施、酒店及住宅等房地产项目为主进行投资组合，对各类设施进行专业化管理和升级更新。

三井玩转信托基金

2001 年 9 月，以三井不动产（三井财团）和三菱地所（三菱财团）作为发起方的 2 只 REITs 产品上市，标志着日本 REITs 正式落地。随着日本 REITs 市场的发展，三井不动产的管理资产规模也得到了迅速扩张，陆续通过发起或收购方式推出了 3 只 J－REIT，并拓展了私募基金和私募 REITs 的管理业务。三井不动产共管理 4 只 J－REIT 和 2 只私募基金。

三井不动产的J-REITS资产管理业务

名称	上市时间	底层资产
Nippon Building Fund Inc	2001年	写字楼
Frontier Real Estate Investment Corporation	2004年	零售物业
Nippon Accommodations Fund	2006年	出租公寓
Mitsui Fudosan Logistics Park	2016年	物流地产

资料来源 / 公司公告　制图 / 商业地产头条

三井不动产共管理了4只J-REIT，涉及写字楼、零售物业、出租公寓和物流地产

三井不动产的基金管理收益主要由三部分构成：一是由开发销售部门将开发好的商业物业卖给公司管理平台上的 J－REIT，或与私募基金、机构投资人合作开发物业，然后再置入 REITs 平台或直接出售给机构客户，从而赚取开发销售利润；二是由物业管理部门为上述物业提供持续的物业管理、商业管理服务，赚取物业管理费；三是作为基金管理人，从旗下 REITs 和私募基金的规模和收益增长中获取基金管理费。

三井不动产管理的写字楼 REITs（NBF）是日本同领域内最大的基金，其管理物业数量从最初的 22 栋增长到 2017 年末的 72 栋，管理物业面积从 2001 年 7 月的 24.7 万平方米增长到 2017 年末的 105 万平方米，收入也从 2001 财年的 125.6 亿日元（约 7.2 亿元人民币）增长到 2017 财年的 421.3 亿日元（约 24 亿元人民币），年均增长 7.9%。

作为三井财团旗下的写字楼 REITs，NBF 还有其他作用。2013 年 2 月，NBF 以 1110 亿日元（约 64 亿元人民币）收购了索尼（属三井财团）在东京的办公大楼，同时达成一项协议，未来 5 年索尼可继续使用该办公大楼。资料显示，在当年的前 9 个月时间里，索尼的净亏损达到了 509 亿日元（约 30 亿元人民币），而出售办公大楼至少可以带来 410 亿日元（约 24 亿元人民币）的运营利润。

2004 年 8 月 9 日，Frontier 零售物业 REITs（FRSI）上市。2008 年，三井不动产通过收购其管理公司 100% 的股权和 REITs 公司 11.68% 的股权实现了对 Frontier 的控制。三井不动产入驻后，管理物业的数量从收购时的 12 栋上升到 2017 年的 33 栋，管理面积由 77.1 万平方米上升到 2017 年的 143.4 万平方米，管理资产规模也从收购时的 1231 亿日元（约 71 亿元人民币）增长到 2017 年末的 2934 亿日元（约 169 亿元人民币）。

2006 年 8 月 4 日，三井不动产旗下的日本出租公寓 REITs（NAF）上市，此后管理物业数量从 2007 年的 27 栋增长到 2017 年的 121 栋，管理物业面积从 13.6 万平方米上升到 2017 年的 48.6 万平方米，管理资产规模从 1013 亿日元（约 58 亿元人

民币)增长到2017年8月的3015亿日元(约174亿元人民币),年均增长11.5%。NAF除租赁式公寓外,还包含了少部分的学生公寓。

2016年8月2日,三井不动产物流地产REITs(MFLP)上市,三井不动产向其注入10处、总面积36万平方米的物流地产设施,并借此对外融资557亿日元。此外,三井不动产还通过私募基金和私募REITs管理了1.8万亿日元的资产。自2003年以来,三井不动产管理资产的规模已经从1.2万亿日元(约667亿元人民币)增长到3.6万亿日元(约2000亿元人民币)。

除了开发销售的利润、基金管理的收益,以REITs为代表的资产管理业务还扩大了公司的管理资产规模,为三井不动产贡献了丰厚的物业管理费收益。三井不动产共管理865栋写字楼、68栋商场、10栋物流地产设施。管理的办公物业的总面积达到277万平方米,其中自有物业159万平方米、托管物业118万平方米,其中超过20%的物业交易是由三井不动产中介完成的。

截至2022年,三井不动产通过私募基金管理1.26万亿日元(约630亿元人民币)的物业,占公司资产管理规模的27%。除了前文提到的几只J-REIT外,三井不动产还构筑了灵活多样的金融工具和合作模式,如公司不动产(CRE)、公共不动产(PRE)、私营融资倡议(PFI)、政府和社会资本合作(PPP)等多种定制化合作模式,旨在提高交易效率和不动产市场的流动性。

第四节　打造商业地产王国

引进美国奥特莱斯新模式

20世纪90年代,日本遭遇了历史上最严重的经济危机,房地产泡沫破灭,单纯的房地产开发商角色显然无法适应新的时代。于是,在发展住宅事业20多年之后,三井不动产开始布局商业地产,并且提出了"Growing Together"的发展理念,希望可以和顾客、入驻商户一起成长,建设更美好的街区,为市民提供家庭生活方式解决方案,为城市创造城市核心凝聚的魅力场。

1993年,三井不动产决定将一种名为"奥特莱斯"的崭新流通形态商业模式引入日本。奥特莱斯是英文"OUTLETS"的中文直译,在零售商业中专指由销售名牌过季、下架、断码商品的商店组成的购物中心,也被称为"品牌直销购物中心"。这种品牌文化与商业展示完美结合的零售业业态诞生于美国,甚至在美国经济不景气时期依然火爆。

1995年,日本第一家正宗奥特莱斯购物城鹤见Hanaport Blossom(现三井奥特莱斯购物城·大阪鹤见)开业运营。因为在日本没有先例,开业不久三井奥特莱斯便因招租不顺而陷入苦战,无奈之下只能选择直接向工厂采购进货。然而,正是这种无奈之举让三井不动产得以网罗大批高性价比人气商品,并借此在日本蹚出了一条“折扣卖货”的新路。

事实上,在经历了泡沫经济崩溃之后,日本消费者的消费理念发生了明显的变化:一方面,个性化、特色化与节约倾向日益明显;另一方面,日本人很崇拜品牌,即使是普通消费者也往往追求欧美的一线品牌。正是这种相对矛盾的消费取向,为倡导节约型品牌消费的奥特莱斯模式提供了生存的条件和发展的空间环境。

1998 年,三井奥特莱斯购物城·横滨港湾开业。1999 年,三井奥特莱斯购物城·玛林匹亚神户开业。2002 年,三井奥特莱斯购物城·爵士之梦长岛开业……以合理价格销售人气品牌产品的手法让三井奥特莱斯购物城迅速风靡日本,在全国攻城略地。此时,三井不动产在日本全国共拥有 12 家奥特莱斯,主要分布在北海道、东京首都圈以及大阪、神户等地。

2008 财年,三井不动产旗下的奥特莱斯商城的总营业额达到了 1597 亿日元(约 106 亿元人民币)。在日本消费市场连年陷入深度低迷,百货商场业绩连年下滑的大背景下,以名品和折扣为特征的奥特莱斯购物中心却能够在日本逆势扩张、发展壮大,可见其强大的生存能力和创造商业价值的能力,当然这也离不开其在选址创新、营销模式创新、购物环境创新等方面的努力。

日本奥特莱斯购物中心一般开设在郊外并紧邻旅游胜地,或开设在交通枢纽区域,周边很少有住宅、车站、办公楼等,且由多幢建筑风格各异的小楼组成。奥特莱斯就是一座名副其实的公园,占地面积广,将旅游观光与购物娱乐融为一体。消费者不仅享受了购物的快乐,满足了物质上的需求,也在精神和心灵上全面体验了不同购物环境带来的愉悦和刺激。

截至 2010 年,奥特莱斯在日本已经有 35 家购物中心,市场规模更是突破 5000 亿日元(约 357 亿元人民币)。其中 70% 的份额是由三井不动产和切尔西日本公司(三菱地所持有该公司 60% 的股份)这两家公司开发与经营的。三井不动产开发经营的奥特莱斯品牌叫作“三井 Outlet park”,而由切尔西日本公司(三菱地所)经营的则是 Premium Outlet 品牌。

2021 年,在日本权威媒体纤研新闻社发布的日本购物中心销售额排行榜中,三井奥特莱斯购物城·木更津和三井奥特莱斯购物城·爵士之梦长岛分列日本奥特莱斯销售榜单的第二、三名,仅次于三菱地所旗下的御殿场名牌折扣购物中心。数据显示,三井不动产旗下的奥特莱斯 2021 年度总销售额为 163.97 亿元人民币,平均店效为 4.56 万元人民币/平方米。

联合宁波杉杉进军中国市场

2009 年 6 月，杉杉集团有限公司（以下简称“杉杉集团”）、三井不动产、伊藤忠商事、大东纺织株式会社、立荣投资有限公司多方共同出资成立杉井不动产开发（宁波）有限公司，合资公司主要负责奥特莱斯项目的开发与运营。奥特莱斯项目选址确定在宁波市望春工业园区，定位为类似于大型购物商场的城市综合商业体，这也是三井不动产在中国开发的第一个综合商业设施。

2011年，由杉杉集团、三井不动产共同开发的宁波杉井奥特莱斯广场正式开业，“杉井”分别取自杉杉集团和三井不动产

2011 年 9 月 23 日，杉杉集团联手三井不动产共同开发的宁波杉井奥特莱斯广场正式开业，“杉井”分别取自杉杉集团和三井不动产。时任三井不动产集团代表、宁波杉井奥特莱斯常务副总经理的下町一郎在采访时表示，三井不动产很久之前就已有进军中国市场的计划，而杉杉集团一直与众多日本企业有良好的合作，比较了解日本企业的运作方式。

作为中国最著名的服装企业之一，杉杉集团早在 1993 年就与伊藤忠商事开展合作，为日本企业生产高品质衬衫。2009 年，杉杉集团又与伊藤忠商事签署全面战略合作协议，伊藤忠商事的代表中分孝一还被任命为杉杉集团董事、总经理。事实上，正是在伊藤忠商事的帮助下，杉杉集团才成功牵手了日本最大的奥特莱斯专业运营商——三井不动产。

2015 年 9 月 26 日，哈尔滨的杉杉奥特莱斯广场开业，占地面积 17 万平方米，是中国最大的室内奥特莱斯项目，也是杉杉集团首个独资的奥特莱斯项目。显然，经过与三井不动产和伊藤忠商事的几年成功合作运营，杉杉集团积累了奥特莱斯项目在全国的连锁化经营的经验，并且能够提供可复制的管理团队、运营经验和品牌资源。

虽然哈尔滨的奥特莱斯项目是由杉杉集团主导的，但是依然离不开老伙伴三井不动产的助力。早在 2014 年 4 月，哈尔滨杉杉奥特莱斯广场的招商发布会上，宁波杉井奥特莱斯广场原常务副总经理下町一郎就作为重要嘉宾发表了致辞。2016 年 1 月，下町一郎成了台湾三井不动产董事总经理，主要负责推进三井奥特莱斯在中国台湾的发展。

经过三井不动产和杉杉集团多年的培育与发展，宁波杉井奥特莱斯已经成为中国奥特莱斯市场的中坚力量。销售业绩从 2012 年的 2.85 亿元上升到 2018 年的 25 亿元，年增长率保持在 40% 以上。2019 年店庆时，当天销售额强势破亿元，年销售额破千万元的品牌达 30 余个。与之形成对比的是，中国其他多数奥特莱斯项目的运营状况并不理想。

不仅如此,2019 年 11 月,宁波杉井奥特莱斯的四期新馆也正式开业,发展出了国内首创的“奥特莱斯 +”的模式。也就是说,除了在杉井奥特莱斯广场常年可以以三折、五折的折扣价买到国际、国内一线名品,还可以享受全新的生活方式,吃饭、逛街、看电影,坐在天井的大伞下看着天空发呆,放空自己。超市、影院、餐饮、儿童娱乐等业态纷纷在宁波杉井奥特莱斯广场落地开花。

由于四期新馆开业,品牌进行大范围调整,业态品类更丰富了。从整体来看,宁波杉井奥特莱斯此次在原有的品牌基础上共增加了 58 家店铺,全馆店铺数量达到 300 余家,与一期室外馆、三期室内馆形成集国际时尚潮流品牌、特色餐饮、配套体验于一体的室内商业中心,全力打造全新的“奥特莱斯 +”新零售概念的杉井奥特莱斯商业广场。

2021 年 7 月,中国商业联合会副秘书长商秀丽在接受采访时表示:“奥特莱斯作为后疫情时代促进消费、提振经济的重要板块,未来将成为各地构建国际消费中心城市的主战场,更将成为消费升级的新高地。”但是,对于开发商和运营商而言,开发了市场不等于就能得到这个市场,只有像宁波杉井奥特莱斯这样的高品质项目,才能成为拉动地区消费增长的重要载体。

大力开拓中国台湾市场

2016 年 1 月 27 日,位于中国台湾新北市林口区的三井奥特莱斯购物城 · 林口正式开业,这也是三井不动产在台湾地区的首个项目。购物城距离台北市区约 30 分钟车程,大致位于市区与桃园国际机场的中间。三井奥特莱斯提出“南国度假村”的概念,力争吸引游客停留一整天,包括电影院、台湾地区首开门店的日系餐饮店等在内的共计约 220 家商户入驻。

此前,台湾地区鲜有大型奥特莱斯购物中心。三井奥特莱斯林口公司社长和田山龙一表示:“想把在日本拥有约 20 年历史的奥特莱斯的优点传递到中国台湾,希望大家能享受与百货店不同的购物体验。”三井奥特莱斯购物城 · 林口的运营管理由合资公司三新奥特莱斯负责,合资公司则由台湾三井不动产和台湾远雄集团旗下的远雄建设分别出资 70% 和 30% 共同设立。

台湾远雄集团由商人赵藤雄创立于 1969 年,是台湾地区房地产建筑行业头部企业之一。远雄集团最初起步于建筑,后来涉入房地产开发等,如今旗下涵盖八大事业群,包括建筑营造、金融保险、空运物流、酒店旅游、巨蛋园区、远雄百货、远雄创艺以及远雄文教基金会。在 2022 福布斯中国台湾富豪榜上,赵藤雄以 24 亿美元身家位列第 23。

作为三井不动产在台湾地区的第一个重要投资专案,三井奥特莱斯购物城 · 林口迅速取得了成功,开业仅 1 个月业绩就超 10 亿元新台币(约 2.2 亿元人民币),可见三井品牌具有强大的磁吸效应。2016 年 4 月,三井不动产又敲定了在台中港特区投资百亿大型购物中心的计划。对此,三井不动产董事船冈昭彦表示,三井不动产不只有商业设施,未来也能开发住宅、饭店等市场。

2018 年 12 月 12 日,三井奥特莱斯购物城·台中港在中国台湾台中市梧栖区开业,这是日本三井不动产在中国台湾开设的第二家奥特莱斯。作为文旅属性的奥特莱斯,三井奥特莱斯购物城·台中港引入了众多的娱乐配套设施,如 60 米海景摩天轮,还引进了日本独家技术,建成中国台湾第一家室内恒温 20 摄氏度的雪场(部分区域 16 ~ 18 摄氏度)SNOWTOWN 雪乐地等,吸引了众多游客前来观光购物。

2022 年 2 月 25 日,三井不动产在台湾地区的第三家奥特莱斯——三井奥特莱斯购物城·台南开业。鉴于台湾南部的热带气候,台南店是三井不动产在台湾地区首次采用全楼封闭式设计的奥特莱斯。随着台南店的开业,台湾地区的三大奥特莱斯项目将实现协同联动效应,也宣告三井不动产在台湾地区完成了覆盖三大都会区(台北都会区、台中都会区、南部都会区)的布局。

近年来,为满足对传统百货商店等模式产生厌倦的消费者的多样需求,台湾地区的各大购物中心使出浑身解数,展开人气角逐。三井不动产的奥特莱斯模式似乎把握住了关键所在,在新购物时代里连战连捷,于是台湾地区的百货企业也纷纷开起了自己的奥特莱斯购物中心,其中有着很深日本商业文化背景的新光三越百货自然也不会错过这一机会。

2022 年 8 月,新光三越百货旗下的第一家奥特莱斯——SKM Park 高雄草衙正式开业,随后其业绩增长便超越了百货零售同业。项目占地 8.7 万平方米,规划超 220 间店铺,其中既有全年折扣三折至六五折的国际品牌店铺,也涵盖 30 多个餐饮品牌、拥有 10 块银幕的影城,可提供奥特莱斯购物、生活体验、餐饮休闲、休憩娱乐四大服务,让顾客享受一站式购物体验。

新光三越百货由中国台湾新光集团与日本三井财团的三越百货各掌握 50% 的股权,共同负责经营。新光集团与三越百货在台湾地区的合资百货公司可以说非常成功,1997 年新光三越百货的营业收入为 187 亿元新台币,1998 年迅速增长为 238 亿元新台币,一举超越远东百货,成了台湾地区百货产业中营业收入最高的企业。此后,新光三越百货还陆续在中国香港、新加坡和中国内地等开设了分店。

啦啦宝都开启海外征程

三井的商业设施主要可分为三个品牌系:奥特莱斯(Outlets)、啦啦宝都(LaLaport)和都市购物中心。从 1981 年的啦啦宝都船桥购物中心的开业算起,三井不动产经营商业地产设施已有超过 40 年的历史,至今在日本国内三井旗下有 60 家以上的商业地产设施,海外运营约 70 家,包含办公大楼、商业设施、酒店、度假村等。

三井不动产的啦啦宝都（LaLaport）一直被视为潮流文化的集合地，123米日本最大摩天轮等统统出自这家商场

如果说奥特莱斯是时间消费型的购物城，那么以啦啦宝都为代表的三井不动产 Shopping Park 就是社区化的商业中心。目的是通过打造复合磁力、人群全覆盖的商业组合吸引更多的人。啦啦宝都就是三井不动产专门为此打造的家庭化、主题化、娱乐化商业组合主力店，理念就是满足各种需求的区域性商业设施。

在日本，三井不动产的啦啦宝都一直被视为潮流文化的集合地，123 米日本最大摩天轮、日本首家汽车剧院、日本首家宠物小精灵 EXPO 体验馆等统统出自这家商场。啦啦宝都还具备日常购物、医疗和教育等服务功能，从领先时尚的流行服饰到非日常的娱乐设施，啦啦宝都将娱乐、教育、消费完美融合，与周围环境相协调，成为地区交流的核心。

2021 年 4 月，啦啦宝都购物中心在上海金桥开业。据三井不动产介绍，店铺面积为 5.5 万平方米，约有国内外 180 家品牌店铺进驻于此。值得注意的是，上海店是啦啦宝都购物中心成立 40 年来，首度走出日本，在海外开店。三井不动产（上海）投资咨询公司副总经理苏朔望表示，“上海吸引了众多的外资企业，是一处具有高成长性的市场，我们很看好未来的发展”。

2021 年 12 月，位于上海市闵行区地铁 1 号线莲花路车站大楼的商业设施——Mitsui Shopping Park LaLa station（啦啦荟城）上海莲花路实现整体开业。这是三井不动产首次在海外市场开设与地铁站直通的商业设施（TOD 轨交项目），也是三井不动产集团继上海金桥海外首家啦啦宝都后在中国直接运营的第二家购物中心。

通过极具差异化的日本品牌与中国国内优质的成熟品牌相结合，以及多元文化的社交模式，啦啦宝都购物中心短时间内便成了上海当地颇具人气的商业地标。啦啦宝都在上海的成功给了三井不动产继续开拓海外市场的底气，其决定在马来西亚和中国台湾也上新啦啦宝都系列项目。同此前开拓奥特莱斯一样，这一次三井不动产依然选择同当地企业合作开发。

2022 年 1 月，三井不动产旗下的啦啦宝都商场吉隆坡分店正式营业，这是继上海金桥后三井不动产海外第二个该系列项目。吉隆坡项目占地超过 7.85 万平方米，耗资 87 亿林吉特（约 133 亿元人民币），位于武吉免登中心城中城（BBCC）的核心区，是全球最大的啦啦宝都商场。受日本国内经济发展限制，三井不动产开始进一步关注新兴的亚洲海外市场。

2022 年 3 月，国泰建设向台湾三井不动产购买高雄凤山啦啦宝都公司股权，并参与后续增资认股案，预计持股 30%，计划共同打造南台湾纯日系休闲购物中心——三井啦啦宝都·高雄。此外,三井不动产还规划在台湾地区开设其他两家啦啦宝都系列的购物中心,分别是台中三井啦啦宝都购物公园和三井啦啦宝都台北南港店。

国泰建设隶属于台湾霖园集团,是台湾地区资本额最大、员工人数最多的建设公司,营业额稳居建筑业前 3 名,同时也是建筑业股类中的"龙头股"。霖园集团由台湾地区著名企业家蔡万霖创立,是台湾地区第一大民营企业集团。蔡万霖所在的蔡氏家族更是台湾岛内"蔡吴辜魏"四大家族之首,如今的台湾地区富豪榜中,蔡氏家族就占据了 5 席,足以见其家族财力的雄厚。

第五节　未来城市的规划师

从"经年优化"到"城市再生"

1980 年,三井不动产太阳城竣工,这一项目集中体现了三井不动产最重要的开发理念——"经年优化",即将"与自然的共生、人与人之间的接触、生活在同一个城市的伙伴意识"定位为新城市的核心要素。这一理念基于"城市应如同树木的成长一般,不断汇聚生命力、增进人与人之间联系"的观点。"经年优化"的理念也传承至三井不动产后续的所有规划项目中。

"经年优化",通俗意义上讲,就是指开发商不仅要建造,还要从建筑落成那天起,持续推动建筑与其使用者、与其所在的街区一起成长,令建筑成为这个地区人们交流、合作、自我表现的场所,源源不断地给这个地区注入活力。因此,开发商不仅是房屋的建造者,更应该是城市的塑造者。当然,这也是三井不动产优于日本其他开发商的重要特征。

以建筑抗震领域为例,日本是一个地震频发的国家,因此对建筑物的抗震标准要求非常高。随着相关技术水平的不断提高,之前开发的建筑抗震水平无法满足现在的标准,于是三井不动产每年都会进行一次耐震检测。对于不达标的建筑,会根据不同情况进行拆除重建,或通过加固等措施提升其抗震指数。事实上,三井不动产对于建筑的改造费用往往是建造成本的数倍。

正是凭借着"经年优化"理念,由三井不动产建造的日本最早的摩天楼——霞关大厦,打破了日本由于地震多发而不能建造摩天大楼的旧观点,并且成为日本租金最贵的写字楼之一。当然,由于后续工作所要花费的资金相当高昂,这种"经年优化"的策略并非所有规模的开发商都能够实现,三井不动产的成功离不开强大的三井财团在背后予以支持。

1988年,日本内阁关于国家行政机关等的迁移的议案正式确立,东京都内各政府机关逐步搬迁。1999年,日本防卫厅桧町部门搬迁,约7.8万平方米的旧地空了出来。这片旧地是留在市中心的罕见空间,位于日本东京中心的六本木区域。1999年2月,日本召开国有财产关东地方审议会,针对防卫厅桧町部门旧地的处理问题进行研讨,以确定相关的地区使用规划。

2002年,根据新颁布的《城市再生特别措施法》,位于东京六本木的防卫厅旧址被指定为城市再生紧急预备用地,“建造一个具有日式价值、充满魅力的街区”被定为开发的基本理念。与此同时,项目要求保留旧防卫厅基地上原有的130棵树木,扩张周边道路,并与相邻的桧町公园一体化规划,形成与周边地区共生的广阔绿地。

显然,这一城市改造项目具有很大的挑战性。一方面,政府对于地域规划、开发手法、参与者的责任等都做了明确规定,既要有现代化的功能开发又要保护周边环境。另一方面,项目投标的时间就在美国发生“9·11”事件后不久,日本经济正处于极度严酷的状况下,房地产投资方都非常谨慎。在这种情况下,以城市建设为主业的三井不动产决定参与此项开发计划。

三井不动产希望通过打造一个日本最高水准的项目,来大幅提升东京作为国际城市的竞争力,提振因泡沫破灭而陷入低谷的日本经济,同时也能成为企业创造新价值的舞台。在公开招标的一个月前,三井不动产便组建起了项目小组,公司高层也高调出面推进项目。同时,三井不动产还专门举办了国际设计竞赛,从世界各地引进优秀的建筑师和设计师。

以三井不动产为首的竞标团队很快就获得了日本政府的青睐。不难发现,三井不动产“经年优化”理念中的“与自然的共生”“与社区共同成长”等观点与日本政府提出的城市再生模式非常匹配,它们的核心思想其实都是赋予建筑物以生命力。三井不动产并不是在用制造业的理念建造一个房屋,而是在用服务业的理念构建起一个城市生态。

大型城市综合体:东京中城

2005年,以三井不动产为首的6家公司最终中标防卫厅旧址开发项目,开始在此建设一个包括商务、居住、商业、文化等多种城市功能在内的全新的复合型街区,这也是东京这座国际大都市的城市再生计划的一次大规模的实践。效仿美国的纽约中城,这一大型城市综合体被命名为“東京ミッドタウン”(Tokyo Midtown,中文译为“东京中城”)。

显然,东京中城不再是单纯的房地产开发项目,所谓的城市综合体也不是简单汇集各个专业设施功能的大杂烩,而是要考虑怎样的形态才能最大限度地突出复合设施的优点,为此需要用整体性的思维来看问题。事实上,这正是三井不动产所具有的独特优势,三井不动产隶属三井财团,而财团实质就是一个完善的商

东京中城是位于日本东京都港区的多用途都市开发计划区，由三井不动产主导，中城大厦是其地标性建筑物

业综合体。

2007年3月，由三井不动产主导的东京中城项目正式开业。作为日本最大的城市综合体，东京中城在商业上取得了巨大的成功，很快就实现了年营业额20亿日元（1.3亿元人民币）的预期目标，办公大楼空置率为零，富士胶片、优衣库、科乐美（KONAMI，日本最具影响力的游戏软件）的总部都在其中，被誉为“全球建筑师都想去造访的东京指标”。

东京中城由6座建筑物组成，地标建筑是一座地下5层、地上54层的摩天大楼——中城大厦（Midtown Tower），高度为248米，是当地除东京铁塔以外最高的建筑物。东京中城的规划设计思想是以人为核心，创造新的生活美好空间，充分运用商业世界中人、物、环境构成空间概念，以美学设计为主轴，构造东京21世纪衣食住行乐的完美景观。

在建设东京中城的过程中，三井不动产提出了“日本的价值”（Japan Value）的开发愿景。当时日本丧失了元气，经济陷入了最低谷，三井不动产致力于此项大规模再开发计划，就是希望其成为日本恢复元气的契机。为此，三井不动产还确立了Diversity（多样性）、Hospitality（款待）、on the green（绿色）三个东京中城的开发理念。

自古以来，日本就从国外学习了许多东西，并加以消化创造出新的价值。东京中城的Diversity（多样性）寄希望于多种元素混合，得到的不是加法，而是乘法式的价值增长。虽然整体是以充满活力又优雅闲适的纽约中城为蓝本，但在建设过程中依然通过分节配置，将建筑轴巧妙地组合，从而形成了整体协调的日本庭园组石的形象。

日本的价值中向来有“待客之心”（Omotenashi）的传统，因此Hospitality（款待）是东京中城明确提出的方向。包括商户、工作人员在内，这里所有的员工都接受了服务训练。很难想象，在中城的男洗手间，有专门为照顾婴儿设计的公共设施，这样的设计正是考虑到一些年轻爸爸也有可能承担照顾婴儿的工作，除此之外还有许多非常人性化的细节设计。

三井不动产一开始就决定要保存现有的树木，之后更是融入了人与自然共生的绿色（on the green）开发理念。在寸土寸金的东京市中心，东京中城拥有高达40%的绿化率。计划用地内原有樟树、银杏、樱花树等约140株原木，为了不修根、剪枝而以原有的姿态移植，建筑方采用专用机械连土一起挖起，然后转移到移植区域的方法，在东京实施这样的工程是极为少见的。

三井不动产希望可以通过官民合作，高度结合工作、住宅、娱乐和休闲，会聚来自世界的各种人才和企业，力争以东京中城为范本建设出一座前所未有的城市。东京中城中的每一座建筑都有着明确的定位，并且在建筑中融入了东京中城的整体设计与环境理念，让整个区域在建成后形成和谐的整体氛围感，而并非各自分裂独立的存在。

柏之叶成为日本样板

2008 年，美国 IBM 最早提出“智慧城市”概念，随后世界各国纷纷出台政策积极响应，其中尤以日本最为成功。从 2010 年开始，日本经济产业省、内阁府、总务省先后出台了三大智慧城市建设构想，推进智慧城市建设。日本最初是应用 IT 和环保技术建设有效利用再生能源的智能电网、以电动汽车充电装置为标志的新型交通体系、运用蓄电池和节能家电的环保型城市体系。

2011 年，东日本大地震后，鉴于灾害发生所反映出来的城市建设问题，政府进一步扩展了智慧城市的建设领域。从此，智慧城市的建设包含了环境、能源、交通、通信、医疗、教育、健康等多个领域。日本智慧城市建设的一个明显特征就是民间资本作为建设主体，其在建或是已取得一定成效的智慧城市项目，均由该国大型财团企业牵头主导。

2014 年，柏之叶智慧城市核心设施 GATE SQUARE 开业，这个集住宅、商业、办公楼、饭店、表演厅等城市功能于一体的复合开发型智能城市项目正式开展运营。如今，由三井不动产（属三井财团）主导开发并运营的柏之叶智慧城市项目已成为日本智慧城市建设的样板之一。柏之叶市位于千叶县西北部，智慧城市项目为柏之叶校园站周边的四条街区。

事实上，早在柏之叶智慧城市项目正式运行之前，三井不动产就已经开始推动柏之叶校园站周边地区的发展建设了。这一时期，三井不动产以车站为中心，逐步建设了商场、办公大楼、集合住宅及医疗院所等设施，完善了区域内的城市功能，还与政府和市民携手合作，积极打造一个任何人皆可参与的智慧城市建设试点项目和一种宜居宜业的智慧生活模式。

柏之叶智慧城市项目以三井不动产为开发主体，把环境共生、健康长寿、新产业创造设定为三大建设主体，联合研究机构，整合金融、电力、网络技术等领域的 25 家大型企业的技术支持，政府制定发展目标及提供政策支持，研究机构则负责社会问题研究、理念支持以及技术推广。市场化运营很好地调动了各方企业参与的积极性，印证了“政府指导、企业运营实施”模式的成功。

在这种成功模式下，日本财团企业和政府部门各司其职，分工明确。日本政府会在市场运行至一定程度后介入，主要扮演推动者和协调者的角色：侧重于政策导向、资金扶持、总体规划并确定发展智慧城市的重点区域和重点项目，参与城市基础设施建设和后期的运营调整、维护工作。具体操作则交付于财团企业，充分利用企业的先进技术和管理经验。

柏之叶智慧城市是一项复杂且全面的系统工程,包括房产建设、商业开发、基础设施建设、城市运营管理、智慧城市技术实施等多个方面。因此,即使由3家不动产牵头作为主导者,也无法靠一己之力"独打天下",必须吸纳多家企业发挥综合作用。因此,在智慧城市建设领域,日本财团联盟模式具有得天独厚的优势。

日本柏之叶智慧城市的建设,虽然以土地开发商三井不动产为主,但其在不同阶段吸纳了以节能技术为主要研发方向的日立、以精密测量为主的国际航业、以建筑设计知名的日建集团等20余家专业型企业,成立柏之叶城市设计中心(Urban Design Center Kashiwa - no - ha,UDCK),同时还整合了东京大学、千叶大学等高校研发力量,共同商议规划、建设、使用中的问题,并不断调整方案。

UDCK是日本第一个城市设计中心,由官(柏之叶市政府、非营利组织)、产(三井不动产、首都圈新都市铁道公司、柏商工会议所、田中地域家乡协议会等)、学(东京大学、千叶大学)三方共同组成。各方派出运营委员成立委员会,对柏之叶智慧城市的整体运营基本事项做出决议。

在中国市场大有可为

2012年4月,在"博鳌论坛·亚洲城市的未来"分论坛上,三井不动产常务执行董事齐藤一志就如何解决城市问题发表了自己的意见。他说:"东京是世界上人口最多的城市之一,人口达到了1600万人,GDP达到2万亿美元。但是,这个地区的生活质量、环境质量还是相当高的。城市里有很多绿色,同时还有一个运转很好的公共交通体系。"

时任三井不动产常务执行董事齐藤一志表示,东京在发展过程中也遇到了一系列大城市的问题,花了30年才慢慢解决,并取得了现有的一些成就

"事实上,东京在它的发展过程中也遇到了一系列大城市的问题,比如住房分配、空气污染、交通堵塞等,东京花了30年才慢慢解决,并取得了现有的一些成就。"在谈到中国现代城市以后如何发展时,齐藤一志表示:"在开发过程中,不能只注重建楼,更要重视社区建设,打造一个整体的城市,这个是非常重要的。"

无论是日本本土市场还是海外市场,由众多财团企业组成的日企联盟拥有十分完整的产品线。从规划阶段开始按领域划分,每个领域都可以由多家企业联合制订计划,并提供专业方案:日产(属富士财团)主攻智能交通,丰田(属三井财团)负责汽车智慧导航,富士通(属第一劝银财团)搞定云计算,三井不动产(属三井财团)则出售自己的住房解决方案,等等。

2012年8月,日本海外环境城市项目协商会分别与山东省东营市和浙江省温州市签署合作协议,承接两地包括住宅、交通和医院等领域在内的城市建设规划,这是日本企业首次从规划到建设再到城市管理的全面参与。温州市是轻工业密集、人口达900多万人的城市,而东营市是拥有中国数一数二大油田的城市,日本企业希望根据两座城市不同的需求制定建设规划,积累经验技术。

海外环境城市项目协商会实质上是由日本厂商、建筑公司和贸易公司等58家企业组成的日企联盟,包含了三井不动产、东芝、日立、IHI株式会社等知名公司,以及日建设计、日本建设技术研究所等规划机构,同时还有日本众多银行等金融公司。联盟完全有能力对一个城市进行基础设施、城市环境、房地产市场、电力供水、公共交通、卫生医疗等多方面、全方位的调研。

日企财团联盟共建智慧城市的模式不只局限于日本本土市场,在企业海外市场拓展过程中,这种联盟模式的优越性在中国市场更为凸显。据不完全统计,全球已有1500多座城市宣称将打造智慧城市,仅中国就已经有150多个城市宣布要建设智慧城市,计划投资规模更是以万亿元为单位。智慧城市作为一个新兴的产业,未来发展不可限量。

2019年8月,在与复星基础设施产业发展集团签订智慧出行产业战略合作时,三井物产提到了未来要发挥自身优势,与中国企业在智慧城市等方向进行深度合作。随后,三井物产又将目光瞄准了雄安新区,自设立起就镌刻着“智慧基因”的雄安新区,未来必然是智慧城市项目建设的高地。显然,同开拓其他产业一样,三井物产作为日本财团的综合商社,依然扮演着排头兵的角色。

2020年1月,雄安集团党委书记、董事长田金昌会见到访雄安新区的三井物产会长饭岛彰己一行。田金昌表示,雄安新区将探索解决“大城市病”新路径,打造新时代高质量发展的全国样板。日本在城市高质量规划建设、智能交通、绿色发展等方面,都有很好的发展经验,值得雄安新区借鉴学习。希望双方能够加强合作,共同为打造可持续发展的现代新城贡献智慧。

饭岛彰己则表示,随着中日关系的不断加强,双方合作机会越来越多。此次访问雄安新区,主要是了解考察雄安新区打造智能化、生态、创新的未来之城的规划建设理念。作为日本最大的综合商社,三井物产将联合更多日本企业,在智能化、绿色生态发展等方面与雄安新区探讨可持续城市的发展之道,为这座未来城市贡献力量。

参考文献及来源

1. 安田明宏. 中国房市不会重蹈日本覆辙[J]. 中国中小企业,2016(5):17.

2. 本刊编辑部. 智慧城市:房地产行业转型升级新端口[J]. 城市开发,2017(4):29-31.

3. 曹昌云,王志锋. 日本住宅房地产泡沫及其启示:中日对比分析的视角[J]. 中国房地产,2017(33):71-80.

4. 曹征. 美日英三国房地产证券化的主要模式[J]. 城市问题,2002(3):70-71.

5. 饭冢正纪. 港区与东京中城[J]. 建筑与文化, 2008(1):99.

6. 韩显兵. 日本对外不动产业的直接投资[J]. 国际经济合作,1991(3):52-54.

7. 李东明. 日本填海造城[J]. 海洋世界,2000(7):41-42.

8. 刘一平. 细节尽显专业与服务:均豪物业赴日本考察印象之一[J]. 中国物业管理,2014(4):67-69.

9. 马安越. 日企欲借道"智慧城市"卷土重来?[J]. 中国机电工业, 2012(9):37-38.

10. 迁延. 日本房企三巨头,这样穿越漫漫寒冬[EB/OL]. (2020-03-16)[2024-10-30]. https://mp. weixin. qq. com/s/yr_p4tXfLB_0gjfwNwt5fw.

11. 商业阳谋 深圳星河与三井不动产合作[EB/ OL]. (2011 -09 - 22)[2024-10-30]. http://www. linkshop. com/web/Article_news. aspx? ArticleId = 178332.

12. 荣千治. 柏之叶智慧城市 日本千叶[J]. 世界建筑导报,2019,33(3):47.

13. 三井不动产:变革中成长[EB/OL]. (2017-05-31)[2024-10-30]. https://cj. sina. com. cn/article/detail/5887354615/255572.

14. 三井不动产官方网站,www. mitsuifudosan. co. jp.

15. 三井不动产之商业产品体系[EB/OL]. (2015-02-27)[2024-10-30]. http://www. fangchan. com/tech/111/2015-02-27/5976947170254066439. html.

16. 伞锋. 日本地产泡沫的形成机制与应对政策的得失[J]. 日本学刊, 2007(6):5-18.

17. 山本隆志. 东京中城的诞生[J]. 建筑与文化, 2008(1):93-94.

18. 苏珊. 三井不动产80年绝地反击故事,藏着中国房企未来[EB/OL]. (2020-06-05)[2024-10-30]. https://mp. weixin. qq. com/s/wknrsDi7Zgta_o4lZ9X_1g.

19. 孙淑红,何家蓉. 日本东京迪士尼乐园盈利模式探索[J]. 前沿,2014(Z9):115-117.

20. 王传宏. 商业地产的"碳中和"落地策略解析:以日本重点商业地产项目为例[J]. 中国房地产,2022(8):56-62.

21. 杨巍,包丽凯. 日本智慧城市建设的经验及借鉴意义[J]. 中国工程咨询,2020(2):78-85.

22. 易成栋,樊正德. 人口负增长下的房地产市场:日本经验与启示[J]. 重庆工商大学学报(社会科学版),2022,39(4):104-114.

23. 张劲松. 三井不动产的项目管控[N]. 中国房地产报,2011-04-04.

24. 张勇. 日本房地产证券化的发展现状及其启示[J]. 鹭江职业大学学报,2005(1):32-35.

第五章

商船三井的海上王国

1964 年 12 月，三井财团的三井船舶株式会社与住友财团的大阪商船株式会社合并成一家公司——大阪商船三井船舶株式会社，并成了当时仅次于英国半岛—东方航运公司的世界第二大航运组织。两家船队的合并也开创了日本跨财团大公司合并的历史先河。

1999 年 4 月，大阪商船三井船舶株式会社选择与当时日本排名第四的海运公司 Navix Line 合并，成立商船三井株式会社（以下简称“商船三井”）。合并后的商船三井拥有世界上最大的商船队伍。不同于马士基等以集装箱运输为主的海运公司，三井财团的商船三井经营范围几乎涉及各类主流船种。

进入 21 世纪，作为日本最大的航运公司之一，三井财团的商船三井开始布局海陆空全方位的物流服务。不仅是航运业务，商船三井还提供了一系列的陆上物流服务，包括远洋集散业务、铁路和卡车运输、清关、仓储和分拨等；此外，其还积极介入航空货物运输。

——作者题注

【阅读提示】

“三井”告诉了我们什么(5)

2007年4月,日本商船三井制订并开始实施被称为“商船三井前进”(MOL ADVANCE)的中期管理计划。以三年为一个周期,谋划、制订新的计划,这是商船三井坚持不渝的一个历史传统。受惠于当年航运市场的良好发展,商船三井在实施“三年战略”的第一年,即获得大大超出预期的良好业绩,集团年度销售收入和盈利均创下了历史新高,盈利达200亿元人民币。

但是,接下来的2008年成了全球经济的转折年。2008年9月,爆发的金融危机标志着全球经济告别了长达20年的超级增长周期。随着经济形势急转直下,之前几年持续高速增长的全球集装箱航运贸易迅速进入“严冬”。受次贷危机恶化和蔓延的影响,美国失业率攀升,消费者信心屡受打击,美国消费萎靡不振直接导致太平洋航线箱运量大幅下跌。

其中,集装箱航运货运对此较为敏感,运量大幅萎缩,很多班轮公司的舱位利用率都不足80%。此外,由于过去航运业的持续繁荣,全球市场新船订单不断增加,各航运公司实际都在扩充运力,而突如其来的金融危机造成了供给大于需求的局面。大量的集装箱船停航,超过全球集装箱运力的3%,船舶闲置状况持续恶化。

针对国际经济危机、海运需求大幅下滑的形势,以商船三井和日本邮船为代表的日本海运公司纷纷调整其船队发展规划,竞争重点从过去的扩大销售转为减少投资,发展策略也从保持“成长”转为稳定“收缩”。商船三井宣布解除10艘高租金船合同,拆解老旧船,日本邮船也表示会拆解老旧船、缩小船队规模。

时任商船三井社长的芦田绍允表示,企业将从一家日本海运公司正式转型为以国际海上运输贸易为发展重心的全球化企业。在全球经济因美国次贷危机影响而放缓增长脚步、航运市场表现并不令人乐观之际,商船三井果断选择了转型发展。商船三井加大航线调整力度,关注印度、俄罗斯、中东地区及南美洲等贸易市场变化,积极开辟新的中国至中东地区航线。

商船三井此次转型发展并不完全是因为金融危机的到来,而是此前很长一段时间里战略布局的集中体现。商船三井很早便开始重视非集装箱运输业务领域,比如干散货、石油、天然气等运输板块。所以在应对金融危机中,同马士基和赫伯罗特等传统的集装箱服务提供商不同,商船三井的集装箱业务亏损可以用组成公司业务90%的散货船业务的健康利润来弥补。

本章导言

2016年2月18日，由中国远洋运输集团总公司与中国海运集团总公司重组而成的中国远洋海运集团有限公司（以下简称"中远海运集团"），在上海宣告成立。事实上，中远海运集团的组建，以及旗下4家上市公司的整合，只是整场重组大戏的序曲。此后的数年时间里，中远海运集团又在全球开展了一系列投资、并购，业务领域覆盖了集装箱船队、港口等。

2018年5月，中远海运集团和日本商船三井宣布，联手开辟一条北极液化天然气（LNG）的运输航道，将LNG运往亚洲区域市场，此举可以使运输时间从过去的35天缩短到15天。此次中远海运集团与商船三井开展合作，在降低风险和投资成本的同时，也可以分享商船三井在海上LNG运输方面的经验。

2019年9月，中远海运能源运输公司（以下简称"中远海运能源"）和商船三井合资建造的LNG运输船"天枢星"号正式面世，交付后将投入俄罗斯亚马尔项目LNG的运输。作为中国与"一带一路"共建国家在油气领域合作的典型范例，亚马尔项目是中远海运能源LNG运输事业发展的重要里程碑。中远海运能源是中远海运集团旗下唯一从事LNG运输业务的子公司。

经过数年的发展，中远海运集团已经成了国际航运业中当之无愧的"巨无霸"。截至2022年12月，中远海运集团经营船队综合运力和集装箱码头年吞吐能力均居世界第一，年度货运量突破13亿吨，资产总额历史性突破万亿元，营业收入在全球航运企业排名中位列第一。其中，在干散货船队，油、气船队，以及杂货特种船队等领域，也均位居世界第一。

从两家中国航运巨头重组整合开始，中远海运集团经历了"聚变式"的重组整合，更是在短短五六年内便成了全球第一大综合航运企业集团。然而，体量上的增加并不一定意味着产业能力的增强，企业合并也从来都不是"1+1"的简单数学题。对此，中远海运集团内部人士曾向媒体表示："我们面临的问题是，如何打破'大而不强'的魔咒，如何实现'做强做优'的夙愿。"

两家大型航运企业合并，由于资产遍及全球，人员工休不一，业务门类庞杂等情况,必然会存在不同的企业文化、不同的管理理念、不同的管理制度和不同的工作方法。因此,双方不可避免地要涉及打破既有组织边界,实现重新融合的问题。此外,由于此前中国远洋运输集团总公司与中国海运集团总公司两家企业有超过40%的业务和客户重合,如何对这些重复资源进行有效合理利用也是重点。

事实上,不仅是中远海运集团,近年来为了共同面对市场竞争,实现同一产业链上下游的协同,央企内部通过资源整合,将业务类似、存在同质竞争的企业整合在一起的案例有很多。但从历史经验来看,通过行政手段集中某一个行业的国有资本,整合的央企容易出现大而不强、缺乏活力的情况。物理重组固然不易,化学融合更加困难。

其实,我们的邻国日本早在几十年前就已经给中国的航运企业做了成功的示范。1964 年 12 月,为了减少本国航运公司的激烈竞争,增强在国际市场上的竞争力,来自三井财团的三井船舶株式会社(以下简称“三井船舶”)和来自住友财团的大阪商船株式会社(以下简称“大阪商船”)合并成立了大阪商船三井船舶株式会社(以下简称“大阪商船三井船舶”)。这也是日本跨财团大公司间合并的先例,虽然隶属不同的财团体系,但是两者拥有相同的财团基因。

此后,依托两大财团的强大实力和日本经济的高速发展,大阪商船三井船舶展开多元布局,提升运力规模,渐而造就了其在国际海运领域“龙头老大”的地位,更是帮助日本在 1969 年一跃成为世界船舶拥有量第一的国家。2017 年 7 月,为解决产能过剩和全球经济增速放缓等问题,日本三大航运公司再次选择合并集装箱运输业务,成立 Ocean Network Express(ONE)公司。

日本三大航运公司均来自财团体系,ONE 公司也是日本四大财团在二战后的首次联手。大阪商船三井船舶成立于 1964 年,由分属三井财团与住友财团的三井船舶和大阪商船合并而来。日本邮船的前身是 1870 年成立的三菱商会,其后与共同运输会社合并成立日本邮船,隶属三菱财团。川崎汽船则成立于 1919 年,现隶属第一劝银财团。

日本 3 家航运公司合并成立 ONE 公司的融合期非常短暂,甚至可以说是无缝衔接。对此,时任商船三井 CEO 的池田润一郎表示:“三家公司的规模非常接近,企业文化也基本相同,且有长期的合作经验,这是三方得以合并业务的关键和优势。”通过抱团取暖的方式,在运输、运价和现金流等方面共同协作、缓解压力是日本财团常用的手段。

第一节 争夺海运主导权

最早的尝试来自三井

1854 年,日本被迫打开国门后,欧美的航运公司纷至沓来,抢夺日本周边的海运市场。欧美列强的航运公司在争夺日本海运市场的同时,日本却无能为力。最早开设日本至外国航线的是英国 P&O 渡船公司,之后是美国太平洋航运公司。当时,海上运输线路对于岛国日本而言,几乎等同于其商业发展之动脉,一切物资供应、商旅贸易皆系于此。

伴随欧美航运公司一同进入日本的还有先进的蒸汽船,日本的传统木帆船与这些西方商船相比毫无竞争优势。为了改变这种状况,以对抗欧美等国家的经济侵略,自强图存,日本开始注重发展海运业。1870 年,日本颁布《邮船商船规则》,“从今以后,日本国所有臣民,均可制造和购买西洋型风帆船和蒸汽船”,鼓励民间购买新式轮船。

1871 年,日本明治政府委托三井财阀的手代吹岛四郎兵卫接手旧洄漕会社,成立洄漕取扱所,负责开展日本的海运事业。洄漕会社是 1870 年初由明治政府创办的一个国营性质的海运企业,但因船舶陈旧、经营不善,一年内亏损达到 32 万日元,于当年底遭到政府解散。

1872 年 8 月,日本政府又联合三井、岛田、鸿池、小野等富商将洄漕取扱所吸收,成立了日本邮便蒸汽船会社。此时,日本明治政府意识到,受制于当时资本和技术的双重困扰,发展海运业的最主要方案就是对过去幕府时期的海运业进行改造利用,由新政府与商人共同经营,积极鼓励民间商人投资海运市场。显然,政府与三井合作的洄漕取扱所便是一次重要的尝试。

日本政府随即下拨了 13 艘蒸汽船以 25 万日元(15 年免息分期支付)的价格交付给日本邮便蒸汽船会社,同时还给予了 60 万日元的资金补助,以及额外每年 6000 日元的补助金。在继承了洄漕会社所享有的运输贡米的特权同时,这一时期邮便蒸汽船会社还获得了独占性的邮件运输政策支持,因此其成了当时日本国内最大的蒸汽船海运企业。

虽然在政府的保护参与下,三井参与的日本邮便蒸汽船会社相继开辟了东京、大阪、函馆、石卷等航线,但与欧美商船公司相比,邮便蒸汽船会社存在天然的劣势,由于船舶都是政府废藩置县时从各藩收缴上来的蒸汽船,其大小不一且设备相对陈旧。

1874 年爆发的“官公预金”(政府税金委托商人保管)偿还事件让邮便蒸汽船会社的两大商人股东岛田家和小野家破产,三井家也只是勉强渡过了难关。与此同时,随着“地租改正”政策的不断推行,以上缴货币代替稻米运输也让邮便蒸汽船会社失去了独占性的运输政策支持。1875 年,在内忧外患之下,三井经营的日本邮便蒸汽船会社只能接受失败的结局。

1875 年 6 月,日本政府出资 32.5 万日元收购了经营失败的日本邮便蒸汽船会社的 15 艘汽船和 2 艘帆船,又新购置了 13 艘汽船,将这些船无偿交付给三菱使用。企业改称“邮便汽船三菱会社”。三菱的创始人岩崎弥太郎深受当时日本政治家大久保利通的赏识,不仅获得了政府 25 万日元的邮政补助金,还承担日本政府的军事运输任务,三菱的航运业务得以迅速成长。

这次失败直接导致了后来很长一段时间里三井家族在海运业难有作为。虽然三井掌柜益田孝在 1880 年也曾联合实业家涩泽荣一等人发起成立了东京风帆船会社,但就资金和实力而言,东京风帆船会社仍然摆脱不了船舶吨位小、设备落后的问题。三井作为当时日本最大的商贸企业,其对外运输却需要依靠三菱,据说三井为此支付给三菱的邮费每年便达到了 70 万日元之巨。

住友财阀组建大阪商船

1884年,商船三井前身之一的大阪商船会社在日本关西地区成立,拥有92艘船

1884 年,日本关西地区成立了一家新的商船企业大阪商船(商船三井前身之一,1964 年大阪商船与三井船舶合并)。当时的关西地区有百余艘商船,但没有统一的组织者,经常为争夺客源而内耗,非常影响关西地区海运业的正常发展。为此,时任日本大阪府知事的建野氏便找到了当地的住友家族,希望由住友家族牵头组建统一的航运公司。

随后,在住友财阀总理事广濑宰平等人的组织下,大阪以及关西其他地区的船东组织起来,成立了一家股份公司——大阪商船,资本金定为 120 万日元,拥有商船 92 艘,总吨数 1.7 万吨。大阪商船的出现迅速填补了关西地区没有大型海运公司的空白,之后关西、九州地区的海运业也开始聚合成一个整体,大阪商船成了当时日本第三大海运公司。

1893 年,三菱财阀的日本邮船株式会社开始航行神户—孟买航线,这条航线原本由大英轮船公司、奥地利轮船公司和意大利航海总公司 3 家欧洲企业经营,但 3 家企业认为对抗已经阻止不了日本的航线经营,最终通过协议给予了日本邮船株式会社足够的份额。由此,日本开始向欧美、澳大利亚以及南亚拓展航线。随着日本综合国力的增强,日本海运业进入飞速发展时期。

同年,在日本政府的补助下,住友财阀的大阪商船也开始着眼于对外航运。住友财阀是日本二战前四大财阀(三井、三菱、住友、安田)之一,在大阪当地拥有巨大的影响力。广濑宰平被称为“住友中兴之元勋”,是住友家族第一个外姓总负责人。正是在广濑宰平的推动下,住友财阀开展了多元化经营,进军海运领域组建大阪商船。

1894 年,中日甲午战争爆发,日本一跃挤入了世界列强行列。在战争期间,为了供应军需,日本政府大量购买船舶,总吨位几乎翻了 1 倍。同时,《马关条约》又使日本获得了巨额的战争赔款,日本政府的财力充裕后便开始航运扩张计划,先后颁布了《造船奖励法》和《航海奖励法》。通过一系列争夺海上航运的动作,日本成功扭转了欧美列强垄断日本近海海运业的局面。

首先,海运的发展掀起了日本造船的浪潮。虽然当时日本造船水平与英美等国依旧有很大的差距,但不可否认的是日本依然在很大程度上发展了本国的造船工业。其次,随着近代海运业的崛起,以三井财阀的三池煤矿为代表的日本煤炭开采业也取得了较大发展,蒸汽船数量的增长也使得煤炭的需求量增大,客观上促进了日本煤炭产业的经济增长。

1899 年 4 月,住友财阀的大阪商船开通了中国台湾淡水—中国香港航线,打破了英国道格拉斯公司对中国华南航线的垄断。此前一年,美西战争爆发后,美国政府征用了太平洋航线的多条船只,在美国旧金山—日本—中国航线上的运力大为减少。日本东洋汽船株式会社抓住这一时机,从英国订购了 3 艘船投入运营,从中国香港出发开始经营太平洋航线。

1905 年,大阪商船又将香港—福州线延伸至上海,使整个华南与长江航路得到有效连接。同年 5 月,日本大阪—中国汉口线开通,日本国内和长江航线可以直接通达,减少了在上海装卸货物的周折,降低了运输成本。3 年后,即 1908 年,大阪商船开通了经营中国香港—中国上海—日本—美国塔科马的航线,很快就形成了每两周一次的定期航行。

到 1912 年,如果不计南太平洋航线(美国—澳大利亚、新西兰、西印度群岛),日本在北太平洋航线(美国、加拿大—日本—中国)上定期航行的吨位已经超过美国,居于首位。当时,日本船舶的总吨位已达到 170 万吨,位居世界第六。通过抢占和控制各个国际航线,日本的工业产品迅速输送到世界各地,同时从世界各地再把工业生产需要的原材料输送回日本。

日本二战后海运体制重建

1942 年,三井物产将旗下的船舶部门实行分社化,单独成立了三井船舶,并把总部设在东京日本桥的三井本馆。建立在越后屋遗址上的三井本馆是二战前三井财阀的总部所在地,同时也汇集了三井系列各子公司的总部。除三井船舶外,当时的三井不动产和三井银行的总部也在三井本馆。时至今日,三井本馆已经成了日本的国家重要文化财产。

1946年2月,美国占领军开始解散日本财阀。三井财阀的三井船舶、住友财阀的大阪商船、三菱财阀的日本邮船以及山下汽船、新日本汽船等几家海运公司被指定为受限公司。与此同时,根据《日本赔偿即时实施计划》,日本不被允许保留5000吨以上的船只,航线也限于日本国内及朝鲜、苏联萨哈林、中国,对北美洲、南美洲及欧洲航线不予承认。

1948年前后,正当日本航运业手足无措之时,美国和苏联的对立明显加剧,全球冷战局面正在形成。出于自身战略利益的需要,美国的对日政策发生了根本性转变,放缓了对日本财阀的解体步伐,严厉的对日海运政策也相应地发生了变化。1949年10月,美国国防部立案正式表示不再对包括海运、造船在内的日本和平产业施加任何限制。

1952年4月,《旧金山对日和平条约》生效后,日本海运被允许重返国际市场。但是,一方面,日本的航运业在二战中一落千丈,外国航运公司已经将昔日的日本市场悉数夺走。另一方面,美国政府为了使本国航运垄断资本家有货可运、有利可图,长期采取对外歧视政策,特别是美国规定的买美国货要由美国船只运输的政策。对此,日本积极联合西欧十国,抗议美国的讹诈政策。

随后的10年间,日本航运方面的外汇收支连年出现亏损,仅1962年就高达3.82亿美元。日本航运界清楚地意识到"打铁必须自身硬"的道理,否则日本在各航线上将缺乏足够的发言权。为了减少本国航运公司的激烈竞争,增强在国际市场上的竞争力,除了制订新方案以确保为海运及造船业提供长期低利息资金,日本还决定把所有日本的航运公司合并为六个航运集团。

1964年10月19日,日本邮船与三菱海运合并;10月31日,日本油槽船与日产汽船合并;11月11日,山下汽船与新日本汽船合并;12月18日,日东商船与大同海运合并;12月19日,大阪商船与三井船舶合并;12月20日,川崎汽船与饭野海运合并。短短两个月里,日本各大海运企业便完成了合并。根据《关于海运业重建整顿的方针》,日本希望通过合并排除过度竞争并强化企业的国际竞争力。

到1964年5月底,参加集约合并的88家公司的远洋船数量达658艘,共计936万吨,约占当时日本全国远洋船拥有量的90%。合并后的大阪商船三井船舶、日本邮船、川崎汽船3个集团以经营定期航线为重点,另外3家则以不定期航线、专用船及油轮运输为重点。通过合并重组,日本海运业界实现了机构精简、设施共同使用、船员互相融通。

当时,大阪商船与三井船舶合并成立的大阪商船三井船舶,一举成为仅次于英国半岛—东方航运公司的世界第二大航运组织。另外,在大阪商船三井船舶内部,除了核心的大阪商船和三井船舶外,还包含了第一中央汽船、日本海汽船、泽山汽船、日本移住船、富士汽船等5家系列公司,以及包括明治海运、万木汽船等在内的26家专属公司。

三井船舶与大阪商船的合并,也开创了日本跨财团大公司合并的先例,因为两者分属日本的两大财团三井财团和住友财团。依托两大财团的强大实力和日本经济的高速发展,大阪商船三井船舶展开多元布局,提升运力规模,进而造就了其在国际海运领域"龙头老大"的地位,更是帮助日本在1969年一跃成为世界船舶拥有量第一的国家。

及时调整资源配置

1973年,世界石油危机爆发。世界经济先是石油价格猛涨,紧接着是以原材料为中心的各种物价高涨。资本主义世界最终陷入了滞胀局面,这对世界贸易造成了极为不利的影响。以大阪商船三井船舶为代表的日本海运行业积极进行各项改革,进出口商品结构也由原来的"重厚长大"转向"轻薄短小"。此时,大阪商船三井船舶开始向新领域进发,如当时正处于增长阶段的集装箱运输领域。

进入20世纪80年代,随着国民经济的高速发展,日本逐渐发展成为仅次于美国的世界第二经济大国,其海运船队也已超过5000万载重吨,跻身为名副其实的海运强国。在这种综合国力和航运实力相当强劲的形势下,日本的海运政策也开始由过去的政府导向大幅转向以市场为导向的自由主义体系,想要全面融入国际航运竞争格局。

1999年4月,大阪商船三井船舶选择与当时日本排名第四的海运公司Navix Line合并,成立商船三井。合并后的商船三井拥有世界上最大的商船队伍。不同于马士基等以集装箱运输为主的海运公司,商船三井的经营范围涉及各个船种,其拥有业界第一位的LNG船队,纯利润及市价总值居日本第一位。

1999年,拥有世界上最大商船队伍的商船三井正式成立,图为位于东京的商船三井本社

虽然早在1942年就脱离三井物产独立成立公司,但商船三井一直以来奉行综合商社"绝不将所有的鸡蛋放在同一个篮子里"的经营宗旨。从全球经济增长带来的运输需求着眼,商船三井长期实施运输多元化战略,在集装箱、散货、汽车、LNG运输等方面都取得了长足的发展,并积极通过调整资源配置的战略来实现利润最大化。

首先,商船三井没有放弃集装箱业务,并仍将集装箱的效率管理放在首位。2007年,商船三井开始在美国佛罗里达州杰克逊维尔港建设一个面积为130英亩

（约52.61万平方米）的集装箱码头工程，这巩固了商船三井在美国繁荣的东南部市场中的地位。同时考虑到当时亚洲到欧洲的集装箱运输量仍在高速增长，商船三井继续投资建造新的集装箱船。

其次，进入21世纪之后，由于中国、印度等新兴经济体的崛起，商船三井预计散货船舶供需会稳定增长，特别是原煤和粮食货运的船舶，因而决定扩大相关的船队规模。商船三井当时计划其干散货船队中的小灵便型、灵便型和巴拿马型干散货船从2007年的70艘快速增长到2012年的110艘左右，也就是干散货船队的数量增长约60%。

除了对干散货船的投资，商船三井还增加了对油轮、LNG货运船以及汽车货运船的投资。当然，尽管干散货和能源市场很活跃，但还是常常有严峻的市场萧条的风险，因此必须时刻做好最坏的打算。然而，即使这样的情况发生，商船三井也会及时调整自己的资源配置，以适应市场的不断变化，并且从中获利。

事实上，商船三井提供的不仅是航运业务，还有一系列的陆上物流服务，包括远洋集散业务、铁路和卡车运输、清关、仓储和分拨等，而这些才是商船三井真正强大的资本。商船三井在北美洲、亚洲和欧洲营运超过20个物流中心，在日本本土也有2个。早在2004年，商船三井就在中国上海成立了上海外高桥保税物流园区商船三井物流有限公司。

不仅如此，商船三井还积极介入航空货物运输，除了与日本近铁国际货运结成伙伴关系，还在2006年收购了由联合日本航运公司和日本邮政所建立的航空货运服务的5%的股份。作为日本最大的航运公司之一，商船三井正在积极布局海陆空全方位的物流服务，只有通过不断创新、追求更高的效率，提高营运实力和市场竞争力，才能实现更好的发展。

第二节　中国铁矿石的最大赢家

拿下上海宝钢的海运长协

20世纪90年代，三井财团的商船三井进入上海，于1995年成立商船三井（中国）有限公司，并在中国沿海各重要口岸及城市设立了25个分公司或代表处，形成了巨大的航运、物流网络。此后，随着中国经济的快速增长，中国逐渐成为全球海运业网络的重要节点。全球有2/3的铁矿石运往中国，承运主力是以商船三井、日本邮船为代表的日本航运企业。

2003年11月14日，商船三井和上海宝钢集团公司（以下简称“宝钢”）正式签订铁矿石委托协议，从2004年起的15年内，负责从西澳大利亚向上海每年运送500万吨铁矿石。这是宝钢第一次和非中国的航运公司签订租船合约，并且15年的期限也是当时中国钢铁生产商签订的最长合约。宝钢和商船三井表示双方要以此次签约为契机，进一步建立长期稳定的战略合作关系。

宝钢是中国最大、最现代化的钢铁联合企业，也是当时中国钢铁企业中最受瞩目的明星。2003年，宝钢合并销售收入为1204亿元，比2002年增长了55%，利润则从70亿元猛增至132亿元。当年《美国国际钢铁动态》对全球钢铁企业综合能力进行了评比，宝钢位居第四，超过新日本制铁公司（以下简称“新日铁”）、美国钢铁公司和阿塞洛集团等国际老牌钢铁企业。

商船三井能与宝钢签订长期运输协议，与双方的历史渊源有很大关系。早在20世纪70年代，与商船三井同属三井财团的新日铁就全程参与了宝钢的设计建设工作。此外，三井财团的骨干企业东芝、三井造船和石川岛播磨重工，也都是宝钢的重要设备供应商。日方提供的各类基建施工与设备安装相关图纸光重量就达322吨，成套设备36万吨。

不仅如此，早在20世纪90年代，三井物产（三井财团的综合商社）就与宝钢签署了《综合合作协议》，建立定期干部交流机制，双方定期举行干部交流和各项专题业务交流。实际上，宝钢自诞生之日起，对三井在技术、人才和物流方面的依赖便已根深蒂固。因此，由商船三井负责宝钢的铁矿石海运也就是顺理成章的事情。

1991年，三井物产与宝钢达成全面战略合作，签订了《综合合作协议》，建立定期干部交流机制

虽然宝钢90%的产品市场是在中国国内销售，但是其超过98%的原料来自海外。因此，商船三井与宝钢签署铁矿石长期运输协议，就意味着日本海运企业锁定了中国市场相当大的一部分原料的运输业务。当时，商船三井拥有各类海上运输船只500多艘，载运规模位居世界第一。为了满足来自中国的需求，商船三井继续大量订造船舶，短时间内便将船队规模提升了1倍。

2004年3月24日，宝钢再次与商船三井在东京签订了采用30万吨级大型矿船承运宝钢巴西进口矿20年的长期运输协议。根据协议，商船三井计划采用30万吨级大型矿船往返于巴西和中国之间，每年为宝钢承运巴西进口矿约130万吨。此外，在签约仪式上，中日双方还签署了前一年所达成的澳大利亚航线15年长期运输协议。

2007年4月，商船三井宣布将在此后5年时间里建造44艘铁矿石船，规模为8万~30万载重吨。公司当时已经签署其中一半船舶的长期协议，目标是60%在航的船舶在长期合同下营运。商船三井预期，随着中国经济的高速增长，粗钢的产量必将持续增长,特别是中国的主要生产商正在重组和整合它们的资源,由此判断钢铁的原料运输也将会增长。

2007 年 5 月,宝钢与商船三井签署了第六份长期铁矿石运输合同,商船三井安排未来25 年从澳大利亚西澳州至中国上海的铁矿石发运。此外,合同还包括建造一座容量为22.5 万吨的矿砂船。由于当年的干散货运费上升至创纪录的高位,许多中国钢铁企业开始寻求签署铁矿石进口长期合同,而以商船三井为代表的日本远洋运输企业发展已十分成熟,必然成为选择的对象。

铁矿石价格战的背后玄机

进入 21 世纪,随着中国经济迎来飞速增长,国际铁行业进入一个新的景气周期。此前,中国的铁矿石进口量只是逐年小幅上升,而均价基本保持在 25~30 美元/吨。作为单一买方市场的中国钢铁企业,却无奈陷入一个循环:钢材需求旺盛→钢价上涨→外矿需求增加→海运费上涨→现货矿价格上涨→钢价被迫再次上涨→最后长期协议矿价大涨收官。

2005 年,全球 6.6 亿吨海运铁矿石贸易量的 68.2% 流向亚洲,其中中国钢铁企业进口铁矿石 2.75 亿吨,占全球铁矿石海运贸易量的 41.7%。作为世界上最大的铁矿石进口国和钢铁生产国,中国却在每年的价格谈判中处处被动。2005 年 2 月 22 日,日本新日铁与巴西淡水河谷公司这两家三井财团持股的重要关联企业就 2005 年度铁矿石价格达成协议,上涨幅度达到 71.5%。

对此,以宝钢为代表的中国钢铁企业反应强烈,认为"这个涨幅超出了钢铁业能承受的范围"。因为如果参照当年的进口量,中国进口铁矿石成本会上升 260 亿元左右,占上一年中国全国钢业行业总利润的 30%~35%。可是,由于在铁矿石价格上并没有足够的话语权,宝钢最终不得不接受了铁矿石涨价超七成的结果。

事实上,对中国钢铁企业影响更大的并不是铁矿石涨价,而是海运价格的翻番。2005 年 5 月,巴西至中国航线的铁矿石海运费只有 17 美元/吨。两年之后,2007 年 5 月,巴西图巴朗港至中国北仑、宝山港平均铁矿石海运费就超过了 55 美元/吨,涨幅超过 2 倍。2007 年,从巴西运往中国的铁矿石的离岸价格约为 48 美元/吨,但是海运费已经超过了铁矿石价格。

2007 年 9 月 5 日,作为国际海运价格指标的波罗的海干散货指数(BDI)达到了 8090 点,创历史新高。但在 2003 年底以前,BDI 还没有突破过 2400 点。9 月 5 日当天的巴西、澳大利亚至中国平均铁矿石海运费也创下历史新高,其中澳大利亚西澳港至中国北仑、宝山港的平均海运费达到了 26.123 美元/吨,比 2006 年同期上涨了 120.01%,出现了中国进口越多运费越高的奇怪现象。

铁矿石的海运价竟然已经高于铁矿石的成本价,这给中国铁矿石进口带来了极大压力。虽然早在 2003 年中国就已经取代日本成为世界最大的铁矿石进口国,然而作为世界上最大的铁矿石进口国和钢铁生产国,无论是在铁矿石价格还是在海运费用上,中国非但无法进行掌控,反而在很多时候都只能无奈地跟随国际巨头们的脚步。

3 年以后,同样的一幕再次上演。2008 年 2 月 18 日,巴西淡水河谷公司在官方网站上公布了与日本新日铁、韩国浦项制铁达成的 2008 年度铁矿石基准价,巴西图巴朗粉矿、南部粉矿上涨 65%,高品位的卡拉加斯粉矿则涨了 71%。2 月 22 日,宝钢与巴西淡水河谷公司正式达成一致,接受 2008 年铁矿石价格上涨 65%,宝钢称"铁矿石涨价 65% 基本合理"。

作为世界上最大的铁矿石进口国和钢铁生产国,中国无论是在铁矿石价格还是在海运费用上,却都无法进行真正的掌控

当然,随着铁矿石价格的上涨,海运费用涨幅也陷入了疯狂。2008 年 6 月,铁矿石国际海运市场达到顶峰,巴西图巴朗港至中国北仑、宝山港航线的海运费创历史性的最高报价达 108.746 美元/吨,同期澳大利亚西澳港至中国北仑、宝山港航线的海运费报价达 50.85 美元/吨,较 2007 年时的价格几乎又翻了 1 倍。海运费的高企有运力较为紧张的因素,但还有更深层次的原因。

面对价格上涨,日本钢铁企业却显得十分平静。因为日本钢铁企业多数与商船三井等航运公司签订了长期协议,所以能够拿到便宜的价格。海运费的大幅提升为商船三井带来了巨额利润,为其扩充规模奠定了坚实的基础。这种相互依存、共同进退的关系源自日本钢铁企业和海运企业,甚至是矿山企业都已经早早形成了交叉持股的利益共同体。

把持全球钢铁产业链话语权

2001 年 11 月,中国加入世界贸易组织(WTO),全球钢铁产业加速向中国转移。中国钢厂开始倾向于和运输企业签订长期合同,以此降低进口铁矿石的运输成本。宝钢、鞍钢、沙钢、武钢、马钢等绝大多数进口铁矿石的中国钢铁企业,都与日本三大航运公司签有十几年或二十几年的长期运输合同。同时,商船三井通过长期运输协议,逐渐巩固其在铁矿石海运市场的垄断地位。

2005 年 3 月,由三井物产、中国一汽和鞍钢合资的汽车钢板加工配送中心开工建设,其中三井物产和中国一汽各占 25% 的股份,鞍钢占公司股份的 50%。面对钢铁价格的不断上涨,下游行业开始通过与钢厂建立紧密的合作关系,来获得更稳定的原料供给。而对于钢厂而言,如何稳定地获取上游的铁矿石资源也就成了关键。

紧接着,2005 年 4 月,商船三井与鞍钢签订 3 年期巴西铁矿石运输协议,这是鞍钢首次与国外船舶公司签订长期运输合同。时至2009年9月，双方的合作更进一步，签订了铁矿石长期海运协议。时任鞍钢总经理张晓刚、商船三井社长芦田昭充分别代表双方在协议书上签字。此次协议的签订为鞍钢从巴西、澳大利亚进口铁矿石的安全运输又增加了一道"保险"。

鞍钢是新中国第一个恢复建设的大型钢铁联合企业和最早建成的钢铁生产基地，被誉为"中国钢铁工业的摇篮""共和国钢铁工业的长子"。鞍钢产品在多个领域被广泛应用，已经成为我国大国重器的钢铁脊梁。2008年，北京奥运会国家体育场"鸟巢"、国家游泳中心"水立方"用的都是"鞍钢造"。2009年，鞍钢又为辽宁舰的修复生产了200吨的航母专用钢。

2009年7月，商船三井与力拓集团第二次签署了铁矿石运输协议，把对力拓集团的铁矿石运输量从400万吨/年提高2.5倍至1000万吨/年。事实上，除了与钢厂签订长期协议，商船三井还与上游的矿山企业签订了很多"垄断式长期协议"。商船三井能够与上游矿山企业签订此类协议，完全是因为三井物产拥有铁矿石主要开采国巴西、澳大利亚、南非和印度铁矿的很多权益。

日本三井财团牢牢把持着全球铁矿石产业链的话语权。三井物产（三井财团的综合商社）通过全球并购控制了上游巴西和澳大利亚的铁矿石开采资源；商船三井利用长期运输协议把持着中游物流领域；下游则有以新日铁为代表的钢铁制造企业。商船三井和三井财团旗下的三井物产、新日铁等企业，靠着交叉持股的关系，形成了紧密的攻守同盟。

2009年10月21日，商船三井与沙钢集团签订了一份为期10年的承运铁矿石合同，并从2011年开始执行。为此，商船三井在日本宇宙造船厂定做一艘20.65万载重吨大型矿砂船，新船计划在沙钢集团所在张家港港口的专用泊位及巴西、澳大利亚至宁波航线上承运铁矿石。此外，日本邮船也与沙钢集团签订了一份为期20年的铁矿石运输协定，同样负责在巴西、澳大利亚至中国航线上承运矿石。

沙钢集团成立于1975年，是中国最大的民营钢铁企业，2008年完成钢产量2330万吨，从巴西、澳大利亚等国进口的矿砂量年均达1634万吨，钢产量位居中国前五。据当时沙钢集团国际贸易公司的有关负责人介绍说："沙钢集团之所以选择商船三井（属三井财团）和日本邮船（属三菱财团）这两家企业，就在于它们提供的服务和价格更具竞争力。"

商船三井发布的数据显示，其拥有的2009年所有中国铁矿石长期稳定合同合计运量为1860万吨。按照多份长达20～25年的长期合同约定，商船三井每年都可以稳定"连续航次"从澳大利亚和巴西向中国运输铁矿石230万吨以上。此时，以商船三井为代表的日本海运企业已经控制了包括中国钢铁业在内的众多进口原料运输业务。

非同一般的庞大产业集群

2008年3月19日，商船三井联合川崎汽船新增一条航线——远东/墨西哥/南美西岸航线(CWL)，以满足这条贸易线路快速发展的需求。CWL航线看似平常，但实际上南美洲丰富的铁矿石、煤炭资源通过商船三井等日本航运公司源源不断地运往世界各地。那么，商船三井等日本航运公司是利用何种力量牢牢掌控世界资源产业链的呢？

事实上，日本三大航运公司的背后都有着强大的财团力量：商船三井的背后是三井财团，日本邮船的靠山是三菱财团，川崎汽船的支柱是第一劝银财团。日本财团虽然并不是法律意义上的集团母公司，但通过投资参股、情报交流以及干部互派等形式，成为庞大产业集群真正意义上的“家长”。同时，财团内部的物流、制造企业也建立了紧密的战略合作伙伴关系。

以商船三井隶属的三井财团为例，作为日本六大财团的代表，其庞大的产业集群几乎覆盖了矿业、制造业、金融、商贸、运输等重要产业。除了财团核心企业的三井物产和三井住友金融集团外，丰田汽车、东芝、索尼、新日铁等《财富》杂志世界500强企业也都同样隶属三井财团。财团的力量不仅体现在覆盖全产业上，更重要的是对产业链上下游的掌控。

与中国钢铁企业高价买铁矿石不同，100%依赖进口铁矿的日本在数次涨价中“旱涝保收”，毫发无伤，甚至成了铁矿石涨价的受益者。这是因为在铁矿石的主要产地巴西、澳大利亚、加拿大、智利乃至印度，日本财团直接或间接拥有大量当地铁矿石企业的权益。巴西的铁矿石企业与三井物产和新日铁至今都有着非同一般的关系。

20世纪70年代初，三井物产(三井财团的综合商社)开始投资巴西第二大铁矿石生产企业MBR公司。随后，三井物产携手新日铁又先后与巴西资源公司(CMM公司)、巴西淡水河谷公司达成战略合作。巴西共有22处铁矿矿藏，仅巴西资源公司和巴西淡水河谷公司就拥有其中18处的开采权。也就是说，三井财团通过参股巴西两个最大的铁矿企业，渗透布局了巴西的铁矿石资源。

三井物产在巴西、澳大利亚、智利以及印度等矿产资源丰富的国家设立了三井贸易有限公司，连同其他分布在世界各地的12家相关联公司，已然构建起了一个钢铁原材料的全球交易网络。正是因为三井物产对上游原材料资源的强力控制，新日铁和宝钢这样的制造业企业才会被纳入三井财团这个“利益共同体”中，协同合作，不断发展壮大。

除了参股铁矿石，三井物产还入股不少钢铁企业，比如三井物产拥有日本最大钢铁厂新日铁的股权。与此同时，三井物产还是新日铁最大的钢材代理贸易商。此外，三井物产在韩国也通过与浦项制铁成立合资公司，渗透到韩国的钢铁制造业当中。在中国,单是三井物产跟宝钢合资成立的大型钢铁加工配送企业就达8家,还有多个钢材加工配送中心。

在全球铁矿石涨价之际,三井财团的下游钢企虽然赔钱,握有铁矿石资源的三井物产却能赚钱;如果铁矿石价格下降,作为铁矿石卖家的三井物产则少赚钱,但财团内部的新日铁及其他日本钢铁企业就多赚一些。而无论铁矿石价格涨跌,掌控着中澳和中巴铁矿石供应源、贸易渠道、运输物流的商船三井,都能从中国这个全球最大的铁矿石进口国赚得盆满钵满。

不仅是财团内部,为了抵御国际钢铁巨头的攻击,三井财团旗下的新日铁也会和其他财团的钢铁企业采取互相持股的方式构成同盟,进行防御。在代表日本钢铁界时,这些企业往往会暂时放下分歧,拧成一股绳。此外,日本钢铁联盟的会员企业之间商业信息共享,在钢铁同盟的网站上可以看到钢铁需求量、进出口量、生产量等统计数据,从而避免了国内钢企之间的恶性竞争。

第三节　商船三井的LNG野望

中国带来绝佳的扩张机遇

从20世纪60年代开始,日本政府决定从国外引进LNG生产电力,用以减少对石油产品的过度依赖。如今,全日本可使用的LNG发电装机容量占总发电装机容量的65%以上。受资源条件的限制,日本本土并没有天然气,且无法修建跨境管道,只能完全依赖海运进口LNG,日本国内天然气97%的消费量都要依靠进口。

1983年,大阪商船三井船舶(现商船三井)开始参与LNG运输业务。由于三井物产(三井财团的综合商社)早已提前完成了海外主要LNG资源产地的渗透布局,因此商船三井很快便发展成了世界最大的LNG运输公司。2021年时,商船三井已拥有了99艘LNG运输船,约占当时全球LNG运输船总数(614艘)的16%,成为全球LNG运输业务的领军企业。

2014年,时任商船三井社长武藤光一宣布,LNG长途运输需求持续增长,这会给公司带来绝佳的扩张机遇。数据显示,2012年全球LNG运输量约为2.5亿吨,到2020年这一数字有望翻番,因此商船三井决定用6年投资50.5亿美元用以扩张LNG船队。与此同时,日本邮船和川崎汽船也表示要增加船队中LNG船的数量。

此后几年时间里,全球LNG行业果然如商船三井预测的那般飞速发展,其间建成50条生产线,产能近1.56亿吨/年。尽管受新冠疫情影响行业出现了巨大动荡,但 2020 年全球 LNG 贸易量仍稳健增长,达 3.6 亿吨。随着全球经济逐步走出低谷,LNG 需求将进一步提高。到 2040 年,全球 LNG 需求量预计达到 7 亿吨。

迅速增长的经济使亚洲成为 LNG 最大的消费市场,无论是卡塔尔还是美国,将 LNG 运输到亚洲的唯一选择都是海上船队。位列全球前四的 LNG 供应商分别是卡塔尔石油公司、英荷壳牌公司、美国切尼尔能源公司和俄罗斯诺瓦泰克公司,而世界上最大的几个 LNG 进口国都在亚洲,中日韩三国进口占全球 LNG 海运贸易量的 50% 以上。

2021 年,中国超过日本成为世界上最大的 LNG 进口国。随着中国宣布到 2060 年实现碳中和的目标,预计 LNG 需求还将继续增长。天然气在中国的建筑、重工业、航运和重型公路运输等领域将发挥关键作用。此前,日本一直都是全球最大的 LNG 市场。数十年来,日本的公用事业和综合商社支撑起了 LNG 的供应增长,其所签署的长期合同也奠定了该行业发展的基石。

中国成为世界上最大的 LNG 进口国,一方面是因为日本国内 LNG 需求长期结构性下降,另一方面则是中国的 LNG 需求得到了明确的政策支持和强劲的天然气市场基本面支撑。随着中俄东线天然气管道投产通气,中国天然气进口资源会更趋多元化,但是不足以满足预期需求。中国还需要大量进口 LNG 以维持国内需求的增长,海运 LNG 仍是最为重要的途径。

2021 年 11 月,在第三届上海国际 LNG 海运论坛上,商船三井总裁桥本刚表示,"中国将在 LNG 行业的未来发展中发挥关键作用,商船三井将积极参与其中。事实上,早在 12 年前,商船三井就通过埃克森美孚项目,与中远海运集团合作进军中国 LNG 市场,还通过中国石化牵头的 APLNG 项目巩固了与中国企业的伙伴关系"。

2021年,商船三井总裁桥本刚表示,"中国将在LNG行业的未来发展中发挥关键作用,商船三井将积极参与其中"

不仅如此,商船三井还与中远海运集团和 LNG 买家中国石化在香港地区共同成立了一家船舶管理公司,该合资公司管理 6 艘 LNG 运输船。桥本刚还表示,商船三井希望继续为中国的 LNG 事业发展做出贡献,与中方伙伴继续合作,为中方提供安全、稳定、可靠的 LNG 运输与其他新业务。可见,商船三井在中国 LNG 市场深耕已久,这里面隐藏着供应链和产业链的周密布局。

牢牢掌握供应链主导权

1995 年 3 月,大阪商船三井船舶(现商船三井)在中国成立分公司,总部设于上海。2001 年,时任商船三井社长的生田正治公开表示,LNG 将会是日本未来能源运输主要增长来源,而中国将是日本航运企业 LNG 运输的最大客户。2002 年,商船三井成立了中国事务战略委员会和秘书处，专门研究、制定和实施在中国业务拓展战略，并开始寻找中国的合作伙伴。

2009 年 3 月，中国远洋运输集团旗下的中海发展和中国石油的下属公司合资成立了北方 LNG 运输投资有限公司。2010 年 11 月，中海发展又与中国石化的下属公司合资成立了东方 LNG 运输投资有限公司。2011 年 4 月 26 日，商船三井分别与北方 LNG 运输投资有限公司和东方 LNG 运输投资有限公司签署 20 年合资协议，并成立 2 家单船公司，分别以 70% 的股份成为控股股东。

看似简单的合资，背后却有着商船三井全产业链的精心布局，锁定中国石油、中国石化的 LNG 国际能源供应链。商船三井控股的两家合资公司主要负责承运美国埃克森美孚从巴布亚新几内亚和澳大利亚出口给中国石油、中国石化的 LNG。这也意味着中国海运与商船三井长达 20 年的合作关系的开始。为什么中日的合作时间是 20 年，这里面大有文章。

正是在 2009 年，中国石化与埃克森美孚签署的从巴布亚新几内亚每年进口 200 万吨 LNG 的协议，供应期限是 20 年。同年 8 月，中国石油以 410 亿美元与埃克森美孚签订了澳大利亚高更气田 LNG 采购协议，每年向中国石油出口 225 万吨 LNG，供应期限同样也是 20 年。这样一来，通过合资的航运公司，商船三井牢牢地将中国石化和中国石油的 LNG 运输业务掌握到了自己手中。

2011 年 10 月 27 日，中海发展宣布与中国石化下属公司冠德控股在香港合资设立中国能源运输投资有限公司，中海发展占股 51%。一年后，这家投资公司决定与商船三井继续合资成立 6 家单船公司，由沪东中华船厂建造 6 艘 LNG 船，每艘造价为 2.5 亿美元，合计 15 亿美元，其中 12 亿美元由三井住友银行和中国进出口银行等 6 家中日两国银行提供银团贷款。

2013 年 8 月，中国石化为满足澳大利亚太平洋 LNG 项目的需求，另与商船三井签署了新的对华 LNG 购销运输合同。根据合同约定，自 2016 年起的 20 年里，商船三井每年从澳大利亚向中国运输 760 万吨 LNG，这相当于中国全年进口量的约 50%，占全球需求的 3%。此时，中国仍缺乏 LNG 船的运航管理经验，在这个领域需要借助世界最大航运企业商船三井的经验。

2019 年 8 月，日本商船三井与中远海运能源签署 LNG 和乙烷运输航运协议备忘录，双方将继续深化 LNG 运输业务等合作。此前 10 多年，双方共同参与了埃克森美孚 DES、澳大利亚太平洋 LNG 和亚马尔 LNG 等能源项目。中远海运能源是中远海运集团的子公司，主要从事油品、LNG 等能源运输及化学品运输。

2022 年 1 月 7 日，中远海运能源联合商船三井与中国海油、沪东中华造船厂等企业，在北京、上海、东京三地通过“云签约”方式，完成了 6 艘新造 17.4 万立方米 LNG 运输船项目总体安排等一系列协议的签署。该项目实现了租方、船东方及船厂方的强强联手、深度融合，持续构建了中日双方在 LNG 船运产业链互融互通、共生共赢的协同发展格局。

2022 年 12 月，中远海运能源宣布通过全资子公司上海中远海运液化天然气投资有限公司收购商船三井在马绍尔群岛设立的 7 家单船公司各 50% 的股份，参与投资建造 7 艘 LNG 船。该项目 7 艘 LNG 船主要服务于卡塔尔能源的长期运输需求。作为世界上最大的 LNG 生产国和出口国，为满足气田扩张计划，卡塔尔也需要扩充 LNG 船队。

远东航线上的日本力量

俄罗斯是世界第四大 LNG 出口国，仅次于卡塔尔、澳大利亚和美国。俄罗斯出口的大部分 LNG 来自全球最北的亚马尔 LNG 项目（占俄罗斯总出口量的 65%），但其中有 83% 运往欧洲，只有 13% 运往亚洲，未来发展前景巨大。对此，商船三井总裁桥本刚认为："对包括中国和日本在内的亚洲国家来说，确保俄罗斯北极地区的 LNG 供应至关重要，因为它有助于加强能源安全保障。"

2014 年 7 月，商船三井宣布开通北极定期航线，因为日方企业日挥株式会社（属三菱财团）和千代田化工（属三菱财团）是亚马尔 LNG 项目工程设备的建设总承包。随后，俄罗斯的亚马尔 LNG 项目向商船三井等企业订购了共计 15 艘破冰型 LNG 船用于运输。其中，中远海运集团与商船三井的合资公司订购了 3 艘破冰型 LNG 船和 4 艘常规 LNG 运输船，并交由韩国大宇造船制造。

2017 年 2 月，商船三井与俄罗斯远东开发部远东投资与出口局在莫斯科签署备忘录，双方就合作开发北极航道相关项目展开合作。2017 年 11 月，商船三井又联合日本丸红与俄罗斯最大的独立天然气生产商和 LNG 项目运营商诺瓦泰克公司签订了谅解备忘录，共同推进在堪察加半岛上建立 LNG 转运和市场综合体的可行性研究，以及对潜在项目进行融资。

2018 年 6 月 25 日，商船三井公司旗下的"VLADIMIR RUSANOV"号破冰型 LNG 船，装载约 8 万吨俄罗斯亚马尔项目的 LNG，从北极圈内的俄罗斯亚马尔半岛萨别塔港出发，经由北极航线东北航道航行，7 月 17 日最终抵达中国江苏省南通市如东港口，并顺利靠岸卸货。这是商船三井 LNG 船首次向东航行，按照计划天数如期抵达。

2019 年 10 月，商船三井和日本国际协力银行（JBIC）再次与俄罗斯诺瓦泰克公司建立联系，就 LNG 项目开展新的合作。诺瓦泰克公司管理委员会主席里昂纳德 · 麦克海森指出："我们与一些日本公司在大型 LNG 项目方面有过成功合作的经验。我们已经从中看到互利合作的巨大潜力，因此进一步地扩大合作是十分必要的。"

俄罗斯诺瓦泰克公司提到的与日本公司在 LNG 合作上的成功项目，除了亚马尔 LNG 项目，还有北极 LNG 2 号项目（Arctic LNG 2）。同样是在 2019 年，三井物产、日本石油天然气和金属国家公司(JOGMEC)与诺瓦泰克公司签署协议,计划共同投资在俄罗斯沿海北冰洋的北极 LNG 2 号项目,日本将拥有该项目 10% 的股份,其中 JOGMEC 持股 7.5%,三井持股 2.5%。

在日本加入后,俄罗斯诺瓦泰克公司持有北极 LNG 2 号项目 60% 的股权,法国能源巨头道达尔公司持有 10%,中国海油和中国石油分别持有 10%。商船三井表示,全球变暖使得船舶能在夏季沿俄罗斯海岸航行于北冰洋,这使 LNG 能够在相对较短的时间内运往日本和东亚其他地区。

2021 年 1 月,中远海运能源宣布通过收购 3 家单船公司各 50% 股权的方式参与投资建造 3 艘冰级 LNG 船舶,服务于 2023 年投产的北极 LNG2 号项目。这 3 家单船公司都是由商船三井于 2020 年 9 月在塞浦路斯注册成立的。这也是继中远海运能源与中国石油合作的 LNG 运输项目之后,中远海运能源 LNG 运输业务板块上又一重要的项目,只不过其中依然有着商船三井的身影。

2021 年 9 月,商船三井与俄罗斯交通运输部下属国有租赁公司 State Transport Leasing Company 签署了一份意向书,以收购韩国大宇造船正在建设的两个 FSU (LNG 浮式储存装置)49% 的股权,用于北极运输。不仅如此,三井还宣布在大宇造船建造 4 艘 LNG 运输船,并与俄罗斯天然气巨头诺瓦泰克公司签署租船合同,帮助俄罗斯推动北极航道的全面通航。

探索和发展碳中和业务

2019 年,东京天然气公司等多家日本能源企业开始从英荷壳牌公司购买碳中和 LNG。2021 年 3 月,日本 15 家来自各行业的公司宣布成立碳中和 LNG 买方联盟,以期在国际市场获得相应的话语权。同月,三井财团的三井物产(综合商社)宣布,开始向北海道天然气有限公司供应碳中和 LNG,总量将达到 6.4 万吨。

商船三井的目标是到2050年实现温室气体的净零排放,成为首家实现船队零排放计划的大型日本航运公司

2021 年 6 月,三井财团的商船三井在其发布的《MOL 集团环境愿景 2.1》中提出,集团的目标是到 2050 年实现温室气体的净零排放,成为首家实现船队零排放计划的大型日本航运公司。为了实现这一目标,集团制定了采用清洁替代燃料战略,计划在 2030 年前引进约 90 艘以 LNG 为燃料的船舶,同时在未来 3 年内投资 18 亿美元以减少碳排放,并且发展新的碳中和业务。

商船三井表示将使用以 LNG 作为主要燃料的新型运输汽车船和渡轮,并对其大部分油轮船队进行更新。对此,商船三井总裁桥本刚认为,"在脱碳趋势下 LNG 几乎可以肯定是 21 世纪 20 年代的主要燃料,公司目标是在未来 10 年内,推进 1/3

或更多的船舶过渡到使用 LNG 燃料。当然，商船三井也会同时开发采用新的替代燃料，如氢、氨以及合成甲烷等”。

最新数据显示，与当前以石油为船用燃料相比，使用 LNG 作为船用燃料可实现高达 23% 的温室气体减排。考虑到氢能等净零能源在储存和运输过程中仍存在技术与安全等问题，在当前阶段的开发状态下，LNG 作为船用燃料的商业可行性更具优势。事实上，作为船舶替代燃料，LNG 并非过渡能源，而是转型能源。

2021 年 8 月，商船三井分别与新来岛造船和日本造船达成协议，建造 4 艘 LNG 动力汽车运输船，计划于 2024 年开始交付。在此之前，商船三井的船队中并没有 LNG 动力货船，只有 LNG 动力拖船，因此这次建造的 4 艘 LNG 动力汽车运输船，也被认为是商船三井推动 LNG 燃料在公司船队内应用的开端。

2021 年 9 月，商船三井旗下首艘 LNG 动力拖船“Ishin”号获得碳中和 LNG（CNLNG）燃料供应。碳中和 LNG 是指在 LNG 上游开采、处理、液化、运输、再气化以及最终使用中排放的 CO_2 以生态碳汇、可再生能源发电、碳捕捉等方式抵消，从而实现 LNG 价值链的零碳排放。在未来，预计碳中和 LNG 无论是在一般用途领域还是船舶燃料领域，都将获得广泛的使用。

2021 年 11 月，三井财团的商船三井宣布，与三菱财团的三菱造船合作完成了关于液化二氧化碳（LCO_2）运输船多种主流船型的概念研究。商船三井表示，在碳中和发展过程中，除了减少 CO_2 的排放，作为实现低碳和脱碳社会的一种手段，碳捕集、利用与封存（CCUS）技术也日益引起关注，LCO_2 船将在 CCUS 价值链中发挥重要作用。

此前不久，商船三井刚刚受邀参与了日本经济产业省管辖的新能源产业技术综合开发机构（NEDO）的研发项目，协助大型 LCO_2 运输船实际运用的研发工作，以期将工厂与火力发电厂排放的 CO_2 安全、大量且低成本地运输到再利用和储存地点。商船三井当时就表示，通过这一研发项目，商船三井计划完成大型 LCO_2 运输船的基本设计。

除了参加设计 LCO_2 运输船，商船三井还积极进军 LCO_2 海上运输业务，投资挪威 LCO_2 运输船管理公司 Larvik Shipping，后者在欧洲有着 30 余年的工业 LCO_2 运输船管理经验。结合商船三井在安全运营方面积累的专业知识和 Larvik Shipping 的经验技术，商船三井将研究如何扩大 LCO_2 运输船的规模，为在全球范围内进一步发展 LCO_2 海洋运输业务做出贡献。

第四节　多元产业的整合与发展

集装箱业务合并成 ONE 公司

2016 年,日本三大航运公司中的日本邮船和川崎汽船分别发生了 2657 亿日元(约 156 亿元人民币)和 1395 亿日元(约 82 亿元人民币)的净亏损,仅商船三井实现了 53 亿日元(约 3.2 亿元人民币)的微幅盈利。在全球航运格局持续调整的大背景下,当年 10 月 31 日,日本邮船、商船三井及川崎汽船 3 家航运公司共同声明:合并集装箱运输业务,并于当日签署相关协议,以应对低迷的航运市场和激烈的同业竞争。

2017 年 7 月 7 日,一家名为"ONE"(Ocean Network Express,海洋网联船务)的集装箱船业务新公司成立。ONE 公司的控股公司 Ocean Network Express Holdings 设在日本东京,业务运营公司则设在新加坡,负责营业和航运管理,2018 年 4 月正式开始营业。新公司 ONE 的 CEO 由日本邮船经营委员杰里米 · 尼克松担任。

在新公司 ONE 中,日本邮船(属三菱财团)持有合资企业 38% 的股份,商船三井(属三井财团)和川崎汽船(属第一劝银财团)分别持有 31% 的股份。日本邮船社长内藤忠显在东京的联合记者会上称:"此次三家合而为一的目的是,这样做谁都不会消亡。"川崎汽船社长村上英三也表示:"这项并购案是对欧洲打造运输业巨擘的整合风潮所作的回应。有必要保持竞争力。"

通过经营整合,日本 ONE 公司拥有包括商船三井正在航运的全球最大级别集装箱船在内的数量达到 240 艘的船队,并形成连接 120 多个国家和地区的航运网络,运输能力约占全球市场 7% 的份额,是全球第六大集装箱船东。在船型上,ONE 拥有 6 艘 2 万 TEU(20 英尺[①]标准集装箱)型超大型集装箱船。事实上,这个数量相比其他大型集装箱航运企业而言显得偏少。

对此,ONE 公司的 CEO 杰里米 · 尼克松有着十分清晰的定位:"我们并没有将自己定位为大型航运企业。ONE 公司的优势是强大的全球服务网络,我们是国际三大海运联盟 THE Alliance 的成员(另两个是 2M、OCEAN Alliance),依靠联盟的全球影响力。ONE 公司积极布局自己的全球网络,每周可为客户提供 32 条覆盖太平洋、大西洋与亚欧地区 120 多个国家和地区的航线服务。"

对所有的航运企业而言,最大的挑战是能否预测贸易的需求。全球贸易可能

① 1 英尺≈0.3048 米。

随时改变货源和供应环境，所以需要航运企业非常灵活地去适应并做出改变，包括改变服务和网络，以满足不断变化的全球性贸易。通过收集情报来决定贸易方向，恰恰是日本财团企业的优势所在。市场上会有或多或少干预贸易自由的因素，比如备受关注的中美贸易摩擦。

ONE公司表示，他们不是政客，而是航运服务商，因此只能去适应，根据贸易环境的改变做出相应的调整，必须时刻准备好应对潜在的市场变化。ONE公司将继续专注于中美市场，保持太平洋东西航线的市场竞争力。此外，ONE公司还将积极关注中国及其周边市场，如日本、东南亚国家等，为客户提供更加灵活的、更广泛的连通不同国家的服务。

2017年9月，日本ONE公司专门在中国上海成立了一家船务代理公司——海洋网联船务（中国）有限公司，其中日本ONE公司占股98%。其他股东为中国船务代理有限公司、中国外轮代理有限公司、上海华港国际物流有限公司以及深圳云路现代物流有限公司，这4家公司各持股0.5%。新公司董事长兼总经理由曾在商船三井供职的上野友督担任。

这家基于此前日本三大航运公司合并后成立的船务代理公司，计划把现有三大日本航运公司在上海、青岛、天津、大连、宁波、南京、深圳、厦门等多个城市的分支机构并入。随着业务整合，原来3家日本航运公司在中国的集运业务、码头业务，都会陆续整合进船务代理公司，而原来3家日本航运公司的其他业务部门，还将继续独立办公。

打造汽车海运新品牌MOL ACE

2015年6月，商船三井宣布打造一个全球性的汽车运输服务品牌——MOL Auto Carrier Express（MOL ACE），其中“ACE”的名称源于其于2012年推出的全球首艘新建混合动力汽车运输船“Emerald Ace”号。商船三井共运营120多艘汽车运输船，在全球140个国家和地区设有办事处与机构，业务并不仅限于小轿车的整车运输，还包括公交车、卡车、拖车以及机械装备。

实际上，2015年也是商船三井开展汽车运输业务50周年。自1965年日本第一艘汽车专用船“追滨丸”号启航以来，数十年间凭借其在全球范围内建立的服务网络，商船三井如今的汽车运输运营航线已经超过30条，并在日本、美国、德国、泰国设立了区域管理处。作为日本汽车运输的先驱者，商船三井一直通过坚持不懈的努力完善自身的服务。

2016年4月，商船三井表示，新汽车运输服务品牌的建立表明其进一步发展汽运业务以及推广汽运品牌的决心，并宣布在南日本造船订造了4艘被称为“FLEXIE”船的新一代节能汽车运输船。这批新一代汽车运输船采用圆弓形设计，可最大限度降低风阻，预计能减少约2%的 CO_2 排放。圆弓形设计为商船三井、商船三井技术贸易公司和三井造船昭岛研究所联合研究开发的项目。

2018 年 3 月，商船三井正式接收了新一代 FLEXIE 系列首艘汽车运输船“Beluga Ace”号。这一新的汽车运输船船体的设计完全不同于现在的汽车运输船，除了采用商船三井独有的圆弓形设计外，还使用了电控柴油发动机排气（EGB）技术。运输船上安装废热能量回收系统，回收余热用于发电，减少电力消耗。此外，运输船上还安装了应用增强现实（AR）技术的船舶操纵支援系统。

2018 年 10 月，商船三井 FLEXIE 系列汽车船获得了日本设计振兴会（JDP）颁发的优质设计奖。FLEXIE 系列的“Beluga Ace”号是商船三井的一个里程碑，标志着汽车运输船在功能方面的重大进步。实际上，新型汽车运输船是 ISHIN NEXT – MOL Smart Ship Project 项目的重要成果，“ISHIN”是日语振兴的意思，该项目主打开发智能船舶项目及其相关的科技发展。

2021 年 10 月，商船三井宣布，与其子公司 MOL Information Systems 共同推出的汽车运输船货物积载规划自动生成系统已经开始全面运营和实际应用。商船三井的这套数学优化系统以 AI 为基础，能够使生成积载规划所需要的时间减少约 40%，不仅使用创新的尖端技术促进决策，而且消除了对个人技能的依赖。

由于汽车运输船需要非常复杂的货物积载规划，过去商船三井往往需要提前几个月模拟每艘船的运输路线，从数百万种可能的船舶组合中获得整个船队的最佳解决方案。如今，通过与大阪大学研究团队的合作，商船三井开发出一种算法，能够利用数学优化技术从大量组合中快速得出最佳船舶分配规划，以及一个快速生成货物积载规划的系统，最大限度地提高效率和货物安全水平。

商船三井新型LNG动力汽车运输船系列及船体颜色设计，船首颜色为绿松石蓝，将具有强烈环保形象的绿色和蓝色进行融合，而蓝色是商船三井的品牌色，表达了对解决环境问题的持续承诺

2023 年 1 月，商船三井总裁兼 CEO 桥本刚公布了新型 LNG 动力汽车运输船系列及船体颜色设计。新系列命名为“BLUE”，船体颜色设计则体现了商船三井为汽车运输服务的全球统一品牌——MOL ACE 的理念。此前，商船三井于 2021—2022 年先后订造了 8 艘 7000 车位 LNG 动力汽车运输船，这也是其船队中首批 LNG 动力汽车运输船。

商船三井一直认为，海上运输的本质是赋予物品或服务附加价值。所谓的海运业，并非单纯地指运输汽车、卡车、工程机械、拖车等商品，然后收取运费。作为一家从事海上运输业务的公司，商船三井并非仅仅从事海上运输，企业的目标是为社会、为最终消费者创造幸福，在全世界范围内时刻应对海上运输过程中出现的各种挑战。

通过重组发挥协同作用

2016 年 4 月，商船三井开始组建两个新业务部门，分别是干散货和能源运输，以此推进公司对干散货市场业务的重组工作。重组后,干散货部门包括干散货规划和协调、铁矿石运输、一般散货和木屑运输。能源运输部门则倾向于动力和热能煤的业务,同时还调配相关船型来满足客户关于能源行业的多样化需求。

2017 年 2 月,为提高效率,商船三井进一步重组业务,整合旗下班轮和汽车运输船业务。在上一年组建的能源运输部门内,商船三井设立一个新的燃料业务办公室,通过长期政策监督燃料采购,开发替代能源,如 LNG。除此之外,商船三井还建立了 One MOL 业务战略执行办公室,利用集成方式的商务智能进行跨部门、跨领域的推广。

2018 年 4 月,商船三井宣布再一次进行大规模的重组调整,首先是成立企业营销部门,以接管此前成立的 One MOL 业务战略执行办公室的运营工作。这一举措可以更有效地推动跨地区和组织间的全球业务活动,并通过建立系统来积极推进。然后,商船三井成立一个审计部门来监督内部审计办公室,该部门负责评估管理质量,并提出改进建议。

同时,商船三井根据客户的需求把油轮部门划分为油轮部门(A)和油轮部门(B)。油轮部门(A)主要负责原油油轮业务,油轮部门(B)主要负责石油产品油轮和甲醇油轮业务。此外,商船三井成立班轮业务管理部门,以履行公司作为新公司 ONE 主要投资者之一的管理职责。重组措施还包括成立一个技术创新部门,公司首席技术官作为部门代表负责监督公司运作。

2019 年 4 月,商船三井的组织结构重组仍在继续,新设首席安全官一职,负责监督战略规划和采取措施,确保商船三井和整个集团船队的运营安全与质量;设立新的船舶技术管理部门,负责管理船队,加强船舶维护,使公司成为全球安全运营的领导者;新设立负责促进可持续发展的执行董事,旨在通过全集团的可持续增长和业务活动,实现公司的可持续发展目标。

2020 年 12 月,商船三井宣布继续调整干散货业务,决定将旗下所有 1 万吨至 10 万吨散货船、木片船以及多用途船整合至其子公司商船三井近海株式会社(Mitsui OSK Kinkai)。为了应对商业环境的变化,商船三井近海株式会社整合公司业务,计划发展成为以实体业务为核心,加强客户服务,并能从容应对各种商业环境变化的船企。

对此,商船三井表示:“航运业相关的商业环境正在以极快的速度革新,地缘政治、全球经济情势、能源需求的结构性变化、多样化的客户需求、厄尔尼诺等异常天气影响、全球性疫情或多或少将对我们产生影响。通过本次业务重组,最大限度地发挥协同作用,各个业务部门为满足不同客户需求而提供的干散货运输业务也将提高到一个更高的水平。”

2021 年 4 月,此前整合了集团干散货业务的商船三井近海株式会社,正式更名为“商船三井干散货株式会社”(MOL Drybulk)。干散货领域是商船三井的核心业务，商船三井干散货株式会社未来将通过分拆完成组织结构和人员调整，集中整合全部业务，并通过最大限度地利用重组带来的协同作用，进一步提高商船三井在干散货市场的竞争力。

2021 年 5 月，商船三井在日本大岛造船厂下单订造了 1 艘 82000 载重吨的巴拿马型散货船，用于为日本国内电力公司运输木质生物质燃料。木质生物质燃料是一种碳中和的新能源，可以理想地替代诸如热电联产中使用的煤炭和燃气，有助于环境可持续性和高效绿色增长的实现。事实上，商船三井近年来一直致力于新能源等相关领域的发展。

发展零排放的生物质燃料

2019 年 10 月，商船三井宣布，与大岛造船厂共同研发的硬翼帆式风力推进装置设计获得了日本船级社颁发的原则性批准。这项可利用风能作为推进力的装置是商船三井与大岛造船厂主导的 Wind Challenger 的关键技术。如果搭载 4 个风帆装置，船舶最多能够减少 30% 的能源消耗。这种设计率先在新建散货船上使用，并逐渐扩大到油船及其他船型上。

由商船三井打造的零排放船——“Wind Hunter”号，是一艘配有多个硬翼帆并具备船上制氢能力的远洋货船

2020 年 12 月，商船三井宣布与多家日本机构合作开展 Wind Hunter 零排放船舶研发项目，将风能和氢燃料电池结合在一起。项目采用可折叠硬翼帆技术装置，在风力强劲时，帆船可以打开风帆前行，同时通过安装在水中的涡轮机发电，以电解水方式制造氢气。如果风力减弱，则使用贮藏的氢气通过燃料电池发电，转动螺旋桨来驱动帆船。

2021 年 11 月，商船三井与旗下的商船三井干散货株式会社联合日本发动机公司（J－ENG）宣布了一项关于氢燃料船的合作协议。3 家公司计划在一艘现役船只上安装氢燃料发动机，这是世界上首个低速二冲程氢燃料船用发动机，也是世界上首个安装在远洋商船上的氢燃料发动机。商船三井希望使用氢燃料发动机进行示范测试，以促进净零排放氢动力船的商业化。

显然，商船三井非常看好氢燃料成为未来新一代零碳燃料之一。除此之外，氨燃料也被重点提及。根据商船三井的规划，其从 21 世纪 20 年代中期开始运营氢燃料、氨燃料的远洋船舶。在 2035 年之前，商船三井依然是以 LNG 为主，但在 2035 年之后会把中心调整到使用氨气、氢气和合成甲烷等新燃料上，进一步降低全生命周期的排放，并向零排放航运迈进。

2022 年 11 月，商船三井宣布与日本最大的发电商 JERA 签署谅解备忘录。根据协议，商船三井和 JERA 将研究开发适合日本国内热电厂和接收站的燃料氨载体，建造燃料氨运输和接收系统，以及安装和操作使用氨作为船舶燃料的推进发动机。商船三井在声明中表示，随着氨成为下一代清洁能源，预计未来将对氨产生大规模需求，特别是用于共烧和燃煤发电厂的氢载体。

传统的氨气产业一直被视为化工产业的重要门类。近年来，随着全球对绿色低碳和零碳燃料的探索与实践深入，氨气产业被中外产业界普遍认为是最经济、可靠、实用的零碳燃料来源。如今，新能源氢气产业的发展甚至被认为到了“氢2.0 = 氨”的氨氢融合的新发展阶段。未来似乎只有通过发展氨燃料，才能助力氢气产业走出难以大规模经济应用的全球困境。

2023 年 1 月，商船三井和三井物产（三井财团的综合商社）宣布，由双方设计的大型氨动力散货船已经获得了日本船级社颁发的原则性批准，并委托三菱造船进行建造。该船设计采用氨燃料的主发动机，在甲板上配备两个氨燃料储罐，燃烧时 CO_2 排放量为零。商船三井表示，在航运脱碳的大趋势下，航运界正在加快氨燃料的战略化部署。

2023 年 3 月，商船三井宣布与泰国电力局、三菱商事泰国公司以及千代田化工建设公司签署谅解备忘录。各方计划共同研究如何在泰国南部建立一系列供应链，用于生产、储存、运输和利用来自可再生能源的清洁氢气和氨气，并将其供应给国内和国际市场。其中，商船三井主要根据自身在运输和处理资源及能源方面的丰富经验与知识，研究安全且高效的氢气和氨气运输方法。

同月，商船三井宣布旗下的“Cajun Sun”号油轮以温室气体净零排放的方式成功从美国航行至比利时，完成了世界首次使用生物甲醇燃料的净零排放航程。航行所用的甲醇燃料是加拿大企业制造的，由以家畜排泄物产生的甲烷为原料制成的生物甲醇以及来自化石燃料的甲醇混合而成。在商船三井的未来规划中，生物甲醇燃料同氨气、氢气一样都是重要的替代燃料。

第五节　用什么应对更大的危机

打造全球物流和供应链体系

1960 年 8 月，商船三井物流株式会社的前身三井航空服务株式会社成立，这可以看作商船三井建设物流与供应链体系的开端。彼时，日本制造业的国际化经营也刚刚开始。随着日本制造业向海外进军，如何通过先进合理的管理模式与产业技术打造最优的供应链就成了当务之急。在国际竞争中，以商船三井为代表的日本物流企业不断完善自身物流体系。

进入20世纪80年代，为形成日资体系的配套产业集群，商船三井通过在荷兰设立控股公司，并收购总部设在荷兰的大型综合物流公司，实现了横跨欧洲各国的物流业务。此外，在汽车运输业务方面，商船三井也与欧洲日产物流公司合资设立航运公司，进一步巩固了欧洲市场的汽车运输业务。以此为基础，商船三井开始加速其全球化运营的展开。

2003年，商船三井成立了负责物流业务的商船三井集运株式会社（MOL Consolidation Service，MCS），通过创新和定制的供应链解决方案为客户带来价值。如今，商船三井集运株式会社在全球五大洲共有67个事业部，不仅能提供海外的港口业务，还能衔接航空运输和陆地仓储业务，为客户提供的门到门运输不仅涵盖港口到港口的范围，更延伸至生产区到消费区的全链条环节。

2004年5月，商船三井与深圳市西部物流有限公司签订合作协议，双方从物流园区功能定位、整体规划、物流信息系统和供应链手法应用等五方面开展技术、业务与资本合作，共同在深圳前海湾物流园区打造国际一流的第三方物流基地。共建物流基地是商船三井在中国市场的重要举措，同时也对推动深圳建设国际化物流枢纽城市具有重要意义。

双方共同打造的前海湾物流园区是深圳重点发展的六大物流园区之一，规划占地面积约500万平方米。其功能定位为依托西部港群、深港西部通道和平南铁路，重点发展港口及陆路散杂货集散、集装箱中转、加工、转运和配送，形成与现代物流业相关的货运交易、代理、信息、管理、保险、金融等服务功能，成为复合枢纽型港口物流园区。

2006年，商船三井收购了日本国内专注于港口事业的宇德株式会社。宇德株式会社的前身是1890年由宇都宫德藏在横滨创立的船运店，有着超过100年的物流经验。宇德株式会社可以进行各种货物的进出口清关、陆运、设备安装和拆解工作，并在全日本拥有30个办事处，基本覆盖日本所有港口和城市。通过收购，商船三井可以更好地提升客户的港口货物转运体验。

2008年7月，由商船三井投资建设并运营的面积为52.61万平方米的集装箱码头工程正式完工，码头位于美国的杰克逊维尔港。商船三井表示，杰克逊维尔港距离经济发展迅速的佐治亚州南部地区和佛罗里达州北部地区较近，附近分布较多分拨中心，其作为佛罗里达州东岸最大的集装箱港，同时也是美国重要的铁路枢纽、大陆桥的桥头堡之一，未来发展前景可观。

2018年5月，商船三井与伊藤忠商事联合万海航运和西贡新港总公司举行了海防市国际集装箱港口揭牌仪式，这是越南北部首个集装箱船港口。据日本NHK电视台的报道，该港口工程耗资1400亿日元（约12亿美元）。新港口一改当地集装箱运输的历史，大型集装箱运输船今后无须途经新加坡、中国香港进行重新装载，可直航至欧美等地，或将极大削减运输成本。

由商船三井出资建设的海防市国际集装箱港口，位于海防市吉海县吉海镇。海防市是越南北部最大港口型国际门户城市，同时也是北部沿海地区的经济、工业、文化、医疗、教育、科学、贸易和技术基地。时任商船三井总裁池田润一郎表示：“新港口可节省重新装载的时间及费用，极具市场竞争力。港口方面今后将致力于成为欧美直航航线的一大中转站。”

2018年，时任越南总理阮春福（中）出席海防市国际集装箱港口揭牌仪式，海防市国际集装箱港由商船三井联合伊藤忠商事出资建设

推动多领域的新业务创新

2017 年 2 月，以多元化经营模式为前提，商船三井在集团业务部内成立了新业务创新小组，后更名为“新业务创新与集团业务部”。对此，商船三井明确表示：“这并不是集团传统业务的延伸。”过去，商船三井的多元化实际上都是有限多元化，业务也多集中在集装箱班轮运输、油船运输、散货运输、物流、码头等。显然，未来新业务创新的领域要有更大的延展性。

颠覆性创新技术随时将重塑航运业，但一旦清楚地看到变化，那么为时已晚。因此，推动变革的领先者应看得更远，为了保持领先，商船三井就需要不断创新。为此，商船三井在企业战略规划部成立业务战略执行办公室，主要利用集成方式的商务智能进行跨部门、跨领域的推广。商船三井还撤销研究办公室，并将其业务转移至业务战略执行办公室或其他部门。

2019 年 4 月，在商船三井成立 135 周年之际，集团公布了企业的未来愿景：希望能在 10 年后成为具有明显优势并拥有最高竞争力的企业。为此，商船三井打算推进五个集团范围的优先事项，包括海洋技术技能、信息通信技术（ICT）战略、技术开发、环境和零排放业务以及工作方式改革。唯有主动创新，才可在颠覆性创新重塑行业时立于不败之地。

2021 年 1 月，商船三井宣布成立规模为 4000 亿日元（约 250 亿元人民币）的风险投资基金，其为商船三井全资拥有的企业，名称为“MOL PLUS”。MOL PLUS 作为风险投资公司，其主要目标是对全球范围内的初创和中期初创公司进行广泛投资，同时集中在可以改革海洋运输和物流业务模式的领域，这些投资能够从中长期角度出发创建新业务。

2022 年 11 月，商船三井宣布，将建造 2 艘 35000 吨级远洋邮轮以满足日本国内和国际邮轮需求，预计投资总额约为 1000 亿日元（约 51.44 亿元人民币）。远洋邮轮与此前传统的航运市场的关联不大，商船三井希望通过这项投资强化自身的非海运业务布局。随着集装箱海运市场暴利时代的结束，商船三井开始加快集团多元化经营发展的步伐。

对于进军邮轮市场，商船三井总裁桥本刚表示："这是一个在日本国内正在增长的稀有领域。我们的竞争对手是高级酒店和高级旅馆，我们还可以期待未来赴日外国游客需求的回升。"同时，桥本刚还表示，商船三井愿意进行大型投资，"在不久的将来我们的净资产将达到2万亿日元，我们将继续进行积极的投资，并在5年后、10年后实现更大的飞跃"。

2022年，集装箱船业务占商船三井利润的80%左右，仍然是集团最主要的盈利来源。不过，随着相关市场份额逐渐趋于稳定，桥本刚认为："我们不太可能大幅扩大我们的船队规模。如果不强化房地产、仓储等非海运领域的业务布局，我们很难实现增长。"在商船三井对非海运业务进行投资的过程中，房地产业务成为一个重要支柱。

商船三井此前购买了日本房地产公司Daibiru的所有剩余股份，使其成为集团的全资子公司。Daibiru的前身是成立于1923年的大阪大厦株式会社，2004年成为商船三井的合并子公司。商船三井希望借助Daibiru，在其投资组合中增加更多海外地产。Daibiru曾于2018年以2.4亿澳元的价格收购了位于悉尼CBD地区的一处18层高的商用办公建筑George Street。

2023年1月，商船三井总裁桥本刚在新年致辞中表示："（商船三井）仍计划保留过去两年积累的现金资本，以应对即将到来的经济衰退并为可能不断恶化的财务业绩做好准备。"事实上，日本企业一直都有储备现金的习惯，这些现金也被叫作"内部留保"。此外，储备现金也有"持币待机"的投资安排，面对大规模投资机会时，若单纯依靠外部融资，则有可能丧失先机。

加强"官产学研"技术合作

2017年5月，商船三井与同属三井财团的三井造船合作研发的海上自主运输系统概念技术项目，获得了日本国土交通省（MLIT）的认可，成为政府2017财年交通运输技术开发推进项目。日本国立研究海上港湾航空技术研究所、东京海洋大学、日本船级社、日本船舶技术研究协会和三井造船昭岛研究所也参与了该项目的研究。

2017年11月，商船三井联合日本富士通实验室有限公司（以下简称"富士通实验室"）、东京海洋大学，共同应用富士通实验室的人工智能技术评估船舶海上性能，以验证AI技术在船舶上应用的准确性。AI是研究、开发用于模拟、延伸和扩展人的智能的理论、方法、技术及应用系统的一门新的技术科学，此前在港口和航船等较为传统的海上运输领域应用相对较少。

该项目是商船三井创新项目的一部分，旨在通过富士通实验室的人工智能技术评估船舶在海上的性能，并验证其准确性，以降低船舶能源消耗及船舶受环境的影响程度。商船三井向富士通实验室及东京海洋大学提供其船队的真实航次数据，并通过联合开发的机器学习方法来验证其有效性及准确性。通过此次联合实验，商船三井试图通过人工智能和ICT提高服务水平。

同月，商船三井宣布与旭化成株式会社合作进行振动传感器预测船用设备异常情况的验证研究，以推动智能船舶项目的发展。作为船舶物联网系统（IoT System）的一部分，该项目预计不仅能打造独立的船载监控系统，还将有助于实现船岸之间的实时通信船队监视器平台的数据合并，以便在发生异常时立即进行分析。

该项目展现了商船三井在开发船舶物联网、推进装置技术和安全运行上的积极态度。同时，商船三井还支持对从其他行业吸纳的技术进行发展和完善，并将其应用于海事领域。此外，日本船级社准备开展产业和学术合作伙伴联合研发计划，使用商船三井技术研究中心拥有的发电机式发动机，对船舶推进主机、电力发电机和螺旋桨轴轴承振动传感器进行磨损试验。

2017年12月，商船三井与古野电气和商船三井技术贸易公司达成协议，共同开发一项船舶运行系统，在航行过程中使用AR技术提供支持。AR技术是一种将真实世界信息和虚拟世界信息“无缝”集成的新技术，这种技术的目标是在屏幕上把虚拟世界套在现实世界中并进行互动，可广泛应用到军事、医疗、建筑、教育、工程、影视、娱乐等领域。

该项目基于自动识别系统（AIS）数据，可以在平板电脑和其他显示器上显示船舶运营信息，诸如在船舶周围航行的其他船舶以及海上浮标之类的航标。商船三井表示，该公司正在研究如何通过雷达重叠障碍物的显示，增加目标障碍区（OZT），这是一种防止船舶之间碰撞的运算法则，并利用图像识别技术增强这种功能，对障碍物进行补充显示。

2022年7月，商船三井宣布与三浦工业株式会社合作，共同开发新的离心式微塑料（MP）收集装置，以便在船舶航行过程中持续收集微塑料。收集装置被安装在5艘船上，包括3艘散货船和2艘木片运输船。测试结果显示，通过将收集装置与冷却海水管线连接，可以在航行过程中持续收集海水中的微塑料，每年海水处理能力约为之前设备的70倍。

商船三井介绍称，微塑料是一种海洋污染源，考虑到商船三井汽车运输船的航线遍布世界各地，因此这些船在全球航行运送货物的同时，可以通过这一收集装置对所有海域进行清洁，为保护海洋环境做出贡献。此外，商船三井还考虑整理该设备收集的微塑料成分、数量、地点和时间等数据，未来用于研究各种微塑料处理方法的效果。

努力促进海事行业数字化

2017年，商船三井、日本邮轮和川崎汽船日本三大航运公司就已经加入了区块链的研究行列，与银行、保险、物流供应商等 14 家与贸易相关的公司组成联盟，利用区块链技术共建贸易数据共享平台，以简化流程、降低成本。除航运公司外，联盟成员还包括 NTT、丸红、双日、丰田通商、三井住友银行等日本知名企业。

区块链技术自诞生以来在全球引发了广泛的关注，一种基于整合客户、船东、港口、海关等集装箱运输产业链上下游各相关主体的航运区块链生态圈设想孕育而生，各种航运区块链的开发应用也层出不穷。比如，利用区块链技术推出数据信息共享、加密创新；建立可追溯的区块链运输信息识别和交易系统；基于区块链技术搭建数据平台，推动数字化进程；等等。

近年来，日本商船三井一直都在积极推动海事宽带通信的引入和安全高效的海事行业数字化

对此，商船三井认为，过去的贸易方式主要是依赖提单及其他单证、文件来实现，这增加了很多不必要的负担，例如需要耗费更多时间完成相关手续，还会产生额外的劳动力投入及成本支出。这次日本航运上下游企业形成联盟，共同引入区块链技术，有望增强信息在公司及相关业务之间流动的顺畅性，从而提升客户的便利性，使与贸易有关的办公程序更迅速高效。

2021 年 10 月，日本商船三井、软银集团和 e5 实验室公司（e5 Lab）共同签署谅解备忘录，计划使用由英国创新企业 OneWeb 提供的新一代高速通信卫星，为远洋船舶提供海上宽带通信。通过引入 OneWeb 的高速卫星通信服务，商船三井将构筑一个能让长期出海的船员上网看视频、与家人视频通话的环境，推动海事宽带通信的引入和安全高效的海事行业数字化。

e5 实验室公司是于 2019 年成立的海运解决方案服务商，由商船三井、朝日油轮（商船三井子公司）、三菱商事、日本国内船舶经纪公司 Exeno – Yamamizu Corporation 共同出资成立，旨在共同开发和推广零排放纯电动船。e5 Lab 包含了 5 个核心要素：电气化（electrification）、环保（environment）、演变（evolution）、效率（efficiency）和经济（economics）。

OneWeb 则是一家成立于 2012 年的全球通信公司，其利用外层空间提供的全球通信网络，为政府机构、企业和终端用户提供卫星通信服务。2016 年，OneWeb 融资 12 亿美元，其中孙正义旗下的软银集团投资了 10 亿美元。2020 年 10 月该公司由英国政府和印度巴蒂集团收购。2021 年 1 月，软银集团再次向 OneWeb 注资 3.5 亿美元，并获得了董事会席位。

按照谅解备忘录，三方合作还包括向客船乘客提供服务，研究与船舶运输数字化有关的各种案例和引进效果。商船三井旗下渡船“Sunflower”号将安装 OneWeb 的卫星天线，在海上进行 OneWeb 卫星通信服务的实证试验。这艘渡船由商船三井子公司 MOL Ferry Sunflower 运营，该公司提供关西—九州、关东—北海道之间的四条航线服务。

2022 年 12 月，商船三井宣布与 Marlink 签署了一份谅解备忘录，开始在旗下运营的船上试用 SpaceX 的星链（Starlink）卫星通信服务。对此，商船三井表示，星链使得船舶能够运用各种船岸通信技术，进而提高了操作安全性。星链是美国商人马斯克提出的一项卫星互联网服务技术，Marlink 则是星链的海事和企业业务的授权代理商。

作为日本最大的航运公司之一，商船三井始终相信数字化技术能对船舶运营产生深远影响，并努力促进船舶行业的数字化转型。除了将船员的劳务管理数字化外，商船三井和软银集团还设想提供金融和健康关怀相关服务。另外，如果未来海上可以使用高速通信服务，商船三井还能基于气象信息选择燃料消耗较少的航路，有望提升海运效率。

参考文献及来源

1. ONE 官方网站，www. one - line. com.
2. 蔡敬伟，屠佳樱. 市场低迷，日本航运与造船业谋变[J]. 船舶物资与市场，2017(6)：30 - 34.
3. 董岗. 后金融危机时代国际航运与航运服务业发展趋势[J]. 中国港口，2012(1)：56 - 58.
4. 杜小军. 日本战后海运政策研究[D]. 天津：南开大学，2003.
5. 分散风险 商船三井摸索降低成本之道[J]. 中国远洋航务，2010(5)：41.
6. 国际船舶网. 商船三井将联手印度钢铁巨头塔塔钢铁开发环保型散货船[EB/OL]. (2021 - 08 - 27)[2024 - 10 - 30]. https://mp. weixin. qq. com/s/4HAEAV99E4nSkJ0WakauvA.
7. 航运界. 商船三井大规模重组业务[EB/OL]. (2017 - 02 - 27)[2024 - 10 - 30]. http://www. ship. sh/news_detail. php? nid = 24410&continueFlag = 88af2993b7a1931e5c3da0c09018cc08.
8. 航运界. 商船三井整合干散货业务[EB/OL]. (2021 - 12 - 13)[2024 - 10 - 30]. https://www. 163. com/dy/article/GR4AMTGO051985LJ. html.
9. 江南蕤. 商船三井：以资源最佳配置实现利润最大化[J]. 中国水运，2008(5)：40 - 41.
10. 蒋伟平. 日本商船队揭秘[J]. 中国船检，2014(12)：47 - 50.
11. 刘昭青. 商船三井将利用波能开发近海可再生能源[J]. 航海，2021(1)：14.
12. 闵华. MOL：三年步略与全球化转型：访商船三井（中国）有限公司董事长、总经理东乡修平[J]. 中国远洋航务，2008(4)：58 - 59.
13. 商船三井官方网站，www. mol. co. jp.
14. 商船三井新开中国/非洲航线[J]. 航海，2008(1)：17.

15. 商船三井与大宇造船合作推出新一代 FSRU 技术[J]. 中国船检,2021(8):96.
16. 松浦章,何娟娟. 近代中国与日本的轮船公司[J]. 淮阴师范学院学报(哲学社会科学版),2020,42(4):347-352,431.
17. 孙光圻,王莉. 日本新海运战略评析[J]. 中国远洋航务公告,2000(6):63-64.
18. 陶圆. 明治维新时期日本近代海运业的产生与发展[D]. 曲阜:曲阜师范大学,2020.
19. 田泓. 日本三大海运公司合并重组[EB/OL]. (2016-11-09)[2024-10-30]. https://www.xinhuanet.com/world/2016-11/09/c_129356841.htm.
20. 新浪财经. 日本商船三井常务执行董事高桥静夫先生[EB/OL]. (2011-11-04)[2024-10-30]. https://finance.sina.com.cn/chanjing/cyxw/20111104/115310756033.shtml.
21. 信德海事. 专访 ONE 首席执行官杰里米·尼克松 | ONE 时代开启新航程[EB/OL]. (2018-11-16)[2024-10-30]. https://www.163.com/dy/article/E0OIFLJ20514C1PI.html.
22. 徐国杰. 宝钢与日本商船三井签战略协议[N]. 中国证券报,2004-04-01(3).
23. 袁纹. 深圳西部物流牵手商船三井合建物流基地[N]. 中国交通报,2004-05-25.
24. 长远发展的必需 商船三井物流中国应用仓库管理解决方案提高竞争力[J]. 现代制造,2005(23):48-49.
25. 郑金岩. 大阪商船三井将进行机构调整[J]. 集装箱化,1995(3):31.

第六章

丰田工匠与三井商人

1909 年 5 月，在三井物产两名职员的陪同下，丰田财团创始人丰田佐吉乘日本邮船“因幡”号开启了美国之行，参观了芝加哥、波士顿、纽约等城市。在亲眼见识了美国汽车工业的蓬勃生机后，丰田佐吉兴奋地高呼：“带动工业文明的一定是汽车，今后将是汽车的时代！”

1949 年，由帝国银行（原三井银行）牵头 20 家地方银行，给丰田集团放贷2 亿日元。三井财团提出《重建法案》，并任命出身自三井财团的石田退三为社长，帮助濒临倒闭的丰田重启事业。1956 年，同样出身于三井财团的神谷正太郎决定在丰田汽车销售公司内部设立调查室，作为向美国进军的秘密武器。

近年来，通过打造丰田移动出行服务平台（MSPF），丰田移动出行的生态基础商业闭环逐渐搭建完成，让“丰田从传统汽车制造商转型为移动出行服务供应商”这一战略的商业逻辑得以清晰呈现。这必将成为所有传统车企的标杆。

——作者题注

【阅读提示】

“三井”告诉了我们什么(6)

20世纪50年代初,在丰田汽车陷入倒闭困境之时,三井财团强势介入,通过提供资本、人才以及经营模式的多方面支持,帮助丰田汽车渡过了难关。可以说,正是在三井财团的主导下,二战后的丰田汽车才得以实现重生。同时,来自三井财团的神谷正太郎为丰田汽车构建起了一套强大的销售网络架构,并真正确立了丰田共生商业体系。

所谓的丰田共生商业体系,本质上就是一种基于产业供应链、价值链的生态体系,核心思想来源于三井财团的综合商社——三井物产。丰田汽车不仅生产和销售汽车产品,而且将触角延伸到整个产业链之中,早在成立之初就开始涉足汽车产业的相关领域:修配零件、汽车学校、保险投资、情报调查、公路建设、二手车市场、影视听传播服务……

20世纪80年代,丰田汽车全面进军美国市场,并从西雅图登陆杀向全美。相比于美国汽车企业的单打独斗模式和产业为先策略,以丰田为代表的日本汽车企业构建了一个又一个的企业共同体“堡垒”,形成了基于产业价值链网络的财团作战体系,20年间打得美国车企节节败退,丰田汽车的市值甚至一度超过了美国三大汽车公司(通用、福特和克莱斯勒)的总和。

进入21世纪,经过数十年的努力,丰田汽车成了国际汽车产业链上的组织者,其以汽车产品为纽带,建立起“产商融”一体化的工商业模式,最终确立了全球竞争的领先地位。丰田汽车不只是产业链的组织者,也是价值链的打造者,更是汽车全球化战略的实际操盘手。事实上,丰田汽车的制胜之道正是三井财团的核心价值观——三井商道。

三井财团旗下的丰田汽车自成一体,形成“环套环、圈套圈”的利益共同体和命运共同体,通过左右逢源,最终实现共生共荣。丰田汽车成功的真正原因,就在于其懂得如何基于产业链进行组织,成为产业链生态的组织者。在日本,三井物产、丰田通商(小三井物产)这两家综合商社就是典型代表,扮演着产业链、价值链上的组织者角色。

三井物产、丰田通商以产业的可持续发展作为战略的引导力量,通过不断获取价值创造的关键资源,如资本、能源、矿产、技术、人才、信息与情报,形成强大的影响力和支配力,物色和支持旗下的实体企业,成为产业链、价值链生态上的组织者。可以说,三井、丰田等日本企业之所以能够经百年而不衰,就在于它们独特的经营模式——成为产业组织者。

本章导言

2007年春节前夕，奇瑞汽车股份有限公司（以下简称“奇瑞汽车”）董事长尹同跃给公司最高决策层经管会的12位成员每人发了两本书——《丰田的研发体系》和《怎么让你的客户满意》，他希望大家能够从日韩汽车企业的管理模式和发展经验中得到更多的启发。尹同跃丝毫不掩饰对于综合商社模式的向往，他曾表示：“希望有一天，奇瑞也能成为（三井、三菱）这样的综合商社和世界级品牌。”

尹同跃曾多次到日本、韩国考察，在被日韩经济奇迹震撼的同时，他发现：二战以后，日韩能在资源匮乏的弹丸之地快速崛起，并在海外形成强大的资本繁殖能力和品牌渗透力，得益于一大批像三井、三菱、三星、现代这样的综合商社，并孕育出丰田、松下、索尼、现代汽车等世界级品牌。

怀着对这个梦想的美好期冀，奇瑞汽车尝试多元化发展：首先是由单一的轿车行业扩大到更为广阔的交通运输设备制造领域，包括乘用车、商用车、汽车零部件、船舶等，将奇瑞汽车多年积累的技术、人才、原材料、供应链等优势呈几何级放大。其次是发展汽车金融、物流、房地产、循环经济、大宗商品贸易等产业，与汽车制造业务相辅相成，实现公司各类生产要素的互补和共享。

2010年10月20日，为实现奇瑞汽车多元化、集团化的发展目标，奇瑞控股有限公司（后更名为“奇瑞控股集团有限公司”，以下简称“奇瑞控股集团”）正式成立，对旗下汽车板块进行整合，逐步形成了以汽车产业为基础，汽车零部件生产与研发、金融投资、服务贸易、仓储物流、船舶、旅游、地产等业务共同发展的集团公司。截至2024年，奇瑞控股集团拥有员工4万余人，业务范围遍布海外80余个国家和地区，总资产1200多亿元。

在逐渐形成多元化发展的同时，奇瑞控股集团也扮演综合商社产业组织者角色。作为安徽省特别是芜湖市的骨干企业之一，奇瑞控股集团一直积极带动当地汽车及相关产业的发展。围绕汽车产业链，奇瑞控股集团在芜湖集聚汽车及零部件企业870多家，此外，因为与奇瑞控股集团有紧密合作而来到芜湖投资的世界500强企业也有近40家，为当地整体提供就业岗位约15万个。

同时，依托奇瑞控股集团还衍生出工业机器人、现代农业装备、新能源、通用航空等新兴产业，安徽省12个战略性新兴产业中，有4个新兴产业源于奇瑞。根据奇瑞控股集团的发展规划，未来将继续以汽车产业链为核心，加快向汽车后市场、移动出行、军用汽车装备、无人机发动机等高附加值业务延伸，打造产业生态圈，努力成为像三井物产、丰田通商那样的综合商社。

2023年1月28日，奇瑞芜船威海绿色海工科技产业基地项目签约仪式成功举行。资料显示，该基地将依托奇瑞控股集团汽车出口优势及芜湖造船厂手持订单的生产需求，批量建造6000车位汽车运输船、8万吨级巴拿马型散货船等主导产品，达产后预计可实现年产值50亿元。项目方还打算进一步整合奇瑞控股集团产业资源，带动高端船舶及海工装备、汽车配套等产业资源落地。

奇瑞不是一家汽车企业吗，怎么还和造船联系上了？原来奇瑞汽车早在2007年就收购了芜湖造船厂，通过资产重组改制的芜湖造船厂如今隶属奇瑞控股集团，是国家大型一档造船企业，致力于智能船舶和绿色船舶的开发与制造，同时也是海军海洋综合调查船以及其他军辅船的重要生产基地，民船板块则已形成液货船、海工船、散货船、特种船和多用途船五大成熟领域。

事实上，除了大家熟知的汽车领域和刚刚提到的船舶领域，奇瑞控股集团涉及的产业还有很多。在金融领域，有中国第一家由中国自主品牌汽车公司与中国本土银行合资成立的专业化汽车金融公司——奇瑞徽银金融。在地产领域，有具备国家一级开发资质的卓瑞地产和旅游地产（房车露营地）品牌途居露营。此外，奇瑞控股集团在智慧物流、循环经济、汽车后市场、跨境电商等方面也均有投资。

虽然是从汽车制造业起家，但如今的奇瑞控股集团通过围绕汽车主价值链布局上下游业务，已经发展成为一家以汽车产业为核心的多元化企业集团。可以说，如今的奇瑞控股集团已经远远超越了一个中国车企的想象空间。应该如何定义现在的奇瑞控股集团呢，类似三井物产、丰田通商这样的综合商社或许是一个很好的答案。实际上，这也是奇瑞控股集团董事长尹同跃的夙愿。

第一节 三井引领汽车时代

工匠与商人的不易结合

1896年,日本三井物产东京总部一名负责棉布类商品的职员发现,这段时间买进的一批供出口的棉布质量非常好,不但品质稳定,而且都是最高等级的。经过调查发现,这批棉布来自名古屋一家名为“乙川棉布合资会社”的小公司,其中负责生产的丰田佐吉当时虽然还只是一个名不见经传的工匠,但这批棉布之所以品质优良主要是因为他的发明。

时任乙川棉布合资会社技师长的丰田佐吉(1867—1930年),出生于纺织业兴盛的静冈县西部。当时,日本的纺织技术还非常落后,依靠每家每户的手动织布机进行手工作业,效率低下。凭借刻苦的钻研,年轻的丰田佐吉于1894年开发出了日本第一个自动回线织布机,两年后又发明了日本历史上的第一台铁木混合结构的机械动力织布机——丰田式汽力织布机。

丰田佐吉和他研制的木制人力纺织机被三井物产发现,由此开启了丰田财团的百年辉煌历史

在意识到丰田佐吉具有巨大潜能后,三井物产便立刻着手去笼络丰田佐吉。负责笼络工作的正是时任三井物产总部主管棉布的主任藤野龟之助,他高度评价了丰田佐吉的才能。在此后很长一段时间里,他都是维系三井与丰田关系的重要人物。实际上,不仅仅是培育丰田佐吉,三井物产(综合商社)从1876年成立之初,就扮演着扶植日本制造业企业的角色。

为了能成功把丰田佐吉挖过来,三井物产运用种种手段。三井物产说服了乙川棉布合资会社的老板石川藤八,以扩大乙川棉布合资会社和三井物产的合作规模为前提,由三井物产新设立井衍商会招揽丰田佐吉。显然,这样做比使丰田佐吉留在地方小资本的乙川棉布合资会社更有价值和意义。井衍商会成立后,丰田佐吉出任商会的常务技师长。

三井物产及其背后的三井财阀能够给丰田佐吉提供更为广阔的发展平台。三井财阀是日本历史上最为著名的四大财阀之一。明治维新后,四大财阀在政府的扶植下,更为迅速地发展起来。到了20世纪初,三井财阀已拥有三井银行、三井物产、三井吴服店、富冈制丝厂、前桥纺织所、三池煤矿、三井矿山公司等直系企业和一系列旁支企业,成为当时日本最大的垄断财阀。

遗憾的是,丰田佐吉在井衍商会只干了3年,就因性格无法适应工作而选择了离开。按丰田佐吉的说法,赞助者三井物产的订货太急,往往需要立即拿出产品,这是合作关系破裂的主要原因。实际上,这也是丰田佐吉匠人思维与三井物产商人思维的第一次碰撞。匠人与商人应该是相辅相成、相互成就的关系,但是如何将两者完美结合在一起,还需要时间的打磨。

1904年,三井物产决定再次筹划与丰田佐吉合作的事宜。相比于此前的井衍商会,这一次三井物产给了丰田佐吉更多的自由和权力。1905年12月,以丰田佐吉名字命名的丰田织布机株式会社诞生了,新公司资本为100万日元。三井物产不仅自己参加,还成功动员了大阪、名古屋以及东京等地的资本家以股东和主要成员的身份加入该公司。

丰田佐吉是一个伟大的发明家,但并不是一个成功的商人。他将更多的精力放在如何研究发明出更好的机械设备上,而筹措资金和维持贸易的工作完全交由三井物产去完成。发明家与商人各司其职,专业的事就交给专业的人去办。显然,在发明创造、精益求精方面丰田佐吉是专家,而在组织贸易、资金运营领域三井物产则是当之无愧的专家。

然而,日俄战争刚刚结束,日本国内经济萧条,使得战前的繁荣烟消云散,日本棉纺织业普遍笼罩在不景气阴影中。为了帮助陷入困境的丰田佐吉,三井物产又一次为其提供了新的建议,希望能够资助其去考察欧美产业。彼时,明治政府正大力提倡"文明开化",社会各阶层对先进的欧美科技都十分崇拜,丰田佐吉自然也不例外。

欧美之行点燃丰田造车梦

1909年初,时任三井物产名古屋支店长的儿玉一造拜访丰田佐吉,并给他带去了一个建议,让他去视察欧美的产业情况,而国内纺织业的"烂摊子"则由儿玉一造和藤野龟之助来处理。丰田佐吉听了这个建议,顿时大为感动。这次愉快的会见,使得丰田佐吉和儿玉一造一见如故。后来,儿玉一造还让自己的弟弟儿玉利三郎娶了丰田佐吉的女儿,成了丰田家的"婿养子"。

1909年5月4日,在三井物产两名职员的陪同下,丰田佐吉乘日本邮船"因幡"号离开横滨港,踏上了连做梦也没有想到的美国之行,开启了海外考察的第一站。到达美国后,在三井物产的安排下,丰田佐吉首先到芝加哥参观了五大湖周围的工业区,继而又参观了波士顿、新贝德福德、普罗维登斯、伍斯特等工业城市,对美国纺织业有了进一步的了解。

然而,丰田佐吉的美国之行让他有了一个大胆的想法。在纽约,他对自己的学生西川秋次袒露了心声,他说:"美国这里的织布机转速慢、振动大,而且过于追求机器功能,使得构造复杂化,与我研制的织布机相比故障太多。因此,有关纺织行业,我反而更有自信。要记住的是,如今已经不再是织布机的时代了,从现在起,带动工业文明的一定是汽车,今后将是汽车的时代!"

就在丰田佐吉访问美国的前一年,美国福特汽车公司刚刚推出了"T"形车,以其低廉的价格使汽车真正进入普通百姓的家里,美国也因此成为第一个"车轮上的国度"。出于对汽车产业前景的信心,丰田佐吉决定去工业革命的发源地欧洲看一看,毕竟汽车史上有这么一种说法:"德国人发明了汽车,美国人发展了汽车,法国人用科技推动汽车。"

于是,丰田佐吉对陪同他的三井物产职员提出:"既然特地到这里来了,也想要到欧洲去看一看。"三井物产的职员立即同意了他的这一要求。随后,在三井物产的安排下,丰田佐吉一行由纽约来到英国,又参观了法国、比利时、荷兰、德国等西方工业国家,然后到俄国坐火车横穿整个西伯利亚,经中国东北、朝鲜,于1910年1月1日回到日本。

这次漫长的欧美旅行,大大超过了预计的时间,但也使此前被逆境挫伤了的丰田佐吉的身心得以恢复,大有裨益。这次欧美之行,丰田佐吉除了对美国纺织行业进行了实地考察,他的一个最大收获就是对美国的汽车业发展印象极深,并敏锐地感到汽车业将在今后的工业文明中唱主角。如今看来,这一直觉后来也成为奠定丰田世界最大汽车制造厂商地位的一块重要基石。

结束欧美之行回到日本后,丰田佐吉便在三井物产、三井银行的帮助下重新创建了织布厂,并不断壮大丰田的纺织产业。当然,丰田佐吉并没有忘记属于未来时代的汽车,只是限于当时丰田的技术和资金现状,无法将梦想照进现实。为了今后能够更好地发展汽车事业,丰田佐吉在1917年将自己的长子丰田喜一郎送到东京帝国大学学习机械工程。

1925年,福特、克莱斯勒、通用等三大美国汽车巨头先后在日本开设工厂,它们的汽车装配工厂遍布横滨、大阪等地。在此后的10余年间,这3家美国汽车公司在日本生产了近21万台汽车,产量是当时日本本土车企的近2倍,占据了日本汽车市场的大半江山。日本政府对此感到不安,认为像汽车这样的重要交通工具,不能依赖外国工厂生产。

日本政府和军方开始呼吁国内厂商自制国产汽车,但由于美国企业的垄断,当时大财阀们的反应都十分冷淡,只有两个后起之秀挺身响应,一位是来自日产(属富士财团)的鲇川义介,另一位就是来自丰田的丰田喜一郎。彼时的丰田喜一郎已经从东京帝国大学毕业,并在丰田纺织公司工作了近10年,受父亲丰田佐吉的影响,丰田喜一郎对汽车产业的未来也充满了希望。

把持丰田董事会的三井人

1930年10月,丰田创始人丰田佐吉去世,在临终前他给儿子丰田喜一郎留下遗言:“我用织布机为国家尽了力,你一定要制造出汽车为国家效力。”此外,丰田佐吉还亲手将此前转让纺织机专利所获得的100万日元专利费交给了丰田喜一郎,作为汽车研究启动经费。1933年9月,丰田自动织机制作所里,突然多了块“汽车部”的牌子。

在丰田喜一郎的一再要求下,丰田利三郎同意公司设立汽车部,并将一间仓库的一角划作汽车研制的地点。事实上,丰田喜一郎尽管是丰田佐吉长子,但他的头衔仅仅是丰田自动织机制作所常务董事兼技师长。丰田佐吉去世以后,丰田社长的职位由丰田家的“婿养子”丰田利三郎担任。实际上,丰田利三郎就是三井物产名古屋支店长儿玉一造的弟弟儿玉利三郎。

丰田利三郎毕业于神户高等商业学校,之后进入伊藤忠商事(综合商社),年纪轻轻就被提拔为伊藤忠马尼拉支店长。丰田佐吉选择丰田利三郎作为家族企业的继承人,一方面是因为他是一位善于经营、谨慎稳重的标准商社人,另一方面则是希望丰田家族和其他日本大家族能够紧密地捆绑在一起,也是丰田家和儿玉家(儿玉家代表三井物产)深度合作的表现。

按照丰田喜一郎的构想,如果日本国内每10人拥有一辆汽车,1亿日本人就需要1000万辆;按汽车的平均使用寿命10年计算,每年需要100万辆新车:显然,这是一个十分令人神往的巨大市场。然而,事实不如想象中美好,特别是对于汽车这种投资高、风险大且还本期长的产业,前期的巨大投入就很容易拖垮一家大企业。

实际上,此前丰田转让专利所获得的100万日元根本就不够用。丰田喜一郎那块“汽车部”的牌子挂起来没多久,便三下五除二地花了500万日元。因为正在汽车试验的重要关头,丰田喜一郎马上又向丰田利三郎伸手:“再拿500万日元来。”要知道,丰田自动织机制作所当时的资本也不过400万日元,因此,造车激起了丰田纺织公司高级主管们的强烈不满。

此时,第一个站出来支持丰田喜一郎造车计划的是丰田利三郎。他果断取消了丰田纺织公司的厂房扩建计划,为造车积累资金。丰田利三郎表示:“这次主要是因为公司已经决定由(丰田)喜一郎负责开拓汽车业务。爸爸(丰田佐吉)虽然为此进行了专门的投资,但是倘若真的发展汽车业,投资数额将是不可估量的,而纺织业只好退居二线。”

而真正能安抚高管们的声音来自石田退三。出身于三井财团的石田退三当时在丰田纺织公司担任审计员,也就是丰田集团的“监察人”。原本石田退三也是反对发展汽车的,但在对丰田喜一郎的工作有了深入了解后,极其精明且富有冒险精神的石田退三改变了自己的看法,这以后便很少再听到石田退三发表“反对搞汽车”的论调了。

石田退三是三井物产名古屋支店长儿玉一造的远房表弟,早年间曾在三井服部商店做勤务。当时，丰田佐吉工厂的产品就是由三井服部商店负责经销的，因此丰田佐吉很早便认识了年轻的石田退三。1927 年，在儿玉一造的推荐下，石田退三正式进入丰田工作。因为工作出色，石田退三颇受丰田佐吉的赏识，后来从审计员一路做到总管，在丰田内部拥有很大的话语权。

1933 年 12 月，丰田集团董事会正式通过了一项重要决议：投资汽车业。1934 年，丰田喜一郎托人从国外购回一辆德国产的 DKW 前轮驱动汽车，经过连续两年的研究，1935 年夏天，丰田喜一郎开发了 A1 型小汽车，8 月又造出了第一辆“丰田 G1”牌卡车。显然，有了丰田利三郎、石田退三等人的支持，丰田喜一郎的“汽车部”才算走上正轨。

从提供资金到推荐人才

1937 年 3 月，丰田集团在董事会上决定，设立丰田汽车工业株式会社，并建立举母汽车工厂。1937 年 8 月，丰田汽车工业株式会社在丰田家族的倾力支持下正式成立，资本额为 2000 万日元，这比丰田集团最主要的两大企业丰田纺织公司、丰田自动织机制作所所有资本额加起来还高。显然，这是一项巨大的事业冒险，如果失败，就会将整个丰田企业拖入破产的境地。

1935年，丰田推出的第一款小汽车A1（上图）和第一辆卡车G1（下图）

同年，为了进一步帮助丰田和日产的汽车产业发展，日本政府又相继制定了《进出口物品临时处理法》和《临时进出口许可规则》，严格限制物品进口，外国汽车制造厂受到打压。此前，在日本政府制定的《汽车制造事业法》中，为了保护民族汽车产业，丰田汽车和日产汽车一起被日本政府指定为正式认可的汽车制造厂商。

虽然在国家强力政策的支持下，日本汽车和零部件产业都取得了迅速成长，但丰田等国产汽车企业面前依旧有诸多难题。其中一个是产业链问题，当时的日本汽车从化油器到火星塞，无一不是从美国进口的。事实上，汽车工业是一个很庞大的工业体系，构建相对完善的产业链需要大量的资本作为支撑。那么，造汽车的资金从哪里来？

此前，丰田纺织公司曾让儿玉一造的东棉承接了 3 万股，这笔资金后来也被投入汽车研发。东棉原是三井物产的一个棉花部门，由当时担任三井物产董事的儿玉一造一手创办，1920 年 4 月脱离三井物产，在原基础上成立了独立的法人实体，公司资金有 2000 万日元，而 90% 的股份归三井物产所有。

对于发展汽车产业，曾在三井物产美国（西雅图）公司任职的冈本藤次郎也给予了极大的支持。这位来自三井的冈本藤次郎同样是由儿玉一造推荐给丰田的。原来，在掌握丰田的大权后，丰田利三郎越发意识到资金管控的重要性，便拜托哥哥儿玉一造帮忙物色一个将来可以为丰田守金库的掌门人才。儿玉一造非常赏识冈本藤次郎的人品和才华，于是推荐他来辅佐。

当时的冈本藤次郎在丰田集团的位置是“监察人”，同时还手握“金钥匙”，把守着丰田的金库。在把守丰田金库期间，冈本藤次郎作风沉稳，又干练寡言，很好地完成了自己的任务。冈本藤次郎多次表示，“丰田汽车一定会大有前途”。正是在冈本藤次郎的支持和帮助下，丰田喜一郎和他的丰田汽车工业公司才能继续追寻日本国产汽车梦。

1940 年，丰田的汽车工厂被军部实际接管。面对战争，丰田喜一郎的满腹才华施展不开，远大抱负眼看着成空，心情十分郁闷。无奈之下，丰田喜一郎便找到冈本藤次郎借酒浇愁。冈本藤次郎对丰田喜一郎说：“这种没有办法的事，还是别去多想吧。战争也不会永远打下去。我看，你不如趁这段时间多搞些研究。”

同年，冈本藤次郎把一个叫赤井久义的人推荐给丰田喜一郎当副手。赤井久义是三井物产的干将，擅长经营，并富有管理经验。从感情上讲，来自三井物产（综合商社）的赤井久义也容易被丰田利三郎接受。他做丰田喜一郎的副手相当合适。不久之后，赤井久义便从三井物产转入丰田，成为丰田汽车工业公司的副社长。

丰田喜一郎早就看出日本将要战败，所以对军方的工作要求非常消极，只是专心读书，而将公司主要的工作交给赤井久义打理。可以说，赤井久义接手的完全是一个“烂摊子”，因为当时绝大多数的和平产业都成了战争的牺牲品。在如此不利的情况下，赤井久义艰难地承担起了丰田的战时经营重任，既要时刻忍受来自政府和军部的压力，又要为丰田日后的重启留下希望。

第二节　丰田创建产销模式

三井的销售专家带领丰田

1917 年，28 岁的神谷正太郎从名古屋商业学校毕业，由于品学兼优被校长直接推荐进入了当时日本数一数二的大商社三井物产工作。几个月后，神谷正太郎便由于成绩突出而被派往英国伦敦分公司工作。5 年以后，神谷正太郎又被派往美国主持三井物产西雅图分公司的商务工作，正是这段三井物产的工作经历对神谷正太郎日后的经营观念产生了重要的影响。

1925 年,在三井物产工作了 8 年的神谷正太郎决心离开,只身前往英国伦敦自立门户,开设了一家神谷商事公司,做钢铁批发生意。神谷正太郎希望可以将自己在三井物产学到的商业知识用于实践。多年的海外商社经验让神谷正太郎培养出了当时日本经济产业界中少有的国际化视野,这些也为后来他在丰田的成功奠定了坚实的基础。

1927 年,由于全球经济衰退以及英国煤矿工人罢工事件的不利影响,离开三井物产独自创业的神谷正太郎感到钢铁商社生意越做越难。神谷正太郎当机立断,决定停掉伦敦的神谷商事公司,踏上了回国的旅途。回到日本以后,神谷正太郎冷静地观察、分析国内市场情况,看中当时正在扩张势力的外资企业美国通用汽车公司和美国福特汽车公司。

不出意外,神谷正太郎同时被这两家美国公司录用。在一番考虑之后,神谷正太郎决定加入美国通用汽车公司,随后便进入通用汽车公司在日本开设的分公司工作。由于能力出众,一年后他就升任为销售部副部长。此后,神谷正太郎又历任通用汽车公司东京经销店经理、公司销售广告部部长、通用汽车大阪公司副总经理等职务,成为当时令人羡慕的外企高管。

就在美国汽车席卷日本市场之时,神谷正太郎再次做出了离开的决定。神谷正太郎认为"外国汽车全盛时代即将告终",是时候离开美国通用汽车公司转投到日本国产汽车厂家了。为神谷正太郎牵线搭桥的正是同样出身于三井物产的冈本藤次郎,他原来是三井物产驻西雅图的办事员,与同在美国的神谷正太郎有过业务合作,两人还同为名古屋商业学校的毕业生。

1935 年 8 月,冈本藤次郎向丰田喜一郎推举了神谷正太郎,并解释说:"现在日本并没有国产的汽车销售专家,要找个有这方面经验的人,只能去通用或者福特汽车公司里挖,而神谷正太郎正是这样的专家人才。"对于冈本藤次郎的这一提议,丰田喜一郎十分兴奋,催促冈本藤次郎尽快安排与神谷正太郎的会面,地点是在名古屋的一家饭店。

1935年,出身三井物产,后来被誉为"销售之神"的神谷正太郎加入丰田汽车

与神谷正太郎见面后,丰田喜一郎激动地表示:"神谷君,我的理想,是用日本人自己的手造出一流的汽车来。丰田能够制造出一流的织布机,也一定能够制造出一流的汽车。请求您,到我们丰田来吧。"神谷正太郎则自信地说:"岂止国内市场,如果真的能够制造出一流的汽车,我一定可以把它们销往整个世界。"于是,神谷正太郎满怀抱负地进了

丰田汽车工业公司。

1935 年 9 月，出身自三井物产的神谷正太郎正式加入丰田汽车工业公司，开始全面主持销售工作。1935 年 11 月，美国通用汽车公司在日本的首席销售经理山口佐助，也受神谷正太郎的影响加盟了丰田汽车工业公司。事实上，神谷正太郎对汽车公司的商务活动领域有着透彻的认识，“大规模的汽车行业，生产与销售都是重要的事情；销售甚至比生产还要付出更多的努力”。

神谷正太郎认为：“汽车本身的质量和价格固然重要，但让人们在经济上能够消费得起汽车也是不容忽视的。”根据这一见解，他从丰田汽车工业公司销售网构筑之初，就致力于充实销售店的服务体系和零部件供应体系。而且，在二战后汽车批量销售刚刚起步阶段，他就预见到二手车市场必将给汽车的销售带来深刻影响，从而早早就针对二手车市场制定了妥当的对策。

遵循市场营销的基本原则

凭借在美国通用汽车公司的工作经验，神谷正太郎对美国汽车批量销售的各类制度可以说是了如指掌。在美国通用汽车公司工作期间，他就发现了美国汽车公司在日本进行销售工作的致命弱点：美国汽车公司往往追逐短期利润，太以短期利益为驱动。在日本的美国人希望快速赚钱，使得日本经销商苦不堪言，一年一签合同，不行就淘汰，没有长期合作的基础。

显然，美国通用汽车公司的短期行为并不符合汽车这种大件消费品的特点，也不符合日本的文化，更不符合日本商人重感情、重长期合作的习惯。神谷正太郎提出的“只有经销店的生意兴隆起来，厂家才会繁荣”的思想更容易让日本经销商们接受。实际上，神谷正太郎的“和经销商共存共荣”经商理念，正是深受日本三井（近江商人）“三方好”经营理念的影响。

近江商人所提倡的“三方好”经营理念，与三井商道的和合文化如出一辙。近江商人所谓的“三方好”，具体讲就是“卖方好，买方好，世间好”。事实上，“三方好”反映了“商业的目的是为社会、为人服务，利益是理所当然的报酬”的理念，也是以三井家族为代表的日本近江商人重视传统“仁”和“忠”价值观的体现。

抓住时机建立起制造商与销售店的命运共同体关系，这也是丰田的销售策略与通用汽车公司、福特汽车公司等其他欧美制造厂商的不同之处。在日本，神谷正太郎被尊称为“销售之神”，不仅是因为他把西方近代销售体系引进到日本，开拓了大量生产、大量销售的模式，更重要的是他能够将东方商业思想与西方销售模式完美结合，为传统日式经营模式赋予了新的生命力。

神谷正太郎对西方销售管理理念有过解读：“通用汽车公司销售的政策和管理情况值得深入研究，我想好好地学习一下。然而，它也有不适合于日本实际情况的一面。通过学习通用汽车公司的经验，我痛感，所谓制造商和销售店，在当前发展国产品的共同目标的基础上，应该谋求共存共荣。应该把销售店理解为命运的共同体，要通过工作建立起血肉相连的关系。”

此外，神谷正太郎还推出了一种重要制度——定价销售。所谓定价销售，就是将汽车在销售店的零售价格全部公开，通过这种形式让顾客心中有数。他认为“汽车的销售只有在取得大众信任的基础上才能有所作为，而要想取得顾客的信任就必须执行定价销售制度”。为此，神谷正太郎将“消费者第一，经销者第二，制造厂第三”列为公司的基本经营原则。

神谷正太郎的定价销售制度，实际上和“越后屋商法”中的明码实价类似。“越后屋商法”是三井家族创始人三井高利创立的一种销售、贩卖与采购技巧，其本质都是以人为本、以消费者为中心，改变了传统商业体系中那种漫天要价、就地还钱和带有封建色彩的不公平的交易模式。因此，这种先进的经营方式很容易受到广大消费者的欢迎。

神谷正太郎深谙三井商道，在丰田销售网络搭建初期，便着力充实销售店的服务体系和零部件供应体系。可以说，丰田汽车在这一时期能够迅速崛起，正是凭借着他坚持“消费者第一”的神谷原则。

到 1938 年，神谷正太郎已在日本全国建立起了以东京、大阪、广岛为代表的“一县一店”规模的丰田销售网，此时距离他主持销售工作还不到 3 年的时间。可以说，神谷正太郎是丰田销售体系的真正奠基者，他通过挖掘社会上对汽车的潜在需求，创办了诸多事业。他所做的很多工作，短期内看不到价值，常人无法理解，但对于丰田来讲是领先一步进行布局。

“产销分离”大显神威

1949 年，日本二战后经济大萧条，丰田集团陷入了极大的困难之中。为了打破困难局面重启公司，三井财团专门提出了一套丰田《重建法案》，第一个建议就是把销售部门从制造部门中分离出来，单独设立一个丰田汽车销售公司。为此，由帝国银行（原三井银行）牵头，聚集 20 家名古屋地区银行组成银团，给丰田集团放贷 2 亿日元。

1950 年 4 月，丰田汽车销售公司正式设立，第一任经理由神谷正太郎担任。1950 年 6 月，在以帝国银行为首的金融财团的强烈要求下，石田退三接替丰田喜一郎出任丰田汽车工业公司第三任社长，同神谷正太郎、冈本藤次郎等人一样，在加入丰田之前石田退三也长期在三井系的企业中历练。此后的 20 多年，实际上就是神谷正太郎与石田退三主导着丰田集团。

随着丰田汽车销售公司的成立，丰田从传统的“生产多少辆就卖多少辆”转变为“能卖多少辆就生产多少辆”，即汽车工业公司按照汽车销售公司的订货安排生产，汽车销售公司则负责这些产品的销售。汽车销售公司需要恰当地预测市场的需求，通过市场销售活动，把产品圆满地推销出去。这种将销售业务作为专业而设置独立的企业单位，在汽车领域是没有先例的。

丰田汽车工业公司与丰田汽车销售公司之间的协定书规定：丰田汽车工业公司同丰田汽车销售公司在协商的基础上确定年度、季度和月份三种生产计划。年度计划在上一年的10月中旬之前确定；季度计划在每季开始前的15天确定；月份计划的具体交接日程也通过协商来确定。产品的货款采取现金支付和汇票（期限为60天）两种形式进行结算，出口价格则另行商定。

由三井财团主导的《重建法案》将丰田的生产和销售分开，其最大优点在于采取分工体制：制造部门专心从事生产，销售部门专心从事销售工作。丰田汽车工业公司把所有生产出来的汽车卖给丰田汽车销售公司的经销店，货款由销售部门支付给制造部门。两者之间的结算时限按照双方约定好的60天，这一期限比一般的汇票要短得多，可以说等于现金交易。

这样一来，制造部门收回货款的难度就降低了，同时也大大减轻了利息的负担，资金周转也变得非常自如。因此，制造部门就能够把从前销售经费占用的资金投入设备的升级换代中，当然这些也为丰田汽车能够开展无贷款经营奠定了一定的基础。其他日本汽车公司，因为生产和销售并没有分离，往往不得不把计划投入设备的资金用作销售经费。

到20世纪50年代下半期，丰田的汽车年生产量已经达到了28万台，并且丰田汽车工业公司有了更多的资金。1954年，面积达5000平方米的丰田技术中心建成，正式开启了日本汽车工业独立自主的研发生产进程。1959年，丰田又耗费巨资建立起了专门生产轿车的元町工厂。销售与制造两者分开后的确增强了丰田金融造血能力。

1965年1月，日本经济危机爆发，许多日本汽车公司不得不节制设备投资。由于这些公司未能实现产销分离，大量资金被用于支持销售店，无法像丰田那样快速投入设备升级。事实上，这次经济危机正是发生在日本消费品市场更新换代的大变动时期。由于有着充足的资金支持，丰田汽车迅速实现了设备升级，占得先机。

丰田汽车公司①的创始人丰田喜一郎曾经有一句名言：销售汽车要比制造汽车更困难。丰田汽车能在世界市场上不断扩大销量，很大程度上是仰仗了销售部门自公司创业初期以来长年累月的艰苦卓绝的努力。丰田销售部门的核心人物就是深谙三井商道的神谷正太郎，他的远见卓识不仅成就了丰田汽车公司，也为日本的经济繁荣做出了杰出的贡献。

---

① 1982年，丰田汽车工业公司与丰田汽车销售公司合并，更名为“丰田汽车公司”。

向美国进军，情报先行

20世纪50年代，丰田汽车首次试水美国市场，最终因销量惨淡铩羽而归。在第一次进军美国市场失利以后，丰田开始潜心研究美国消费者的需求。1956年12月，出身于三井的神谷正太郎决定在丰田汽车销售公司内部设立调查室，不久后调查室便升级为计划调查部。事实上，设立丰田计划调查部的灵感正是来自日本的三井物产（综合商社）。

以三井物产为代表的日本综合商社，完全可以被称作日本商业情报的中心，也是日本特有的经济组织，更是日本社会经济生活中经济情报的重要机构。它们的工作效率相当高，传递情报的速度十分惊人，其强大的情报网络甚至被认为"在美国中央情报局之上"。于是，继承了三井物产网络情报能力的丰田计划调查部成了丰田向美国进军的秘密武器。

丰田汽车销售公司的计划调查部在其活动范围和重要性方面，与其他企业有着很大的差别。计划调查部的主要任务是从事市场调查，预测长期需求，借以促进销售工作。这种调查对整个丰田集团在决定汽车工业公司的商品计划和汽车销售战略等方面起着重要作用。显然，调查美国汽车消费市场的重任就落到了丰田计划调查部的肩上。

为了解美国人的生活习惯，丰田专门派调查人员深入美国家庭充当"卧底"。这些"卧底"以学习英语为由寄宿在美国家庭，在和美国人朝夕相处的过程中也把他们生活起居的各个细节，包括吃什么食物、看什么电视节目都一一记录下来。3个月后，调查人员带着沉甸甸的调查笔记回到了丰田。

通过一系列的周密调查，丰田发现看似密不透风的美国汽车市场其实隐藏着巨大的需求。汽车在许多美国消费者的眼中已经不再是身份的象征，而是纯粹的交通工具。越来越多富裕的美国家庭纷纷迁居城郊，并为出行方便考虑购买第二辆汽车。越发拥挤的交通使得大马力的美国车不能在交通阻塞的道路上充分发挥性能，而宽大的车体也给停车带来了困难。

1968年，做好充足调研工作的丰田汽车再次将目光转向了美国市场。由于前期准备充足以及汽车品质过硬，丰田汽车就像潮水一般迅速涌入美国市场，仅当年一年就往美国销售了27万辆汽车。此后不久，20世纪70年代爆发的两次石油危机，更是让当时以低价、节能、耐用著称的丰田轿车成了美国消费者们的最爱，树立起了质优价廉的优秀形象。

在有了充足的信息情报支撑后，丰田又进行了一次大胆的预测：未来美国市场对低价、节能、小巧车型的需求还会继续增长，而美国汽车公司并没有意识到这一问题，还在继续生产以往的高能耗、宽车体的豪华大型车，这无疑是丰田汽车最好的机会。此后不久，丰田又相继推出了针对美国家庭需求设计的旅行车，物美价廉，继而大受欢迎。

到1975年时，日本丰田已成为美国汽车市场的主流品牌，图为丰田专门开发出的适合美国人的轿车——科罗娜

丰田不仅收集市场的信息，也会时刻关注竞争对手的情报。在进入美国市场的同时，丰田就掌握小型车市场竞争对手——德国大众的详细资料。调查表明，德国大众高效、优质的服务网打消了美国人对外国车维修困难的疑虑，而暖气设备不好、后座空间小、内部装饰差是众多美国消费者对大众汽车的抱怨。针对这些情报，丰田积极学习大众汽车的优势，同时也尽可能规避问题。

凭借强大的情报收集处理能力，以及对市场需求的准确把握，日本丰田汽车在美国汽车市场一举成名。丰田专门开发出的适合美国人的轿车——科罗娜(Corona，光冠)在推出的当年(1965 年)就销售了 3000 多辆。此后的 10 多年时间里，丰田汽车不断蚕食着美国的汽车市场份额，到 1975 年时日本丰田已成为美国汽车市场的主流品牌。

第三节　布局中国："蜗牛"的快跑

拒绝抛来的合资"绣球"

1982 年，为协调中国汽车工业的发展，有行业管理职能的经济实体——中国汽车工业公司成立。为调整中国汽车"缺重少轻，轿车是空白"的产品结构，中国汽车工业公司在启动重型车、轻型车、发动机的大布局之后，将轿车的生产提上了日程。1982 年 6 月，邓小平同志在中国汽车工业公司的报告上批示"合资经营可以办"，正式拉开了中国轿车合资的大幕。

1982 年，上海方面提出了"引进一条轿车装配线，改造上海轿车厂，年产 15 万辆，大部分出口赚汇"，并开始与全世界汽车厂商进行广泛接触，期望合作。20 世纪 80 年代，与其他国际汽车厂家相比，丰田简直就是"中国通"。因此，当上海决定建设汽车生产基地的时候，丰田就成了第一批合资伙伴。上海市把"绣球"抛向了丰田，向其表达了建设合资工厂生产丰田轿车的想法。

于是，丰田汽车在是投入巨资建厂与中国政府拉近关系占领市场，还是拒绝建厂，直接向中国出口轿车的选择中权衡，并最终选择了后者，继续以出口业务为主。后来，德国大众闻风而动，1983 年 4 月在上海成功组装了第一辆中国生产的大众桑塔纳轿车。1984 年 10 月 10 日,中国与联邦德国合营的上海大众项目签约,成立双方各占 50% 股权的上海大众汽车有限公司。

事实上,日本丰田早在 1964 年就依靠丰田皇冠轿车进入了中国市场。丰田在 20 世纪 80 年代的中国战略被外界诟病,并被形容为“蜗牛”,认为丰田“起个大早,赶个晚集”。说丰田不重视中国市场,纯粹是一种偏见。丰田中国事务所原总代表服部悦雄并不同意“蜗牛”战略的说法,他认为“没有选择合资建厂只是因为丰田认为时机尚未成熟”。

对于这个问题,服部悦雄在采访时给出了答案。其一,当时的日本汽车界曾与原中国国家计委共同研讨中国汽车发展方向,结论是中国主要发展商用车而非乘用车。其二,早在 20 世纪 70 年代,丰田就与当时还叫东方红汽车制造厂的北京汽车集团商讨过合资生产轿车的项目,但双方因外汇问题无法达成一致,后续合资合作也只能搁置。

整个 20 世纪 80 年代,丰田虽然没有与中国合资生产轿车,但是一直以合作的方式向中国转让相关技术。1986 年,丰田旗下的大发汽车就通过技术转让的方式向中国输出了黄色车身的“小面”Hi - jet 和 Charade 夏利两款车型。1989 年 10 月,丰田旗下的日野汽车又和中国一汽的解放进行变速箱项目的全面合作,对中国汽车工业的发展起到了非常好的帮助作用。

1990 年 9 月,丰田出资 12 亿日元在沈阳开办了一所名为“沈阳金杯丰田技工培训中心”(后更名为“辽宁丰田金杯技师学院”)的学校。这所学校多年来为中国汽车工业输送了数千名的技术工人和研发人才。通过丰田汽车的不断坚持投入,如今的丰田金杯技师学院已成为一所集中高等职业教育、技能培训、职业鉴定于一体的综合性职业院校,这折射出的正是丰田汽车能够在全球发展的软实力。

进入 20 世纪 90 年代,中国汽车工业加速迈进合资时代:第二汽车制造厂(东风汽车)与法国雪铁龙联姻成立神龙汽车,广州市与法国标致汽车达成协议,日系车企在中国最大的合资企业江西五十铃汽车公司在江西南昌成立,海峡两岸最大的汽车生产合资企业东南(福建)汽车工业有限公司成立。一时间,合资车企风起云涌。然而,丰田汽车依旧选择按兵不动。

经过 10 余年的前期布局,1998 年丰田汽车最终向中国政府提交了在天津合资生产丰田整车项目的建议书。虽然丰田认为合资的时机已趋成熟,但是也绝不会贸然行事。丰田先选择与汽车零部件厂家进行合资,以推动相关零部件技术走向成熟。此前,丰田旗下的日本电装、爱信精机等零部件企业作为排头兵,在丰田通商(丰田财田的综合商社)的统括带领下已经悄然布局中国汽车零部件领域。

丰田通商悄悄布局供应链

1993—1998 年,丰田通商在中国共投资建设了 24 家为汽车生产服务的企业和4家主营进口贸易及销售的公司。事实上，在这段时间，丰田并没有在中国进行汽车生产，因此丰田通商投资的诸多企业的生产能力是被部分闲置的。如果单纯考虑投资回报率，这样的投资显然不值得，丰田通商如此耐人寻味的行为背后其实是产业链的悄然布局。

《三井商道在丰田——揭开日本财团的产经密码》，白益民著，东方出版社，2024年

受国际大环境影响，2001年的全球汽车市场行情冷淡，各大车商的经营纷纷陷入困境。然而，这并没有降低外资车企对中国汽车市场的热情，外资车企依旧继续在华建立“据点”，成立合资公司，其中尤以此前被认为动作缓慢的丰田汽车最为积极。此时，距离德国大众在中国合资建厂已经过去将近20年时间，丰田汽车合资时机选择的原因有哪些？

首先，最现实的就是要考虑政策因素。2001年12月，中国正式加入WTO，之后5年内逐步降低进口汽车关税，放开进口汽车许可证配额，对外商放开汽车服务贸易市场。中国加入WTO，潜力巨大的中国市场逐渐开放，意味着中国巨大的汽车市场不仅要提供给中国的汽车企业，也将提供给全世界的汽车企业，与中国汽车企业开展合资合作无疑是国际车企进入中国的最佳途径。

其次，丰田在华的战略一向小心谨慎。对于中国汽车工业来讲，20世纪八九十年代的合资合作更像是探索时期。大浪淘沙，合资车企成立之后并不都是一帆风顺。1997年，广州标致就成为第一个退出中国市场的合资汽车品牌，从开始的一车难求到亏损29.6亿元，最终被迫宣布破产只用了10余年，在中国汽车工业史上昙花一现。

最后，也是最为重要的一点，此时的丰田汽车已经基本完成了中国汽车产业链上下游的全面布局。以整车合资公司天津一汽丰田汽车有限公司所在的天津市为例，整个20世纪90年代中后期，丰田汽车的相关企业群先后投入500亿日元巨资兴建零部件厂，共成立了57家合资和独资的零部件企业，这些零部件厂囊括轿车生产的方方面面。

不仅如此，为了更好地服务天津地区的丰田系汽车零配件生产厂商，丰田通商还于1996年联合丰田输送株式会社、上组株式会社与天津滨海泰达物流集团共同出资成立了天津丰田物流有限公司。此外，丰田旗下的日本电装公司于1997年成立了天津电装电子有限公司，生产和销售轿车车身零部件的合资企业爱信（天津）车身零部件有限公司也在2001年成立……

整车合资公司天津一汽丰田汽车有限公司成立后，丰田通商又马不停蹄地在天津开发区注册了4家配套公司，总投资额约3200万美元。配套公司分别为天津丰田纺织汽车部件有限公司、天津丰通再生资源利用有限公司、天津丰通汽车零部件装配有限公司、天津丰田通商钢业有限公司。由此，丰田整车汽车项目聚集一大批核心配套企业，在天津市周边形成相关的企业群落。

丰田汽车就像天津的一块磁石，许多零部件企业都会伴随丰田一起来到天津，并自然而然在此落地生根，比如天津矢崎汽车配件有限公司、天津富士通天电子有限公司等知名零部件厂商。据天津泰达开发区投资促进中心汽车项目负责人乔伟介绍，整个天津汽车产业链的投资基本上这样分配：丰田整车占到40%，零配件占到40%~50%，其他项目和物流配套设施占到10%。

自2001年中国加入WTO之后，汽车工业全球化的浪潮涌入中国，海外车企在中国市场深耕，影响着中国汽车工业的发展。到2009年时，中国成了全球第一大汽车市场，在其他合资品牌的销量日益攀升的同时，丰田汽车却开始不断发掘中国市场的更大潜能。不难看出，丰田汽车已经掌握了一个完整的零部件供应链体系，从而实现利益最大化和品质最优化。

从“丰田中国”到“中国丰田”

2002年8月29日，在中日恢复邦交正常化30周年之际，中国一汽、丰田汽车合作协议签字仪式在北京人民大会堂隆重举行。通过与中国一汽的合作，丰田汽车得到了中国一汽在销售端和生产链的支持，可以开拓更广阔的中国汽车市场。这也是丰田汽车公司进入中国后，在战略合作道路上寻求的更大发展。

2004年8月27日，由于有此前与中国一汽合资的成功案例，日本丰田汽车和广汽集团的整车合资项目也得到了国家发展改革委批准，双方各出资50%成立广州丰田有限公司(2008年更名为“广汽丰田有限公司”)。实际上，丰田汽车在广州开始整车项目之前，首先合作的也是汽车配套项目。2004年2月，由丰田汽车与广汽集团合资的广汽丰田发动机有限公司在广州成立，主要生产丰田系列的发动机。

合资公司成立后，2004年11月在广州南沙开始施工建设厂房。位于南沙的广州丰田整车工厂充分汲取了丰田汽车公司几十年的汽车制造经验，拥有丰田当时全球最先进、世界顶级的生产设备和工艺，涵盖了冲压、焊装、树脂、涂装及总装等整车制造总成的五大工艺布局，并于2006年上半年正式投产，起步车型是2006年中期全球同步推出的中高级豪华轿车——凯美瑞。

在推出新车的同时，广州丰田有限公司也开始构建自己的销售渠道。对于一汽丰田销售有限公司将承担起广州丰田有限公司全部产品销售工作的传闻，时任广汽集团董事长张房有明确回应说，“广州丰田(有限公司)将建立独立的销售渠道，不存在利用一汽丰田销售网络的可能性”。因此，广州丰田有限公司也是丰田首次在华同步建立起生产基地和销售基地，使产品的生产和销售合二为一。

2009 年 9 月，受大规模召回事件影响，当年丰田汽车在北美市场的占有率跌至 14%，创多年来新低。丰田汽车意识到，在未来几年里美国市场都难有大作为。因此，在丰田汽车的全球战略里，中国市场的分量变得举足轻重。那么，如何进一步推进丰田汽车在中国市场的本土化布局呢？显然依靠过去单一的生产与销售模式是远远不够的，实现本土化研发、进一步完善产业链才是答案。

2010 年 11 月 17 日，总投资 6.89 亿美元的丰田汽车研发中心(中国)有限公司在江苏常熟正式成立，这是丰田全球研发体系中最大规模的研发基地。从此，丰田汽车以常熟研发中心为主，推进节能车、新能源车的国产化，同时还建设全球规模最大的汽车测试跑道，再现中国所有的路况，对开发阶段的试制车辆以及市销车辆进行测试。

对于开展本土化研发，丰田汽车认为，中国的技术革新速度飞快，所以丰田的本土化研发要有两个方向：第一，为了满足消费者的需求，要将以日本为核心的技术研发方式转变为在中国本土研发；第二，不是丰田单独研发，而是与有共同研究方向的本土企业协作，让消费者更加喜欢。既有丰田的成功经验，又有中国特色，才能造出中国消费者喜欢的汽车。

2012 年 11 月，丰田汽车提出将“丰田中国”转变成为“中国丰田”的战略，实现更加扎根于中国的本地化变革。对此，时任丰田汽车公司社长丰田章男向中国本部长大西弘致提出了两点建议：“第一，要发自内心地喜欢中国，要在中国多结交一些朋友；第二，遇到不好判断的事，要多站在中国这个国家的立场上去思考。”丰田高层对中国的重视态度，表明了他们对中国市场的诚意。

2013 年，在广州车展上，时任丰田汽车公司专务、中国本部长大西弘致表示：“为中国消费者提供他们需要的令他们满意的产品，向中国输出自己的核心技术，与合作伙伴携手将中国的事业宏图越描越大，为中国贡献自己的企业价值与责任，就是本地化。为此，丰田正在全方位彻底推进。”2013 年 11 月，丰田汽车常熟研发中心正式落成，标志着丰田汽车的本土化进入新的阶段。

从来都不是“迟到者”

如今，当中国市场正处于电动化浪潮席卷之际，丰田汽车却依然长期以混动车型为主，首款纯电动车直到 2020 年才正式投入市场。在外界看来，丰田的电动化发展，尤其是在纯电动领域，显得有些慢热，相比于其他的竞争对手而言，这样的步伐甚至可以说是过于保守。丰田汽车似乎又一次要成为中国电动汽车领域的“迟到者”，但事实真的如此吗？

实际上，丰田汽车可以算得上是最早探索纯电动领域的汽车企业之一。早在

20世纪70年代,丰田就开始着力于纯电动车的研发。1995年7月3日,丰田启动了RAV4 EV项目,这也被视为丰田纯电动汽车商业化的开端。而在中国市场,当1998年科技部在广东省汕头市南澳岛实施电动车行驶实验时,日本丰田汽车就为其提供了RAV4 EV作为行驶实验车。

2012年,时任丰田汽车常务、技术管理本部副本部长的吉贵宽良曾表示,希望能将一款基于FT-EV Ⅲ概念车打造的小型电动车引入中国。该车已是丰田FT-EV系列电动车的第三代车型,足以证明丰田在电动车领域的深厚底蕴。作为丰田投产的第一款纯电动汽车,其采用与松下合作开发的锂电池,续航里程105千米,于2014年亮相广州车展。

事实上,丰田在纯电动汽车领域并不是慢半拍,而是在做提前布局。丰田汽车提出的口号是:全方位电动化。显然,这和大多数企业以及当前主流的趋势有所不同。丰田汽车所谓的全方位电动化,不仅是指纯电动车领域,而且包括HEV(混合动力汽车)、PHEV(插电式混合动力汽车)、BEV(纯电动汽车)、FCEV(燃料电池电动汽车)。这并不是迟到,而是谋定而后动,全面布局后发制人。

丰田的全方位电动化并不是指单纯的纯电动汽车，而是包括混合动力汽车、插电式混合动力汽车、纯电动汽车和燃料电池电动汽车

2019年1月,湖南科力远新能源股份有限公司(以下简称“科力远”)以1元的价格购买了丰田双擎混动系统(Toyota Hybrid System,THS)核心技术。收购达成后,这套丰田汽车的技术被一并交付给了科力远的第二大股东——吉利汽车。吉利汽车持有科力远11.09%的股份,因此科力远也就成了吉利汽车与丰田汽车在混合动力领域的合作中介。

对于和丰田之间的关系,吉利汽车创始人李书福曾多次避开“竞争”“挑战”等词,更多谈到的是“学习”。今天的吉利,实际上正在复制丰田五六十年前的发展状态。李书福就曾公开表示:“全世界的汽车企业都在向丰田学习,吉利当然也不例外。”一直以来,吉利汽车都把丰田汽车当作一面镜子,希望能够通过这面镜子让人们看到吉利品牌的品质。

2019年7月,丰田汽车与比亚迪就联合开发电动车达成合作,共同开发轿车和低底盘SUV的纯电动车型,同时还共同开发研发车型所需的动力电池。2019年11月,丰田汽车与比亚迪就成立纯电动车研发公司签订合资协议,双方各出资50%,合资公司计划开展纯电动车及该车辆所用平台、零件的设计、研发等相关业务。

这是日本丰田汽车首次同中国汽车品牌开展技术对等的整车开发合作。对此,时任丰田汽车公司副社长的寺师茂树表示:“对于推进电动化发展这一共同目标，很高兴能够与比亚迪超越竞争关系成为合作伙伴。希望通过与比亚迪成立的新公司开展相关业务，让双方的合作得到深化、发展。”比亚迪方面则表示，此次与丰田汽车建立合资公司，是比亚迪开放战略的又一成果。

2024 年 4 月，丰田汽车正式宣布将与腾讯集团开启战略合作伙伴关系。中日双方的企业希望充分发挥各自优势，将硬件制造与软件开发充分结合在一起。丰田计划结合腾讯集团在 AI 大模型、云计算、数字化生态等方面的优势能力，与自身的 SDV（软件定义汽车）等丰富的移动出行资源相融合，为每位用户打造个性化、多样化的移动出行体验，并共同创造未来移动出行的新价值。

第四节　丰田因地制宜的全球战略

在东南亚市场独占鳌头

20 世纪 50 年代后期，日本国内工业发展进入瓶颈期，内部环境对工业的承载能力趋近极限。日本过剩的工业资源急需向海外寻找新的投资目标，其中正是以汽车、电子等资本密集型行业为代表。于是，原材料丰富、人力成本低的东南亚地区就成了首选。当时，泰国、马来西亚等东南亚国家因经济转型，对外部资本、技术的需求空前高涨。

1956 年，丰田汽车销售公司在泰国曼谷建立了自己的代表处，开始了对泰国汽车市场的布局，第一款产品是通过 SKD（半散件组装）方式组装的一种皮卡车型。当时的泰国本土并没有汽车经销商，丰田在当地最开始的 13 家经销商其实都是不知道直销、分销为何物的“小卖店”。于是，丰田泰国战略的第一步便是培育和搭建销售网络。

到 20 世纪 60 年代初，丰田在泰国已经拥有了 60 多个府级经销商合作伙伴，保证每个府县至少有一个强力的经销商，并且每个经销商手下有 5～10 个专业商店帮助丰田向泰国市场投放营销力量。同时，丰田还建设了综合售后服务系统，包括动力装置、零部件修理等网络。后来，这些当地的售后服务团队中多数发展成为丰田的产品供应商。

1962 年 12 月，丰田泰国公司（TMT）在泰国曼谷正式投产，这也是丰田在东南亚的第一家海外工厂。丰田的泰国工厂通过 SKD 形式制造卡车、通过 CKD（全散件组装）形式制造皮卡等车型，此外还参与冲压、焊接、涂装、总装等一系列制造过程。丰田工厂还会把一些接近核心层次的技术在日常的工作技能培训中传授给本地工人技师，积极实现生产的本土化。

20 世纪 70 年代,为了应对当时泰国声势浩大的“抵制日货”活动和更好地实现本地化策略,丰田在泰国尝试使用日本本土推广的利益交换模式——与本地供应商交叉持股、上市融资,这实际上就是日本财团内部常用的方法。此后,泰国本地合作伙伴拥有丰田泰国公司 11.5% 的股权,泰国的银行和其他本地组织则拥有 6.5% 的股权。

1974 年 10 月,一家非官方、非营利的组织丰田基金会成立。其中,基金会国际处的主要资助对象就是以泰国为代表的东南亚国家。当时,国际处的每年开支就达到了 1.5 亿日元。通过资助当地的一些文化、学术项目,丰田逐渐树立起自身的品牌形象。完善的销售网络、本土化的生产工厂和影响力十足的品牌构成了丰田在泰国的经营法宝。

经过 30 年的耕耘,到 1985 年时,日本车企在泰国市场已经完全建构起了垄断优势。丰田产能达到 40800 台,铃木达到 30000 台,日野(2001 年丰田成为日野大股东)达到 9600 台,其他外资车厂生产了 9000 台。不仅如此,当时在泰国市场占主导地位的一级供应商中,纯日资企业占比 80.8%,其余为本土企业与其他国家资本合作的合资企业。

20 世纪 90 年代,以通用汽车公司、福特汽车公司为首的美国汽车企业开始进军东南亚市场,并且也将事业重心放在了泰国。日本车企虽然先后面临《广场协议》和亚洲金融危机的影响,但仍然成功应对了美国车企的挑战。进入 21 世纪后,日本车业在泰国的市场份额一直维持在 90% 左右,其中丰田泰国公司的市场份额更是常年维持在 40% 以上,拥有绝对的垄断地位。

2022 年泰国汽车销量榜单中,日系车占据前四位,排名第一的丰田更是以 28.27 万辆的销售量占据接近 45% 的市场份额。也就是说,在泰国每卖出两辆新车,就有一辆是丰田。不仅是泰国,整个东南亚汽车的市场份额皆由丰田等日系占据。印度尼西亚 2022 年汽车销量为 101 万余辆,日系占了 92% 的市场,其中丰田以 32.95 万辆排在第一位。丰田也是越南 2022 年销量最高的汽车品牌。

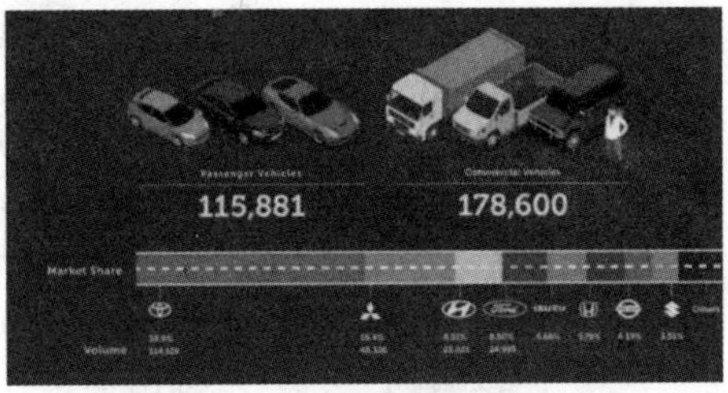

日本丰田在东南亚汽车市场遥遥领先,拥有绝对的垄断地位,泰国、印度尼西亚、越南等国销量最高的汽车品牌都是丰田

投身巴西汽车角斗场

1958 年,丰田在巴西建立了自己的第一家海外工厂,这家位于圣保罗州圣贝尔纳多-杜坎普的工厂于 1959 年组装出了第一辆丰田越野车,从 1962 年开始生产兰德酷路泽系列车型。丰田的巴西工厂从一开始就有着国产化的要求,到 1968 年时,国产化率就达到了 100%。当然,丰田能够迅速在巴西站稳脚跟和 20 世纪

初大量日本移民扎根于此有关系。

从1908年载着781人的“笠户丸”号登陆巴西圣保罗州的桑托斯港开始,无数的日本移民在巴西扎根。如今在巴西,有超过150万的日裔人口,日语也是这里仅次于葡萄牙语的通用语,圣保罗州还拥有世界上最大规模的日本街。日本移民后裔们也给巴西社会留下了“日本人勤勉”“日本人可信”的印象,这些都为丰田后来进军巴西汽车市场赢得了良好的口碑。

进入20世纪80年代以后,巴西的汽车市场基本由国际原始设备制造商(OEM)主导,除丰田、本田、三菱等日系车企外,菲亚特汽车公司、福特汽车公司、通用汽车公司和德国大众等国际车企也纷纷开展巴西市场业务。虽然巴西的汽车市场历史悠久,大多数原始设备制造商和供应商的本地化程度较高,但是并没有自己的品牌。巴西已然成为全球汽车厂商“决斗”的场所。

2010年,巴西超过德国成为全球第四大汽车消费市场,共计售出352万辆汽车,同比增长幅度为12%,销量仅次于中国、美国和日本。全球汽车厂商显然不会放过这个庞大的市场,丰田汽车也计划扩大巴西业务规模。两年后的2012年9月,丰田在巴西的第三个新工厂投入运行,由此启动战略小型车生产,同时还宣布在圣保罗州建设年产能20万台的发动机专用工厂。

2016年1月,丰田宣布更换巴西公司的首席执行官,由Rafael Chang接手Koji Kondo担任丰田巴西公司CEO一职,掌管丰田在南美最大市场的相关运营。2016年8月,丰田投资1430万美元用于扩建巴西的零部件工厂,并创建新的应用研究中心和产品设计中心。该产品设计中心是丰田在拉丁美洲的第一家,主要职能是帮助丰田为当地用户量身定制本地化汽车。

此次扩建的零部件工厂,正是位于圣保罗州圣贝尔纳多-杜坎普的丰田海外第一家工厂。该工厂当时主要为丰田花冠和丰田威驰车生产零部件,同时生产出口至美国工厂的连杆和曲柄轴。在丰田巴西工厂扩建的开工仪式上,丰田拉丁美洲总裁史蒂夫·圣·安吉洛表示,希望将丰田打造成拉丁美洲汽车市场的领头企业,而该市场一直以来都由福特、通用等美国汽车品牌主导。

丰田汽车当时在巴西是第五大汽车厂商,2016年的占有率为8.8%。这个国土面积排行第五、人口超过2亿的国家,似乎更青睐于德国大众,但丰田拥有其他车企所没有的撒手锏。以巴西为代表的南美洲人口正在不断增长,中产阶层人数亦持续攀升。丰田汽车相信这些新兴市场具有无限的潜力,也是决定汽车行业未来的胜利者的关键因素之一。

2018年,J. D. Power咨询公司的调查数据显示,在汽车售后满意程度调查中,来自日本的丰田汽车成为售后服务领域巴西民众最满意的汽车品牌。在满分为1000分的评估中,丰田汽车得到了841分,是所有接受评测的汽车中售后服务得分最高的。虽然丰田汽车是平价汽车,但其售后服务的评分与奔驰汽车等奢侈汽车品牌不相上下。

2023年4月，丰田宣布投资17亿巴西雷亚尔（约3.3768亿美元），在巴西生产一款新的混合动力、灵活燃料紧凑型汽车。除电动发动机外，这款新车还将同时使用汽油和乙醇作为燃料。对此，丰田巴西公司CEO Rafael Chang表示："丰田相信巴西市场，并将继续投资于技术和创新，以满足当地消费者的需求。这是一个可持续的解决方案，也创造了就业机会，并且会推动经济发展。"

一举成名的非洲"皮卡战争"

1961年1月，丰田南非汽车公司成立。1961年6月，PUBLICA经销商渠道建立。1962年6月，丰田南非汽车公司开始运转。南非是当时非洲最大的汽车市场，占据着整个非洲新车份额的70%~80%。从此，以丰田为代表的日系车企开始了对非洲市场的渗透。发生在两个非洲小国间的"皮卡战争"，则让丰田汽车一举成为整个非洲大陆的"明星"。

1987年，乍得和利比亚两国发生武装冲突。当时利比亚军队占据绝对优势，拥有数百辆坦克、装甲车和火炮，并且有空军轰炸机的支援；乍得军队不但兵力不占优势，而且基本没有重武器。然而，乍得军队利用丰田皮卡的机动灵活性对抗利比亚军队。这种灵活战法让满心准备正面坦克战的利比亚装甲部队措手不及，利比亚军队遭受极大损失。

在短短两个半小时里，利比亚一个完整的装甲旅就被消灭，784名利比亚军人阵亡，92辆T-55坦克和33辆BMP-1步兵战车被毁，而乍得方只有18人阵亡，3辆皮卡被毁。由于丰田皮卡的出色表现，此次战争也被称为"皮卡战争"或"丰田战争"。此战之后，丰田海力士（Hilux）皮卡声名远扬，得到许多有趣的外号，比如汽车界的"AK-47""穷国的坦克"等。

丰田旗下的皮卡车系海力士在各种军事冲突期间，通常被转换成临时火力支援车辆，被称为"移动战车"

很长一段时间里，非洲都不在国际主流的经济圈内，但丰田并没有忽视这一潜在市场的存在。2012年进军南苏丹之后，丰田已经在非洲所有的54个国家都开设了销售业务。当年丰田在非洲市场共售出23.7万辆车，占据14%的市场份额。在非洲地广人稀、人迹罕至的地方，日系车的耐用性和可靠性很有优势，而且相较欧洲豪华越野车，其价格也比较实惠。

与其他品牌不同，丰田汽车在进入非洲市场的初期即基本采用了自营或合资的模式。相较于总代分销，该模式需要更高的初期投入，但带来的回报也显而易见：丰田是所有在非洲运作的品牌中最为规范和品牌形象最好的厂商。近年来，非洲被认为是世界上最后几个尚未开发的新车市场之一，各大汽车品牌都在非洲大陆的多个地区投资装配厂，丰田显然也不例外。

2019 年 1 月，丰田将其在非洲市场的整个销售业务转移给了丰田通商(综合商社)。由丰田通商掌管整个非洲市场的销售业务说明了丰田的决心和信心，因为非洲一直都是丰田通商的战略性重点地区。丰田通商旗下拥有法国汽车零售商 CFAO，该公司在非洲的 35 个国家开展业务。除拥有牢固的汽车产业外，CFAO 还经营医药品批发业务及清凉饮料、啤酒等产品。

丰田通商并非以单个国家来看待非洲市场，而是把这个市场视作一个经济共同体。丰田通商不会把投资活动完成或项目完成视为项目结束，而是扎根当地，实现长久运营。丰田通商以汽车、医疗保健、消费品及零售业务等为中心，积极在非洲开展制造、销售及服务活动。无论是曾经的美国市场、中国市场，还是如今的非洲市场，丰田都一直坚持着商社先行的战略。

2020 年 9 月，丰田宣布负责当地营销的旗下综合商社——丰田通商接受由铃木公司提供的小型车，并开展销售业务。此次的举措是丰田与铃木交叉持股、业务合作的一部分，该车将成为丰田在非洲市场推出的首款车型。在此之前，丰田在非洲大型商用车市场拥有较高份额，但小型私家车领域产品很少，落后于韩国和欧洲的汽车厂商。

2023 年 5 月，在日本首相岸田文雄访问非洲大陆之际，丰田首席执行官顾问 Jun Karube 宣布，此前已经在南非、埃及、肯尼亚、加纳和科特迪瓦等地设有汽车组装厂的丰田汽车计划在非洲大陆继续建立两家新工厂，年生产能力为 10 万辆汽车。丰田清楚地意识到，或许目前的非洲汽车市场的体量还十分弱小，但它的未来成长性相当可期。

明确欧洲电气化转型战略

1992 年 12 月，丰田汽车开始在英国的德比郡组装生产乘用车，正式迈入欧洲市场。丰田之所以选择德比郡，是因为它是英国重要的工业城市，也是汽车零部件的集散地，与英国第二大城市伯明翰相邻，劳动力丰富，同时当地也非常欢迎丰田的投资。作为丰田在欧洲的第一个全资制造工厂，其汽车产品主要面向整个欧洲市场。

20 世纪 90 年代，以丰田为代表的日本车企为了追求全球化效率，并同时满足本地化需求，把日本、美国、欧洲、东南亚有机地结合起来，构建起了全球网络。具体地讲，丰田与欧美开展水平合作以承担整车业务，与东南亚进行垂直协作以承担零部件业务，四极之间相互弥补。除丰田外，日产和本田也在英国建有工厂，三菱则选择与沃尔沃在荷兰合资生产乘用车。

至 1994 年，日本汽车在西欧(英国、德国、法国、意大利)乘用车新车市场的份额占比达到了 10.9%，其中丰田市场占有率为 2.6%，在所有日系车企中仅次于日产的3.1%。此后的近20年时间里，丰田汽车在欧洲市场的占有率虽然逐年提升，但一直未有突破性进展。欧洲汽车制造商协会（ACEA）公布的数据显示，2022年丰田汽车以6.2%的份额排在欧洲市场第七位。

事实上，欧洲汽车行业主要国家是德国、法国、英国、意大利，每个大型企业都是该国的代表企业。因此，丰田想要在传统汽车领域获得成功难度颇大，另辟蹊径显然是最好的选择。对此，丰田汽车欧洲公司总裁兼CEO约翰·范·齐尔在2020年表示，丰田在欧洲的发展道路很明确，即向电气化转型。

需要注意的是，电气化并不等于电动化。汽车的电气化应包括以下的三个方面：一是汽车的智能化；二是汽车的网联化；三是汽车的电动化。举个例子，人气车型丰田普锐斯就是一款在传统燃油发动机的基础上加入辅助电池的电气化混合动力汽车（HEV），而特斯拉则是完全依赖动力电池的纯电动汽车（BEV），两者都属于电气化汽车的范畴。

随着新能源汽车全球化的步伐越来越快，欧洲实际上已经成为仅次于中国的第二大主力市场。仅2020年10月在欧洲全区域范围内销售的电动化车型（含混合动力）相比2019年的同期，就激增了153%，其中丰田的混合动力汽车和德国大众的纯电动汽车表现特别突出，丰田旗下的混合动力品牌雅力士（Yaris）欧洲订单量更是创下了丰田所有车型的历史最高纪录。

一直以来，丰田都相信通过各种纯电动汽车、燃料电池电动汽车、混合动力汽车和插电式混合动力汽车，是完全可以采用多路径的方式实现电气化和碳中和移动出行的。这也是丰田近年来欧洲市场所坚持的战略，毕竟目前丰田在欧洲市场销售的混合动力车型占比超过一半，同时丰田也是欧盟要求下碳排放达标压力最小的跨国车企之一。

2020年12月，丰田在欧洲发布了纯电动汽车专用平台e-TNGA，并计划推出超过10款全球纯电动车型。丰田ZEV（零排放汽车）工厂的副首席执行官Koji Toyoshima在向欧洲市场做介绍时表示："到2025年，丰田计划每年在全球销售550万辆电动汽车。同一时间内，丰田还将推出60款新的电动汽车，包括混合动力车、纯电动汽车和氢燃料电池汽车等。"

2023年3月，丰田汽车法国分公司宣布，计划将其位于法国北部城市瓦朗谢纳（Valenciennes）的工厂的产能提高到每年30万辆，以满足欧洲对混合动力汽车日益增长的需求。2023年9月，位于英国德比郡的丰田伯纳斯顿汽车厂制造出了第一台使用氢燃料电池系统的Hilux皮卡，这款皮卡与丰田Mirai共享动力总成部件，而丰田Mirai氢燃料电池电动轿车已有近10年的商业生产历史。

第五节　丰田的全面开拓策略

将汽车与房屋连接起来

1946年,丰田在内部设立了一个丰田预筑水泥公司,准备进行水泥生产,进军建筑业。1950年,丰田旗下的Purekon Yutaka Co., Ltd.成立,正式开始发展住宅建造体系,这也就是如今丰田住宅公司(TOYOTA HOME)的前身。如今的丰田住宅公司(以下简称“丰田住宅”)已经是国际上最快的钢结构装配式住宅制造商之一,也是日本8家大规模工业化住宅公司之一。

1953年8月,为了复兴日本战后经济,以及重新建造丰田会馆,继创立建筑公司丰田住宅之后,丰田汽车工业公司、丰田自动织机制作所联合日新通商(现在的丰田通商)共同投资1.5亿日元设立了东和不动产株式会社,进军房地产领域,由此开启了“要像组装汽车一样建造住宅”的丰田造房历程。

2003年,原本属于丰田汽车下属企业的住宅建造部门独立出来,以丰田住宅的形象成为丰田财团的子公司。2006年和2007年,丰田住宅的销售量分别是5000套和4600套,并且在2010年被评为日本最受欢迎的住宅建造公司。如今,丰田住宅已经在东京等地开设了6家分公司,在爱知县、栃木县和山梨县建立了自己的预制工厂。

丰田财团的丰田住宅是一家综合商社,将用户与各种建筑材料、构件和设备的厂商联系在一起,其本身并不需要专门去生产所有的构件和设备。它们要做的就是收集用户信息,设计住宅,以及生产各自的核心技术部分,最重要的是组织整个生产和建造过程。当然,和传统住宅相比,这样的产品价格还是偏高,顾客群的定位为年收入超过600万日元的中等或高收入家庭。

2019年5月,丰田汽车和松下宣布合并两家公司旗下的住宅业务,共同设立新公司Prime Life Technologies。丰田旗下的丰田住宅、三泽房屋,松下旗下的Panasonic Homes等被纳入新公司旗下。在移动服务崛起、城市功能不断改变的背景下,新公司通过融合资源,开展住宅、建造、街区规划等综合性业务。

两家公司预计以相同比例对新公司进行出资,此外还讨论是否接受三井物产的出资。丰田与松下新成立的住宅公司将未来目标设定在了中国市场,松下整装事业部部长山田昌司表示:“中国的住宅都以毛坯的形式交付,购房者需找装修公司来装修,这导致了品质的参差。为此,中国正在推行住宅内装的义务化,我认为这正是我们的机会。”

2021年2月23日，日本丰田举行了Woven City（编织之城）的奠基仪式，Woven City是以人为本的未来城市建设实证项目。这座编织之城坐落于日本富士山下，原本是静冈县裾野市一片占地175英亩（约70.8万平方米）的丰田工厂旧址，城市计划容纳大约2000人，并作为自治、智能出行、智能家居和人工智能的研究测试平台。

丰田财团将该城市命名为“Woven City”，意为希望打造道路像网格一样交织在一起的城市街区，用智能化方式将城市道路、通信、家居等设施连接在一起，实现真正意义上的城市“互联”。按照计划，未来城市在地面上会建设无人驾驶专用车道、行人专用车道以及行人与个人出行工具共用的三种道路网，同时在地下建设一条货运专用道路。

对于建造一座城市，时任丰田汽车总裁丰田章男认为，丰田无法独自应对汽车角色的变化，需要建立一个城市，在那里汽车和房屋是连接的。通过物联网，汽车将成为社会系统的组件之一。他说：“在考虑我们的业务时，汽车不再是个单独的单元，而是包括汽车在内的整个城市。”这两点的变化促使丰田正在大刀阔斧地进行数字化转型，加大在软件方面的投入力度。

丰田的Woven City（编织之城）坐落于日本富士山下，是丰田财团进行自治、智能出行、智能家居和人工智能的研究测试平台

积极布局氢能源赛道

20世纪90年代初，第三次石油危机爆发，国际油价从14美元/桶急剧攀升至42美元/桶，由此丰田考虑布局新能源汽车。时任丰田汽车公司社长的丰田达郎认为，氢是自然界最充沛的资源，是解决能源问题的终极方案。同时，开拓氢能源新赛道也可以让国土狭小、资源相对匮乏的日本补齐资源禀赋差的短板，汽车产业不被传统能源“卡脖子”。

1992年，丰田展开了对氢能源汽车的相关研究，这一时间甚至要早于其油电混合动力技术。1996年10月，丰田发布了首款氢燃料电池汽车。在随后的10多年里，丰田汽车又陆续推出了FCHV－3、FCHV－4、FCHV－5、Toyota FCHV等多款氢燃料电池汽车，但是受限于成本及当时的市场问题，这些氢燃料电池汽车并没有量产销售。

时至今日，在超过30年的探索过程中，丰田汽车的氢燃料电池汽车已经历经3代技术研发，其间还发布了多款概念车和氢燃料电池混合动力汽车。现在的丰田汽车手握超过6000件关于燃料电池汽车的核心专利，包括燃料电池车、氢气生产与供应技术、燃料系统软件控制技术、燃料电池堆技术与高压储氢罐技术等，无论是数量还是质量都位列全球第一。

据数据统计,丰田财团已在21个国家和地区、2个国际知识产权组织申请了超1.5万件与燃料电池相关的专利,其中有效专利超过了1万件。丰田汽车、爱信精机以及电装3家丰田系的企业将全球48.6%的氢燃料技术专利垄断在自己的手中,甚至超过了三星、现代、通用、戴姆勒、UTC Power五大厂商专利的总和。

2014年12月15日,丰田汽车在日本发布了其全球首款量产氢燃料电池汽车——Mirai(未来)。2015年,Mirai卖出700辆,2016年这一数字达到了2000辆。截至2019年11月,丰田的氢能源车Mirai在全球卖出超1万辆。2020年12月,丰田宣布第二代氢燃料电池汽车Mirai正式上市。到2023年,丰田Mirai的全球销量已超过2万辆。

2020年6月,丰田汽车、中国一汽、东风汽车、广汽集团、北汽集团、北京亿华通等6家公司在北京签署合营合同,成立联合燃料电池系统研发(北京)有限公司(FCRD)。该公司将进行全流程开发,对FC(氢燃料电池)电堆等的组件技术开展研发工作。由此,丰田可以缩短从开发到产品化所需的时间,加快燃料电池车在中国商用车市场的普及。

2021年11月,丰田汽车与北京冬奥组委共同举办北京2022年冬奥会和冬残奥会赛事服务车辆交付仪式。此次丰田汽车为北京2022年冬奥会和冬残奥会提供的赛事服务车辆共计2200余辆,其中包括丰田首次在中国大规模投入使用的氢燃料电池汽车(FCEV)第二代Mirai、专为大会开发的“柯斯达氢擎”,以及多款BEV、HEV车型。

2024年6月,位于北京市经济技术开发区的丰田燃料电池研发与生产项目(一期)正式通过竣工验收。该项目集燃料电池研发、生产和销售于一体,主要承载以丰田技术为基础的氢燃料电池堆及系统的研发和生产功能。同时,项目计划形成年产5000~10000台燃料电池系统及电堆的能力,未来每年可带来30亿~50亿元的工业产值。

根据全球氢能权威组织国际氢能委员会预测,到2050年,氢能将占全球能源需求的18%,市场规模将达到2.5万亿美元。氢能的普及将助力每年减少60亿吨以上的CO_2排放,并同时创造超过3000万个就业岗位。如今,丰田氢燃料电池技术的先进性和安全性都代表了世界的顶级水平,已然提前站在即将全面井喷的氢能源风口之上。

持续研发人形机器人

2004年3月1日,丰田汽车对外透露,该公司正着手开发兼具温柔和聪慧特性的新型伙伴机器人系列。这种伙伴机器人将如人类一般轻灵、柔软,同时能够自如地操作或使用各种器具,主要应用领域瞄准助理、福利、制造和移动这四大需要。第二年，丰田汽车内部专门设立了开发新一代移动工具和机器人的部门。

2007 年 8 月，丰田汽车推出了一款生活支援机器人 Robina，用于接待和引导工作。该机器人拥有两条机械臂，机械臂末端装有灵活的手指，可以执笔写字。此外，它还拥有类似人脸的面容，可以与人类进行对话交流。12 月，丰田汽车对外展示了机器人 Humanoid，它的外表酷似人类，而且能够依靠双足行走，灵活的双手可以演奏小提琴。

2013 年 8 月，由丰田汽车联合东京大学、机器人车库（Robo Garage）等机构研发的人形机器人 Kirobo 成功进入国际空间站，并工作了 18 个月。Kirobo 的工作不是劳力，而是作为宇航员们的伙伴。Kirobo 的身形小巧玲珑，身高只有 13 英寸（36 厘米），体重也只有 2 磅多（约 0.9 千克）。

2016 年 1 月，丰田研究院（TRI）在美国硅谷成立，提出所谓的“舰队学习”，即机器人技术爆炸的关键在于云机器人技术和深度学习的结合。这种“舰队学习”系统可以让机器人轻松地扩展并应用到各种工作环境。丰田汽车的 TRI 系统可以成功地执行约 85% 的相对复杂的人类级任务，每个任务由大约 45 个独立的行为组成。

2017 年 11 月，丰田汽车公布了旗下的第三代人形机器人 T-HR3。这款机器人身高 1.54 米，体重 75 千克，跟普通成年人类似。它全身有 29 个扭矩伺服模块，能够在多个轴上移动，从而可以执行复杂的动作，可以被控制并与操作员的动作同步。在丰田的计划里，机器人 T-HR3 作为测试平台，旨在探索其在家庭协助、医疗服务、建筑工地作业以及太空探索等领域的应用可能。

2019 年 8 月 7 日，丰田汽车和日本 Preferred Networks 公司发布联合声明表示，两家公司将联合开发能够在典型生活环境中学习的生活辅助机器人（Human Support Robot，HSR）。HSR 可以帮助行动不便捷的人完成一系列的家庭任务，比如开门、从食品柜中取食物或水。

2021年，由丰田打造的投篮机器人CUE出现在东京奥运会的篮球赛场上，并担任中场表演嘉宾

2021 年 7 月，在美国队与法国队对阵的奥运篮球赛场上，一款名为 CUE 的篮球投篮机器人担任了中场表演嘉宾，在场地中线的位置直接投了一个完美空心球。这个由丰田生产的人工智能篮球投篮机器人曾以连续 6 小时 35 分钟投中 2020 个球创造了吉尼斯世界纪录。当然，除了 CUE，丰田还创造了一系列的机器人为东京奥运会赛事服务。

2021 年 11 月，丰田研究院宣布，成功研发出最新一代家庭保姆机器人——巴士男孩（Busboy），其最大的强项是做家务。在丰田的发布会上，机器人巴士男孩展示了家务能力，比如能够从一个高亮反光桌面上拿起玻璃杯放到洗碗池里，从高度反光的大理石台面上准确地拿起玻璃杯，还能擦干净桌子和地板等。

2024 年 3 月，丰田研究院对外公布了其最新的研究成果——软机器人 Punyo，展现了丰田在这一领域的卓越技术实力和巨大发展潜力。与传统机器人相比，软机器人 Punyo 以其独特的柔软、友好和有能力的形象，成为机器人世界的一股清流。这款机器人不仅拥有强大的功能，更在外观和触感上给人带来了全新的体验。

构建未来出行生态圈

近年来，随着“新四化”（电气化、网络化、智能化、共享化）浪潮的渐进，当前整个汽车行业都面临着新旧发展方式转换的一个非常关键的转折点。从销量放缓的市场常态，到未来技术发展和生活方式变化，所有的一切都在倒逼整个传统汽车行业，从简单的汽车生产销售模式向出行服务领域转型。于是，越来越多的车企意识到向移动出行服务商转变的重要性。

2018 年 1 月，在美国拉斯维加斯消费电子展（CES）的记者会上，时任丰田汽车总裁丰田章男宣布，“丰田将从一家传统汽车制造商转型为移动出行服务供应商”。这就意味着，丰田汽车会从过去传统的单纯制造、销售汽车并提供汽车服务的制造型公司，转型为与未来移动社会的一切服务相关联的全能型公司，向消费者和相关企业提供移动出行相关的所有服务。

为了呼应向服务供应商转型的集团战略，丰田汽车在拉斯维加斯消费电子展上还展出了 e－Palette 电动汽车，并提出了“移动盒子”的新概念。作为丰田全新开发的移动平台，这款电动汽车有无人驾驶功能，可以适应各类服务场景，将购物、娱乐、餐饮融入其中，包括 24 小时共享汽车、无人商品配送、移动零售店和旅馆等服务。

2019 年 10 月，在日本东京车展上，丰田汽车的展台上没有摆放任何一辆汽车，而是用 e－Palette、e－Care（未来移动医疗车）和 e－Chargeair（氢燃料电池充电保姆车）等一系列“概念出行工具”，勾勒出未来智慧城市的图案。“关于车展，我想谈的不是汽车，而是人，在这里参观者可以体验以人为本的未来出行社会。”对于展台无车展示的情形，时任丰田汽车总裁丰田章男如是解释道。

2020 年 12 月，丰田汽车发布了 e－Palette 电动汽车的运行管理系统。该运行管理系统作为丰田移动出行服务平台（MSPF）的全新功能，会公开服务供应商所需 API（应用程序接口），并允许合作伙伴一起从前期企划阶段开始参与，通过实验共同推进实证项目，力争 2025 年前在多地实现商业化应用。丰田汽车表示，初期合作伙伴有滴滴出行、亚马逊、必胜客、马自达、优步等。

北京 2022 年冬奥会期间，继东京奥运会之后，丰田汽车的 e－Palette 电动汽车再次亮相。作为自动巴士，冬奥会专用特殊规格的 e－Palette 为赛事相关人员提供大量的移动出行服务。此外，丰田汽车还宣布了正在与可口可乐、英特尔、中国联通、首钢集团等北京冬奥会的其他合作伙伴共同积极探讨使用 e－Palette 提供相关移动出行服务的计划。

近年来，通过打造丰田移动出行服务平台，丰田的移动出行生态基础商业闭环逐渐搭建完成，也让“丰田将从传统汽车制造商转型为移动出行服务供应商”这一战略的商业逻辑得以清晰呈现。当然，为了能更好地实现向移动出行供应商转变的愿景，在成功构建商业模型的同时，丰田汽车还需要更多前沿科技领域的投资与布局。

打造全出行产业链，其核心理念是实现整个产业链的契合与连接。真正的移动出行服务商不同于一个汽车制造公司，也不同于一个网约车公司，而应该是涉及消费者的吃、住、行、游、购、娱等所有的出行相关行业的综合性供应商，即构建起一个移动出行的生态圈。而如何把这个生态圈画圆，就成了所有传统车企能否领先于竞争对手的关键指标。

未来，当你从睡梦中醒来，你所定制的丰田 e－Palette 电动汽车已经在家门口等你，而车上会有为你选好的早餐，或许你还能在上班的路上健个身；当你开始上班，丰田 e－Palette 则化身快递员分发快递或者成为货运车辆；假若你上班时生病，已经换装医疗诊断模块的丰田 e－Palette 又能够为你提供最紧急的医疗服务……

参考文献及来源

1. 白益民. 三井商道在丰田：揭开日本财团的产经密码[M]. 北京：东方出版社，2024.
2. 陈晓华. 丰田管理借鉴[J]. 中国质量，2022(11)：35－37.
3. 从丰田中国走向中国丰田 本土化战略推进[EB/OL].(2013－11－25)[2024－10－30]. https://news.yiche.com/areashopcar/20131125/1506287412.html.
4. 丰田官方网站，www.toyota.com.
5. 丰田加速跑：转型移动出行 加速中国本土化落地[EB/OL].(2018－11－07)[2024－10－30]. https://news.jstv.com/a/20181107/1541561797494.shtml.
6. 丰田章男. 向出行服务商转型[J]. 汽车观察，2019(9)：23.
7. 高丹. 丰田：永远的危机感[J]. 宁波经济(财经视点)，2016(10)：58－59.
8. 高飞昌. 丰田中国加速转型：明年合资小马智行、投产燃料电池[N]. 经济观察报，2023－10－09(14).
9. 高言. 东南亚市场或成丰田退路[N]. 世界报，2010－02－24(18).
10. 跟上中国的速度，丰田悄然布局本地化策略[EB/OL].(2020－11－05)[2024－10－30]. https://news.yiche.com/hao/wenzhang/36543799/.
11. 静安. 世界车企巴西“混战”[N]. 中国贸易报，2011－03－22(2).

12. 刘通. 巨头觉醒？丰田的电动化布局[J]. 汽车纵横,2022(2):70－73.
13. 刘志国. 价值链视角下的企业商业模式解构:丰田汽车公司的案例研究[J]. 中国管理信息化,2022,25(11):167－170.
14. 柳长立. 世纪末丰田公司的国际商务战略分析[J]. 上海汽车,1999(6):28－33.
15. 马涛. 企业文化研究:以丰田为例[D]. 北京:对外经济贸易大学,2019.
16. 汪静. 丰田章男的"丰田进化论"[N]. 中国经营报,2009－10－26(C01).
17. 王建萍. 从欧洲市场看日本车企的全球战略[J]. 汽车与配件,2017(33):73－77.
18. 王鑫,王一萍. 丰田"造城"记[N]. 汽车商报,2021－08－09(B03).
19. 杨仕省,沈小雨. 开始快跑的"蜗牛" 丰田布局中国一波三折[EB/OL]. (2006－12－09)[2024－10－30]. https://auto. sina. cn/news/2006－12－09/1030236743. shtml.
20. 愚刚. 丰田基金会在东南亚[J]. 东南亚,1986(1):68.
21. 张玉来. 危机意识、跨界与服务化 丰田第三次转型[J]. 董事会,2018(7):66－69.
22. 长门亮. 日本汽车工业的发展及中国汽车工业的借鉴[D]. 哈尔滨:哈尔滨工程大学,2003.
23. 赵艳丰. 汽车企业如何拓展非洲市场[J]. 进出口经理人,2016(4):48－49.

第七章

三井助力索尼攻陷美国

20 世纪 60 年代，走到破产边缘的索尼，在三井财团主导的顾问委员会的努力下，获得了银行贷款的支持，燃起了重生的希望。1989 年，索尼在三井财团的全力支持下，斥资 34 亿美元，并购了美国哥伦比亚电影公司。美国《新闻周刊》激愤地写道："日本买走了部分美国魂！"

1998 年，出井伸之提出"再造索尼"，努力促进索尼的电子、娱乐、金融（"产商融"）等业务领域的整合。3 年后，索尼和三井住友银行共同出资设立了一家新模式的金融机构——索尼银行。时至今日，索尼银行的银行卡仍然可以直接在三井住友银行的 ATM 上办理业务。

2021 年 4 月，索尼电子公司、索尼影像产品和解决方案公司、索尼家庭娱乐和音频产品公司以及索尼移动通信公司，合并更名为"索尼集团公司"（Sony Group Corporation）。随着索尼集团公司的成立，蕴含三井商道的财团化发展模式得以确立，其财团化的构想计划将得以实施。

——作者题注

【阅读提示】

“三井”告诉了我们什么(7)

三井财团扶持起来的索尼从创立之初就注重多元化的发展战略，通过其多元化的产品线满足不同消费者的需求。索尼的产品涵盖了消费电子、娱乐、通信等领域，包括电视、音响、游戏机、移动设备等多种产品。在产品多元化的同时，索尼也积极实现市场多元化。除了传统的消费电子市场，索尼还进入娱乐、金融、医疗等领域，进而降低对单一市场的依赖。

进入20世纪90年代，索尼开启了新一轮的多元化尝试。时任索尼掌门人的出井伸之更是提出了“再造索尼”的计划。出井伸之表示，未来的索尼将会用“无处不在”这个词来形容，这意味着索尼在任何时间、任何地点都能触手可及。从终端到内容，索尼将无所不包。这个在当时有些超前的概念，实际上就是制造业企业的财团化发展模式。

事实上，“财团化”并不是理论家设计出来的，而是企业集团发展的必然道路，是水到渠成的结果，是遵循三井商道的客观规律。2021年，随着索尼集团公司的成立，出井伸之曾经埋下的这颗财团化种子终于得以开花结果。如今，索尼早就不再是简单的制造业企业，而是一家全球知名的大型综合性跨国企业集团，是一家“产商融”相结合的财团化集团企业。

在索尼财团体系中，新成立的索尼集团公司实际上扮演着财团综合商社的角色，并承担着产业投行的职能，即业务投资组合管理和战略资本配置、通过协同效应和商业孵化创造价值、对构成创新基础的人才和技术进行投资等。索尼集团公司发挥总部作用，协调电子、半导体、游戏、音乐、影视、金融等领域的整体有序发展。

在产业领域，由索尼电子公司、索尼影像产品和解决方案公司、索尼家庭娱乐和音频产品公司及索尼移动通信公司组成的产业集群几乎覆盖了索尼的产品事业部。2022年6月，索尼又与本田合资成立了索尼本田移动出行公司，正式进军汽车领域，计划共同开发和销售高附加值的电动汽车，并开拓移动出行服务业务。

在金融领域，索尼金融控股株式会社旗下拥有索尼人寿、索尼损保和索尼银行3个金融分部。索尼金融控股株式会社总资产达到了14.5万亿日元，是日本上市公司中金融业务类体量最大的公司。不仅如此，索尼还专门成立了自己的创投基金——索尼创新基金(SIF)，配合索尼的业务布局，聚焦日本及北美洲、欧洲等地区进行金融创投。

本章导言

2010年3月，一家名叫小米科技的公司（以下简称“小米”）在北京成立，创始人雷军曾经是知名软件企业金山公司的CEO。当年正是智能手机井喷的一年，各种手机智能平台百花齐放，不仅老牌劲旅们纷纷更新自己的系统，许多新的手机品牌也纷纷脱颖而出，开始成为主流。小米也准备成立自己的手机品牌，进军手机市场，并将产品方面放在了极具发展潜力的安卓智能手机上。

然而，智能手机制造是一个非常复杂的过程，从底层操作系统，到核心芯片，再到屏幕、摄像头，中国手机厂商都没有核心技术。对于雷军和小米而言，技术、流程、研发都不是大问题，最难的就是突破供应链的困局，而其中最重要的便是芯片和屏幕。通过与高通公司的多次沟通谈判，小米手机的芯片问题最终得以解决，于是就剩下了最后的难题——屏幕。

由于小米此前并没有发布过任何一款手机，没有可做参考的出货量，因此没有屏幕供应商愿意与小米合作。此时，小米锁定了当时全球顶级的屏幕供应商夏普，但是一开始夏普并没有与小米合作的想法。于是，雷军通过多个朋友的搭桥牵线，与日本的三井物产（三井财团的综合商社）取得了联系。最终，在三井物产的引荐下，夏普才决定和小米约定谈判时间。

日本夏普是当时手机行业主流的几大屏幕供应商之一，其前身是1912年成立的早川电机工业。虽然夏普是三和财团的核心企业之一，但其与三井物产也是长期的合作伙伴，双方的信任度一直很高。因此，夏普愿意和三井物产介绍的品牌接触，即便是当时默默无闻的小米。事实上，在日本，财团与财团之间并没有明显的壁垒，各自所属企业的合作也是很常见的。

2011年3月24日，东日本大地震的两周后，小米与夏普在位于大阪的夏普总部进行了第一次商谈，双方的谈判非常顺利。在当天的签约晚宴上，夏普高管透露了愿意与小米合作的两个原因：首先是三井物产的背书，这是谈判的先决条件；其次便是小米高管团队不顾地震的危险来访，打动了夏普高层，让夏普高层看到了崛起中的中国企业家的执着与真诚。

2011年8月16日,小米手机1代正式发布。这款采用了夏普TFT屏幕的手机一经发售便大获成功,迅速成为当年中国智能手机市场的热门产品之一,累计销量超780万台。2012年8月发布的小米手机2代使用的是来自夏普的IPS屏幕。此后,一直到小米手机5代,夏普都是其屏幕的主要供应商。可以说,小米初期的成功离不开三井物产和夏普的帮助。

2012年,作为小米第一个有收入的完整财年,公司年收入突破了100亿元。于是,有政府主管部门找到雷军和小米,并给其出了一个新课题:小米手机这么火,能不能带动一下国内产业链。随即,小米便制订了“红米计划”——优选国内产业链,做大众手机。正是这个看似不经意的任务挑战,却让小米打开了一扇新的窗户——手机生态。

2014年8月7日,小米宣布与三井财团的索尼达成战略合作协议,小米盒子与索尼4K电视实现深度合作。据产品经理介绍,小米盒子界面可以直接出现在索尼电视的主界面当中。此外,索尼的电视遥控器可以控制电视和小米盒子,类似的做法在行业里并不多见。显然,小米通过与索尼的合作,成功地让品牌形象得到了升级。

2019年,小米首次进入美国《财富》杂志世界500强排行榜,排第468位。作为最年轻的世界500强企业,小米早就不再是简单的手机制造业企业,而是一家专注生态链建设的全球化移动互联网企业、创新型科技企业。小米的成长经历与索尼有着些许类似,都是从消费电子产品做起,逐渐构建属于自己的产业金融生态体系,最终走向了科技企业的财团化。

2022年7月,小米推出的12S Ultra手机首发搭载了索尼IMX989手机相机传感器。索尼IMX989由小米和索尼联合研发,小米工程师团队参与了IMX989的规格定义、部分设计及验证工作。小米创始人雷军表示,索尼IMX989开发费用为1500万美元,小米和索尼各承担了一半,这不只是小米发展的里程碑,也是移动影像领域的里程碑。

第一节 消费电子时代的王者

索尼的诞生与三井的扶持

1946年5月,井深大联合盛田昭夫在东京日本桥地区的百货公司仓库里创办了东京通信工业株式会社。公司正式挂牌时,只有二十几名职员。其中,井深大任专务,负责技术和产品的研发;盛田昭夫任常务理事,负责销售和企业管理。二战后的日本几乎没有任何像样的机械设备,新公司面临着很多问题,各类材料也奇缺,当然最大的问题还是资金。

盛田昭夫的父亲盛田久作工门为公司成立提供了19万日元的支持。事实上,盛田昭夫出生在日本爱知县名古屋市的一个富裕家庭,家族经营着有数百年历史的子日松酿酒公司。相比于盛田昭夫,出生于栃木县日光市的井深大并没有什么显赫的家世。但是,井深大的岳父是曾经担任日本教育大臣的前田多门,在当时的日本政界颇具影响力。

索尼公司创立初期，分别负责销售和研发的盛田昭夫（图左）与井深大（图右）

东京通信工业株式会社(索尼前身)成立之初主要是维持生计,工作场所也只是一间简陋的小屋,公司的第一代产品是电饭锅。公司接到的第一宗大业务是按照驻日美军要求对日本过去的NHK播音室加以改造。即使是在这样艰苦的条件下,东京通信工业株式会社也一直坚持研发属于自己的产品。井深大选择的是磁带录音机,一款有别于政府机关和广播电台,且面向大众消费的商品。

1949年9月,第一号磁带录音机实验品试验成功,向日本首批国产磁带录音机迈出了坚实的第一步。1952年,一家美国的贸易公司不顾日本政府保护自己专利权、禁止进口磁带录音机的命令,利用其他名目获得进口许可并不断宣传自己的好处。这不仅侵犯了东京通信工业株式会社拥有的相关专利权,也把其好不容易培育起来的日本国内磁带录音机市场搞得一塌糊涂。

井深大为了维护日本企业的正当利益,亲自去驻日美军司令部抗议,最后终于将对方告上了法庭,获得了有关政府机关的支持。当时,日本国内多次出现厂家模仿美国产品受到美国人批评的现象,如“日本可乐”和“贝尔丽斯橘子”等,日本人一度泄气地认为“无论我们怎么做都不可能超过美国的”。因此,井深大对美国发难的这一大胆举动虽然让一些人日本感到担心，但绝大多数人为他这种不畏强权的精神鼓掌。

1953 年，万代顺四郎出任东京通信工业株式会社（索尼前身）顾问委员会主席一职，这个顾问委员会在索尼创业初期的融资和投资上都起到了关键性的作用。事实上，索尼的顾问委员会和三井财团有着很深的渊源。万代顺四郎在二战前曾是三井银行（现三井住友银行）的行长。时至今日，索尼银行的银行卡仍然可以直接在三井住友银行的 ATM 上办理业务。

除原三井银行的首领万代顺四郎外，在索尼的顾问委员会的投资实业家中还有一位重量级人物——石坂泰三，正是他重建了三井财团的东芝，而且后来担任了日本经济团体联合会（以下简称“经团联”）的主席。在当代日本企业家中，石坂泰三是一个特殊的存在，被称为“日本经济高速度发展时期的财界总理”。索尼创始人盛田昭夫和井深大都去拜访过他，并说服他对索尼进行投资。

虽然索尼和东芝同为综合电子、电气设备领域的日本公司，但是许多人认为两家企业的发展方式和经营模式并不相同。相较于东芝，索尼从形式和运转方式上来看似乎都更像是一家美国科技公司。但实际上，无论是索尼还是东芝，其本质都是日本三井财团体系内发展形成的核心制造业企业，并且都有着典型的三井商道经营特点。

很长一段时间里，技术上的持续创新都被看作索尼成功的基石，“做别人没做过的”是索尼创始人之一井深大在 1946 年定下的企业信条。这种相对激进的模式也被认为是索尼“美式经营”的典型特征，但人们忽视了非常重要的一点——正是因为有着三井财团在背后提供强大的支撑和后盾，索尼才可以如此“肆无忌惮”地“做别人没做过的”产品。

建立起自己品牌的声誉

1953 年，索尼专务井深大到美国考察相关录音机产品的使用情况时，从朋友处得知美国西屋电气公司（贝尔实验室的母公司，以下简称“西屋电气”）正在出售晶体管的专利使用许可。此前不久，美国贝尔实验室刚刚发明了可以替代硕大电子管的晶体管技术。相较于传统的真空管，晶体管工艺简单、集成度高、功耗低，在大规模集成电路中更具有优越性。

和大多数先进技术一样，当时的晶体管主要应用在军事领域。西屋电气表示，晶体管很难在大众消费领域发挥作用，最多只能用来制造助听器。但是，索尼的两位创始人井深大和盛田昭夫认为，助听器市场太小，应该开发人人可用的产品。考虑到当时晶体管控制的声频频段，以及当时市场上真空管收音机的缺陷，最后他们两人决定用晶体管制造收音机。

井深大这次的美国之行不仅顺利获得了晶体管专利的授权，也促成了一个伟大的决定。井深大发现美国人对东京通信工业株式会社这个名字不仅记不住，甚至连发音都感到困难。如果一家商号的名称难以让别人记住，那还能做生意吗？于是，回到日本的井深大就和盛田昭夫商议，决定为公司取一个国际化的名字，是用任何语言都能发出一样声音的新名称。

1955 年，井深大和盛田昭夫选择以拉丁文 Sonus（声音）及英文词 Sonny boy（活泼调皮的小孩）组合而成的 SONY（索尼）作为品牌名称，推出了日本第一款晶体管收音机 TR－55。1956 年，日本索尼创始人盛田昭夫带着刚问世不久的晶体管收音机飞到了纽约，希望借此开拓美国市场。美国人一下子就被这个新奇的玩意儿吸引，大量经销商蜂拥来到了盛田昭夫的住处。

美国一家非常有实力的经销商表示，如果接受这笔订单，让他们销售，可以一次性订货 10 万台，但是他们有一个附加条件，就是要把索尼的商标换成美国公司的商标。这无疑会给索尼带来很大的利益。事实上，索尼的董事会已经决定接受这笔品牌冠名的订单。但是，盛田昭夫最终拒绝了这个建议，因为他知道，如果用了别人的牌子，成为代工企业，那么索尼这个名字就不存在了。

1960 年，为了进一步打开美国市场，索尼在美国成立了一家名为“索尼美国”的日本独资公司，办公地点位于纽约百老汇 514 号。如果不能使用索尼的商标在美国市场上进行销售，盛田昭夫宁可全部产品都不销售。只有在自己的产品上标上自己的牌子，才能慢慢地建立起自己品牌的声誉，从而实现企业经营国际化的梦想。

然而，想要在美国市场销售日本品牌的产品并非易事。为了适应并了解美国人的商业方式，1963 年 6 月，盛田昭夫和妻子以及 3 个孩子迁居到美国。对于在美国成立公司，盛田昭夫清楚地意识到，美国人与日本人的思维方式和看待世界的方式存在很大的差异，因此要想使索尼快速融入美国文化，必须起用美国人领导索尼美国，即选择职业经理人。

20 世纪 70 年代初，盛田昭夫选择了美国人哈维·沙因担任索尼美国的总裁。但是，沙因过于强势的性格也导致了不管是日本人还是美国人，每个管理人员都怕他。最终，迫于形势，盛田昭夫不得不换掉沙因。但盛田昭夫认为，沙因把美国管理的很多优秀方面，诸如管理控制和报酬等引入了索尼文化，帮助索尼美国从一个单一的配送中心，发展成生机勃勃的美国分部。

作为典型的日本商人，盛田昭夫从不排斥美式管理，他认为只有真实触摸、碰撞、吸收、消化美国商业思维模式，才能跨越文化的障碍。正是在盛田昭夫时代，索尼奠定了它的企业性质：一家来自日本的世界性企业。虽然从表面上看，索尼实行的是美式风格的企业经营体制（现代公司制），但从本质上来说索尼拥有彻彻底底的日式经营 DNA（三井商道）。

走到濒临破产的边缘

1960 年，在晶体管收音机技术的基础上，三井财团的索尼又推出了世界上第一台晶体管电视机——TV8 - 301。这款电视采用了内置电池的设计，因此顾客随时随地都能看电视。此后，由于索尼在黑白电视上的销量一直不错，并于 1962 年推出了当时世界上最小和最轻的黑白电视 TV5 - 303，因此并没有积极参与到彩色电视机（以下简称"彩电"）的市场竞争中。

随着彩电销量的逐渐提高，索尼逐渐意识到了这一市场的巨大潜力，于是着手研发彩电技术。但是，由于没有准确预估形势，公司创始人之一的井深大坚持一开始以公司独自研发的 Chromatron 架构来制造彩电。虽然该架构也能够实现图像的彩色化，但其技术稳定性的确非常差，从而导致彩电的良品率极低。

当时参与研发的工程师吉田进表示，索尼实际上在 20 世纪 60 年代初期就利用这一技术做出了彩电原型机——19C - 70，但是根本无法稳定量产。可即便如此，索尼也不得不把这款良品率极低的彩电推向市场。因为，在日本彩电领域，技术落后就意味着未来将失去市场。事实上，当时以东芝为代表的日本的彩电企业已经迅速发展了起来，甚至开始向海外出口产品。

为了使盈亏平衡，索尼不得不为这一系列的电视设定高价，1964 年时每台 19C - 70 彩电的售价就达到了 20 万日元，相当于 600 美元，而当时 2400 美元就能买到一台美国福特汽车公司生产的最新一代野马轿车。此后的两年时间里，索尼一共卖出了 1.3 万台 19C - 70 彩电。虽然售价高达 20 万日元，但实际上每台彩电的成本在 40 万日元左右。

由于卖一台亏一台，公司不停地在赔钱，索尼也走到了破产的边缘。在索尼几乎显然陷入绝境时，日本开发银行向其提供了一笔 6.5 亿日元的巨额贷款，其中由三井财团主导的索尼顾问委员会发挥了关键作用。当时的日本投资界并不发达，筹措资金必须通过朋友的介绍，顾问委员会则可以为索尼引荐它们自己无法接触到的潜在投资者。

在得到银行贷款和三井财团的支持后，井深大带领索尼的几个主力工程师开始了彩电技术研发的最后攻坚阶段。1967 年，索尼的技术团队终于攻克了彩电一直存在的难题——图像扭曲和光发散。索尼将此项新产品称为"特丽珑"（Trinitron，意为栅条彩色显像管），并注册了相关商标。以此技术生产的彩电画面比起同时代的普通显示器颜色要更加鲜艳锐利。

1968 年 10 月，索尼在日本市场推出特丽珑电视 KV - 1310，随后一举引爆全球的抢购热潮。特丽珑显像管不仅在亮度、色彩方面表现非常出色，也有着极高的色彩纯度。凭借着特丽珑电视，索尼在 3 年内便还清了银行贷款，彻底摆脱了危机。相比于日本市场，索尼特丽珑电视在美国市场似乎更受欢迎，当年有大批的美国消费者宁愿加价排队也要购买索尼的彩电。

在三井财团的大力支持下，索尼推出了特丽珑彩色电视 KV-1310，并在日本和美国市场迅速畅销

资料显示，1968—1988 年的 20 年间，索尼共卖出了超 1 亿台特丽珑电视，并获得了“有史以来最热卖机型”的美誉。很长一段时间里，三井财团的索尼都拥有着“特丽珑”这种设计的专利权。即便是这项专利权过期后，其他的一些公司也还会将自己生产的、采用类似这种显像管技术的产品，以“珑(Tron)”结尾的名字来命名。

从诞生之初一直到 20 世纪 90 年代，日本索尼的特丽珑系列电视都是整个时代无可厚非的电视机霸主。当时，在市场上贴有特丽珑标签的显示器几乎成了索尼显示器的同义词。2016 年《时代》杂志将索尼的特丽珑电视排在“50 款影响时代的设备”中的第二位，仅次于苹果的 iPhone 手机，而二者发布时间整整差了 39 年。

半导体产业的合纵连横

进入 20 世纪 90 年代，集成芯片迎来技术发展高峰期。1995 年，三井财团的索尼宣布已开发出 0.18 微米的光刻技术对集成电路的单个芯片进行加工。由于研究及开发成本高昂且需要投入大量资金，单独开发相关技术并不现实。于是 1998 年，索尼联合富士通共同开发 0.13 微米处理器技术。除富士通外，索尼还选择和同为三井财团的东芝成立技术联盟。

2001 年，索尼、东芝和 IBM 三方迅速达成了合作同盟，新项目被称为“STI”(索尼 SONY、东芝 TOSHIBA、IBM)。3 家公司计划投资数十亿美元用于“CELL”(细胞)的开发和批量生产准备。“CELL”是一种多核心半导体，由多个处理器组成，可以在同一时间执行多项任务，主要应用于索尼推出的家用服务器、高清晰电视和新一代游戏机控制台。

2006 年 1 月 12 日，索尼、东芝这两家三井财团的企业和 IBM 再次宣布，继续联合开展一项新的为期数年的技术合作开发项目。作为一个主要研发半导体的技术联盟，三家公司紧密合作，研究基于 32 纳米及更先进的高级处理技术。这项协议帮助 3 家公司更加迅速地完成对各种新技术的调查、鉴别及商品化进程，以满足消费者的需要及其他应用。

2007 年 10 月 18 日，索尼与东芝再次签署新的合作协议。根据协议，索尼继续拓展与东芝之间的联盟关系，以通过 45 纳米批量处理技术来生产高性能 LSI(大规模集成电路)。索尼与东芝通过成立合资公司，充分整合双方的知识和经验，以 45 纳米制程取代现有的 65 纳米制程，从而强化游戏及数字媒体应用在能耗和成本方面的竞争优势。

对此,索尼执行副总裁兼半导体与组件部官员 Yutaka Nakagawa 谈道:“游戏业务是索尼半导体业务的重点领域之一,索尼将与东芝合作,通过最大限度地利用其多年来在高性能半导体设计领域积累的知识,拓展 PlayStation 高性能半导体业务。”同时,索尼计划把东芝和索尼合作建立的大分 TS 半导体合资公司(OTSS)中到期的索尼资产转让给东芝。

2012 年,索尼在图像传感器上实现了一次技术飞跃。索尼开发的系统能够将两颗芯片堆叠在一起,每颗芯片只有一小片指甲大小。一颗芯片捕捉图像像素,另一颗芯片包含传感器的电路,两颗芯片的叠加有助于智能机制造商生产出比此前设备更薄的机型。此时,索尼仍是唯一一家能够满足高端智能手机制造商图像传感器需求的公司。

2015 年 10 月,索尼与东芝宣布签署谅解备忘录。东芝将部分位于日本大分县的半导体制造设施、设备及相关资产,连同其他相关设备、资产一并转让给索尼,价格为 190 亿日元(约 10 亿元人民币)。索尼预期 CMOS 影像传感器的市场将进一步增长,本次收购将增强索尼在这一领域的生产能力。显然,有了技术上的革新,索尼便开始在产能方面下功夫,首先想到的还是三井财团的东芝。

技术的进步和产能的充足,很快就让索尼坐稳了图像传感器芯片市场的头把交椅,掌控着全球手机图像传感器的半壁江山。2017 年,索尼首颗三层堆叠图像传感器亮相,包含图像传感单元、逻辑控制单元(ISP 芯片)、DRAM 芯片,在性能上再次实现了革新。2021 年 12 月 16 日,索尼全球首发双层晶体管像素堆叠式图像传感器技术。

2022 年 11 月 10 日,日本三井财团的索尼联合 KIOXIA(东芝半导体)、丰田、电装、NTT、NEC、软银和三菱东京 UFJ 银行等 7 家公司合资成立了一家高端芯片公司,取名为“Rapidus”。这个“联合战队”的目标就是实现高端芯片的日本国产化,防止被“卡脖子”。新公司将进行人工智能、智能城市建设等相关高端芯片开发,计划在 2027 年形成量产。

第二节　重绘全球文化娱乐版图

成为世界级音乐行业巨头

1967 年 7 月,日本正式开始实施第一次资本自由化。1967 年 10 月,美国最大的唱片公司哥伦比亚广播公司(CBS)决定在日本建立唱片公司,想起了此前在广播设备上有过商业关系的日本三井财团旗下的索尼。1968 年 3 月,CBS/SONY 唱片公司诞生了,注册资本为7.2 万日元,成了日本实施资本自由化后的第一家合资公司。

作为日本第一家合资唱片公司,CBS/SONY 唱片公司迈出了索尼进军音乐娱乐业的第一步。索尼创始人之一盛田昭夫更是将软件(文化产业)业务与硬件(设备制造)业务一同定位为索尼的核心业务,认为"硬件和软件是索尼的两个车轮,必须使之同时运转"。唱片公司成立第一年的销售额是 7 亿日元,而在 20 年后的 1988 年,年销售额已经突破 1100 亿日元。

1988 年 1 月,同样是在索尼创始人之一盛田昭夫的主导下,索尼耗资 20 亿美元并购了哥伦比亚广播公司旗下的哥伦比亚唱片公司,这使 CBS/SONY 唱片公司百分之百成为日本索尼旗下的音乐部门,并更名为"Sony Music"(索尼音乐)。这笔以哥伦比亚唱片公司 5 倍盈利价格成交的收购项目,也成为当时日本公司对美国公司金额最大的一起并购案。

从 1991 年开始,索尼音乐全面废除了原有哥伦比亚广播公司的 Columbia 和 CBS 商标,改用全新的索尼商标 Sony Music 和 Sony Classical 发行唱片,正式开启了属于索尼的音乐时代。被索尼收购的美国哥伦比亚唱片公司拥有辉煌的历史,在 1948 年制成了世界首张 12 英寸密纹唱片,还曾与英国宝丽金、德国贝塔斯曼并称为"三大唱片集团"。

进入 21 世纪后,受到网络业务的冲击,与 DVD、视频游戏和其他娱乐产品一样,CD 销量也遭遇了价格下跌的挑战。备受网络下载和猖獗盗版的打击,全球唱片销量不断滑坡。对此,贝塔斯曼 CEO 霍尔茨公开表示:"如果索尼和贝塔斯曼仍然孤军奋战,将不得不削减艺人数量,甚至取消在一些国家的活动,因此合并是最好的保证。"

2003 年 11 月,日本索尼和德国贝塔斯曼签署协议,将它们的音乐业务合并到一个合资公司。新成立的合资公司命名为"Sony BMG",由其旗下的 BMG 公司和索尼音乐各持 50% 的股权。合并之前索尼音乐在唱片业位居第二,而贝塔斯曼则居行业第五位,合并之后的新公司占据全球唱片市场 25% 的份额,成为仅次于美国环球唱片的全球第二大唱片公司。

2008 年 8 月,索尼以 12 亿美元收购了贝塔斯曼持有的 Sony BMG 公司 50% 的股份,加上索尼原来持有的另外 50% 的股份,Sony BMG 正式成为索尼的全资控股子公司,同时企业也更名为"索尼音乐娱乐"(SME)。对此,索尼方面表示:"此次收购将帮助我们推动这家全球化音乐公司与索尼产品的生产、集团整体的运营以及相关企业的整合向纵深发展,并实现更紧密的结合。"

2012 年 4 月,索尼音乐娱乐斥资 22 亿美元收购英国百代音乐版权公司。成立于 1887 年的英国公司百代唱片是世界上最大的音乐出版发行公司之一,拥有

1300万首的音乐版权。2018年5月,索尼音乐娱乐将其在英国百代唱片的持股比例从30%提高到90%。借此,索尼控制了全球1/3的音乐出版市场,获得利润丰厚的音乐出版市场31%的主导性份额。

至此,索尼音乐娱乐同环球音乐、华纳音乐并称“21世纪世界三大唱片公司”,而其中盈利能力最强的正是市场份额排名第二的索尼音乐娱乐。索尼音乐娱乐在全球拥有许多顶尖的歌手及音乐人,包括“流行音乐之王”迈克尔·杰克逊、爱尔兰男子演唱组合西城男孩(Westlife)、“小甜甜”布兰妮、“西洋天后”碧昂丝、詹妮弗·洛佩兹、麦莉·赛勒斯、亚瑟小子等欧美王牌歌手。

抢下美国电影的王座

1988年3月,索尼创始人之一盛田昭夫在合资公司CBS/SONY 20周年庆典上雄心勃勃地说:“由于软件业务的发展,新的硬件才会发挥作用。不仅是音乐,还包括电影在内,索尼要确立更大、更广的软件业务。”这一年的夏天,索尼总部发出了一个新的指令:着手购买一家电影制片厂。对于快速发展的索尼而言,拥有一个自有软件库的好处变得比以往任何时候都更加明显。

很快,美国哥伦比亚电影公司(Columbia Pictures)便进入了索尼的视线。一方面,哥伦比亚电影公司是美国主要电影厂中唯一对全部2700部库存影片都拥有版权的公司;另一方面,它当时正面临着财政困境,这是个理想的收购时机。值得注意的是,虽然哥伦比亚电影公司和哥伦比亚广播公司名字很相似,却是完全不同的两家公司。

索尼收购哥伦比亚电影公司后,美国《新闻周刊》推出封面——身穿日本和服的自由女神像

然而,对于索尼的收购邀约,哥伦比亚电影公司的管理层一开始心存疑虑,不知索尼是否有足够的收购资本。要知道就在1988年1月,索尼才刚刚花费了20亿美元收购了美国最大的唱片公司。对此,索尼也亮出了底牌:日本的5家大银行——三井银行、东京银行、富士银行、三菱银行和日本兴业银行通过贷款形式向索尼公司提供15.6亿美元的资金。

1989年9月25日,三井财团的索尼宣布斥资34亿美元,并承担哥伦比亚电影公司16亿美元的附带债务,对哥伦比亚电影公司、哥伦比亚图文电视公司和在全美国180个地方的820家电影院进行并购。1989年10月2日,美国《新闻周刊》封面上出现了一个怪诞的图案:自由女神像穿了一身日本和服。该期刊的文章还激愤地写道:“日本买走了部分美国魂！”

2004年9月13日，以索尼为首的收购财团又以近50亿美元的价格与具有80年历史的好莱坞最后一家独立电影公司——米高梅公司（MGM）达成收购协议。米高梅公司曾是好莱坞的“大哥大”企业，创造出了历久不衰的银幕经典——007，塑造了家喻户晓的卡通形象——猫和老鼠，拥有170座奥斯卡金像奖（数量位列好莱坞八大制片公司之首）。

收购米高梅公司后，索尼的电影库中的作品数量超过了8000部，进而一举超越时代华纳，坐上全球媒体内容提供商的头把交椅，成为全球第一大电影公司。2006年，索尼影视娱乐公司的全球总票房达到了35亿美元，这是一个惊人的数字，因为加上DVD销售和电视版权，索尼一年仅在电影产业上就获得了100亿美元以上的收入。

索尼对电影的执着源于创始人之一盛田昭夫长久以来的梦想。二战后，日本百废待兴，很长一段时间里，“日本制造”就是廉价劣质的代名词。索尼产品的质量为日本企业挽回了一些颜面，但日本企业在国际上还是无法充分得到认可和尊重。盛田昭夫迫切地希望索尼能建立起“知名国际企业”形象，而收购控制舆论的影音文化企业则是提高知名度的最佳途径。

索尼创始人之一盛田昭夫被誉为“经营之圣”，2010年东方经济出版社出版了由日本知名作家江波户哲夫写的传记《盛田昭夫》。传记作者江波户哲夫曾在三井银行任职，他在书中细节性地呈现了盛田昭夫从日本企业家到世界企业家的心路历程和成败得失。

如今，在影视领域，索尼拥有《蜘蛛侠》《勇敢者游戏》《毒液》等经典IP。2020年底，索尼影视娱乐公司董事长兼CEO托尼·文西奎拉在接受新闻采访时透露，今后索尼会更多地进行集团内容整合，并表示索尼正在利用PlayStation的游戏内容开发三部电影及七部电视剧集。事实上，这也正是索尼的另一大支柱产业——游戏和互动娱乐。

打造完全自主的游戏帝国

1989年，日本著名游戏机厂商任天堂邀请索尼为其最新的家用游戏机“超级任天堂”（SFC）开发一款附加CD－ROM光盘游戏的组件。1989年10月，索尼与任天堂正式开始共同开发。索尼方面派出由久多良木健率领的技术小组协同任天堂进行工作，开发代号为“Play Station”。工作中使用的电脑称为“Work Station”，而用来玩游戏的电脑称为“Play Station”。

一年后，任天堂和索尼协同研发的新主机“超级任天堂”正式上市，这部新主机由于搭载了索尼新开发的8路音效芯片和具备回旋放缩机能，在游戏市场上取得了压倒性的技术优势。再加上任天堂强大的市场号召力，轻易获得了游戏市场的主导权。当时，任天堂和索尼两家公司间员工相处的氛围非常好，甚至索尼员工亲自为任天堂员工下厨。

1991 年 6 月 1 日，在美国芝加哥举办的消费电子展上，索尼按照约定的计划发表了 Play Station 的试作机——Nintendo Playstation（任天堂游戏站），由索尼负责产品硬件，任天堂提供旗下的游戏 IP。不难想象，这款产品如果问世将会在游戏界产生巨大轰动。然而这一项目最终夭折了，只留下了几台原型机。

就在索尼发布合作游戏机的同时，任天堂却突然宣布其已经与飞利浦公司联手，共同开发名为“CD－i 游戏机”的项目。任天堂发布的这个消息在日本人眼中是带有背叛色彩的，这在日本经济界是根本无法想象的事情。虽然索尼方面依然努力地进行了多次交涉，但是最终也没能改变任天堂的决定。据媒体报道，由于与任天堂决裂，索尼至少产生了 15 亿日元的亏损。

原来，三井财团的索尼在与任天堂谈判时，在合同中声明自己可以制定一种规格以使 CD－ROM 主机与 SFC 实现互换。当时的任天堂还没有意识到 CD－ROM 的潜力，索尼甚至可以自己开发一种兼容原制式的新型游戏主机。后来，由于担心这样会使任天堂的市场主导权在不知不觉间过渡到索尼手中，于是任天堂就在没有正式通知索尼的情况下，开始和飞利浦公司合作。

1992 年 6 月 24 日，在索尼的经营会议上，索尼正式决定进军游戏业。1993 年初，索尼开始完全重新设计 Play Station 游戏机，并去掉“Play Station”名称之间的空格，改成“PlayStation”。由曾参与任天堂合作项目的久多良木健组建起一个团队，打造完全由索尼自主开发的游戏机，这就是后来大获成功的 PlayStation 1（PS1）。

1994 年 12 月 3 日，索尼正式推出首个家用电视游戏娱乐平台——PlayStation 1。索尼研究了任天堂在经营上的弱点，改分纳制度为店头直销，任天堂当时为了降低经营风险采用了独自封闭的分纳制度，即将产品交给属下几家大批发商经销，弊端就是增加了一道流通环节。随后，索尼又采用极低的权利金和宽松的软件审核制度把软件商罗至麾下。

1996 年，任天堂当时最重要的合作伙伴 SQUARE 倒向了索尼的 PS1，此后包括 ENIX、CAPCOM、KONAMI 等在内的绝大多数的主力第三方游戏厂商也都站在了索尼的一边。凭借着超群的图像处理能力，索尼的 PlayStation 游戏主机迅速席卷全球市场，并推出了 PS2（2000 年），成了新的游戏标准。时至 2004 年，索尼 PlayStation 游戏机全球累计销量超过 1 亿台。

2001 年，财大气粗的美国微软公司也加入了游戏主机的战场，推出了第一代家用游戏主机 Xbox。就这样，在游戏主机行业，被称为“御三家”的索尼、任天堂和微软三足鼎立的形势就此形成。微软明确表示：“除了是占据主导地位的主机供应商，索尼还是一个强大的游戏发行商，规模几乎是微软游戏发行业务的 2 倍。”

在动漫领域全产业链布局

1995 年，索尼影像娱乐音乐出版社成立，这是索尼动漫产业的开端，1997 年其与索尼音乐合资成立了索尼影像娱乐视觉工坊。2003 年，该企业更名为“Aniplex”，名称实际上是动画（Animation）和复合（Complex）两词组成的复合词，象征公司在动画领域的多面性。Aniplex 通常简写为 ANX，因制作出很多优质的漫画作品，在日本动漫界拥有很高的地位。

2005 年，索尼 Aniplex 希望能够更有效地发展动画制作业务，于是决定成立一家稳定和高品质的动画制作公司——A－1 Pictures，“A－1”的含义为 Animation No. 1。其中，最为成功的 A－1 Pictures 高圆寺工作室甚至进行了品牌化，更名为“CloverWorks”，并从 A－1 Pictures 中独立，与 A－1 Pictures 同为 Aniplex 的全资子公司，双方各自承接动画制作委托。

索尼动漫拥有完整的产业链：版权管理公司Aniplex、动画制作公司A-1 Pictures，以及专属频道Animax

如果说 Aniplex 是索尼动漫产业的上游“原料”与投资公司，那么 A－1 Pictures 和 CloverWorks 就是这条动漫产业链上的制造企业。当然，索尼的强大远不只如此，它还拥有自己专属的动画频道，完全实现了自给自足。早在 1998 年 6 月 1 日，索尼全资拥有的全日本动画播放的频道 Animax 就在日本 SKY PerfecTV！付费卫星电视平台进行了首播。

日本首个动画专属频道是三井物产的 Kids Station。索尼 Animax 是亚洲地区第一个全天 24 小时放送的动画专属频道，除了提供给亚洲观众日本顶尖动画工作室及制片方制作的最新、最酷炫的节目，也努力朝着成为代表年轻人流行文化之领导品牌的目标迈进。Animax 的开播还得到了东映动画、Sunrise、TMS Entertainment 的全力支持。

2017 年 2 月，付费收看动漫频道第一名的索尼旗下的 Animax 与第二名的三井物产（三井财团的综合商社）旗下的 Kids Station 进行合并经营。索尼与三井物产共同成立新的股份有限公司 AK HOLDINGS，而 Animax 与 Kids Station 这两家公司被纳入旗下，新公司也就成了拥有付费动画频道最多的持股公司。

日本卫星电视广告协议会的数据显示，在视听家庭数方面，索尼的 Animax 拥有 862 万户，三井物产的 Kids Station 则拥有 818 万户，合计约为 1680 万户。因此，两家公司的合并经营也震惊了动画界与播放业界。新公司股份的半数以上由索尼出资，并由原索尼 Animax 的社长滝山雅夫出任新公司的社长一职。

索尼与三井物产这两家三井财团公司的强强联合，不仅提升了收益，还开发了大量原创作品，促进了衍生商品的销售。值得注意的是，三井物产通过合并，进一步远离非主营业务的动画、播放业务，在海外业务方面为新设公司提供帮助。而对索尼 Animax 来说，此次合并对其经营状况产生巨大影响，付费动画播放机构之间的竞争形势趋于平缓，业务资源更加丰富。

2017 年 8 月，日本索尼影业在以 1.43 亿美元收购电影制作公司 Funimation Productions 95% 的股权后，正式成为这家总部位于美国得克萨斯州的电影公司的老板。该公司计划把日本动画电影如《龙珠 Z》和《海贼王》用英文呈现给美国观众。这也是继 Animax 之后，索尼海外动漫产业的新动作。此前，索尼 Animax 在 23 个国家提供动漫游戏的有线电视网络服务。

资料显示，索尼收购的 Funimation Productions 公司成立于 1994 年，是北美最大的日本动画、电影等作品发行方，拥有近 30 年 DVD 发行和电影发行经验。2016 年热映的动画电影《你的名字》，就是由 Funimation Productions 负责其在美国的发行。同时，Funimation Productions 的流媒体服务 Funimation NOW 当时也已进入美国、加拿大、英国、爱尔兰、澳大利亚、新西兰等多国市场。

第三节　在中国的表现不负众望

步步为营，进军“北上广”

1979 年 9 月 21 日，时任国务院副总理邓小平在北京会见了日本三井财团的索尼会长盛田昭夫。日本驻华大使吉田健三、索尼专务董事吉田进也参加了会见。此外，在座的还有中国电子学会理事长、四机部副部长刘寅等官员。会见中，邓小平同盛田昭夫就加强中国同索尼在电子工业方面的合作关系，进行了友好的交谈。

据盛田昭夫回忆，当时一些索尼的广播电视专业产品及家电产品已经进入中国市场，并且在北京市中心的长安街王府井路口离北京饭店不远的地方竖起了一块巨大的广告牌。1980 年，索尼在北京设立了办事处和客户服务机构。1982 年，索尼开始在北京、上海生产广播电视专业用磁带录像机（VTR）。1985 年、1994 年索尼又分别在上海和广州成立了办事处。

1993 年 9 月，索尼与上海广电股份有限公司合资成立上海索广电子有限公司，总投资 2500 万美元，日方出资 70%，这是日本索尼在华的首家合资工厂。上海索广电子有限公司主要生产录像机、摄像机、DVD、音响等设备，并多次获得各项政府奖励。以上海索广电子有限公司为契机，索尼开始在中国成立产业配套和产业延伸的相关企业。

1995年10月，索尼与北京邮电学院科技开发公司、北京京芝电子信息产业有限公司、北京天竺空港工业开发公司3家公司合资成立了北京索鸿电子有限公司，其中索尼出资74.5%。合资公司主要生产移动电话、DVCAM格式专业用摄像机、录像机。时至2007年，索尼把对合资公司所持股份由原来的74.5%上升到100%，对北京索鸿电子有限公司全面控股。

1995年11月，索尼又在广东省惠州市100%投资成立了索尼精密部件（惠州）有限公司，并于1996年1月开始正式投产，主要从事光学拾音头、机芯、马达等关键部件的生产。作为索尼在中国华南地区投资的第一家独资企业，公司员工达到2万余人，产品包括手机、数码相机、光学拾音头、液晶显示屏等精密电子部件，其中光学拾音头的产量占世界市场的45%。

1995年12月，继成立上海索广电子有限公司后，索尼再次与上海广电股份有限公司、上海真空电子器件股份有限公司合资成立了上海索广映像有限公司。合资公司总投资4.1亿美元，投资比例为中方30%，日方（索尼）70%。合资公司是当时中国国内唯一一家能同时生产彩色显像管和彩电的制造商，并在国内率先开始生产平板彩电。

1996年10月，索尼（中国）有限公司在北京成立，作为在中国的地区总部，旨在统一管理和协调索尼在中国国内的业务活动。在索尼的眼中，中国正在形成一个巨大的高附加值商品消费市场，加速中国战略布局势在必行。事实上，索尼的信心来自一组当时由日本官方发表的统计数据：中国有6000万人与日本国民具有相同的消费水平。

1999年12月，索尼在北京召开董事会。这是继1997年纽约董事会和1998年柏林董事会之后，索尼第三次在海外召开董事会，因此也被看作索尼大举进入中国市场的信号。在这次北京董事会上，索尼公布了公司进入中国市场的进化表。与此同时，索尼内部一场中国战略会议也在进行，会议制订了公司第一次中国投资计划。

2002年10月，索尼在上海召开董事会，新一轮的中国投资计划正式拉开序幕。随着中国经济的快速发展，中国不再是一个单纯的生产基地，也是潜力巨大的消费市场。在这次董事会上，索尼（中国）有限公司会长正田纮宣布：“到2005年索尼公司在华的业务规模将扩大到现在的5倍，中国事业将成为继日本、美国、欧洲之后的第四大公司支柱。”

打开高清摄录“新视界”

1999年10月1日，中国中央电视台（CCTV）利用索尼提供的国内第一辆高清转播车，对新中国成立50周年庆典进行了高清试拍，顺利记录下许多珍贵的瞬间和令人难忘的镜头。虽然当时人们还不知高清为何物，但国庆盛典上逼真的视听效果已令人感到前所未有的震撼。由此，三井财团的索尼便与中国的高清产业结下了不解之缘，也真正拉开了高清在中国发展的帷幕。

高清，英文为 High Definition，意思是高分辨率。关于高清的标准，国际上公认的为：视频垂直分辨率超过720p或1080i（p代表逐行扫描，i代表隔行扫描）。自20世纪70年代起，索尼就开始从事高清方面的研究和开发。实际上，高清作为一种视频格式，不是某单一产品的代名词，正如索尼所提出的口号"高清是一个世界"。

2000年6月，《大宅门》筹划开拍，制片人俞胜利询问中央电视台分管设备的领导："国际上最好的摄像机是什么?"得到的答案是日本索尼的新型摄像机。俞胜利便对领导表示："咱们这么棒的剧本，这么强大的制作班底和演员阵容，如果再使用最好的摄像机，那就如虎添翼!"当时最先进的摄像机是索尼新开发的HDW－F900，好莱坞大片《星球大战》正是用它拍摄的。

2001年4月，《大宅门》一播即火，不仅以最高17.74%、平均15.01%的收视率创下了新世纪以来的新高，更创下了单集274万元的广告纪录。除创作团队的辛勤努力付出外，索尼高清摄像机也功不可没。当时，中央电视台购买了两台索尼的HDW－F900摄像机进行电视剧的拍摄，《大宅门》也就成了中国首部用索尼的高清设备拍摄的电视剧，同时也是中国第一部高清电视剧。

2001年11月，上海文广集团采用了由索尼HDCAM（高清录像带）设备集成的全中国第一个6讯道1080/50i高清转播车，顺利完成了第九届广州全国运动会的现场转播任务，并留下了许多宝贵的影像资料。此后，中国开始大力推进高清的发展进程，然而由于相关设备的技术难度大和费用过高的问题，在这一阶段，高清技术的应用主要局限于一些重要活动。

从2002年开始，索尼倡议并举办了旨在促进中国高清电视发展和应用的"高清杯"。随着规模和影响越来越大，"高清杯"逐步成为一个品牌，为广大客户提供一个交流制作心得、共享全球高清发展经验的平台。当时，中国国内绝大多数的数字电影和高清专题片以及大部分的高清电视剧都是用索尼的高清设备拍摄的，可以说索尼开启并见证了中国高清发展的全过程。

2003年4月，使用索尼高清摄录一体机拍摄的中国第一部高清电影纪录片《茶马古道·德拉姆》被誉为"一部诗一般的作品"。11月，中央电视台使用索尼摄录一体机真实地记录了中国航天史上辉煌的一页——"神舟五号"飞船成功发射和安全接收的全部历史。此后，高清在中国迎来了高速发展的新时代，索尼成为中国高清乃至世界高清产业的引航者。

索尼高清和北京奥运会的渊源也很深。在2001年7月确定2008年奥运会主办城市的国际奥委会第112次会议上,当国际奥委会主席萨马兰奇在莫斯科世界贸易中心会场宣布北京成为第29届奥运会主办城市时,正是索尼HDW-750CE高清数字摄录一体机记录了这一具有历史意义的过程。2003年8月3日,索尼高清摄像机也见证了北京奥运会会徽在天坛祈年殿的揭幕。

2008年1月15日,由索尼为北京电视台量身打造的高清电视转播车举行了隆重的交接仪式。市场数据显示,中国国内为北京奥运会构建的高清转播车和演播室中,超过75%的整车系统集成是由索尼提供的。设备方面,约75%的摄像机和超过90%的录像机采用索尼的HDCAM格式。同时,由索尼供货的摄像机总数量接近全部需求量的80%。

甘当中国企业的军师

2005年,出于种种原因,出井伸之卸任了索尼的董事长兼CEO一职,仍担任索尼的顾问委员会主席。此时,出井伸之在日本几乎是一个神话,无论是政界、企业界乃至普通日本民众,都对他敬仰有加。出井伸之先后担任过日本银行顾问、日本信息产业战略规划委员会成员等政府职务,同时还是全球最大咨询公司埃森哲公司的董事。

2007年6月,百度宣布索尼前董事长出井伸之应邀担任该公司独立董事。对此,百度董事长兼CEO李彦宏表示:“有了出井先生的参与,百度在积极稳妥地发展日文搜索平台方面将更具信心。”事实上,在日本传统的企业家中,出井伸之是最懂互联网的人。在过去的10多年里,索尼和出井伸之在日本一直是采用最积极的态度应对互联网到来的企业和企业家。

2009年,作为企业的独立董事,出井伸之向百度董事长李彦宏提出了自己的建议。他认为:“大企业就是一个生命体,而一个生命体中又存在着很多小的生命体,有必要互相提供价值。管理层有必要在充分理解这一点的基础上,去确立适合自身企业的、适合中国国情的公司治理模式,原样照搬美国的公司治理系统是不会起作用的。”

2011年9月,联想集团宣布,索尼前董事长出井伸之正式加入联想董事会担任非执行董事的职务,出井伸之的出任无疑提高了联想集团对日本市场的战略性认知水平。时任联想集团董事局主席的柳传志表示:“我们相信,出井伸之先生将凭借其丰富的经验、成熟的专业知识和高水平的国际业务领导能力,对联想的战略性发展和长期成功做出极大的贡献和积极的帮助。”

就在出井伸之出任联想集团非执行董事的这一年初,联想集团刚刚和日本NEC共同组建了合资公司联想NEC控股公司,面向日本用户销售电脑。其中,联想集团持有51%的股权,NEC持有49%的股权。2016年7月,NEC又将持有合资公司股份的九成转让给了联想集团。不只是NEC,联想电脑和日本企业的渊源颇深,第一款以 ThinkPad 命名的笔记本电脑实际上就诞生于日本的大和实验室。

2012 年,出井伸之在接受采访时谈到了中国企业家和日本企业家的差别。他认为,日本企业家想的是怎么在成熟市场环境下发展企业,而中国企业家想的是怎么在高速发展的市场环境下经营企业,着眼点截然不同。中国企业家当前需要思考的问题有两个:一是当经济开始放缓或停滞以后应该怎么办;二是做到了市场领跑者以后该怎么办。

在采访的最后,出井伸之表示:"制造业不要错误理解为只是制造东西,日本的制造业和服务业是一体的。如果单纯认为只是在制造某种产品,那就发生了概念错误。比如你是做羊绒制品的,你就应该考虑,不光要制造羊绒制品,还要增加它的附加值,比如你的设计、概念、服务、外包装等,开辟出一种新的概念和理念。人们想到你的产品时首先想到某种新的概念或者服务。"

2015 年 7 月,中国知名互动娱乐供应商游族网络宣布,索尼前董事长出井伸之与公司签约并担任顾问,成为游族网络全球化战略布局的重要智囊。游族网络董事长兼 CEO 林奇在签约仪式上表示,"全球经济未来十年二十年的变革,将由亚洲年轻人来驱动,而年青一代企业领袖变革未来之路,需要出井伸之先生这样全球知名的优秀企业家来引领"。

全球化 + IP 管理工程,是游族网络发展战略的核心。为此,林奇一方面重点培养 IP 资源,另一方面在"互联网 + 文化"周边产业展开多元投资。决策层引进索尼前董事长出井伸之,意图在游戏、电影影响力基础上,更好地拓展其他产业。出井伸之这位历经多个外企全球化进程、专注文化内容领域的知名企业家,在出任游族网络顾问后,能为林奇提供更专业的咨询意见,引入更多元的企业资源。

最赚钱的早就不是硬件了

2014 年 10 月,一则《索尼计划退出中国市场》的报道出现在网络上,报道称:"由于相关业务越来越不景气,索尼正在计划从中国撤退。"甚至有国内媒体指出:"这在索尼内部员工中,已经是公开的秘密了。"对此,索尼(中国)有限公司第一时间发表澄清公告,表示对这样的消息感到震惊与困惑,并强调了中国市场的重要地位。

2014 年 10 月 24 日,索尼在上海举办了大型品牌活动"索尼魅力赏"。原本是一场展现索尼电子、游戏和娱乐业务的例会,但在当时索尼退出中国传言盛行的节点下,却也多多少少有了澄清会的味道。随着索尼 CEO 兼总裁平井一夫、索尼(中国)有限公司董事长兼总裁栗田伸树的亮相与发言,索尼不仅完成了产品展示、品牌形象宣传,也为索尼(中国)有限公司业务接下来的发展定下了基调。

时任索尼(中国)有限公司董事长的栗田伸树表示:"中国已经与美国、日本一道跻身于索尼全球三大市场之列。从设计研发、市场销售到服务，索尼在各业务环节上均不断强化在华运营能力。为确保和增强中国作为重要增长与利润贡献市场的地位，索尼在2014财年重点实施两大策略，一是通过高端产品提升品牌形象，二是实施针对年轻人的产品和市场策略。”

媒体传言“索尼退出中国市场”不是第一次了，而这些也并不是空穴来风。一方面，自2008年开始，除2012财年实现盈利外，索尼长达6年的时间在亏损泥潭中挣扎，甚至一度传出破产传闻。另一方面，索尼在中国消费电子产品市场的表现的确不好，继2014年2月索尼笔记本电脑品牌VAIO退出中国市场后，10月索尼宣布不再开发和出售专门面向中国市场的手机。

不仅如此，索尼中国区的各项业务中，电视所在的家电业务之表现也令人失望，2013年仅这一项业务就从当年第一季度52亿日元（约3.7亿元人民币）的运营利润，下降到了第二季度93亿日元的亏损。电脑、电视、手机三线业务的滑落的确很容易让人联想到部分媒体关于“索尼退出中国市场”的报道。但是索尼的产业可不仅仅只有这些，收缩关闭的亏损战线并不等于退出中国市场。

就在2014年10月的“索尼魅力赏”活动上，索尼表示，除了消费电子、数码影像及音频产品等传统业务，公司计划在中国市场将“娱乐业务是公司未来发展坚强柱石”这句话落地。索尼电脑娱乐公司总裁安德鲁·豪斯表示：“我们期待着在不久的将来，为中国游戏玩家提供索尼独具魅力的互动娱乐体验。”未来，游戏影音娱乐将代替传统消费电子产品，成为中国市场上的主力。

索尼拥有全球最大的游戏平台之一——PlayStation，而中国又是一个潜力巨大的市场，特别是2014年4月上海自贸区公布相关细则，取消了此前实施长达14年的游戏机在华销售禁令后，索尼显然希望能够在中国游戏机领域取得一番成绩。事实上，索尼游戏机在中国的表现也的确不负众望，自2014年获得3C认证后，索尼游戏机PS4（PlayStation4）在一年时间里就卖出了25万台。

不仅是销售游戏机，索尼在2016年还启动了中国之星计划，致力于为中国本地游戏开发者提供支持，为促进中国主机游戏行业发展贡献一份力量。索尼互动娱乐（上海）有限公司总裁江口达雄就非常看好中国的游戏机市场。他表示：“随着中国经济的高速发展，中国消费者对于家庭互动娱乐方式的需求也在不断升级，中国主机游戏市场在这样的背景下一定会迎来更长远、高速的发展。”

中国之星计划就是索尼推出的一个以走向全球市场为目标，孵化中国游戏开发者的人才发掘计划

2021年4月，日本索尼发布了2020财年财报，2020年实现营业收入8.99万亿日元（约5193亿元人民币），同比增长9%；净利润为1.17万亿日元（约675亿元人民币），创历史最高纪录。值得注意的是，这一利润的背后，最大的功臣不是

索尼的电视、照相机等传统硬件产品,而是游戏、音乐、娱乐等领域。对索尼而言,最赚钱的早就不是硬件了。

第四节　日本企业还需日本管

让人看不懂的出井伸之

1995 年 4 月,58 岁的日本人出井伸之出任索尼总裁、代表董事兼首席常务执行官。出井伸之像大多数他这个年龄的日本人一样,终生只为一个公司服务。他出身于书香世家,父亲是早稻田大学的教授。1960 年,23 岁的出井伸之便加入了当时还是个小公司的索尼株式会社,他在索尼的第一份工作是在国际部,确切地说是在进口部,因此其早期职业生涯主要与销售有关。

1997 年对亚洲经济来说是令人痛苦不堪的年份,前所未有的金融危机沉重地打击了这个创造过奇迹的地方。但是,三井财团的索尼公司当年却创造了 500 亿美元的销售额和 12 亿美元的利润。在许多公司股票纷纷下跌的情况下,索尼的股票却上涨了 44% 。1998 年,索尼在《商业周刊》评出的全球 1000 家最有价值企业中名列第 103。

1998 年,出井伸之提出“再造索尼”。他认为:“如果不发展出一个崭新的业务模式,索尼将沦为网络操作者零部件供应商。新的索尼产品就应是娱乐、电子和情感的融合。”2000 年,出井伸之提出要打造“索尼梦幻世界”;2001 年,他提出要将索尼转型为“个人频道网络解决公司”;2002 年,他又提出索尼将成为传媒和技术企业。

出井伸之究竟要如何“再造索尼”?用他自己的话来讲,未来的索尼将会用“无处不在”这个词来形容,这意味着任何时间、任何地点都能触手可及。显然,出井伸之的未来数字梦已经非常清晰了,即用索尼产品为用户提供一体化的服务,从终端到内容,索尼将无所不包。这个在当时有些超前的概念,实际上就是蕴含三井商道的财团化发展模式。

为此,出井伸之把 30 位高级董事调离董事会,让他们担任新设立的分公司执行官员的管理层,目的是划清董事会的专门职能、公司的决策与监督及执行主管之间的界限,让董事会能够相对独立地起作用。重组的董事会的职能是负责对整个集团公司的管理方针做出决定,并监督执行主管部门。实际上,这就类似三井财团的二木会雏形。

此外,出井伸之也非常重视金融业的发展。在执掌索尼期间,其于 1998 年成立了索尼损保集团，开始了汽车保险业务，如今这已经是索尼金融利润最大的业务。2001年，索尼又联合三井住友银行成立了索尼银行。索尼表示计划将重心从制造业转移到银行等金融领域。与此同时，出井伸之一直在努力促进索尼的电子、娱乐、金融等业务领域的整合。

2003年，索尼公布的财报显示其利润锐减98%，电子产品的利润率下降到约为1%。当时，索尼执行的是非常详细的绩效主义评价标准，并对每个人进行评价，显然作为公司掌门人的出井伸之也不例外。令人遗憾的是，出井伸之的超前战略布局没有在短时间内为索尼的整体利润做出足够的贡献。2005年3月，索尼出现了历史上最大规模的人事调整，出井伸之黯然下台。

出井伸之的这种“制造业企业财团化模式再造索尼”的战略，体现出其本身作为一个成功企业家所具有的远见、伟略等重要品质。同时，出井伸之对未来科技趋势和产业的融合，看得也十分准确，软硬一体，内容制胜，这正是目前数字产业的主流趋势。然而，财团化是企业发展的必然道路，是水到渠成的结果，或许对于当时的索尼来说的确为时尚早。

2005年，索尼董事会在更换CEO的公告中，对出井伸之进行了如下评价：“他所带领的现行管理层在集团经营资源的有效分配和促进集团内部合作方面做出了很大的贡献：强化了娱乐业务，建立了手机业务的基础，推进了下一代半导体开发的进程，并整合了金融业务。”虽然出井伸之的融合转型战略最终并未实施成功，却为索尼埋下了一颗“财团化”的种子。

美国“推土机式”的改革

2005年初，由于利润率的大滑坡，三井财团旗下索尼的股票市值从前一年同期的1380亿美元跌到330亿美元，缩水约3/4。不仅如此，从横向比较，索尼的营运状况也不乐观。同一时期，索尼的利润率为1.32%，松下的利润率为2.6%，而韩国三星电子的利润率为21%，索尼的利润率只相当于三星的一个零头，索尼危机无可遮掩地显现于世。

2005年3月7日，日本索尼董事会做出了一个让外界震撼的决定，聘任美国人霍华德·斯金格担任索尼董事长兼CEO，并于6月22日正式被索尼股东大会通过，霍华德·斯金格成为索尼史上第一位外籍领导人。对此，索尼董事会认为，只有外国人才能狠下心来，对一家传统的日本企业做出日本管理者潜意识里会抵触的痛苦变革。

霍华德·斯金格，1942年出生于英国威尔士，在牛津大学完成了现代史学业并获得硕士学位后，年轻的斯金格决定去美国开始自己的职业生涯，并于1985年加入美国国籍。斯金格并非商人出身而是媒体记者，有着将近30年的媒体从业经历，其间获奖无数，共赢得了9项艾美奖。在就职于美国哥伦比亚广播公司期间，斯金格从记者到制片人,最后担任公司总裁。

在东京的新闻发布会上,新任董事长斯金格表示,索尼必须彻底改造,是废除任何反应迟钝的作风、向技术变革大踏步前进的时候了。他说:"作为一家巨型公司,索尼有着60多年的传统。但我们不能让这些传统来束缚和妨碍我们,我们必须继往开来。竞争在不断加剧,我们参与的所有业务领域的技术革新步伐也在不断改变,因此,索尼也要改革。"

2005年9月,由于企业发展形势不景气,斯金格上任不久就公布了最新的重整计划:索尼将对15项业务进行缩减、整合或退出,还将在全球关闭11家工厂,到2007财年末在全球裁员1万人,并削减约18亿美元的支出。此外,斯金格还提出了一个庞大的重组索尼计划,涉及网络服务、零售服务、金融服务、手机、娱乐、游戏等各个单项业务。

2006年12月,在接受《日本经济新闻》采访时,斯金格表示,他将重建索尼,并将索尼的目标定位为成为一家真正的软件技术公司,还邀请了苹果原软件开发负责人蒂姆·沙夫担任索尼技术开发集团的副总裁。组织再造、业务整合、工厂撤销合并、减产裁员、扩大海外委托生产规模等,斯金格开启了对索尼的一系列美国"推土机式"的改革。

不仅如此,在一些日本索尼的员工看来,斯金格似乎根本就不想融入索尼,他多数时间都不在日本。日本的工程师对斯金格感到不满:"对公司的基层员工来说,斯金格几乎是隐形人。"与此同时,巨大的文化差异也导致了斯金格与索尼管理层之间的矛盾激化,斯金格甚至并不确定日本的管理层是否听他的话,是否理解他的意思并真正按照他的意图执行。

斯金格对于索尼前高管们"退而不休",经常以顾问的身份享有各种福利,还能干扰现任领导层决策的情况非常反感。为此,斯金格直接遣散了退休后返聘的60~80岁的顾问,甚至收回了前高管拥有的办公室。斯金格还起用IBM前高管乔治·贝利担任公司第一位首席改革官。此外,会说流利日语的英国人安德鲁·豪斯成为索尼首个全球营销总裁。

从高管层面上看,索尼俨然已经成了一家"欧美企业",虽然斯金格仍表示索尼是一家日本企业,但在公司内部沟通的文件,全部要求用英文,而非日语。甚至是在索尼(中国)有限公司的员工中,也以英语背景居大多数,这种现象在日系企业中是很少有的。对此,虽然一些日本媒体认为索尼是一个国际化的榜样,但也有人表示索尼是"四不像",甚至过于美国化了。

心流管理 vs 绩效主义

2007年1月,索尼前常务董事、作家天外伺朗在日本著名刊物《文艺春秋》上发表了一篇名为《绩效主义毁了索尼》的文章,引起了极大的轰动。天外伺朗是土井利忠的笔名，他于1964年以设计人员的身份进入索尼，并在46岁那年当上了索尼的董事，后来又成了常务董事。从进入公司到2006年离开公司，天外伺朗在索尼工作的时间超过40年。

据天外伺朗回忆，索尼是从1995年前后开始实行绩效主义的，前一年索尼创始人之一盛田昭夫刚刚因病宣布辞职。从此，索尼开始学习欧美企业，强化了现代管理，实行看上去更为合理的评价制度。但一旦将“人”的属性转化为某种“绩效”属性，为了更好的数字成绩，员工们便极力逃避自己的责任，这样一来就不可能再有团队精神了。

由于实行了绩效主义，索尼职工逐渐失去了工作热情。为了衡量业绩，必须量化各种工作要素，但是有些创造类的工作根本无法简单量化。因为要考核业绩，绝大多数人都会提出容易实现的低目标。可以说，索尼精神的核心——“挑战精神”就这样消失了。同样，过去可以接连开发出具有独创性产品的索尼“激情集团”也不复存在了。

在《绩效主义毁了索尼》一文中，天外伺朗给出了自己的结论：索尼曾经充满活力，后来却被各种严苛的关键绩效指标紧紧锁住，经理人只在乎下一个季度完成更高的绩效目标，而对组织中的协同、人员的成长、创新的活力，还有领导者的领导能力这些更加重要的因素视而不见。所以，索尼迅速进入了日暮西山的困境，是绩效主义毁了索尼。

天外伺朗作为曾经的索尼智能信息动力研究所所长，在接受采访时提出了一种管理概念，即日本索尼式的心流管理。所谓心流管理，是天外伺朗借鉴美国著名心理学家米哈里·契克森米哈赖(Mihaly Csikszentmihalyi)的心流理论提出的管理方法，具体内容就是“让认真的技术员将他的技能尽情地发挥，建设自由豁达的理想工厂”。

曾在索尼工作，后获得诺贝尔物理学奖的江崎玲于奈说过，“在索尼里是混乱而有序”。天外伺朗认为，这种“混乱而有序”实际上能够让工作现场产生活力，此即心流管理的状态。企业并不是靠金钱和地位来吸引人才，而是让其在工作的过程中获得满足感，这才是心流管理的最大意图。报酬固然很重要，但工作是否有意义、公司是否有价值也是十分重要的。

天外伺朗表示：“索尼也好，富士通也好，以前的日本企业其实都是在自然的环境中产生心流状态去管理公司的，事实上那就是日本企业的优点。但是，从20世纪90年代开始，日本人就盲目地信奉外国的经营手法，认为‘日本的做法已经过时了，应该转向最先进的美国式经营管理’。就如大家所看到的，随后索尼和富士通就变得很奇怪了。”

对于这种现象，天外伺朗不无遗憾地说道：“整个(20世纪)90年代后期，索尼感恩戴德地摄取了美国的合理性经营模式，而把自己的长处心流经营管理模式渐渐抛弃了，然后索尼就逐渐凋零了。相反，到了2005年以后，美国的管理学者对美国经营者说让组织产生活力的心流管理模板在日本存在过，而且摆明提到了'索尼创业时期'。"

天外伺朗向索尼的管理层提交过一篇题为《连美国这个合理性经营的创始国家，都开始注目索尼创业时期的心流管理了——索尼现在应该改变管理方式》的报告，然而没有得到当时索尼管理层的重视。于是，在离开索尼后，天外伺朗创办了天外塾，为日本企业做经营指导。当然，参加课程的不只有企业家，率领日本男足首次闯入世界杯的主教练冈田武史也是天外塾的重要学员。

欧美模式并不是万能灵药

2012年2月，索尼预计连续第四年亏损且亏损额将超过30亿美元。在斯金格出任CEO的7年时间里，索尼的数字音乐、视频游戏、电视机等领域全线衰退，市值也从其接手前的近1000亿美元骤降至180亿美元。2012年4月1日，平井一夫正式接替霍华德·斯金格出任索尼CEO兼总裁。索尼能否从困境中崛起，还需要时间去为其证明。

在索尼命悬一线的危急时刻，平井一夫接过这个亏损30亿英镑的"烂摊子"，成为索尼的CEO兼总裁，真正做到挽狂澜于既倒，扶大厦之将倾

平井一夫，1960年12月出生于日本一个银行家家庭。1984年，平井一夫大学毕业，便直接进入了当时位于东京的CBS/SONY唱片公司工作，其后又被派到索尼电脑娱乐美国分公司，一路做到总裁兼CEO。1996年，平井一夫出任索尼电脑娱乐公司高管，其主管的游戏和网络娱乐业务是艰难岁月中索尼所有业务中唯一保持经营盈利的部门。

三井财团的索尼告别"洋帅"斯金格，危急存亡之际，扶大厦之将倾的重任落到了平井一夫的身上，战略调整成了当务之急。于是，在平井一夫走马上任的第一年里，他花了1/4的时间在全球16个国家和45个业务据点跑动视察，飞行里程累计高达47万千米，和当地员工以及消费者进行深入的沟通，寻找适合索尼的改革措施和方案。

繁杂的产品线是平井一夫第一个开刀的对象，他雷厉风行地出售了VAIO个人电脑业务。资料显示，VAIO是1996年索尼和微软、英特尔携手开发的个人电脑品牌，也是索尼走出家电领域进军IT领域的象征，曾为索尼带来巨大利润，但当年的市场份额已不足2%，没落几成定局。在剥离各种业务的谈判中，平井一夫还积极呼吁潜在的买家至少在一段时间内继续雇用原来的员工。

平井一夫也承认，改革是伴随着痛苦的。当然，平井一夫的"减法"不同于前任CEO斯金格的"推土机式"改革。比如电视业务方面，尽管连续10年共亏损780亿美元，但平井一夫仍然固执地表示："我们没有想从电视业务中撤退出来。

电视是索尼与消费者的最大连接点，非常重要。我们会为此强化核心技术，待电视事业盈利后，索尼的前进方向就会光明起来。”

对于同样坚持的并不景气的智能手机领域，平井一夫给出的解释是：“索尼的移动设备部门所关注的其实并不是今天的智能手机，更多的是如何超越智能手机——也就是我们将要做什么，并成为这个新兴领域的一员，最好是一个市场领导者。出于这个战略原因，我想确保我们留下来，并不是为了坚守智能手机业务，而是为了坚守通信业务。”

为了推动核心的电子业务的增长，索尼总部将原来的消费产品及服务、专业及部件解决方案两大业务集团，分拆为十大二级集团，具体来说有数码影像、游戏和移动三大板块，重拾索尼强调技术的传统。此外，索尼音乐、索尼影视娱乐和索尼金融控股等部门，依然保持为独立的业务。这其实是平井一夫对过去索尼美式经营模式的挑战，因此阻力自然很大。

2012 年 9 月，索尼宣布向医疗内镜企业奥林巴斯投资 490 亿日元(约 40 亿元人民币)，成为其最大股东，双方成立合资医疗公司，共同开发超高清手术内窥镜系统。平井一夫还认为，医疗是未来的核心业务，索尼在此领域占有有利位置。在传感器、信号处理、光学透镜、显示设备领域，索尼有大量创新，可用在胃镜、X 射线诊断设备及超声波仪器等设备上。

为了强化索尼的执行力，平井一夫高调打造“一个索尼”(One Sony)，对索尼的组织架构进行了大刀阔斧的改革，加强对索尼各项业务板块的把控，各个业务板块的负责人直接向平井一夫汇报。此后，索尼内部权力的激烈博弈持续了 3 年。直到 2015 年，平井一夫才最终组建起自己的高管团队。也正是这一年，在平井一夫的带领下，索尼正式走出斯金格时代，步入复兴之路。

第五节　财团模式才是未来

重振情感价值的自豪感

自 20 世纪 90 年代开始，三井财团的索尼采用美系企业的经营模式，董事会大多由外部人士构成，为企业发展平添了不少限制。对于索尼引进美式经营模式，曾任索尼半导体网络分公司总裁的蓑宫武夫在其所著的《但是，我爱的索尼》一书中写下：“本意是良药，但最终变成消解企业独特创造力的致命毒剂。”

2015 年 4 月，包括“PlayStation 之父”久多良木健在内的 5 名前任索尼元老向时任索尼董事长兼 CEO 的平井一夫提出建议，希望公司重新审视此前效仿美国企业的经营制度,回归创始人之一井深大提出的"自由豁达、轻松愉快的理想工厂"这一索尼创业精神。平井一夫也清楚地意识到了这一点,"现在的索尼已经没有任何关于它想成为什么样的公司的使命、价值观或愿景了"。

如果只是看重短期利益和股价,那么索尼过去许多潜心研究十几年才最终成形的跨时代产品根本就不可能诞生,更不可能成为索尼的产业支柱。平井一夫开始从索尼的发展历程中寻找灵感,最终想到了意为"深深地感动"的日语单词 kando,指的是那些能够激发出强烈情感的时刻。于是,平井一夫将索尼的使命定位为成为一家"创造充满 kando 的产品的公司"。

对此,平井一夫解释道:"我相信我们可以重新表述创始人时代的人们试图实现的目标,即唤起 kando(深深地感动)。索尼成立的目的是创造能让人们说'哇!'的产品,正如索尼创始人之一井深大在公司章程中提到的那样,要求公司建立一个自由豁达、轻松愉快的理想工厂。在这里,真诚的工程师可以将他们的技术提升到最高水平。"

平井一夫认为:"索尼产品不仅需要功能属性,也需要为消费者带来情感价值。在这个商业化的社会中,任何产品都可以提供功能属性,但情感价值已经成为索尼产品设计理念的一部分,是索尼产品的精髓所在,这是索尼自 70 多年前成立之初就固守的东西。有段时间我们失去了它,而我的工作就是重振公司产品在提供情感价值方面的自豪感。"

2016 年,平井一夫亲自操盘,在东京品川区的索尼御殿山技术中心成立了一个名为"业务设计及创新实验室"的新组织。这个团队规模庞大,100 名成员背景各异,唯一相同的是充满了奇思妙想。他们的任务就是将脑子里各种天马行空的想法拿出来充分讨论,变成可行的创新方案。一旦这些想法通过论证,进入可行阶段,就会获得集团最高层的批准,成立专门的项目组。

另外,平井一夫还在索尼内部发起了一个名为"Seed Acceleration Program"(种子加速计划)的创新项目,允许员工提出创意,并在公司内外进行融资。在第一轮征集中,索尼就收到了 187 项申请,其中有 80 个已进入实操程序。电子香熏棒 Aromastic、自飞型无人机 AeroSense 和科技感十足的手表配件 Wena,都来自索尼的种子加速计划。

索尼的种子加速计划项目,除吸引年青一代的员工外,也激发了大量老员工提出的那些尘封多年的想法,似乎重新焕发了索尼曾经的创业激情。正如索尼 CEO 兼总裁平井一夫说的那样:"索尼的创新意识深植于公司的创立精神当中,索尼自己就是从一家新兴公司发展起来的。通过种子加速计划,我们对自己提出挑战,重返创业精神的根本。"

从 2015 年开始,索尼正式扭亏为盈,实现净利润 1478 亿日元(约 78 亿元人民币),而这一项数值在上一年还是负数。索尼 2016 财年第三季度的财报显示,其

PS4 主机单季的出货量达到 970 万台，创下了 PS 系列单季销售纪录。得益于此，索尼集团 2016 财年虽然整体业绩下滑，但净利润达到了 738 亿日元。而这股业绩增长的势能，一直贯穿了整个 2017 年。

让索尼再次伟大起来

2019 年 3 月，三井财团的索尼宣布平井一夫将于当年 6 月正式退休，辞去公司董事长的职务。一年多以前，平井一夫已经卸任 CEO。随后，按照日本企业的惯例，平井一夫受邀成为索尼的首席高级顾问。对于自己退休的决定，时年 59 岁的平井一夫表示："我是在危机中发挥能力的经营者。制定增长战略有比我更擅长的人。我已退出商界，不会再回来了。"

索尼财报显示，2018 财年（截至 2019 年 3 月），索尼营业收入 8.67 万亿日元（约 5418 亿元人民币），同比上涨 1.4%；净利润 9163 亿日元（约 572 亿元人民币），同比增长 86.7%。索尼旗下游戏、音乐、金融、半导体占利润大头，手机业务延续亏损。同时，索尼的现金及资产达到 1.47 万亿日元。可以说，平井一夫为他的继任者留下的是一个已走出困境，并不断强大的索尼。

平井一夫为索尼选择的接班人是比自己大一岁的吉田宪一郎。平井一夫是营销人员出身，而吉田宪一郎则是一名企业财务人员。在平井一夫掌管索尼后，吉田宪一郎便一直作为集团的首席财务官支持其工作。相比于营销出身的平井一夫，财务出身的吉田宪一郎更注重公司战略大局和风险投资两方面的发展。

实际上，吉田宪一郎也是平井一夫索尼复苏计划的参与者与践行者，外界甚至一度认为他是平井一夫的"军师"。对于吉田宪一郎，平井一夫做出的评价是："吉田先生把深度的战略思考和坚定不移的决心结合起来，以达到既定目标，并具备全球视野。我相信他拥有丰富的经验和视野，以及管理索尼多元化业务所需的坚定的领导素质，是推动公司迈向未来的理想人选。"

作为继任者，索尼总裁兼 CEO 吉田宪一郎带领索尼沿着平井一夫设定的道路继续前进，以完成其未竟之业。为加速推动"一个索尼"理念的落地，吉田宪一郎着手创建一个由索尼的产品和服务组成的"注入 kando 的价值链"，并试图创造一种将电子产品、电影、音乐、游戏和索尼的其他业务有机地联系起来的商业模式。

吉田宪一郎在 40 年的索尼生涯中，虽然被贴上了财务的标签，却掩藏不住其商业经营的天赋。他提出的"创意娱乐公司"定位，正是索尼创始人的"硬件和内容是马车两个车轮"设想的第一次现实落地，真正让用户在索尼电视、耳机、音箱、游戏机等音视频硬件上，体验到索尼娱乐、音乐、游戏带来的丰富内容，同时还能展示索尼摄影、摄像，甚至是影像传感器等上游竞争力。

如今，索尼的半导体业务以及娱乐业务正呈现出突飞猛进的上升趋势。在半导体业务方面，根据索尼 CEO 吉田宪一郎的战略方针，索尼并不满足于在成像传感领域保持全球第一的局面(占全球市场份额45%以上),而是全力将其在高端手机拍照领域的优势嫁接到诸如机器人、无人机、自动驾驶、自动生产、安防等众多领域,最终成为全球传感领域的领导者。

在娱乐业务方面,索尼重申其作为“建立在坚实技术基础上的创意娱乐公司”的企业定位。索尼作为全球最大音乐公司、最大主机游戏公司以及好莱坞第四大独立电影公司,娱乐业务已占其整体的46%。在游戏及网络服务业务方面,截至2019年,索尼的PS4游戏机累计销量达1.028亿台,成为史上第二畅销游戏主机,而排名第一的则是索尼自家的PS2游戏机,累计销量1.5亿台。

2021年4月,索尼公布了2020财年的合并财报,公司净利润首次超过1万亿日元(约625亿元人民币)。这个成绩除了得益于疫情期间的特殊市场需求,以及现任CEO吉田宪一郎的带领外,当然还有一部分要归功于2019年退休的前CEO平井一夫在内部推动的改革。无论是平井一夫的力挽狂澜,还是吉田宪一郎的更上一层楼,事实证明,能够让索尼再次伟大的仍然是日本人自己。

你所不知的索尼金融

1979年,日本索尼与美国保险业巨头保德信金融集团合资成立人寿保险公司,开始涉足金融业务。保德信金融集团成立于1875年,是美国最大的金融机构之一,其下属的美国保德信保险公司也是美国最大的人寿保险公司之一。1987年,索尼获得合作公司的控股权,更名为“索尼生命保险株式会社”,1991年更名为“索尼人寿”。

Sony Bank

ソニー銀行株式会社

索尼银行是由索尼和三井住友银行共同出资设立的,如今金融业务已成为索尼的第二大收入来源

1995—2005年,出任CEO的出井伸之为索尼全面开启金融业务。1998年,索尼损保集团成立,开始进行汽车保险业务,并逐渐成为索尼金融利润最大的领域。索尼损保集团作为一家通过互联网贩卖产险商品的保险企业,其用户信任度很高,用户们认为索尼损保集团并不只是一家只想赚他们钱的保险公司,而是一家真正关心并能给予他们安全感的企业。

2001年4月,索尼和三井住友银行共同出资设立了索尼银行。这是一家新模式的金融机构,它没有实体分行或自动柜员机,所有银行流程都是通过网上或电话进行操作。一开始,三井住友银行持有索尼银行16%的原始股份,并允许索尼银行客户访问其7600台自动取款机。2005年时,三井住友银行将其持有的索尼银行股份减少到了12.6%。

2004年,索尼金融控股株式会社(Sony Financial Holdings,以下简称“索尼金融”)成立,用以监管索尼旗下3个金融分部(索尼人寿、索尼损保和索尼银行)的

相关经营业务。2007年,索尼金融在东京证券交易所一部上市,索尼的持股量一直保持在60%左右。但此前的美籍CEO斯金格对金融业务并不看好,因此直到斯金格退任后,索尼对索尼金融的持股比例才逐渐提高,达到了2018年的65%。

一直以来,索尼的金融业务都是索尼稳定的收入来源。整个2019财年,索尼金融为集团贡献了1296亿日元(约81亿元人民币)的运营利润,约占索尼整体运营利润的15%,是索尼仅次于游戏、半导体和音乐业务的第二大收入来源。特别是在受新冠疫情影响,相关制造业、电影业面临困局之时,索尼接下来的经营思路,显然会通过继续做大金融业务来实现收益来源的多样化。

2020年9月,索尼宣布对其拥有65%股份的索尼金融,已完成总额4000亿日元(约267亿元人民币)的股票及股票收购权要约,索尼金融正式成为索尼的全资子公司。索尼表示,此举是为了实现其金融服务业务的进一步增长并加强管理,从而提高索尼的企业价值。除电子和娱乐业务以外,金融服务是索尼长期发展战略中不可或缺的核心业务。

截至私有化完成,索尼金融总资产为14.5万亿日元(约7250亿元人民币),是日本上市公司中金融业务类体量最大的公司。其中,汽车保险的销售额连续17年保持日本最高;索尼银行托管的资产总额约为2.6万亿日元,外币存款规模也仅次于日本三大巨头银行。据《华尔街日报》报道,过去10年间索尼金融累计实现利润约90.7亿美元,占索尼总利润的63%。

显然,和日本三大传统金融机构相比,索尼金融在银行系和保险业中都不是最优秀的,但是索尼通过此次合并集权,获得了一个巨大的发展机会。索尼旗下其他业务都要支持索尼金融,这就意味着索尼所有"TOC"业务的用户,都将成为索尼金融的发展目标。无论是索尼的金融业务还是娱乐业务,都是需要直接与消费者打交道的业务,因此其产能也肯定会为金融业务铺路。

2020年末,索尼董事长、总裁兼CEO吉田宪一郎表示:"金融业务可以活用我们的技术,从长远来看是一项增长型业务。"不仅如此,他在索尼线上经营方针说明会上也高呼:金融业是核心业务。索尼在打造"产商融"相结合的财团化集团企业的过程中明确指出:"金融业务是和电子产品、娱乐并列的核心业务,也是长期发展策略中最重要的业务之一。"

财团化构想照进了现实

2021年4月1日,三井财团的索尼发布公告,索尼电子公司、索尼影像产品和解决方案公司、索尼家庭娱乐和音频产品公司以及索尼移动通信公司将合并,并正式更名为"索尼集团公司"(Sony Group Corporation)。日本索尼原本名为"东京通信工业株式会社",在1958年更名为"索尼",因此这也是索尼成立75年里的第二次改名。

索尼集团公司将专注于其作为索尼总部的角色，即业务投资组合管理和战略资本配置、通过协同效应和商业孵化创造价值、对构成创新基础的人才和技术进行投资等职能，这实际上有些类似于三井财团内部的综合商社职能。而广为人知的"SONY"品牌则将向索尼电子公司等分公司"下放"，同时索尼集团公司的高管也将被分配为各自业务的领导者。

2008年，索尼前总裁出井伸之的《迷失与决断：我执掌索尼的十年》一书由中信出版社出版

日本索尼的这套蕴含三井商道的财团化经营构想正是源自出井伸之时代。出井伸之在《迷失与决断：我执掌索尼的十年》一书中曾表示，他曾计划建立索尼控股公司，并取名"索尼创新管理公司"，但是这一以财团化管控为目的的计划并没有实施。而现在，随着索尼集团公司的成立、财团化构想计划的实施，可以说当年出井伸之未如愿的计划初步"照进了现实"。

从出井伸之提出"再造索尼"到索尼集团公司的组建，已过去了20多个春秋。经过20多年的发展，或许今天的索尼已经有能力实现曾经出井伸之设想下的"无处不在"的财团化梦想。更名同时也是一次变革，索尼集团公司已就游戏与网络服务、音乐、图片和金融服务等业务建立优化后的管理结构，未来也将为成像和传感解决方案等电子业务建立最佳的管理结构。

伴随着更名，索尼将旗下的整个电子产品与解决方案部门，包括成像和移动业务，剥离为一家名为"索尼电子公司"(Sony Electronics Corporation)的中间控股公司。此外，索尼的影像产品事业部、家电影音事业部和移动产品事业部也都将以新名称运营。显然，这些举措都是希望充分利用业务组合的多样性，来促进业务的发展和演化。

从大众熟知的消费电子巨头SONY到全新布局的索尼集团公司，索尼早已不再是单纯的制造企业，而是发展成为一家横跨电子、半导体、游戏、音乐、影视、金融六大行业的综合性国际集团。不仅如此，索尼还成立了自己的创投基金——索尼创新基金(SIF)，配合索尼业务布局，聚焦日本、以色列等国家和北美洲、欧洲等地区，投资涵盖音频技术、传感器领域的初创公司。

索尼坚持多元化经营的核心理念一直遭到外部投资者的批评。美国投资基金Third Point就批评索尼因拥有多项业务而估值偏低，并且管理层可能无法适当经营如此多的业务，因此要求分拆半导体和金融业务。但索尼并不为所动，坚称多元的业务能够抵御外部危机，是索尼的优势所在，收购和投资会使索尼更有机会“通过利用其技术来促进新的协同效应”。

2022年1月，在美国拉斯维加斯举办的消费电子展上，日本索尼宣布将设立负责纯电动汽车的新公司——索尼移动出行运营公司(Sony Mobility Inc.)，来探索进入电动汽车市场的可能性。事实上，早在2020年索尼就第一次公开了配备自动驾驶功能的纯电动试制车“VISION - S 01”，并开始进行公开道路的测试。

一方面，纯电动汽车正在逐渐实现消费电子化，作为该领域的核心企业，索尼显然不愿意错过电动汽车的热潮；另一方面，汽车工业是凝聚了一切现代化技术精华的综合性工业，索尼实际上也是想通过造车来展示自己多元财团化的成果。例如，索尼在车载图像传感器领域已经占据了五成份额，而在自动驾驶领域，索尼也能为英伟达等企业提供兼容驾驶芯片的相关硬件设备。

参考文献及来源

1. “清”史留名 索尼见证中国高清发展史[EB/OL].(2006 - 10 - 24)[2024 - 10 - 30]. https://tech. sina. com. cn/digi/2006 - 10 - 24/1226134955. shtml.
2. Sony 致力于推动高清在中国的发展[EB/ OL]. (2006 - 08 - 25)[2024 - 10 - 30]. https://elec. it168. com/a2006/0825/227/000000227486. shtml.
3. 安静得.盛田昭夫下台后的索尼[J].科技智囊,1997(5):36 - 37.
4. 陈言.索尼的中国历程(之二) 到中国去重建品牌[J].经济,2005(10):80 - 81.
5. 程若曦.霍华德·斯金格:山姆大叔的索尼瘦身计划[J].经营者,2005(11):28 - 29.
6. 出井伸之 日本公司的叛逆者[J].中国企业家,2002(11):81.
7. 姜中介.索尼:如何重新崛起?[J].中国品牌,2014(2):98 - 99.
8. 刘晖.出井伸之谋划中国[N].计算机世界,2004 - 06 - 28(A36).
9. 罗亮.索尼CEO首次在华公开亮相 复兴电子业务成为核心[EB/OL].(2013 - 11 - 12)[2024 - 10 - 30]. https://tech. sina. com. cn/it/2013 - 11 - 12/11428905798. shtml.
10. 马晓东.索尼在华实体店渠道发展研究[D].上海:华东理工大学,2016.
11. 史铭.索尼投资中国[J].中国对外贸易, 2004(2):42 - 43.
12. 宋佳楠.入华二十年“索尼大法”如何才能重现辉煌?[EB/OL].(2016 - 05 - 26)[2024 - 10 - 30]. https://m. jiemian. com/article/666158_foxit. html.
13. 索尼官方网站,http://www. sony. com.
14. 索尼影业董事长:影视业已到顶峰,未来属于游戏业[EB/OL].(2021 - 10 - 06)[2024 - 10 - 30]. https://m. 163. com/dy/article/GLKMRHFI05482B2Y. html.
15. 索尼与半导体产业的“不解之缘”[EB/OL].(2022 - 01 - 09)[2024 - 10 - 30]. https://guba. sina. com. cn/? s = thread&tid = 1706&bid = 24730.
16. 索尼在中国的发展历程[EB/ OL]. (2005 - 12 - 22)[2024 - 10 - 30]. http://digi. it. sohu. com/20051222/n241080385. shtml.

17. 徐方启. 细数索尼的成功与失败[J]. 企业管理,2008(5):59-62.

18. 于昊. 索尼后疫情时代战略:开拓娱乐生态圈,打造感动价值链[J]. 电器,2021(6):74-75.

19. 于璇. 在华20年,索尼继续前行[J]. 电器,2016(4):80.

20. 余惕君. "索尼神话"与企业国际化[J]. 国际展望,1988(12):20-21.

21. 张里,扈邑. 平井一夫:索尼复兴在中途[J]. IT时代周刊,2013(23):50-51.

22. 张鹏. 索尼:向另一个时代迁移[J]. IT经理世界,2001(21):40-43.

23. 张锐. 平井一夫:索尼变革的破冰者[J]. 对外经贸实务,2015(4):14-18.

24. 张延陶. 索尼真的衰落了吗?[J]. 英才,2019(Z3):42-43.

25. 植根中国,服务客户:索尼新技术赋能超高清影像发展[J]. 广播与电视技术,2022,49(1):27-31.

26. 仲继银. 索尼:世界级企业的治理转型[J]. 董事会,2010(7):94-96.

第八章

东芝离不开三井的怀抱

1939 年，在三井财阀的资本运作下，东京电气株式会社和芝浦制作所合并，成立了东京芝浦电气株式会社，这就是东芝的前身。在三井财阀的扶持下，东京芝浦电气株式会社跃升为世界级的工业大厂之一，以供应日本国内的重型机电制造为主业，推动了整个日本工业的极大发展。

2002 年，东芝社长冈村正宣布执行 01 号行动计划，开展一系列强化业务经营的措施。东芝集团按照事业部分成 10 个完全自负盈亏的独立子公司，以形成“小型但强大的总部”，最终形成一个由相关事业部公司构成的复合企业体，这实际上已经具备了财团体系的雏形。

2018 年 4 月，三井住友金融集团原副总裁车谷畅昭成为东芝的董事长兼 CEO。同时，三井住友银行等提供约 2000 亿日元贷款帮助东芝实现重组计划。2023 年 12 月，东芝被三井住友银行和三井住友信托银行等组成的基金日本产业合作伙伴（JIP）整体收购。

——作者题注

【阅读提示】

“三井”告诉了我们什么(8)

2011 年,福岛地震导致的核泄漏事件不仅彻底击碎了东芝的核电梦,也让企业背负了高达 9000 亿日元(约 750 亿元人民币)的亏损。在东芝风雨飘摇之际,是三井财团旗下的三井住友银行站出来为其提供了资金、人员和经营等全方位的帮助。2023 年,由三井住友银行牵头的 JIP 基金出资 2 万亿日元实现对东芝的私有化,从而避免了百年东芝卖身欧美资本的悲剧。

事实上,不仅仅是拯救东芝,每当日本产业制造业企业陷入困境时,三井住友银行(三井财团的主办银行)都会及时出现,力挽狂澜,拯救企业于水火之中。日本这种产融结合的悠久传统和模式,不仅会孕育一个实力比以往更为强大的公司,更会造就一个更为强大的日本产业帝国。在日本,金融业成为本国制造业的“护城河”。

日本银行和制造业企业关系的核心是主办银行制度,这也是“产商融”三位一体财团体制的重要特征之一。日本财团内部拥有三股重要力量:综合商社、主办银行和大型制造企业,它们之间是一个有机联系和相互作用的整体。其中,主办银行为财团旗下的各个产业企业提供资金支持,并积极组织产业企业参与和投资各种项目。

当日本财团的制造业企业遇到经营危机或是濒临破产时,主办银行不但可以第一时间提供资金支持,作为该企业的主要债权方,还能够对企业实施改革重组,积极行使企业经营管理的职能。这是因为在日本财团体系内部,主办银行和制造业企业之间不仅是简单的债权关系,还存在长期而密切的事业合作,甚至是频繁的人事参与。

从通俗意义上讲,日本的这套财团体系更像一个大家庭,掌握金融力量的主办银行是家庭中的父亲,为产业服务的综合商社是家庭中的母亲,两者共同将金融机构和中小企业捆绑在大企业的战车上,从而使它们能够赢得国内国际竞争的胜利。在三井财团,扮演父亲角色的是三井住友金融集团,扮演母亲角色的是像三井物产这样的综合商社。

虽然早在 20 世纪 90 年代,中国就学习日本模式提出推行主办银行制度。但是,受限于我国“产融分离”的监管理念,银行与制造业企业之间实际上仍是割裂的,金融无法实现对制造业的直接经营支援。因此,面对金融供给端对企业需求端市场极度不平衡的情况,积极借鉴日本主办银行对制造业企业经营介入的模式,对中国产业经济的健康发展具有重要价值。

本章导言

2001 年，华为创始人任正非专程前往日本，向著名实业家稻盛和夫请教“华为冬天”的破解之法。从日本回到中国后，任正非写下了著名的《北国之春》。稻盛和夫在大学毕业后，进入三井财团的松风工业工作，后来创立了京瓷公司。经历多次挫折，稻盛和夫成功地将京瓷公司打造成了世界 500 强企业，因此他也有着“经营之神”的称号。

“日本人民的勤劳，与德国民族的执着，在机电产品产业时代，震撼了世界。他们无怨无悔，勤奋努力，不断奉献的精神，创造了日本的繁荣。”任正非认为，“华为应该向日本人学习，不断地探索和纠正自己犯的错误，总会有出路的，能救华为的只有华为自己的员工，要创造美好的明天，全靠华为自己。和日本企业一样度过寒冬，相信华为的春天也一定会来临”。

时至 2016 年 8 月，作为华为在存储业界的重要合作伙伴之一，三井财团的东芝携全线企业级存储产品助阵“2016 华为全连接大会”，并与华为探讨共建全连接世界、加速行业数字化转型之道。2017 年 4 月，华为和东芝共同签署了 NB - IoT（窄带物联网）合作谅解备忘录，双方面向智能工厂展开广泛合作，共同进行基于 NB - IoT 技术的物联网应用创新。

2019 年 5 月，美国开始全面制裁华为，将华为加入实体清单，并限制第三方芯片厂商对华为的供货。在这样关键的时刻，东芝给寒冬之中的华为送来了温暖。时任东芝社长兼首席运营官的纲川智表示：“华为是我们记忆芯片、半导体零部件非常重要的客户，这个地位到现在没有任何变化。”随后，东芝明确表示不会停止与华为的合作，所以也不会断供。

实际上，东芝在 20 世纪 80 年代也曾遭遇美国的制裁，即著名的“东芝事件”。美国政府以东芝违规向苏联出口机床为由发起了制裁，并于 1989 年成功迫使日本签订了《日美半导体保障协定》。为什么美国会选择拿东芝开刀，这是因为曾经的东芝和现在的华为一样，都是各自国家科技领域的“领头羊”，如果击垮了它们就等于击垮了这些国家的科技力量。

只是事与愿违，即便遭受了如此凶猛的组合拳，以东芝、NEC、日立为代表的日本企业仍然在20世纪90年代牢牢占据着全球半导体榜单的前三甲。美国的打压制裁让日本企业清醒地认识到，打铁必须自身硬，一定要自主研发，才能真正给企业和产业带来安全感。因此，对于美国疯狂打压华为，稻盛和夫就曾表示："如果华为能熬过这一关，必将成为全球最强的企业之一。"

在美国制裁华为之前的2018年，华为向美国企业一共采购了110亿美元的零部件，间接产生的经济效益高达数百亿美元。而自美国禁止华为向美国企业采购零部件后，华为就把相当大一部分零部件供应链转移到了日本。华为董事长梁华表示，2019年华为向日本企业采购零部件的总额超过1.1万亿日元（约100亿美元），较2018年的7210亿日元增长约五成。

事实上，日本不仅是华为的第一大零部件供应国，华为手机的主要研发基地也设在日本。全球咨询公司牛津经济研究院发布的《华为对日本经济的贡献》研究报告显示，2018年中国华为直接或间接为日本创造4.64万个工作岗位，并为日本中央和地方政府创造税收2080亿日元。此外，华为在日本招聘求职网站上发布的高薪招聘也曾引起轰动。

2019年9月，日本经济新闻委托专业公司分解了当时华为推出的最新5G手机——Mate 30 Pro。华为Mate 30 Pro手机一共有1631个零部件，其中日本制造的达到869个，占比53.3%。此后华为Mate 40 Pro手机中的日本零件占比大幅下降，只有19%。而到了2023年华为Mate 60 Pro手机发布时，华为手机零部件的国产率已经提升到47%。

2019年10月，华为创始人任正非在深圳接受日本共同社采访时曾表示，他自己经常去日本，喜欢吃拉面。他还强调日本对于华为的重要性，认为华为和日本企业是互补关系、友好关系，没有任何竞争关系。对于企业发展，任正非则表示："我们向日本学习了非常多的经验，我也经常给大家讲日本的故事，日本人民的精神是未来工业文明中最重要的一种精神。"

第一节 成为日本制造业的骄傲

三井的大力扶持功不可没

1875 年,日本著名发明家田中久重在东京新桥地区成立了田中制作所,这家个人企业类似于一个研究场所。创始人田中久重(1799—1881 年)是日本工业近代化的功臣之一,曾参与制作西洋枪炮、蒸汽船等,以及帮助日本建设现代化海军。在经营钟表生意的同时,田中久重还研发制作通信电报机、改进照相术,这些在当时都是超前卫的技术。

1893 年,日本经济危机时,田中制作所出现经营困难,三井财阀通过解决田中久重贷款整理事件而收购了田中制作所。之后,三井结束了田中久重时期制作所与日本海军的业务联系,并以三井自己团队的人员彻底取代企业原有的管理层,取得了三井对企业的绝对经营权。在经营的同时,三井也向田中制作所灌输了官民平等、买卖独立、专业经营等观念。

经过经营权改革后,在三井的统一管理下,田中制作所集体效率大大提高,为公司日后的繁荣奠定了基础。此外,为了给田中制作所配置新的机器,增设电气、制罐、铸模等车间,三井财阀还特地填埋了 1 万余坪(约 3.3 万平方米)的海面。不仅仅是田中制作所,这一时期三井也将许多无法收回债权的企业、工厂以抵押品的形式收归己有,并帮助它们渡过难关。

1904 年,田中制作所正式更名为"芝浦制作所",这也是现在日本东芝的前身。彼时的东芝虽然还叫作芝浦制作所,但在三井财阀的扶持下已经跃升为世界级的工业大厂之一,以供应日本国内的重型机电制造为主业,先后制造出了日本第一台水轮式发电机、第一台感应电动机,推动了整个日本近代电机工业乃至整个日本工业的极大发展。

1904年,芝浦制作所(现东芝)成立,随后在三井财阀的扶持下迅速跃升为世界级的工业大厂之一

进入 20 世纪初期,欧美乘着工业革命的春风,发明了一批先进的家用电器。日本企业开始纷纷对标欧美企业,芝浦制作所也是其中之一。它们派遣考察团前往美国,并得到了美国通用电气公司(以下简称"通用电气")的提携。1930 年前后,芝浦制作所陆续生产出了日本首台吸尘器、冰箱和洗衣机,和通用电气的同类家电产品,从外观到内部功能几乎一模一样,甚至连产品商标都高度近似。

1939 年，在三井财阀的资本运作下，东京电气株式会社和芝浦制作所合并，成立了东京芝浦电气株式会社，当时与石川岛制造所同属于三井矿山的直系企业。直到 1984 年，“东芝”这个新品牌名称才开始使用，分别取两家公司的开头字。而其英文名 Toshiba 也是依照日语的拼音合并而来，To 代表日语“东”的发音，Shiba 代表“芝”的发音。

同芝浦制作所类似，东京电气株式会社的前身是由日本白炽灯之父藤冈市助于 1890 年创立的白热舍，后改名为“东京电气”，生产出了日本第一个白炽灯泡。田中久重是日本江户时代的伟大发明家之一，藤冈市助则是日本电气工学奠基人，虽然他们的出身和经历都有所不同，但他们永不满足的追求和热情以及挑战创新的精神伴随着东芝的发展一直传承至今。

1942 年，东芝并购了日本医疗电气株式会社，扩充了家电品类，第二年并购了旧东京电气无限株式会社、东洋耐火砖株式会社，进军通信设备产品。二战期间，东芝被政府指定为日本五大军用企业之一，生产了大量 97、95 中型坦克，重机枪和各类山炮。二战结束后，东芝开始全面转战民用领域，陆续合并了东芝车辆株式会社、石川岛芝浦汽轮机株式会社等企业。

1955 年，日本出现了“消费革命”，家庭“三大神器”——电视机、电冰箱、洗衣机被日本人大量采购。东芝率先杀入这一极具诱惑力的市场，并于 1960 年生产出了日本第一台彩色显像管电视机，被誉为“日本彩电之父”。然而，1964 年东京奥运会之后，日本经济出现了急性萧条，家电市场日趋饱和，东芝的产品大量积压，经营迅速陷入困境。

土光敏夫的挑战经营法

1920 年，土光敏夫从东京高等工业学校毕业后，便进入了与东芝同为三井矿山直系企业的石川岛制造所。1936 年，石川岛制造所与芝浦制作所成立合资公司石川岛芝浦透平公司，土光敏夫被任命为新公司的技术部部长。所谓透平，是英文 turbine 的音译，即涡轮、涡轮机。1946 年 4 月，土光敏夫被推举为石川岛芝浦透平公司总经理，并带领企业开始二战后重建工作。

1960 年 7 月，土光敏夫主导了日本战后大公司间的首例兼并活动，实现了石川岛重工业株式会社与播磨造船所株式会社的合并，成立石川岛播磨重工业株式会社（以下简称“石川岛播磨重工”）。两年后，合并后的两家公司营业额与利润和合并前相比，分别提高了 42% 和 30%。土光敏夫的职业生涯取得了巨大成功，因此获得了日本《财界》杂志 1964 年度的“经营者奖”。

1965 年 5 月，土光敏夫被三井财团的董事会正式任命为东京芝浦电气株式会社总经理一职，而此时东芝的经营已恶化到岌岌可危的境地。东芝当年上半年纳税后所得利润尚为 33 亿日元，但到下半年这一项数值突降为 10 亿日元，同时股票也不断下跌。与之相对的则是竞争对手日立经营蒸蒸日上,其同期仍可取得47亿日元的利润。

对于时年已经69岁的土光敏夫而言,接手东芝是一次非常大的挑战,因为他此前在石川岛播磨重工已功成名就,一旦无法重振东芝就会使他身败名裂,遗憾终生。但是,土光敏夫依然决定接受这个挑战,一方面是因为他有着非常强烈的事业心,另一方面则是源于他对东芝的了解。实际上,虽然未在东芝工作过,但土光敏夫对于东芝的了解并不少。

事实上,东芝的大股东三井银行正是看中了土光敏夫在石川岛播磨重工的成功过往,以及他有过长时间在东芝合资企业工作的经历,才决定请他出马,希望能够重振东芝。在就职演讲中,土光敏夫表示,"世上没有永不沉没的航空母舰,也绝没有永远不倒闭的企业。职工只要花3倍于现在的精力工作,负责人花10倍于现在的精力努力工作,或许东芝还有救"。

在接手东芝之时,土光敏夫就清楚地认识到了东芝失败的原因:第一,产品积压过多,投资规模过大;第二,组织散漫、奢侈、怠惰;第三,东芝形成了官僚化的管理方式。于是,土光敏夫提出挑战经营法,即公司的所有员工要抱有切身的危机感,职工要与企业荣辱与共,抛开那种东芝永远不会倒闭的陈旧观念。

土光敏夫的挑战经营法在几年时间内就取得了世人瞩目的成绩,他本人更是被东芝的员工尊称为"我们的重建之王"。土光敏夫将目光转向了更为广阔的国际市场,为东芝制定了增加出口量的积极措施,他也成为日本向海外倾销商品的先行者之一。1966年,东芝的出口额为220亿日元,到1970年土光敏夫计划退休时,东芝的出口额已迅速增加到800亿日元。

此外,三井财团的东芝还将海外事业部分为面向一般消费者的第一出口部和承接产品订货的第二出口部,并陆续设立国外办事处和当地销售公司。在占领一定市场后,东芝逐渐在中国台湾、东南亚、欧洲等地以及美国建立生产基地,或与当地企业合资,或输出相关的技术,使东芝成为世界瞩目的"技术的东芝",其技术的专利也为企业积累了一大笔财富。

1974年,年近八旬的土光敏夫当选为日本经团联会长,并开始为中日两国早期的经贸正常发展努力奔走。1975年10月,土光敏夫率领经团联代表团访问中国。1978年,土光敏夫参与中日长期贸易协定签字。1980年,土光敏夫出任日中经济协会会长,此后又多次带领日本企业访华,为中国的改革开放提供了许多助力。

综合化的"巨无霸"企业

20世纪70年代以后,日本工业潮流发生了变化,从依赖重工业和化学工业转向知识密集型产业,从追求经济增长转向发展社会福利,从奉行工业优先转向重视人才培育。土光敏夫意识到,自己过去带给东芝的挑战经营法需要修正了,时代在变化,经营法则也必须随着外界的变化而变化,只有这样,企业才不会因经营方式的僵化而失去竞争的活力。

价值观的转变和多样化,宣告着变革时代的到来,土光敏夫又一次走在了时代的前列。他顺应这种变革时代潮,在三井财团的东芝率先实行改革。土光敏夫提出“系统化工作”:要对不同系列的横向联系的重视,甚于同一系列的纵向联系;要将组织看作有机联系的工作网,而不应看作职能的分割。

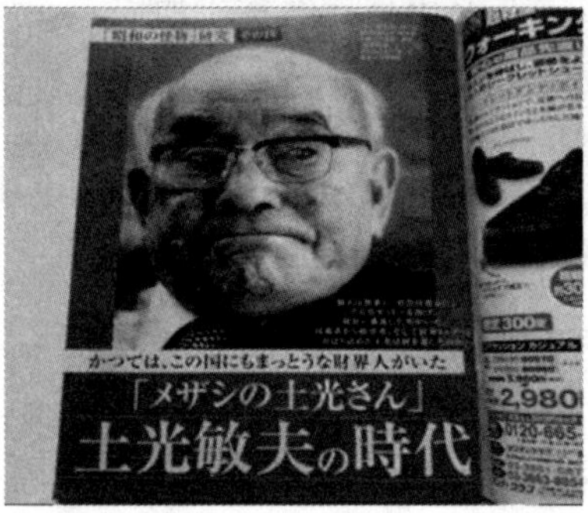

来自三井财团的土光敏夫(1896—1988年),因重振企业雄风而被誉为“东芝之神”

土光敏夫认为:“身为决策者,最重要的,就是要具有综合的精神。即使某个方针对本部门是不利的,如果它对整个组织有益,那么,就应该给予积极的配合支持。作为管理者,必须学会将各个系统组合起来的设计方法。因为,只有当我们在主观的判断中运用了客观的、科学的方法的时候,我们才有可能掌握整个系统。”这与日本财团遵循的三井商道高度一致。

为了将已按不同产品实现了专业化的制造部门有机地联系起来,土光敏夫与属下组建了由 7 个方面整合而成的事业集团。后来,土光敏夫又设置了将技术、营业和计划部门集中在一起的系统中心,从而完成了能够迅速适应多方面巨大需求的变革。实际上,土光敏夫的“系统化工作”和“综合精神”都是三井商道的财团化模式在制造型企业中的一种特有体现。

20 世纪 70 年代中期,在土光敏夫的领导下,经过 10 余年的苦心经营,东芝已经成为世界电器十巨头和日本电器“三霸主”之一,涉及巨型电子计算机、集成家用电器,其总产量占日本的 20%。除发展电器产品之外,在原子能发电、重型机电、电子、半导体等领域,东芝的产品也赢得了崇高的声誉,成了当之无愧的日本制造业的骄傲。

不仅要求经营思想的综合性,土光敏夫还要求企业人才也要综合化。此前在日本多数企业中,技术人才只顾技术开发设计,而不顾行政事务,行政人员又只管行政事务,而不涉及技术问题,土光敏夫率先在东芝内提倡:技术人员应该学习行政事务,行政事务人员应该学习技术。合格的人才要以自己从事的领域为中心,同时兼顾与此相关的其他学科。

过去,人们一讲到专业化,就易于理解为“深而狭”;一讲到综合化,就往往理解为“广而浅”。对此,土光敏夫认为:“搞专业化,当然需要拓展深度,但因此就会变得狭窄,那是难以理解的。为了真正拓展深度,就必须钻研有关学科,并逐步延伸知识的广度,也就是说,真正的专业化必然是深而广的,这种深度与广度的高度发展,就是综合化。”

20 世纪 80 年代中期,虽然土光敏夫已经离开东芝 10 多年,但是土光敏夫的后继者们依然沿用他的合理化、系统化的经营方式,使东芝日益壮大。当然,时代在变化,经营法则也必然随时代改变而改变,土光敏夫的经营方式也在不断得到修正。然而,土光敏夫的经营精髓,即不断对东芝内部进行“振荡”、推动人才的流动等方法依然成为后继者们一直坚持使用的法宝。

1985 年,东芝推出了 T1000 笔记本电脑,它使用外接电源,具备当时先进的性能和良好的便携性,这与美国人设计的那种笨重得需要扛起来才能移动的“膝上型电脑”形成鲜明对比,第一次带给人们“笔记本电脑”的概念。不仅如此,东芝在一段时间里又陆续开发出了一系列具有跨时代意义的电子产品,“巨无霸”企业东芝开始引起美国的注意。

遭受美国凶猛的组合拳打击

1986 年,日本的半导体产品占到世界份额的 45%,日本成为当时世界最大的半导体生产国。此时,以东芝为代表的日本半导体厂商开始席卷世界市场,“日本威胁论”也在美国兴起。正如日本半导体科学家木下博雄所说的那样:“当日本成为半导体领域的领先者时,日美半导体摩擦就爆发了。”对于美国政府而言,真正决定谈判走向的是国家安全利益。

半导体产业所代表的不仅是商业领域的竞争力,也是一种强国象征,它作为军事技术的重要性是不言而喻的。对此,当时的美国贸易代表克莱顿·尤特后来回忆道:“我们美国的半导体技术和质量是不比日本的好,可能还要更差,而芯片业是关系美国未来的关键。美国作为世界领袖,能依赖别人吗? 我们的判断是:不能。”

1986 年 9 月,日本政府开始做出让步,与美国政府签署了为期 5 年的《日美半导体协议》,主要目的就是限制日本半导体的对美出口和扩大美国半导体在日本市场的份额。虽然在政策的强制干预下,日本半导体的市场份额有所下降,但是仍然接近四成。于是在 1987 年 2 月,美国国会 9 名共和党议员在国会山前的台阶上用大锤公开砸烂了东芝无线电收放机,以示抗议。

1987 年 3 月,美国政府以日本未能遵守协议为由,就微机等日本有关产品采取了征收 100% 进口关税的报复性措施。1989 年 7 月,著名的“东芝事件”被美国媒体引爆,起因就是美国中央情报局发现东芝的一个部门向苏联出售了一项关键技术,助其研发先进潜艇。随即,美国开始利用“东芝事件”,成功地把半导体贸易摩擦问题上升到了政治问题,显然是“项庄舞剑,意在沛公”。

1989 年 6 月,美国国防部取消了原定从东芝进口的 150 亿日元的计算机合同。美国参议院则将制裁东芝的条款加入贸易法案当中,同时对东芝的所有产品实施禁止向美出口2~5年的惩罚。此后的几个月时间里,美国朝野群情激愤,再三谴责日本,并希望对东芝进行更大的制裁。为此,东芝不得不花费1亿日元在美国的50多家报纸上整版刊登"悔罪广告"。

1989年,经过一系列的操作,美国再次迫使日本签订了《日美半导体保障协定》,从而单方面开放日本半导体产业的知识产权、专利。然而,令美国绝望的是,即便遭受了如此凶猛的组合拳,1990年全球前十大半导体企业中日本企业仍然占据六席,它们共同拥有53%的市场份额,NEC、东芝、日立仍然牢牢占据着榜单的前三位。此外,富士通、三菱电子、松下等也对英特尔虎视眈眈。

美国意识到只是对日本半导体产业步步紧逼是远远不够的,最终决定一场战争胜负的关键还是自身的实力。在亚洲地区负责和日本交涉的美国首席贸易代表克莱德·普雷斯托维茨表示:"我对美国政府说我们也要采取和日本相同的政策措施。"美国一面指责日本的半导体芯片产业政策不合理,一面却又对它赞叹不已,并开始模仿日本的半导体发展模式。

就在《日美半导体保障协定》签署后不久,在美国国防部高级研究计划局的资助下,14家在美国半导体制造业中居领先地位的企业组成并开始运作半导体制造技术战略联盟(Sematech),其宗旨是解决美国半导体企业共同的制造技术课题,如研发极紫外光刻用的光掩模、光刻胶,以及半导体器件的结构、测试、制造等方面的先进技术。

这个由IBM、英特尔等美国公司主导的半导体制造技术战略联盟,实际上就是日本超大规模集成电路(VLSI)技术研究所的翻版,目的是恢复在20世纪80年代中期被日本半导体企业超过的美国半导体产业竞争力。联盟共有700名研发人员,代表着美国85%的半导体制造能力。联盟成员共同开发通用技术,共享知识产权成果。联盟开发了大量先进技术,每个会员企业都可以分享。

第二节　东芝在中国的高光时刻

跟随三井的脚步来到大连

1981年8月15日,日本三井物产在大连设立三井物产大连办事处,这也是外商在辽宁第一次设立常驻机构。大连是最早享受到改革开放政策红利的城市之一,除开放港口、引进外资之外,大连还从1985年开始获得了外贸经营权,成为计划单列市,收支直接与中央挂钩,无须上缴省级财政。显然,当时的三井物产非常看好大连的发展前景。

1989年,大连经济技术开发区管委会副主任周海斐、发展公司总经理王永观到日本招商,并在日中会馆拜访了东芝的最高顾问渡里杉一郎。周海斐邀请东芝访问开发区,渡里杉一郎欣然同意。渡里杉一郎此前曾担任日本东芝的社长,因“东芝事件”辞职,但其在东芝内部仍有很大的话语权。此外,渡里杉一郎对华态度友好,后还出任过日中经济协会会长一职。

1990年1月29日,日本三井财团的东芝组成了12人赴中国投资考察。第二天,时任大连市市长魏富海特意在中山广场的大连宾馆(原大和宾馆)招待了东芝考察团。大连市市长魏富海是一个“日本通”,通过各种渠道和关系把日本东芝的渡里杉一郎、佳能的贺来龙三郎和御手洗富士夫、岩谷产业的斋藤兴二、东京大学的校长村井隆等人拉进了一个朋友圈,当时叫“槐花会”。

东芝考察团回日本之后,在东芝内部的研讨会上,东芝生产本部部长山本哲也强烈支持在大连投资建设第一家中国的独资企业。他的理由有很多,比如“大连和日本有相似的季节”,“能与中国东北地区优秀的重化工业相结合”,“包括市长在内的官员,没有官僚主义而是拥有企业家精神”,等等。因此,山本哲也坚定地认为东芝进入大连一定会成功。

当时东芝高层有部分人认为,应该慎重考虑到中国投资,并提出菲律宾的马尼拉也是一个不错的选择。但是,山本哲也坚持投资大连,东芝最高顾问渡里杉一郎也积极表示支持。于是,东芝总部在综合了北京、上海、天津、广州、大连5个城市的情况后,最终决定在大连投资建设在华的第一家独资企业。

1991年9月25日,东芝大连有限公司(以下简称“东芝大连”)在大连经济技术开发区成立,出资人为东芝,山本哲也出任董事长,中山武司出任总经理。日本东芝的管理层初到大连时,最开始租用大连三井物产的一间办公室作为办公场所。当时,东芝大连以山本哲也和中山武司为中心,组建了一个七人会的小组,常常在一起讨论大连项目该怎么做。

1993年,三井物产携手昭和电线电子元件技术株式会社(昭和电线)帮助东芝大连在中国进行管理运营,注册资金增加至84亿日元,投资总额为185亿日元,其中三井物产占股3.8%。同年4月1日,东芝大连正式投产,主要生产小型电动机、彩电用偏转线圈、线路板组件、录放相机用磁鼓组件、电磁延迟线等电子零部件、元器件。

日本作家荒川直树的《东芝大连的挑战》一书,成为许多日本企业到中国投资时的必读书目

在三井物产的统筹串联下,东芝大连逐渐在中国成长起来。1995年,东芝(中国)有限公司成立,以强化东芝在华企业的综合管理职能和战略制定职能。2000年,作为东芝在中国的事业统筹,逐渐熟悉中国市场的东芝(中国)有

限公司参股东芝大连，三井物产持有的股份缩减至不足3.6%。2005年，功成身退的三井物产完全不再持有东芝大连的股份。

此后，随着中国经济进入高速发展期，东芝大连的经营范围也逐步扩大，由电子元器件逐渐发展为计算机、铁路机车及零部件、医疗器械、新能源汽车等九大领域，东芝大连也完全由东芝旗下的子公司完成持股。可以说，三井财团的三井物产（综合商社）扶植东芝在中国站稳了脚跟并帮助其走向了成功。东芝在大连的成功投资，也拉动了一大批日资企业来到大连。

携手联想科技成为“销售冠军”

1985年，三井财团的东芝推出了型号为T1100的便携式手提电脑，被业界公认为是世界上第一款真正意义上的笔记本电脑。1989年，东芝又推出了一款具有划时代意义的笔记本——DynaBook J3100 SS001。1991年，第一台商业上可用的、配置彩色TFT显示屏的笔记本电脑问世，依旧由东芝设计。可以说，东芝是笔记本电脑领域的开创者和先驱者。

进入20世纪90年代，凭借着优秀的品质，东芝在欧美和日本本土已经以120万台的销售量成为“便携式电脑之王”。然而，在潜力巨大的中国市场，东芝一开始的表现并不理想。数据显示，1994年中国笔记本电脑市场的“销售冠军”是美国虹志公司生产的AST，其次是康柏电脑，东芝当时只有区区6000台的销量，仅为AST的1/5，位居中国销量榜第九。

为了全面进入中国市场，东芝在经过一番调研后决定采取代理的方式。东芝方面认为，面对覆盖广泛的分销渠道、特色诸多的中国市场，显然代理模式更为适合。于是，东芝找到了联想科技（神州数码的前身）。联想科技对于代理业务并不陌生，早期的业务就是代理分销虹志公司AST电脑，同时捆绑自研汉卡销售。

1995年，联想科技正式成为东芝在中国市场上的独家总代理。当时，关于是否做独家代理的问题，东芝与联想科技的谈判僵持了相当长的时间，最后东芝做出让步。作为当时中国最为正规和最具规模的IT产品分销商，联想科技此前都是代理个别几个系列，东芝这一次则是全系列的代理业务，显然谁都不想错过这个“和世界巨头一同成长”的机会。

根据代理协议，东芝允许联想科技独立开展销售、广告和其他促销方面的一切业务活动。联想科技则凭借当时全国约100个分销点和集团的18个分支办事处展开“东芝攻势”。仅仅三个月后，代理合作就取得了很好的成绩。在1995年的年终盘点时，东芝笔记本电脑在中国的市场占有率从此前的不到1%跃升至8%，排名也从老九杀入前三甲。

进入1996年，在联想科技的努力下，前两季度东芝笔记本电脑头一次冲到了中国笔记本电脑市场第一的位置，虽然全年销量仍略逊于IBM，但“王者之相”俨然已出。随后的3年则是东芝笔记本电脑最为风光的时期，不但销量高居榜首，其市场占有率甚至一度逼近了29%。这一时期，人们对移动科技的理解就是东芝笔记本电脑，其影响力可见一斑。

2000年，为顺应互联网时代信息产业的发展，原联想集团一分为二，神州数码由此诞生，成为一家独立的IT服务提供企业。也是在这一年，中国笔记本电脑市场打起了价格战，戴尔、惠普、IBM等一线大厂的笔记本电脑全线降价。为应对压力，东芝也不得不下调笔记本电脑价格，平均降幅超过了15%。面对高额成本和业绩下滑的双重压力，东芝笔记本电脑的中国策略开始转变。

2002年6月，东芝设立了第一家中国本土的笔记本电脑生产公司——东芝信息机器（杭州）有限公司，能够达到年产300万台笔记本电脑的规模。东芝认为，把生产基地转移到中国，降低生产成本，是东芝应对市场挑战的重要措施。之所以选择将基地设在杭州，是因为杭州地处长三角南翼，铁路、航空等交通便利，同时还有地处长三角北翼的苏州电脑配件基地作为支持。

2004年4月，东芝宣布与神州数码（原联想科技）结束长达9年的独家代理模式，并改由神州数码、翰林汇和佳杰科技3家代理商一同代理经营。不仅如此，东芝还在北京、上海等地成立了自己的销售部门。东芝之所以调整销售模式，是因为其笔记本电脑销量进一步萎缩，急需寻找新的增长点。这一年，中国笔记本电脑市场份额排名第一的正是神州数码的老东家联想，曾经的合作伙伴如今成了劲敌。

与长虹建立全品类合作

1985年，倪润峰出任国营长虹机器厂厂长，他深知闭门造车谋发展是没有出路的，长虹学习的对象是日本企业。正是从日本松下引进了国内第一条自动化彩电生产线之后，长虹才走上了规模化发展的道路。其间，长虹领导人倪润峰更是数次带队前往日本，寻求松下、东芝的技术帮助，由此也拉开了长虹与东芝全面合作的序幕。

1998年，长虹与东芝共同建立实验室，组建中日技术开发战略联盟，并在电池和电视领域展开合作。为此，东芝还专门向长虹提供了碱性电池的生产设备和技术。在吸收了东芝碱锰电池技术的基础上，长虹于2001年推出了LR6、LR03高能环保碱锰电池技术，并获得了“四川省科学技术进步三等奖”。时至今日，亚马逊、东芝、三菱等品牌的碱性电池依旧由长虹代工。

1999年，长虹从日本东芝引进全套变频空调生产线设备和真空氦检漏技术，生产出了“大清快”变频空调，其迅速成为中国的尖端技术产品。此后，凭借着从东芝引进的这一领先制造技术，加上本土化优势，国产长虹“大清快”变频空调在中国市场称霸近10年。变频空调的研发技术源于日本，东芝于1980年生产出了世界上第一台变频空调，奠定了现代节能空调的基石。

2002 年 2 月，东芝高层告诉倪润峰，东芝的海外工厂，只有大连东芝赚钱，因为大连东芝主要生产背投电视。倪润峰回国后，立刻以背水一战的决心，开始大规模地投入背投电视的研发和生产。此时的长虹可谓风光无两，前一年长虹产品的出口额刚刚突破 1 亿美元，而当时与长虹签订长期出口代理协议的正是三井财团的三井物产（综合商社）。

2022 年 2 月 28 日，长虹总裁倪润峰、东芝映像网络事业部部长岛津雅和分别代表长虹、东芝签署了相关的技术合作协议。在随后的 3 年多时间里，长虹迅速掌控了中国背投电视市场 40% 以上的份额，这给企业带来了良好的回报。以 2003 年为例，长虹当年实现彩电销售近 1200 万台，其中背投电视销售突破 50 万台，占全部销量的 4%，收入贡献率更是达到了 18%。

2005 年，长虹的销售额、利润指标均创历史新高。其中，长虹电视销售同比增长 35%，长虹空调一举增长 250%，销量达到 158 万套。此外，长虹数码也增长 300%，长虹电池则大幅攀升 50%。显然，长虹成功的背后离不开东芝的帮助，无论是碱性电池、“大清快”变频空调，还是电视生产技术，可以说当时长虹与东芝的合作正处于“蜜月期”。

2006年，三井财团的东芝与长虹的合作以“平等、互动、双赢”为准则，整合双方丰富的产品资源及行业优势，不断完善营销体系

2006 年 2 月 28 日，三井财团的东芝与长虹佳华公司（以下简称“长虹佳华”）在北京联合举办了主题为“决胜移动计算 共铸王者风范”的新闻发布会，长虹佳华正式签约成为东芝笔记本电脑继神州数码、翰林汇等著名分销商之后在国内的又一大全国总代理商。根据协议，长虹佳华全面协助东芝，进行笔记本电脑业务在中国的拓展和销售工作，提高东芝笔记本电脑的销量。

长虹佳华成立于 2004 年，是长虹集团在 IT 领域的旗舰企业，定位于新时代的卓越数字智能服务商。长虹佳华作为当时与神州数码、英迈等齐名的“中国 IT 分销四强”之一，其整体销售远远超出了行业的平均水平，在存储产品分销业务领域位居中国第一，笔记本、消费电子、网络等产品的分销也稳居前列，可谓是中国 IT 产业最强、最卓越的营销公司之一。

相比于长虹佳华分销业务的成绩卓著，彼时东芝笔记本电脑的情况并不乐观。统计数据显示，2005 年东芝笔记本在中国市场的占有率下跌到有史以来的最低点（7.3%），与 2004 年的 11.3% 相比，市场占有率下降了 4 个百分点，在中国的排名也仅徘徊在第六、第七的位置。显然，东芝选择长虹佳华作为新的代理商，是希望其能够帮助自身的笔记本电脑业务摆脱市场的颓势。

向美的集团提供核心技术

1993 年 5 月 8 日,在广州的中国大酒店,美的集团与三井财团的东芝举行了第一次技术合作的签约仪式。在此之前,美的集团与东芝只是采购和供应的关系,美的集团曾多次购买东芝的注塑机和空调模具等产品。随后,美的集团空调便打出两款技术合作产品,很快在市场上获得良好的口碑。其中,美的集团的分体式空调技术就来自东芝,早在 1961 年东芝就生产出了世界上第一台分体式空调。

1997 年,美的集团的业务陷入了谷底。当时,广东省佛山市顺德区政府把空调行业当作当地的龙头产业,因为美的集团业务下降,所以有意让科龙空调并购美的集团。对此,美的集团创始人何享健表示强烈反对,“我们美的要走自己的路,我们自身要去突破,去改变”。为此,何享健率领当时的事业部总经理以上的高层考察日本,寻求与东芝等日本企业商谈技术合作,拓展新产品,帮助美的集团发展。

1998 年 12 月,美的集团第一次收购东芝压缩机的会议,在东京东芝总部大楼举行,美的集团以 5435 万元人民币受让万家乐集团持有的广东东芝万家乐制冷设备有限公司(以下简称“东芝万家乐”)40% 的股权。东芝万家乐是东芝与广东万家乐集团于 1995 年合资成立的大型压缩机生产企业,资产总额达 7.7 亿元人民币,拥有年产 150 万台压缩机的能力,当时是中国第三大压缩机生产供应商。

1999 年 6 月 18 日,美的集团总裁何享健与东芝常务取缔役、东芝家电机器社长中川惇在广东顺德签署协议,以 2700 万元人民币受让后者持有的东芝万家乐 20% 的股权。加上前一年收购的 40% 股权,美的集团以 60% 的股权正式成为东芝万家乐的控股股东,东芝以 40% 股权成为第二股东。合资公司也更名为“广东美芝制冷设备有限公司”。

1999 年这一年,美的集团决定开辟第二战场,立项研发商用空调系统技术。然而,美的集团开发出来的一拖二空调存在技术缺陷,只得再次求助于东芝。这一次东芝不仅帮助美的集团引进了先进的中央空调系统技术,还派遣技术人员入驻美的集团,以项目总工程师的身份进行技术指导。1999—2015 年,来自东芝的樋口逸生就一直在美的集团做技术辅导并担任空调合资工厂的日方厂长。

在东芝的协助下,美芝压缩机和商用空调项目都得到了空前的发展,美的集团也迅速开辟出了业务新增长曲线,使公司利润得以增长,短时间内走出了困境。与此同时,东芝空调技术通过美的集团的营销策略,在中国空调市场大放异彩。当时,美的集团的市场口号就是“美的空调,东芝技术”。当然,中国空调事业的蓬勃发展也加深了美的集团与东芝之间进一步合作的意愿。

2001—2004 年,东芝与美的集团进行了多轮合资模式磋商,双方持续深度技术合作,在精益生产、品质管理等方面互派人员交流。2004 年 11 月,在当时美的集团制冷综合楼举行了美的东芝开利合资公司成立挂牌仪式,合资公司由美的集团绝对控股占 80%,东芝占 20%。2005 年,美的集团派出顺德、芜湖、武汉三地的技术骨干、生产班组长到日本东芝工厂实习研修。

时至 2011 年,美的集团已经处在与格力"双雄争霸"的年代,追随东芝的步伐仍是美的集团的一项重要工作内容。这一年,美的集团与东芝合作成立变频技术研发中心,并签订核心技术合作协议,合作内容涉及变频空调芯片、模块、控制算法等最为核心技术的共享。对此,美的集团总裁方洪波表示:"要学习日本的工匠精神,埋头钻研,老火煲靓汤,彻底掌握核心技术。"

2016 年 3 月,当东芝因一系列问题陷入资金困境时,美的集团以 537 亿日元(约 5 亿美元)的价格收购了东芝家电业务的主体——东芝生活电器株式会社(TLSC)80.1% 的股权,东芝则保留 19.9% 的股权。一方面,并购东芝有利于美的集团技术朝着更精细化的方向发展,填补自身在白色家电核心技术上的空白;另一方面,美的集团实际上也是在帮助东芝这位"老师傅"渡过难关。

第三节　21 世纪的全新挑战

这是一个完全不同的时代

1991 年,三井财团的东芝迎来事业的巅峰,销售额达到 414.71 亿美元,在当时全球最大工业公司中排名第 23,涉及的领域从芯片到原子核反应堆,并在全球拥有超过 800 家子公司。1995 年,东芝开发出 DVD 高密度光盘;1998 年,东芝开发出世界上第一台图像压缩扩展技术机;2000 年,东芝开始生产世界上第一台蓝牙技术应用机器……

然而,在技术进步的同时,百年东芝也不可避免地出现了大企业病。1996 年,当西室泰三出任东芝社长时,企业的经营情况已经非常不乐观了,特别是在芯片市场,东芝逐渐被来自亚洲和美国的新锐力量所挤占,市场占有率由 50% 下跌至 22%。于是,西室泰三率先提出改革,开始大幅削减能源及重型机械等利润很低的业务,集中企业资源以应对快速变化的市场需求。

1999 年,东芝在全公司推行西室泰三的经营改革,改变企业多元发展中齐头并进的状况,开始向移动通信、网络等 IT 领域进行重点投资。虽然西室泰三有远大目光,并且能准确预测未来科技市场的方向,但是遭遇了"东芝笔记本电脑磁碟机赔偿案"的打击。10 亿美元的巨额赔偿迫使改革家西室泰三辞去了东芝社长的职务，出任专职会长。

2000 年 6 月，冈村正正式出任东芝社长一职。同前任西室泰三一样，冈村正也是地地道道的东芝人，他 1962 年从东京大学法学部毕业后便进入了东芝。在东芝的 30 年间，冈村正见证了日本企业如何扩张到全世界的辉煌历程，而他成长的过程，也就是东芝成长为世界领导性企业的过程。从某种程度上来说，冈村正实际上也是东芝经营改革的一部分。

刚一上任，冈村正就决定改变东芝的形象。自 1984 年开始陈列于东芝总部大厅内的卫星与核电厂的反应堆模型，被数字电视与电子商务设备等模型取代了。因为冈村正相信未来的浪潮将是网络，东芝的产品必须基于此。对此，冈村正明确表示："这是一个完全不同的时代了。东芝必须变成一家更为高效、结构更为精简的公司。"

冈村正出任社长的 2000 年正是美国互联网新经济泡沫最繁盛的时期，然而仅仅过了半年，市场就急转直下。随着泡沫的破灭，全球对 IT 产品的需求锐减，东芝首当其冲。东芝公布的财报显示，2001 财年净亏损 21 亿美元，销售收入为 450 亿美元。而之前的一个财年，东芝还能够净赚 8. 01 亿美元，总收入达到 500 亿美元。

面对东芝从 2001 年开始的财务恶化状况，冈村正其实早有准备，他在采访中表示："日本在 1992 年的泡沫经济崩溃后，率先进行改革的是日本的汽车产业和精密仪器产业，所以它们的经营业绩现在仍非常好。而在这 10 年中，我们（东芝）的改革没有跟上全球经济变化的速度，2001 年的结果就证明我们因此付出了很大的代价。"

同时，冈村正认为："由于 21 世纪的企业经营模式已经完全不同，过去在 20 世纪所通用的管理方式也就不适用了，因此我们（东芝）需要一些大胆的改革措施。顺应时代变革、积极开拓创新是东芝一贯遵循的原则，也是多年来东芝充满个性魅力、富有竞争实力、取得骄人业绩的根本。"显然，冈村正绝不是一个走走形式的人。

2001 年 6 月，东芝开始在总部及全球 800 多家子公司推行历时 3 年的 01 号行动计划。这一项由社长冈村正提出的计划，被东芝内部人士称作"在当前经济滑坡时期，增强竞争力、优化管理体系和推动公司进取的一剂良方"。实施 01 号行动计划的根本目的其实是形成一个强大的组织机构（类财团化），能够更快地认清业务现实并对商业环境的变化做出灵活反应。

开展 01 号行动计划

2002 年初，东芝社长冈村正宣布前一年的巨额亏损后表示："为紧急改变东芝的财务现状，我们将以最快速度分步执行 01 号行动计划，开展一系列强化业务经营的措施。"东芝的 01 号行动计划包含了一套详尽的重组制造厂计划。同时，计划还包括了加速海外制造厂布局、增强企业竞争能力等举措，被视为“东芝实现21世纪企业复兴的重要战略”。

2001年，时任东芝社长的冈村正开启01号行动计划

东芝社长冈村正01号行动计划的第一个大动作就是把原来隶属东芝集团的各个事业部拆分出去，成立10个完全自负盈亏的独立子公司，以形成“小型但强大的总部”。由此，东芝的各个事业部部长便拥有了类似独立公司总经理的权限，东芝则成了一个由相关事业部公司构成的复合企业体，这实际上已经具备了日本财团体系的雏形。

虽然通过实行新的核算制度增强了事业部的独立自主性，但东芝并没有丧失对这些事业部公司的掌控权。东芝事业部经营会议为事业部的最高决策机关，类似三井财团的二木会；东芝事业部概况月例汇报会则是总公司领导和事业部领导信息沟通、研究并解决问题的制度性安排。除调整集团结构外，冈村正也在积极推动东芝减轻资产管理的工作。

2002年1月，东芝将其美国DRAM工厂的地产和设备全部出售给了美国的美光半导体公司，自己只保留了该领域的技术开发部门——它代表着东芝辉煌的发展历史。20世纪80年代，东芝正是凭借着成功的DRAM产品成为全球芯片领域的霸主。2002年5月，东芝又将旗下的精细化工部门“东芝化工”以7400万美元的价格出售给了日本京瓷公司。

东芝在短时间内卖掉部分业务，当时就有媒体认为这是东芝放弃多元化发展的表现。对此，社长冈村正予以否认，他表示：“多元化企业的每一个事业部都有自己的强项，而且有自己的业务主轴，同时又能和其他业务部门有一个互相拉动的关系，就能发挥多元化经营的强项。因此，企业经营状况好不好，并不是看它是多元化还是专业化。”

东芝实际上就是在进行有限的多元化发展模式，即冈村正所说的“纵向联合”。冈村正也为东芝的未来发展定下了两个支柱：一是对IT革命有直接贡献的领域；二是支撑IT革命的社会基础设施领域。冈村正认为：“IT革命就是降低成本的革命，其对象就是信息和知识。”如今从历史角度来看，冈村正无疑为东芝选择了一条正确的前进道路。

在完成了东芝财团的初步结构调整后，冈村正决定进行企业转型，将东芝从过去的技术导向型（产）企业变为市场导向型（商）企业。冈村正要求每个员工都“倾听消费者的声音”，东芝不仅要知道顾客在想什么，还要把顾客目前没有意识到的潜在需求具体化。为此,东芝建立了一整套客户关系管理系统(CRM)和连锁供给管理系统(SCM),以便及时掌握最新的市场信息。

与此同时,东芝在总公司内还专门设立了品牌事业部,开始向集团各个子公司收取“东芝”品牌的使用费。东芝计划构筑一个体系并通过网络主页发布企业的品牌指南,使更多的人知道如何正确使用企业品牌。此后,为提升品牌形象,东芝通过赞助方式先后获得了“2002 年世界杯官方 IT 合作伙伴”和“2006 年德国世界杯合作伙伴”的称号。

2005 年,到冈村正离任之时,东芝已经连续 3 年保持盈利状态。显然,冈村正的 01 号行动计划取得了应有的成效。有人评价道:“在当时严峻的形势下,冈村正的经营伴随一种痛的感觉,他成功地完成了他的历史使命。”这一年,也正好是东芝创办的 130 周年,冈村正将一个情况不算太坏的东芝交到了继任者西田厚聪的手上。

名副其实的“吸血”产业

2005 年 6 月,62 岁的西田厚聪出任东芝全球总裁(社长),并开始推行积极的经营策略。1975 年就加入东芝的西田厚聪,不同于一般的日本企业家,他长期担任东芝北美洲和欧洲地区的高级主管,十分熟悉国外市场和经营理念,与国外企业家也多有交流。因在担任东芝 PC(个人电脑)部门的主管期间迅速扭亏为盈,西田厚聪也被称为“东芝的头号功臣”。

西田厚聪出任总裁后,希望把当时国际上流行的经营模式引入东芝,以此作为区分自己与前任社长冈村正的方法。当时,日本企业刚刚兴起报告季度业绩,对于上市公司东芝而言,漂亮的业绩报告数据显然是衡量管理者的重要标准之一。于是,西田厚聪对投资者的关注,逐渐转变为“数字”对企业策略的“绑架”,不久西田厚聪便开始了自己激进的改革策略。

西田厚聪认为,当时的东芝业务过于繁多,为了突破瓶颈,快速实现业绩的攀升,必须集中精力做好少数几项核心业务。东芝做出的第一个决策便是把战略重点转向核电产业,西田厚聪认定了能源行业的发展前景,哪怕要牺牲公司的绝大部分现金流,哪怕核电投资的回收周期很长、风险很大,西田厚聪依然信心满满地和未来对赌。

长期在欧美工作的西田厚聪,习惯以股票市值和利润率作为衡量业务的唯一标准,决定把东芝的战略重点转向核电产业

2006 年 2 月 6 日,日本东芝(属三井财团)与英国核燃料公司(BNFL)达成协议,决定以 54 亿美元(约 6216 亿日元)收购 BNFL 所属的核电设备企业西屋电气。在收购西屋电气的联合体中,日本东芝出资 41.58 亿美元,拥有西屋电气 77% 的股份,美国绍尔集团投资 10.8 亿美元,获

得西屋电气20%的股权。

早在东芝竞价西屋电气时,日本的三井物产和住友商事就曾决定参加,计划由东芝出资51%,其余部分由三井物产等日本综合商社,以及美国的大型工程公司等联合分担。但是,当东芝在第三轮公开竞标中报出了破天荒的54亿美元的价格时,原定准备支援东芝的三井物产等日本商社全部与其产生严重分歧,选择了退出。

2006年12月,也就是东芝宣布对西屋电气进行收购的两个月后,东芝决定以210亿日元的价格出售其持有的从事音乐业务的东芝EMI公司45%的股份。2007年9月,东芝又宣布将银座东芝大厦(东京中央区)出售给东急不动产,售价估计为1500亿日元,加上先前东芝对所属企业股票的出售,东芝的出售金额合计达到3000亿日元。

因收购西屋电气,虽然东芝当年拿出了一份10年来最好看的数据报表,但核电是名副其实的"吸血"产业,公司的财务状况并未有明显改观。西田厚聪富有"冒险精神"的溢价收购耗空了东芝的企业流动资金,导致企业在资金匮乏时应对手段不足,拆东墙补西墙的事时有发生。2008年,东芝又卖掉了在大阪梅田的办公楼,变现1500亿日元。

2008年爆发的国际金融危机,更是让东芝已经非常脆弱的财政状况遭遇巨大打击。西田厚聪将事业和投资集中在某一具体业务中的弊端开始显露,畸形发展的东芝已经没有综合性的产业链条来支撑其抗衡急速恶化的市场环境。2009年度,企业的净利润为赤字3435亿日元,成为东芝历史上最差的一份"成绩单",这样的数据报表已无法向投资者交差了。

2009年5月,西田厚聪将东芝总裁(社长)的职位交给了当时核电事业部的负责人佐佐木则夫,自己则改为出任东芝的会长。当年,东芝已经拿到了中国4座、美国8座的核电站的建设预定,同时还有其他国家订单的洽谈。另外,东芝计划在此后的6年内拿到39基核电站的建设预定。此时,会长西田厚聪更是称赞社长佐佐木则夫是"让东芝的核电业务步入全球化轨道的功臣"。

迎来一场毁灭性的重创

2011年3月11日,日本当地时间14时46分的里氏9.0级地震,引发了福岛第一核电站的放射性物质泄漏。发生泄漏的福岛核电站为东芝建造,至此也彻底震碎了东芝的核电梦。福岛核电站事件后,全球范围内核电站业务发展速度骤减,东芝已经拿到的美国8座待建核电站中,有4座被中止,而其他国家也陆续暂停了核电站的计划。

更为雪上加霜的是,东芝在2009年签下的12单核电站建设预定中仅剩的8单,也全部推迟了建设进度。另外,2009年以后东芝的核电部门仅获得了印度核电站的几个订单。福岛核泄漏这一“黑天鹅”事件直接导致核电产业在全球遇冷，同时日本国内反核浪潮更是风起云涌，这让此前不断加码核电的东芝出现了高达9000亿日元（约750亿元人民币）的亏损。

如果说大地震是天灾，那么东芝管理层的一系列操作就是人祸了。西田厚聪抛弃了“不把鸡蛋放在同一个篮子里”的日式传统经营理念，采取赌博式的经营策略，选择将全部资本押注在单一产业上。继任者佐佐木则夫更是把工程师思维运用到了企业经营之中，刚一上任就要求公司员工全力开发世界首创、世界第一的产品，完全忽视了当时东芝早已入不敷出的财务状况。

2013年，东芝会长西田厚聪和总裁佐佐木则夫之间爆发了矛盾。西田厚聪公开表态，“如果你们问我只接触过一种业务的人能顾全公司的所有方面吗，我只能说不能”。矛头直指专注核电业务的佐佐木则夫。佐佐木则夫反击称，“我已经完成了将公司带上发展的轨道的任务”，强调自己在任职期间将西田厚聪时代的赤字扭亏为盈。实际上，高层内斗背后是东芝不断恶化的经营状况。

尽管遭遇打击，但当时的东芝依然看好核电业务的前景，而真正给东芝核电事业带来毁灭性打击的正是其耗费重金收购的西屋电气。实际上，继2006年54亿美元收购西屋电气后，东芝又先后通过两次收购（分别花费16亿美元和1.57亿美元），实现了对西屋电气的全资控股。这也意味着，东芝为西屋电气花费了大约72亿美元。

2015年，东芝决定通过西屋电气收购另一家美国CB&I公司的核电业务子公司。原来，西屋电气和CB&I公司是多年的战略伙伴，曾经在2008年共同承包了美国佐治亚州和南卡罗来纳州各2基核电站的建设，但随着建设成本的不断攀升和工期的延长，西屋电气与CB&I公司就费用分摊产生了严重分歧，甚至最后发展到了对簿公堂的地步。

事实上，美国原子能规制委员会（NRC）对核电站安全性能进行了严格的审查，导致西屋电气和CB&I公司的核电项目虽然2008年就已签订，但最终获得各种许可到着手建设已经是2013年的事情了。所以，工程开始4年时间，仅完成了进度的三成。由于西屋电气AP1000压水核电堆型存在的问题，工程进度延期和成本超标显然也是无法避免的。

为了避免进一步延误工期，早日解决两者的分歧，西屋电气的大股东东芝以“0美元”的价格并购了已经负债累累的CB&I核电业务子公司。东芝原本想通过并购的方式管控分歧，降低交易成本，却没想到这次并购中不断膨胀的建设费用非但没有得到控制，反而使东芝被“套牢”。事实上，CB&I公司的评估价格为0，指望其盈利几乎没有可能。

东芝的数据显示，自2015年实施核电业务并购后，西屋电气的负债总额不降反升，最后攀升至98亿美元，这也直接导致东芝在当年的亏损超过了2008年国际金融危机时期。于是,在当时那个节点,东芝为了维护自身形象,并未向投资者披露自身状况,反而企图通过财务造假来瞒天过海。但是,终究纸是包不住火的,东芝最终迎来了一场毁灭性的重创。

第四节　不停地卖身与续命

难以舍弃的医疗产业

2016 年 2 月,医疗业务在整个东芝集团的销售额占比虽然仅为 6% ,却是集团最优质的资产,整个 2015 财年销售额为 4125 亿日元(约 36 亿美元)。作为东芝子公司中的“优等生”,医疗部门自然吸引了众多的收购者,共有日本佳能、富士胶片、柯尼卡美能达与英国投资基金联合体 4 家投标企业,最终日本佳能成功胜出拿下了这一市场潜力巨大的产业。

3 月 8 日,日本佳能以 6655 亿日元(约 59 亿美元)的总价收购了东芝旗下的医疗设备部门,这一收购价格也创造了佳能收并购的历史新高。此前,为了填补巨额的财务亏空,东芝开启了业务“大甩卖”。这次选择出售的医疗部门是东芝众多业务中唯一保持健康增长的板块,对此日本共同社表示,通过出售获得的巨额资金将帮助东芝改善财务状况。

自 1914 年在日本制造出第一个 X 线球管以来,经过 100 多年的发展,东芝医疗系统已经拥有最前沿医用影像系列产品,产品遍布日本、美国、中国、欧洲各国等 135 个国家(地区),成为世界主要医学影像产品厂商之一。在医疗影像领域,东芝(Toshiba)位居通用电气(GE)、飞利浦(Philips)和西门子(Siemens)之后,四者简称为“GPST”。

影像类产品占了东芝医疗系统 90% 以上的业务,包括 CT、X 光机、MRI(磁共振成像)、US(超声)等最前沿的医用影像系列产品。在放射影像 MRI / CT 类设备市场,东芝市场份额为 7.9% ,为 GPST 的第四位。东芝彩超在全球超声市场排名第三,其产品不管是技术还是图像都具有相当高的实力。此外,在 DR/CR/X 射线/普放类设备市场,东芝占 4.2% ,在日系设备中排名第二。

2016 年 6 月,全球高端医疗影像设备的专利已超过 16 万件。从医学影像设备在全球的专利分布情况来看,日本的专利拥有量居全球第一,为 5 万多件,占全球总量的 30% ;排名第二的是美国,拥有专利 3 万多件。从全球主要申请人来看,排在前五的公司所拥有的专利总量为 4 万多件,占全球专利总量的 30% ,形成了非常高的技术壁垒,其中东芝排名第一。

2018 年 1 月 4 日，在被收购两年后，东芝的医疗设备部门正式更名为“佳能医疗系统株式会社”。事实上，此前佳能并没有医疗相关的产业，通过收购东芝其坐稳了医学影像全球第四的位置。佳能发布的 2022 年度财报显示，因欧美影像诊断设备市场恢复，佳能医疗业务领域营业额达到历史最高水平，相比上年同期增长 6.9%，为 5133 亿日元（约 320 亿元人民币）。

显然，三井财团的东芝出售如此赚钱且潜能巨大的医疗设备部门实属无奈，但东芝也保留了东山再起的希望。在变卖医疗影像业务的同时，位于东芝总部的三个医健业务没有被一同出售给佳能。这三个业务分别是粒子束治疗装置、可穿戴设备和基因组分析。这三个部门分别代表着未来技术和行业的发展方向，东芝可谓是卖身与续命两不误。

在粒子束治疗领域，东芝是全球范围内的领先供应商，这种疗法可能成为治愈肿瘤的颠覆性技术。2018 年，东芝将超导电磁铁技术应用于小型化重离子治疗装置，生产出世界最小尺寸的小型化重离子旋转机架，应用于日本山形碳离子治疗中心。2021 年 2 月，开始水平固定束治疗；2022 年 3 月，旋转机架治疗室开始前列腺癌治疗；2022 年 5 月 17 日，治疗室开始用于需要多角度照射的头颈部肿瘤治疗。

在粒子束治疗领域，东芝是全球范围内的领先供应商。图为进行束流试验的东芝治疗装置

2019 年，东芝宣布与日本国家癌症中心研究所和东京医科大学合作开发出了一种检测癌症的新技术，旨在检测癌细胞血液中分泌的 microRNA 分子的类型和浓度，可促进癌症早期治疗。虽然新技术受到质疑，但东芝表示希望以这项前沿技术为切入点，重新展现东芝在医疗领域的技术实力。此时，可穿戴设备和基因组分析指向了当今最热门的物联网、大数据以及精准医疗领域。

白色家电找到新主人

2016 年 3 月，日本三井财团的东芝与中国美的集团正式签署了一份股权转让协议，美的集团以 537 亿日元收购东芝家电业务的主体东芝生活电器株式会社 80.1% 的股权，东芝保留 19.9% 的股权。同时，美的集团还获得了东芝品牌 40 年的全球授权及超过 5000 项与白色家电相关的专利，并进入东芝家电在日本、中国、东南亚地区的市场、渠道和制造基地。

对于此次收购，美的集团官方表示，“（我们）与东芝长期在业务领域保持着良好的沟通和交流，在压缩机、小家电、变频器等领域有超过 20 年的战略合作，对于东芝家电业务的核心竞争力以及未来的发展机遇十分明确”。显然，固有的合作历史，使美的集团比其他不熟悉东芝的公司更有优势。除股权转让外，双方还将继续加强战略合作伙伴关系,东芝仍将继续开发和制造相关产品。

东芝的白色家电历史悠久,其前身芝浦制作所在19世纪90年代就开发出了日本最早的电风扇。1930年,东芝生产出日本第一台国产电冰箱。1955年,东芝又发明了电饭煲,并以每月20万台的销量在日本市场热销。很长一段时间里,白色家电业务是能够给东芝提供稳定营业收入的业务之一,2014财年东芝旗下的家电业务销售额仍然达到了2200亿日元(约138亿元人民币)。

可以说,东芝家电业务在东芝成立以后一直是拳头产品。2000年前后,以东芝为代表的日本家电在全球处于霸主地位。然而,受日元贬值、日本国内需求减弱和中国白色家电品牌崛起的影响,东芝家电的日子越来越难过,特别是在中国,市场份额逐渐减少。近年来,东芝白色家电业务将生产工厂和销售重心都转移到了东南亚市场。

对于美的集团而言,企业一直都有向日本、东南亚拓展业务的计划,而东芝正处于业务收缩阶段,这一契机促使两家公司一拍即合。首先,东芝所拥有的海外市场渠道和营销网络布局的优势,有利于加速美的集团的国际化布局。其次,美的集团通过收购东芝家电业务得到了日本市场的入场券,有助于进入日本这个至今为止全球门槛最高的家电市场。

2016年8月,被美的集团纳入旗下的日本东芝白色家电业务主体——东芝生活电器株式会社召开记者会。整个记者会的会场上都没有美的集团的标识,完全凸显东芝特色。美的集团副总裁、东芝生活会长顾炎民在记者会上表示,“正式允许东芝生活电器(株式会社)实行自主经营”。对此,《日本经济新闻》认为,美的集团不插手东芝家电企业的经营和体制,并使用在采购和海外销售方面提供支援的“幕后战术”。

此前,很多中国企业通过收购和取得品牌使用权等形式获得了日本品牌,但成功案例不多。SANYO(三洋)和Pioneer(先锋)等出售给中国企业的日本品牌在当地更是逐渐失去了往日的光辉,甚至有些被视为低端品牌。因此,在吸收了这些失败的经验教训后,美的集团决定尊重支持日本企业的发展路径,而不是把中国企业的经营逻辑强加给日本企业。

2018年,在被美的集团收购两年后,东芝白色家电业务扭亏为盈。美的集团2021年的年报显示,2021年日本家电零售市场同比下滑3%,东芝家电零售收入逆势增长9%,六大品类合计市场份额提升至12.5%。2021年,东芝家电业务扩展覆盖超过70个国家和地区。美的集团副总裁王建国表示,美的集团收购东芝家电业务后,双方真正意义上实现了优势互补。

这一次美的集团收购的东芝家电业务主体——东芝生活电器株式会社,并不包含空调与彩电业务,而是以冰箱、洗衣机、吸尘器等部分白色家电业务为主。实际上,同此前出售医疗部门一样,东芝依然留有后手。东芝的空调事业是由东芝开利空调株式会社负责，在东芝集团内隶属社区解决方案事业公司，并不是家电事业部。

“美日韩联盟”的收购

东芝2015财年的财报显示，公司总营业收入为5.67万亿日元（约2984亿元人民币），其中有25%来自半导体业务部门，半导体业务可以被看作东芝手里的一张王牌。因此，在东芝准备出售半导体业务时，有来自中日美韩四国的10余家企业纷纷向东芝示好。东芝是全球半导体制造商中的重要成员，拥有辉煌的产业历史。

2017年1月，三井财团的东芝发布公告称，公司考虑拆分半导体业务，并以27亿美元（约184.88亿元人民币）的价格将该业务的20%股份出售给西部数据公司（以下简称“西部数据”）。西部数据是全球知名硬盘厂商，成立于1970年，总部位于美国加利福尼亚州，东芝和西部数据此前在日本三重县共同运营一家闪存芯片工厂。因此，当得知东芝准备出售半导体业务时，西部数据率先发起了收购要约。

2017年4月，东芝正式剥离半导体部门成立独立公司，并决定选择最终的股权出售对象。在这一次的竞标中，除美国的西部数据外，来自中国台湾的鸿海科技集团（富士康）、韩国的SK海力士、美国的博通半导体以及私募股权银湖资本等表现出了强烈的兴趣，其中鸿海科技集团更是提出了270亿美元的收购价格，展现出了势在必得的决心。

对此，鸿海科技集团表示，“我们此前就有收购夏普的经验，如果把东芝交给我们，作为东芝的用户、伙伴，我们会协助他们经营，注入资金以及很多元素，让他们（的）产品卖到全球各地”。然而，日本政府要求东芝优先与美日韩企业，或美国投资基金组成的联合体展开谈判。

2017年6月，东芝和西部数据的高层会谈达成框架协议。据媒体报道，西部数据领衔的银团计划以1.9万亿日元（约174亿美元）的价格收购东芝旗下的半导体业务。然而，由于出资比例等细节问题上依然存在分歧，双方未能签订合同，这给了其他收购者机会。这一时期，私募基金公司KKR、日本创新网络公司以及日本政策投资银行等，都纷纷表达了竞购意愿。

2017年，在美国贝恩资本(Bain Capital)领军的“美日韩联盟”收购东芝半导体后，日本方面依然能掌握大部分的控制权（50.1%）

美国贝恩资本（Bain Capital）决定在最后关头“压哨”修改收购提议，并拉入苹果公司、戴尔公司参团，报价一举超过了由西部数据领衔的收购阵营。事实上，竞购的天平偏向贝恩资本除更高的价格外，日本政府的影响力也是重要的考虑因素。时任东芝社长的纲川智就表示：“半导体事关国家安全等，选择出售对象时我们会考虑这一点。”

领衔此次收购的美国贝恩资本创办于1984年，总部设在美国马萨诸塞州的波士顿，为全球多个行业超过250家公司提供私人股权投资和附加收购服务。贝恩资本最大的优势就是拥有美国苹果公司的助力，苹果公司一直都是东芝非常重要的客户，此前西部数据也曾经希望招揽苹果公司合作收购东芝半导体，不过苹果公司还是选择了贝恩资本的阵营。

2017年9月，东芝最终宣布将旗下的半导体业务出售给由美国贝恩资本领军的“美日韩联盟”，出售价格达到2万亿日元(约180亿美元)。“美日韩联盟”包括韩国存储器芯片制造商SK海力士，日本光学产品制造商豪雅(Hoya)株式会社，苹果公司、戴尔公司等东芝芯片客户，以及美国金士顿和希捷等固态硬盘生产厂商。

根据协议，交易完成后，贝恩资本主导的企业联盟成为东芝芯片新的大股东，持有其49.9%的股权，但东芝仍然掌握部分股份，持有40.2%的股权。此外，日本豪雅株式会社也获得了9.9%的股权，这使得包括东芝在内的日本企业所持有的芯片业务股权达到50.1%，保证了日本方面依然能掌握大部分的控制权，也就意味着东芝依然对芯片半导体产业保有很强的控制力。

“一女三嫁”的彩电业务

2017年11月，日本三井财团的东芝与中国海信集团在东京联合宣布，海信集团以129亿日元(约8亿元人民币)的价格正式收购东芝映像解决方案公司(TVS，以下简称“东芝映像”)95%的股权。股权转让完成后，海信电器将享有东芝电视产品、品牌、运营服务等一揽子业务，并拥有东芝电视全球40年品牌授权。考虑到此前美的集团收购东芝生活电器，也就是说，东芝的白色家电和黑色家电业务都卖给了中国企业。

东芝电视产业的历史非常悠久，1952年东芝第一台黑白电视机问世。1960年，东芝生产出了日本第一台彩色显像管电视机，被誉为“日本彩电之父”。此后，东芝电视还相继引领了电视集成化、显示技术迭代等多次浪潮，让液晶、CRT(显像管)技术广泛地普及于电视行业中，在信号处理、材料技术等多个领域展现出技术底蕴与领先优势。

在CRT电视时代，东芝与索尼、松下、日立一起被誉为“日本彩电的四大天王”。虽然在平板电视时代，东芝的影响力有所下降，但这并不妨碍其在国际市场上的影响力。在2010年之前，东芝电视的出货量在国际市场的排名一直稳居前十。事实上，即便是到了决定出售彩电业务的2016年，东芝电视的销量仍位居日本市场前三。

东芝电视还是最早进入中国的品牌之一，自1972年中日邦交正常化以来，东芝电视便进入中国。20世纪90年代初，东芝专门在中国建设了彩电生产基地。当时，能够拥有一台东芝电视甚至成为一种身份的象征，很多人对于电视机的记忆就是从东芝电视开始的。“Toshiba，Toshiba，新时代的东芝”，可以说是当时最火的宣传歌曲之一。

然而，此次海信集团收购的东芝电视似乎并不是“完全体”。2010 年，东芝就和惠州 TCL 电器销售公司成立了合资公司——东芝视频产品（中国）有限公司，也就是说，面向中国市场的东芝电视机全都是由 TCL 代工的。2015 年 12 月，东芝以 30 亿日元（约 1.58 亿元人民币）的价格，将其生产电视和洗衣机的印度尼西亚工厂出售给了中国创维集团。

一个东芝电视的牌子，同一时间内居然有 3 家中国电视厂商都在使用。鉴于这种情况，在 2017 年首次公告之后，海信集团对东芝映像重新进行了资产评估和潜力预测，经双方谈判降低了交易价格。2018 年 7 月 25 日，海信电器宣布完成对东芝映像 95% 股权的收购，最终交割价格确定为 59.85 亿日元（约 3.7 亿元人民币），仅为初始价格的 1/2。

拿下东芝电视后，海信集团的做法非常值得称赞，其并没有急于进行品牌的合并，而是采用了“海信 + 东芝”的策略。东芝电视在日本备受民众信任，在画质处理、芯片技术上优势突出。海信集团收购东芝映像之后，便仔细甄别哪些属于东芝电视的优势和特色，并把它们保留下来，哪些则是日本消费者新的需求且属于海信电视的技术优势，如智能化操作等，就把这些新技术加进去。

2020 年 4 月，海信集团官方披露的 2019 年年报显示，通过补齐产品线，提升产品竞争力，并自建服务体系，东芝电视板块扭亏为盈，实现营业收入 37.28 亿元，同比增长 39.65%，实现净利润 2709 万元，利润创下 9 年来最高纪录，在此之前，东芝电视板块已连续亏损 8 年。可以说，海信集团收购东芝电视业务实现了并购产生的“1 + 1 > 2”的协同效果。

2021 年 3 月，日本最具影响力媒体之一的日本经济新闻社发布了一篇名为《日本电视销量第一宝座 17 年来首次易主：东芝登顶》的报道。报道称，东芝液晶电视以 20.5% 销量份额击败索尼和夏普，跃居首位。这是自 2004 年之后，夏普首次失去日本销量首位宝座。在中国海信集团的资金和日本东芝的技术双重加持下，“信”时代的东芝电视必然会再创佳绩。

第五节　终于找到重生之路

海外对冲基金成为大股东

2017 年初，在东芝并不知情的情况下，子公司西屋电气向当地法院申请了破产保护。根据规定，三井财团的东芝需要向西屋电气提供约 7000 亿日元（约 438

亿元人民币)的债务担保;此外,申请适用破产法会产生约 3000 亿日元规模的追加损失。因此,东芝的总损失高达 1 万亿日元。由于在佐治亚州和南卡罗来纳州的核能项目进展不顺,西屋电气实际上早已陷入困境。

面对西屋电气核电领域给企业带来的巨大亏空,虽然此前东芝一直在通过出售医疗、家电等产业"回血",但显然这些都是杯水车薪。祸不单行,作为东芝的主要债权人,三井住友银行和瑞穗金融集团也都下调了东芝的股票评级,原因是它们认为东芝会出现巨额亏损,同时背负着巨额债务,并且对东芝偿还债务的能力越来越感到担忧。

如果在 2018 年 3 月前东芝仍无法扭转资不抵债的局面,将面临从东京证券交易所摘牌退市。为此,东芝陆续向数十家外国对冲基金共出售了 6000 亿日元(约 52.9 亿美元)的股票。这次新股增发交易是由美国高盛集团操刀的。东芝不仅出让了股权和企业发展主权,还要付给美国高盛集团、日本国内经纪商和律师等总额为 260 亿日元(约 2.3 亿美元)的高额费用。

当然,最大赢家是新加坡埃菲西莫资本管理公司(Effissimo Capital Management,以下简称"Effissimo 公司"),这家由日本"股神"村上世彰的前同事们(村上基金成员)创办的对冲基金在日本股市一直颇受重视。村上基金用自有资产购买上市企业便宜的股票,成为企业大股东后,要求企业改善经营,成为"能向经营者说'不'的股东",结果使经营改善,股价上升,然后基金卖掉企业股票以求盈利。

2017 年 3 月 23 日,Effissimo 公司宣布取得东芝 8.14% 的股权。东芝的主要银行三菱东京 UFJ 银行却在 3 月 27 日将其持股比例从 5.14% 降至 3.54%。2017 年 4 月 7 日,Effissimo 公司继续增持东芝股票,使持股比例升至 9.8%,成为东芝最大股东。事实上,不仅是 Effissimo 公司,彼时东芝的前三大股东都为外国基金。

Effissimo 公司的数名创办人都与村上世彰共事过。而且,村上世彰和其创立的村上基金事务所也都在新加坡。这层关系,使得 Effissimo 基金的投资动向在日本受到高度关注,甚至直接影响股价的涨跌。由于村上基金与 Effissimo 基金过去都是习惯积极介入公司营运的股东,所以其成为东芝的大股东的动机绝不是简单的财务投资。

村上世彰于 1959 年出生在日本大阪一个比较富裕的华侨家庭。他的父亲是当地的华侨贸易商,20 世纪 50 年代从中国台湾移居日本,主要经营古董、皮革和房地产等。出身富商家庭的村上世彰,从小就懂得生财之道,小学三年级时,父亲以"今后不再给零用钱"为条件,一次性给他 100 万日元,村上世彰就以这笔钱首次进入了股票市场。

从东京大学法学部毕业后,村上世彰于 1983 年进入日本经济产业省任职,后来还担任过日本驻南非大使馆秘书等职务。1999 年,因为厌倦了日本政府部门的官僚习气,村上世彰从经济产业省辞职,并以 40 亿日元资金创办了村上基金。村上世彰通过建立股权基金，希望由制定规则一方转到参与实战的一方，从资本关系上影响日本企业，进而影响整个日本经济。

村上基金利用基金公司可获得部分企业内部情报的特权，采取大量收购潜力股，待股价上涨后又以尽数抛出的手法迅速积累财富。短短7年，村上基金神奇地成长了100倍，资产规模超过4440亿日元，从一个默默无闻的投资公司迅速发展成影响日本金融市场的企业。当时，村上基金持股的上市公司遍布日本各行各业，持股比例超过5%的日本上市公司就有21家之多。

从三井财团空降而来的CEO

2018年4月2日，三井财团的东芝对外发表声明，宣布车谷畅昭正式接管东芝集团，成为东芝的董事长兼CEO。东芝的原CEO纲川智将出任首席运营官，帮助车谷畅昭共同管理公司。与此同时，三井住友银行等主办银行提供了约2000亿日元(约125亿元人民币)的贷款，帮助东芝实现重组计划。

2018年，空降东芝的CEO车谷畅昭拥有三井基因，此前曾担任三井住友金融集团的副总裁

车谷畅昭是东芝集团50多年来首位空降董事长兼CEO。上一位空降东芝的管理者正是20世纪60年代的土光敏夫，他来自和东芝同属三井财团的石川岛播磨重工。显然，此次东芝从外部聘请车谷畅昭，也是希望他能够起到当年土光敏夫的作用。值得注意的是，这位东芝的新任CEO车谷畅昭身上同样也有着鲜明的财团背景。

车谷畅昭毕业于东京大学经济学部，曾担任欧洲私募股权公司CVC Capital Partners日本子公司的总裁。在出任东芝CEO之前，车谷畅昭一直是东芝主要债权人三井住友金融集团的副总裁兼董事。车谷畅昭可谓是临危受命，迎接他的是一个深陷业绩亏损泥潭的东芝。实际上，银行作为债权人参与公司日常管理的做法一直都是日本企业的传统。

来自三井住友金融集团的车谷畅昭不是实业家，而是金融投资家，因此他的改革计划目标非常明确，就是使东芝实现扭亏为盈。首先，车谷畅昭开始强化东芝的经营基础。要求东芝自我资本比例增加到30%，并实现无债经营。为防止经营再次出现“暴走”，车谷畅昭改组公司董事会，12名董事中，10人为独立董事，以避免再次发生财务造假的情况。

随后，东芝开始清算负资产。为此，车谷畅昭专门制定了一个“5%规则”，即营业额利润率低于5%的事业，一律撤退。在此基础上，东芝决定集中力量投资可再生能源及锂电池等增长潜力巨大的领域，计划至少投入9000亿日元。对此，东芝董事长兼CEO车谷畅昭表示，“未来核心是强化东芝独有的技术，使之成为世界屈指可数的科技企业”。

2018 年 11 月,根据车谷畅昭提出的“5% 规则”,东芝决定退出英国穆尔赛德核电建设项目,并关闭英国核时代公司(NuGeneration)。核时代公司成立于 2009 年,由东芝和法国 Engie 联合组建。在权衡继续运营核时代公司需要付出的额外成本之后,东芝认为更为经济合理的决定是退出英国核电建设项目并关闭核时代公司,最终从海外核电市场撤退。

2019 年 6 月,日本东芝与法国能源公司道达尔签署协议,道达尔以 17 亿日元(约 1500 万美元)收购东芝美国液化天然气公司的所有股份。被出售的是东芝在美国得克萨斯州将天然气加工成 LNG 的业务,受 LNG 价格影响,该业务出现高额亏损。东芝表示将继续清理负资产,专注于经营重建,今后会把经营资源集中在基础设施业务和使用物联网的服务上。

2020 年 6 月,日本东芝发表了 2019 年度(截至 2020 年 3 月)的决算报告,虽然遭受了新冠疫情的冲击,东芝的营业额只是 2015 年度的一半,仅为 3.4 万亿日元,但是东芝的营业利润比 2018 年度猛增了 4 倍,达到 1305 亿日元(约 12.5 亿美元)。显然,经过车谷畅昭 2 年多的改革,东芝的业绩出现了一定的好转。

正是有了来自三井财团的支持,东芝才能够积极调整业务方向,针对全球市场趋势和需求,并有魄力剥离那些项目周期较长、易使其蒙受巨额损失风险的资产,将社会基础设施、能源、电子元器件、ICT 解决方案作为四大重点业务模块。事实上,如果不出意外,依托日本这套完善的财团体系,东芝未来还有机会创造新的辉煌事业。

悠久的传统受到外资挑战

2020 年 1 月,三井财团的东芝董事会被曝再次出现经营不合规的问题。2020 年 5 月,东芝的海外基金股东提出了自己的董事人选。但是,在 7 月举行的股东大会上,海外股东的人选提案被否决了。2020 年 9 月,海外股东要求设立第三方委员会进行调查,认定东芝的董事会“制约了股东行使提案权”,并希望能够召开临时股东大会。

2020 年中,73 岁的永山治正式出任东芝董事会主席。同东芝 CEO 车谷畅昭一样,永山治也是由其他企业空降而来的。毕业于庆应义塾大学的永山治曾长期在日本中外制药公司工作,1992 年开始担任日本中外制药公司的 CEO。2013 年,永山治进入三井财团体系,开始担任索尼的董事长,并与索尼前任 CEO 平井一夫一起带领索尼从亏损走向盈利,实现了复兴。

不难发现,永山治和车谷畅昭都来自三井财团,而三井财团是当时东芝最大的债权人。对此,东京私募股权机构 CLSA 资深银行分析师布莱恩 · 沃特豪斯(Brian Waterhouse)曾表示:“许多外国投资者对于企业背后的银行作为债权人参与公司日常管理的做法十分反感,但这的确是日本企业的悠久传统,并且往往会诞生一个实力比以往更为强大的公司。"

实际上,日本财团体系下的银行选派代表帮助相关借款方渡过难关是日本企业的悠久传统,而且往往能够奏效。20 世纪 50 年代,当丰田汽车陷入严重的经营危机时,也在以帝国银行(三井住友银行的前身)为首的金融财团的强烈要求下,由石田退三接替丰田喜一郎出任丰田汽车工业公司的社长。此后,石田退三的继任者中川不器男同样来自三井银行。

正是在石田退三、中川不器男等三井人的领导下,丰田汽车先后确立了生产"纯国产车"的方针,并创建了日本首家轿车生产厂——元町工厂,以及在全公司范围内实施全面质量管理制度,为日本经济从恢复到高速增长做出了不可磨灭的巨大贡献。石田退三也被誉为"丰田的中兴之祖",到他 1979 年去世时,丰田汽车已名列世界第二,仅次于美国通用汽车公司。

日本这种产融结合的悠久传统和模式,不仅会孕育一个实力比以往更为强大的公司,更会造就一个更为强大的日本产业帝国。如果东芝继续按照这个路线发展下去,未来有可能实现车谷畅昭"帮助东芝回归辉煌"的梦想。但是,东芝没有按照既定的剧本走下去,而是走向了另外的方向,这股引导东芝偏离既定轨道的力量就是激进的海外股东。

2021 年 4 月 14 日,东芝对外宣布,社长兼 CEO 车谷畅昭于当日辞职。6 月25 日,东芝股东在股东大会上投票否决了董事会主席永山治的连任提案。更严谨的说法应该是永山治遭股东罢免,被驱逐出了东芝管理层。值得一提的是,此次外国股东投资人投票的人数超过了东芝以往股东会的人数,也可以说是外国股东罢免了东芝董事会主席永山治。

此时的东芝已经是一家"外资企业",尽管董事会成员的国籍以日本为主,但大股东是外资,说话分量也远比那些日籍高管要重。实际上,所有外国基金合计持有东芝集团 30% 的股份,而更广泛的海外投资者拥有 50% 的股份。当时,东芝最大股东是总部位于新加坡的 Effissimo 公司,其持有东芝集团约 9.9% 的股份。

事实上,无论是 CEO 车谷畅昭辞职,还是董事会主席永山治被罢免,都与东芝海外大股东 Effissimo 公司在 2021 年 6 月 10 日公布的调查报告有关。报告中指出,东芝 CEO 车谷畅昭在一次早餐会上与日本政府内阁官房长官菅义伟进行密会时,菅义伟曾口头鼓励东芝对外资施压,包括引用修订后的《外汇与外贸法》(FEA),限制海外投资者涉足事关日本核心国家安全的领域。

回到三井财团的怀抱

2021 年 11 月,三井财团的东芝宣布拆分为 3 家独立的公司,分别为基础设施服务公司、元件公司和半导体存储器公司。其中,基础设施服务公司包括东芝的能源系统和解决方案、基础设施系统和解决方案、建筑解决方案、数位解决方案和电池业务；元件公司则包括东芝电子元件和储存装置解决方案业务，核心会在IT基础设施方面。

东芝剥离以上两大业务后，将会变成一家更独立的半导体存储器公司，拥有铠侠（Kioxia）公司和东芝泰格（TEC）公司的股份。铠侠是全球第八大半导体制造商、NAND闪存的第二大制造商，也是日本现存为数不多的存储芯片厂商，对日本有着重要的战略意义。东芝泰格也是优质的资产，其前身是东芝复印机，主要业务是生产和经营数码复合机。

2022年2月7日，东芝发布声明称，对公司重组计划进行重大修改，将此前遭遇股东强烈反对的"一拆三"计划修改为"一拆二"，仅拆分半导体等设备业务，拆分后仍将分别上市。根据新的计划，东芝将单独拆分半导体设备业务，该业务在新冠疫情期间生产供应紧俏的功率半导体。公司剩余部门将继续管理其他资产，包括基础设施、电子设备。

事实上，三井住友银行和三井住友信托银行等三井财团的主力金融机构，才是收购东芝的真正"金主"

东芝表示，新的拆分计划将比最初的计划成本更低，更容易进行，东芝将节省更多可以回报股东的资金，并且无须2/3股东的批准。根据日本2020年修订的《会社法》，当要剥离的资产账面价值低于公司总资产的1/5时，可以在董事会批准后进行双向拆分，以加快拆分。不难发现，无论是最初的"一拆三"，还是后来的"一拆二"，其本质都是东芝在面对资本围猎时的断臂自保。

2022年3月24日，东芝股东再一次投票反对该公司拆分旗下半导体设备部门的计划，但同时另一项由激进股东支持的私有化提案也未能获得通过。该私有化提案是由东芝的第二大股东新加坡3D Investment Partners提出的，并且得到了大股东新加坡Effissimo公司和第三大股东旧金山Farallon Capital Management的支持。

2022年4月21日，在拆分计划被否接近一个月之际，东芝宣布为退市征集收购方案，募集有意收购东芝股票的赞助商和投资者。东芝有意通过退市切断与追求短期回报的激进派海外股东的关系，将经营资源投向有利于中长期发展的业务。此外，东芝还表示，"为提高企业价值，会探讨一切战略选项"，也将继续探讨退市以外的重建方案。

2023年2月，日本国内基金日本产业合作伙伴（JIP）牵头的财团阵营提出了收购东芝的最终方案，预计收购金额达到2万亿日元（约150亿美元），此外还有用于周转资金的2000亿日元。其中，三井住友银行出资最多，达到了5150亿日元，之后为瑞穗银行的4600亿日元和三井住友信托银行的2200亿日元。

2023 年 12 月 20 日，日本东芝宣布，公司从东京证券交易所和名古屋证券交易所退市，结束了自 1949 年以来 74 年的上市历史。东芝计划通过退市，来扭转公司此前长期面临的经营混乱局面。东芝退市后，股东统一为由 20 多家日本公司组成的基金日本产业合作伙伴（JIP）。显然，东芝未来能否与 20 多家出资的日本企业携手推出明确的发展战略将成为焦点。

2024 年 6 月，东芝副社长、JIP 基金副主席池谷光司宣布，在 JIP 的加持下，东芝的目标是实现以能源和基础设施为中心的新增长。同时，东芝还明确了其经营资源的集中方向，即电力和功率半导体等领域。东芝计划在未来的 3 年时间里，为其半导体业务投入约 1000 亿日元，加强其用于电动汽车和电力设备的功率半导体生产线建设。

参考文献及来源

1. “重担主义”与“合理化主义”：土光敏夫转败为胜的奥秘[J]. 江苏纺织，1998(5)：39 – 42.

2. 白益民. 三井帝国启示录：探寻微观众经济的王者[M]. 北京：中国档案出版社，2006.

3. 包逸辉. 企业并购协同效应财务分析：以美的并购东芝家电为例[J]. 中国中小企业，2021(10)：180 – 181.

4. 东芝半导体之困：孱弱的“主人”与凶恶的“客人”[EB/OL]. (2022 – 04 – 05)[2024 – 10 – 30]. https://news.qq.com/rain/a/20220405A09VKQ00? suid = &media_id = .

5. 东芝官方网站，http://www.toshiba.com.

6. 冯昭奎. 发人深思的东芝事件[J]. 世界知识，1987(22)：10 – 11.

7. 何以沦落至此？东芝 59 亿美元终出售医疗业务[EB/OL]. (2016 – 03 – 22)[2024 – 10 – 30]. https://www.eepw.com.cn/article/201603/288541_2.htm.

8. 胡文媛. 东芝：离理想越来越远[J]. 国企管理，2017(11)：102 – 103.

9. 家电企业多元化：东芝之殇[EB/OL]. (2022 – 07 – 21)[2024 – 10 – 30]. https://mp.weixin.qq.com/s/NJi8SEKEbIc8tJ7kwbuHGg.

10. 贾常艳. 东芝中国：敢于创新 敢于突破[J]. 电器工业，2016(4)：64 – 65.

11. 李经甫. 西田厚聪：打造新东芝帝国[J]. 经营者，2007(11)：48 – 49.

12. 李信. 被“野蛮人”敲门后，东芝靠“分家”自保[EB/OL]. (2021 – 11 – 29)[2024 – 10 – 30]. https://baijiahao.baidu.com/s? id = 1717475087657326156&wfr = spider&for = pc.

13. 李雨婧，何玉. 海外财务造假及防范措施：以日本东芝为例[J]. 国际商务财会，2017(9)：25 – 28，31.

14. 刘洪亮. “百年老店”东芝如何一步步走到今天[N]. 文汇报，2023 – 09 – 26(9).

15. 日本的“经营之神”：土光敏夫[J]. 语文教学通讯，1987(2)：72.

16. 申耀. 观察:长虹朝华能否拯救东芝笔记本[EB/ OL]. (2006-03-15)[2024-10-30]. https://tech. sina. com. cn/it/2006-03-15/1502868148. shtml.

17. 孙聪颖. 东芝大败局:押错的核电产业[N]. 中国经营报,2017-03-20(C07).

18. 王蕾. 卖的卖,关的关:东芝为啥要抛弃能源业务? [J]. 新能源经贸观察,2018(11):82-83.

19. 王占锋. 海信"吃掉"东芝电视[J]. 企业观察家,2017(12):52-53.

20. 吴子鹏. 东芝半导体如此多娇,引无数科技大佬竞折腰[EB/OL]. (2017-06-14)[2024-10-30]. https://www. eefocus. com/article/385276. html.

21. 许知远. 专访东芝社长冈村正:戴尔英特尔皆为对手[EB/OL]. (2004-05-09)[2024-10-30]. https://tech. sina. com. cn/it/2004-05-09/1642359055. shtml.

22. 许子皓,张依依. 东芝拆分,"蜕变"重生? [N]. 中国电子报,2022-02-15(7).

23. 于昊. 新时代的东芝回来了[J]. 电器,2019(11):62-63.

24. 张霞. 人工智能时代,东芝硬盘的进击之路:访东芝电子(中国)有限公司副总裁高西雅树[J]. 中国公共安全,2019(5):157-158.

25. 长虹东芝携手合作 开创数字家电器件新领域[EB/OL]. (2002-02-28)[2024-10-30]. http://finance. sina. com. cn/b/20020228/175444. html.

26. 种昂. 百年巨头东芝没落[J]. 中国中小企业,2017(12):72-73.

第九章

富士胶片践行三井商道

1934 年，在大日本赛璐珞株式会社胶片试验所的基础上，富士胶片株式会社成立。随后，凭借着背后三井财团的强有力支持，富士胶片在短时间内成为日本的技术领先者。1946 年研制成功全色胶片，1951 年推出感光度 ASA100 的胶片，1954 年开发了工业用 X 光胶片……

在 20 世纪的很长一段时间里，日本的“绿富士”和美国的“黄柯达”正如它们对比鲜明的包装风格一样，成了胶片时代里的一对老冤家。它们之间的“黄绿之争”和两大可乐之间的“红蓝之争”，也被并称为世界商战史的现象级较量，更是成为各大商学院的经典案例。

2003 年 6 月，古森重隆出任富士胶片的 CEO，正式提出了改革的三个基本战略，即实施彻底的经营结构改革、构筑新的发展战略、强化关联经营，确定数码影像、医疗健康、高性能材料、文件处理、光学元器件、印刷重点事业领域，全面开展多元化经营。

——作者题注

【阅读提示】

“三井”告诉了我们什么(9)

三井财团的富士胶片第一次多元化发展,便一鸣惊人。1949年3月,为了开发相机镜头设计,富士胶片的工程师冈崎文治获得了一笔20万日元的预算,用于电子管计算机的开发。1956年3月,富士胶片几乎在完全独立的情况下开发出了日本第一台计算机——FUJIC。这台计算机的计算能力是人力计算的1000倍,它除用于公司内部镜头设计外,还承接了不少外部委托的计算任务。

不仅如此,如今富士胶片的核心业务——医疗诊断,其历史也可以追溯到很久之前。早在1971年,富士胶片便已经实现了内窥镜的商品化。1983年,富士胶片又研制出世界上第一台数码X射线成像诊断系统(FCR)。由此可见,富士胶片的多元化发展模式由来已久,而这种“不要把鸡蛋放在同一个篮子里”的策略正是来源于有着400多年历史的三井财团模式。

富士胶片的前身是大日本赛璐珞株式会社,而这家企业实际上就是由财团企业整合而来的。在大日本赛璐珞株式会社最初的股权里,三井财团占股48%,三菱财团占股21%。在成立之初,富士胶片身上就有着很深的财团文化烙印,这也是其能够在萧条期或危机期,选择多元化策略的重要原因。显然,研究者关注日本企业转型发展的同时,更应该关注其背后的财团文化。

企业转型是一个不断变化的过程,需要具备灵活性和适应能力,必须全面考虑技术、数据、人才、环境等诸多因素。同时,企业转型还是一个需要投入大量资源和资金的过程,强大的市场竞争力必不可少。单一的企业很难面面俱到,而财团体系则能够很好地为企业转型提供支持与帮助,并能够确保企业在转型成功后保持良好的发展势头。

2000年,富士胶片的成功转型归功于时任总裁古森重隆开启的“二次创业”。由古森重隆领导的“二次创业”让富士胶片在21世纪初从传统的感光胶片业务中脱离出来,并走向了多元化发展的道路。古森重隆也由此成为领导大企业成功转型的典范。如今,富士胶片已经将业务范围扩大至影像、医疗和高性能材料三大领域,并广泛开展业务活动。

除了传统的影像市场,在医疗领域,富士胶片作为一家综合性医疗健康公司,积极在预防、诊断和治疗三个领域拓展业务,尽早发现疾病并且支持创新疫苗和药品的开发与制造。在高性能材料领域,富士胶片则凭借在感光胶片领域研发中积累的精密涂布、功能性分子、制膜等技术,为各行业提供显示器和触摸屏材料、半导体、图像传感器、功能性薄膜等产品。

本章导言

20 世纪 80 年代初，乐凯集团自主研发了彩色胶卷和彩色相纸，使中国成为继美国、德国、日本之后世界上第四个拥有彩色感光材料核心技术的国家。到 1995 年，乐凯胶卷年销量达到了 5000 万卷，成为当之无愧的“中国胶卷之王”。然而，随着富士胶片、柯达公司等外资企业相继进入中国市场，整个胶卷市场形势发生了巨变。

首先，三井财团的富士胶片凭借着先发优势得以在中国市场独占鳌头，富士胶片在中国胶卷市场占有率一度达到了 70%；随后，美国柯达公司利用全行业合资计划，即所谓的“98 协议”，将中国国内 7 家感光企业中除乐凯之外的 6 家收入囊中。于是，乐凯集团成了中国唯一一家感光材料研发生产企业，开启了充满传奇的红（乐凯）、绿（富士）、黄（柯达）大战。

作为国产唯一的幸存者，乐凯一时之间成了中国的民族品牌，代表了民族经济和民族精神。当时，乐凯集团总经理杜昌焘让员工高唱“中华民族到了最危险的时候”，以此激起员工的斗志。2000 年前后，是“红绿黄”三家厮杀最猛烈的时期，也是乐凯集团最辉煌的时候，乐凯集团的当年利润总额超过 2.5 亿元人民币，业绩达到历史巅峰，随后两年的利润也均超过了 1.3 亿元人民币。

历史一再证明，战胜你的从来都不是对手，而是时代。就在激战正酣的 21 世纪初，数码相机出现了，并迅速席卷整个市场。数码影像产品以惊人的速度抢占传统银盐市场，主营胶卷的乐凯、富士、柯达都受到不同程度的打击。2005 年乐凯集团净利润跌至历史最低，仅为 2233 万元人民币，其盈利能力缩减将近 90%。显然，一场传统胶片领域的大转型势在必行。

受数码相机的冲击，乐凯、富士、柯达 3 家企业的转型战略几乎是同时进行的。2000 年，三井财团的富士胶片谋求转型，进行“二次创业”；2001 年，美国柯达公司也开始尝试转型；2005 年，乐凯集团提出了“第二次产业结构调整”的计划。数字化浪潮翻涌，有的公司站在潮头，有的沉入海底，曾经在中国胶片市场三足鼎立的乐凯、富士、柯达有着不一样的命运。

2012年，拥有130多年历史的美国柯达公司宣布申请破产，这意味着此前该公司筹集新资金进行业务转型的努力宣告失败。此时，柯达公司的市值早已经从1997年巅峰时的310亿美元降至2011年的21亿美元，蒸发了93%，有媒体将柯达公司的崩溃归罪于数码相机的冲击。诚然，新技术的确会改变市场，但市场环境从来都不是企业走向成功或失败的决定性因素。

2012年，就在美国柯达公司向法院递交破产保护申请的同时，日本富士胶片成功入围了《财富》杂志世界500强排行榜，名列第400。10年后的2022年，富士胶片全年实现销售收入25258亿日元（约172亿美元），已然是转型成功的产业巨头。今后的富士胶片既不是胶片企业，也不是数码相机企业，而应该把它理解成一家综合信息技术公司。

2012年9月，乐凯集团正式宣布停止彩色胶卷生产。然而，消失的只是“胶卷”，而不是乐凯。同富士胶片一样，乐凯集团的背后也拥有着强大的产业生态背景（中国央企财团）。为了加快转型步伐，乐凯集团完全并入了航天科技，成为其全资子公司。在航天科技的支持和帮助下，乐凯集团选择了一条适合自身的转型之路，发展锂电材料、影像材料、光伏材料业务。

2023年10月，乐凯胶卷以全新的身份“航天智造（300446）”上市。在航天科技品牌架构下，乐凯集团的国际影响力得到进一步提升。如今，乐凯集团已经成功地由传统的感光材料供应商转型为新材料系统服务商，主导产品均处于国际领先水平。在印刷与影像材料、显示与能源材料、医疗与电子以及专精合成等领域，乐凯集团均位居世界前列。

富士胶片是三井财团体系内部的制造业企业，财团经济的特性使其企业治理具有特殊性。倾向专业化的欧美企业在经济繁荣期的盈利能力似乎优于日本企业，但在萧条期或危机期，多元化的日本企业的优势日益显现。和欧美企业不同，资本结构决定了日本企业并不以股东价值最大化为第一目标，这不仅对企业转型，对经济危机时期的社会稳定也贡献颇多。

第一节　跨世纪的一场商业战争

走胶片国产化的道路

1908年，三井财团出资成立了堺赛璐珞株式会社，随后三菱财团、岩井商店和铃木商店又出资成立了日本赛璐珞人造丝线株式会社，它们可以说是日本国产赛璐珞公司成立的起点。赛璐珞（Celluloid）是指塑料所用的旧有商标名称，也是商业上最早生产的合成塑料。随着照相机技术的进步，当时人们开始用赛璐珞制作相机的胶片胶卷。

一战期间，赛璐珞（塑料）行业呈现出一片大好形势。但是，受战后危机的影响，以及其稳定性差、易开裂等问题，赛璐珞在日常生活中的应用逐渐变少，更多出现在胶片当中。1919年9月，为摆脱传统困境，同时进入前景更为广阔的胶片市场，日本8家主要赛璐珞制造公司进行合并，成立了大日本赛璐珞株式会社。

在大日本赛璐珞株式会社的股权占比中，三井财团的堺赛璐珞为48%、三菱财团的日本赛璐珞人造丝线为21%、大阪纤维工业为16%、东京赛璐珞为7%、其他4家公司合计为8%。大日本赛璐珞株式会社后更名为“大赛璐珞株式会社”，如今其已经发展成为以纤维素化学、有机合成化学、高分子化学、火药工学为核心技术的国际化大型材料企业。

20世纪20年代初，日本进入大众相机普及时代，胶片需求开始兴起，而与巨大需求形成对比的是日本没有国产胶片，主要依靠一些小商社作为兼营照相的商家，同时经营进口的海外照相器材。大日本赛璐珞株式会社成立之初曾计划引进美国柯达公司的技术，走胶片国产化的道路。但是，当时欧美不愿意将胶片技术外传。在遭受闭门羹之后，日本被迫转向自主技术开发。

1928年，大日本赛璐珞株式会社在东京工厂内设置照相胶片材料试验工厂（胶片试验所），开展胶片材料、感光剂及涂布技术的研究。但想在照相胶片事业上取得巨大成就，无论是在制造方面还是在销售方面，都要树立一套有别于传统赛璐珞的工作方法。1934年，大日本赛璐珞株式会社设立了全权继承该事业的综合照相工业公司——富士照相胶片株式会社，也就是现在的富士胶片株式会社。

1934年1月，大日本赛璐珞株式会社设立了全权继承胶片事业的综合照相工业公司——富士照相胶片株式会社

二战时期，出于远离战争的原因，富士胶片并没

有获得发展机遇，技术研发也因此停滞不前。反而是小西屋六兵卫商店（1879 年改名为“小西本店”，1943 年改名为“小西六写真工业株式会社”，1987 年改名为“柯尼卡株式会社”）因为与日本海军的关系而得到了日本政府资金等方面支持，规模迅速扩大。1940 年，小西六写真工业株式会社（以下简称“小西六公司”）更是继柯达公司之后首先研制出天然色的彩色胶卷，成为柯达、爱克发（Agfa）之后世界第三大彩色胶片企业。

二战后期，日本政府开始大量限制民用相机的生产，小西六公司更是直接成了为日本海军和陆军生产航空照相机与红外照相机的军工企业。由于民间需求不断降低，加之进口资材受战争影响，当时的富士胶片甚至一度陷入了连生产都难以维持的境况，技术研发更是无从谈起。这种情况一直延续到二战结束，富士胶片才迎来了转机。

受战争影响，小西六公司（柯尼卡）在技术上与当时世界先进企业拉开了距离，日本的胶片企业几乎站到同一条起跑线上。1946 年，富士胶片研制成功全色胶片，1951 年又推出感光度 ASA100 的胶片，1954 年开发了工业用 X 光胶片，1958 年推出彩色负片和偏光板保护膜，1960 年研制出感光度 ASA200 的胶片。一连串的技术成功让富士胶片迅速超越了小西六公司。

凭借着背后三井财团的强有力支持，富士胶片在短时间内成了日本的技术领先者，但是与国际领先企业仍存在极大的技术差距。仅以油性胶片为例，1969 年富士彩色相纸、1971 年彩色底片才转向油性胶片技术，该技术比柯达公司的开发晚了近 30 年。不仅如此，当时富士胶片 300 亿日元的年销售额与柯达公司近 4000 亿日元的销售额相差十数倍。

出色的营销才能

1939 年，古森重隆出生在中国的沈阳。古森重隆的父亲在当地经营着一些小买卖，全家人居住在一座住宅兼店铺的小洋楼中。随着二战进入后期，古森重隆父亲的生意也渐渐维持不下去了。据古森重隆后来回忆道：“当时我们全家都躲在地下防空洞里，有一位姓陈的先生对我们非常好，常常会送一些粮食给我们，我至今还非常感谢他。”

二战结束后，大批定居在中国东北多年的日本人被遣送回国，其中也包括古森重隆一家。1946 年 9 月，古森重隆一家回到了日本长崎的佐世保港，当时日本的主要城市大多沦为废墟。不仅如此，他们一家人除了身上的衣服，全部的家当也就只剩一个包袱。少年时期艰苦的成长环境培养了古森重隆不服输的性格，这也为他后来的企业经营提供了重要的帮助。

1963 年，从东京大学经济学部毕业的古森重隆进入三井财团的富士胶片任职。一开始，古森重隆被分配做经营策划，负责预测胶片市场需求的分析工作，但是古森重隆自告奋勇改做了营销。当时,富士胶片分为两个销售部门:一个是负责与胶片有关产品的感光材料部,也是主要的营业收入部门;另一个是负责将照相技术和相关新技术应用于产业领域的产业材料部。

为了推广一款新的技术产品,年轻的古森重隆一次次地向客户推销富士胶片的产品,却一次次地被拒绝。即便是富士胶片解决了柯达公司也无法解决的问题,客户还是不愿意采用富士胶片的产品。那一时期,日本绝大多数的企业与美国的同类企业都相差悬殊。大多数日本人开始崇拜美国,认为美国企业最先进,正是这样的经历让古森重隆第一次认识了柯达公司这个"对手"。

古森重隆从同事口中得知,为了生产出优质的胶片,解决民用胶片生产中对银和明胶的大量需求问题,柯达公司不仅购买了银矿山,甚至还经营牧场以便从牛骨中提取明胶确保原料的优质性。在后来的回忆录里,古森重隆形容富士胶片当时与柯达公司的竞争态势为"手持短刀冲入了一场枪战"。可见,当时的富士胶片和柯达公司的差距有多大。

无论是古森重隆还是富士胶片都没有表现出气馁的情绪,而是奋力直追。用古森重隆的话来说就是:"抱怨改变不了事实,当你遇到困难时,哪怕是一点点也好,要打开一个缺口,改变现状。这样的话,可以找到突破口,事态就会向前发展。"1976年,富士胶片推出了划时代的产品——高感度彩色胶卷FII-400,这标志着富士胶片的技术水平已经赶上并超过了柯达公司。

与此同时,古森重隆也凭借着出色的营销才能一路升迁,先后担任大阪支社销售第二部部长、磁性材料事业本部营销部长、集团营销第二本部部长等职务。在日本国内市场与美国市场向柯达公司不断发起挑战并取得一定成果后,富士胶片决定提高在欧洲的市场份额。1996年秋,古森重隆被派往德国的杜塞尔多夫,出任富士胶片欧洲总部总裁,坐镇主持公司的欧洲业务。

当时,三井财团的富士胶片在欧洲设立分公司已经30年,市场占有率达到了25%,但是竞争对手柯达公司的市场占有率达到了40%。古森重隆认为:"富士胶片的欧洲战略的最大问题就在于'甘拜下风',自认不如柯达公司。当地的员工以及来自日本公司的员工都安于现状,不思进取。"于是,古森重隆激励欧洲分公司的员工:"我们的产品应该享誉欧洲!"

古森重隆的策略不是仅停留于激励和鞭策,他还重新策划了品牌战略、价格战略,推出新产品系列,随后又提出了一整套的欧洲市场改革方案,并且亲自挂帅,去各国推销公司产品。最终,富士胶片凭借着产品本身的品质卓越、种类齐全、品牌优异等特点,以及古森重隆改革方案的成功,在欧洲各地不断攻克柯达公司的"堡垒"。

打入美国市场的绝佳时机

20世纪70年代,三井财团的富士胶片迎来技术大跨越时期。1976年,在德国科隆第14届国际照相展览会上,富士胶片发布了全球感光度最高的ASA400彩色负片,成为其技术进步的重要里程碑。20世纪80年代初期,富士胶片更是开发出了各种独具特色的新技术,开始迈向世界领先水平。至此,富士胶片在胶片技术上已经基本完成了对柯达公司的追赶,下一步将是同台竞技。

事实上,早在20世纪70年代富士胶片就试图进入美国市场,但是当时美国消费者对柯达产品的认可度和忠诚度都非常高,富士胶片只能通过保持一个较低的售价来获取市场份额。此外,富士胶片还选择了一个相对细分的市场——制片商和专业摄影人,此举虽然引起了专业人士的注意,但对销售量的提升并没有太大帮助。不过很快,富士胶片便迎来了一次重要的机遇。

1978年11月,在美国洛杉矶市获得第23届奥运会主办权后的一个月,当地市议会就通过了一项不准动用公共基金办奥运会的市宪章修正案。这就意味着洛杉矶奥运会将在没有任何政府资助的情况下筹备和召开。于是,时任洛杉矶奥运会组委会主席的尤伯罗斯首创了奥运会商业运作的私营模式,决定利用各企业的竞争心理提高赞助收入。

洛杉矶奥运会规定,正式赞助单位只能接受30家,每一个行业选择一家,每家至少赞助400万美元,赞助者可取得本届奥运会某项商品的专卖权。在感光胶片领域,富士胶片和柯达公司进入了最后的角逐。当时胶卷业的情况是柯达公司占有56%的世界胶卷市场份额,彩色相纸市场占有率达到约40%,美国市场几乎是它一统天下。

傲慢的柯达公司拒绝接受奥运会组委会提出的赞助费不得低于400万美元的条件。不仅如此,柯达公司还开出了只赞助100万美元和一大批胶卷的条件,期待组委会的让步。相比之下,富士胶片只是在日本本土市场占优。因此,柯达公司认为,无论是从声誉还是实力方面考虑,奥运会专用胶卷的资格非己莫属,更何况本届奥运会又是在美国本土举办。

此时,一向嗅觉灵敏的日本人意识到,这是一次打入美国市场的绝佳时机。三井财团的富士胶片迅速向组委会和尤伯罗斯开出了高达700万美元赞助费的条件,待到柯达公司察觉时,富士胶片已经获得了洛杉矶奥运会胶卷的独家指定赞助权。随后,富士胶片倾尽全力展开了强大的奥运攻势,在美国各地随处可见"富士胶片"的标识。

1984年,在洛杉矶各个奥运服务中心里,富士胶片设备每天不间断地运行,整个奥运会举办期间共冲洗胶卷20万个。富士胶片公开表示,要让各国的运动员和观众时时处处都能见到富士胶片的存在。富士胶片的猛烈攻势使柯达公司陷入被动,不仅导致多位高层官员被直接罢免,董事会更是拨出1000万美元专款,力求阻止富士胶片的攻势,但为时已晚。

随着1984年第23届洛杉矶奥运会的巨大成功,富士胶片在美国市场上的销售量短期内就增长了近2倍，一举打入了原本固若金汤的美国市场。从此，日本富士胶片打破了由美国柯达公司独霸奥运会胶卷供应的局面，在世界上树立了能与其争强抗衡的形象。一位美方贸易官员曾宣称，柯达公司与富士胶片的争端，已成为当时仅次于美日汽车贸易的重大事件。

此后的很长一段时间里，“黄柯达”和“绿富士”正如它们对比鲜明的包装风格一样，成了胶片时代里的一对老冤家，它们之间的“黄绿之争”和两大可乐之间的“红蓝之争”，也被并称为世界商战史的现象级较量。在柯达公司制造总部的墙上挂着白雪皑皑的雄伟庄严的富士山大幅照片，柯达公司的领导表示：“它不断提醒我们要注意竞争。”

很长一段时间里，柯达公司与富士胶片之间的“黄绿之争”和两大可乐之间的“红蓝之争”，被并称为世界商战史的现象级较量

放弃产业主权的“98协议”

1984年，日本三井财团的富士胶片在北京设立办事处，成为率先打进中国市场的外资感光材料企业。一开始，富士胶片并不直接介入该品牌在中国的市场营销，所有拓展均由香港富士摄影器材有限公司作为总代理执行。富士胶片的策略是“借鸡生蛋”，通过“港澳总代理—中国区域代理—主要城市代理—零售商”这样的销售渠道销售其产品。

到20世纪80年代末，凭借着优秀的产品质量和完善的销售服务体系，富士胶片在中国市场的占有率曾一度高达70%。当时，富士胶片在与柯达公司的中国市场较量中明显占有优势，无论是胶卷的市场份额、相纸供应的稳定性，还是在消费者心目中的地位，柯达公司都处于下风。为了扭转这种不利的局面，柯达公司从1994年开始在中国市场大力实施柯达快速彩色连锁店计划。

然而，单纯比拼市场竞争力，柯达公司并不是富士胶片的对手。论胶卷质量，二者难分伯仲，只是特点不一，柯达公司色彩还原度好，富士胶片色彩艳丽；论冲印技术，富士胶片开发的冲印设备全球领先，而柯达公司当时并没有设备自主开发的能力，用的大多是其他企业甚至包括富士胶片的设备。于是，抢先占得中国市场先机的富士胶片始终压着柯达公司一头。

1995年底，故事迎来了巨大反转。彼时，因为20世纪80年代的盲目扩张，以汕头公元、厦门福达为代表的中国7大感光行业支柱企业无一幸免，全部背负了巨额重债。面对负债和亏损累计近百亿元、一触即溃的中国感光企业，中国政府决定“让市场，换技术，卸包袱”，支持国内感光材料行业对外开放合资。随即，柯达公司便对此表示出了极大的兴趣和初步的原则意向。

柯达公司找到了深谙中国政经精髓和西方需要的叶莺，作为柯达公司项目核心谈判小组3个成员之一。被誉为“柯达女神”的叶莺,1979年作为NBC(美国全国广播公司)的记者采访了第一次访美的邓小平,成为一个见证历史特别时刻的女性。20世纪80年代,叶莺入职美国商务部,先后在中国的广州和香港担任商务领事,可以说是非常了解中西方的政商文化。

1998年3月23日,经过先后70多轮的谈判,美国柯达公司与中国政府签署了著名的全行业合资计划,又称“98协议”。这是中国第一次全行业对外资开放,也是柯达公司近30年最大的一笔海外投资。协议的主要内容是:柯达公司共投资12亿美元与6家中国感光企业进行合资,中方则承诺,在协议签订的3年内,不批准另外一家外资企业进入中国的感光材料行业。

显然,“98协议”最重要的意义,并不是柯达公司并购了几家中国的感光材料企业,而是给了柯达公司长达3年在中国市场独立发展的机会。“98协议”后,柯达公司在中国影像市场的业务以每年8%~10%的速度增长,市场份额迅速提升到了70%以上。在1998年以前,三井财团的富士胶片最高占有过中国48%的感光材料市场,但是到2003年,这个数字已经下降到了15%。

对富士胶片等其他外资企业而言,中国感光材料领域显然成了投资限制类项目。而对中国企业来说,并购的结果不是柯达公司向中国企业转让技术,而是中国企业被迫全面纳入柯达系统;也不是柯达公司接受中国国有企业的历史包袱,而是国有企业在自行承担原有债务的前提下,将它的主要经营资产转让给了柯达公司。整个“98协议”中,获得收益的仅仅是柯达公司。

当时,中国媒体充斥着“富士胶片失算中国市场”的论调,认为在这场旷日持久的柯达公司与富士胶片“黄绿之争”中,已经很清楚地分出了胜负。毕竟到2003年时,柯达公司已经拥有了一个遍布中国100多个城市超8000家冲印服务网点的销售网,这是当时全球各国中规模最大的零售网络。然而,胜负真的已定吗?在胶卷市场之外,一场更大且更为猛烈的变革风暴正在悄然来袭。

第二节 美国百年企业轰然倒下

采用与对手相同的策略

1985年,在经历了奥运会“赞助战”的惨败后,美国柯达公司决定向三井财团的富士胶片控制的日本本土市场发起进攻。长期以来,日本的胶卷市场被富士胶片和柯尼卡两大公司垄断。柯达公司深知日本的市场情况,想要打入壁垒森严、封闭且保守的日本市场并非易事。为了打开市场,柯达公司首先投入了500万美元开展促销活动。

柯达公司又花费了100万美元进行广告宣传,购置了一艘装有柯达公司标识的飞艇,在日本城市上空整整飞行了3年,并不时在东京富士胶片总部的上空盘旋。同时,柯达公司还积极向日本的摄影器材工业投资,利用日本已有的生产能力和销售渠道,壮大自己的实力。有了知名度和生产能力,如何真正扩大日本市场的销售量,就成了柯达公司的当务之急。

当时,富士胶片和柯尼卡两大日本胶片公司的销售网已遍布日本各地的大街小巷,如果柯达公司也采取同样的方式开设自己的胶卷销售网,势必会困难重重。此时,富士胶片的美国策略给柯达公司提供了新思路。原来为了避开柯达公司对美国杂货店的垄断,富士胶片将重点放在了当时急于摆脱单独销售食品现状的连锁超市,开始向美国连锁超市提供胶片零售和冲洗业务。

在仔细研究了日本的市场结构之后,柯达公司确定了迂回战略。具体的做法就是不直接开设胶卷销售部,而是在日本各地广泛开设胶卷冲印店,在冲印店里附带销售自己的柯达胶卷,而且冲印店承接富士胶片和柯尼卡胶卷的冲印业务。这种由胶卷厂自己开设冲印店的营销方式之前并没有人使用过,它在开辟新市场的同时也巧妙避开了自己的薄弱领域。

很快,柯达公司的冲印店在日本各地陆续开张了。由于是厂家直接开的冲印店,给人一种专业且值得信赖的印象,再加上柯达冲印店的冲印技术高超,很快就赢得了日本消费者的注意,很多人都乐意到柯达冲印店冲印胶卷。冲印技术这么好,自然会让消费者联想到其胶卷的质量肯定也不差。随着冲印店业务的增加和不断扩张,柯达胶卷的销量自然也逐渐上升。

越来越多的日本消费者在冲印胶卷之后便点名要使用柯达胶卷,其他的胶卷经营商看到日本人热衷于购买柯达胶卷,也会开辟出一部分货架用来销售柯达胶卷。柯达公司抓住了当时日本人对商品普遍存在重质而不重价的倾向,专门以高出富士胶片50%的价格推销柯达胶片。经过5年的努力和竞争,柯达公司完全走进了日本市场,开始与富士胶片分庭抗礼。

此后,柯达公司又以同样的办法向日本推销小型冲印设备,它广泛地与日本一些经营食品、杂货及服装干洗等业务的小型商店进行合作,让它在经营主业的同时,可以兼营冲印业务,还附带销售柯达胶卷。这样,柯达公司的小型冲印设备逐渐在日本打开市场。不难发现,柯达公司在反击富士胶片时使用的正是富士胶片自己"努力进取和关系销售"的市场战略。

1998年,日本长野举办冬奥会,柯达公司自然不会放过这个机会,它利用主赞助商的身份,将柯达的广告铺满了日本,报了曾经富士胶片在洛杉矶奥运会的"一箭之仇"。到了20世纪末,柯达公司在日本的销售额已经扩大到了原来的6倍,似乎又重新确立了行业领袖的形象和对富士胶片的竞争优势。然而,柯达公司还没来得及沾沾自喜,新的挑战就又到来了。

历史证明,战胜你的从来都不是对手,而是时代。就在富士胶片与柯达公司为传统胶卷市场争夺得如火如荼的20世纪八九十年代,随着电脑科技的突飞猛进,数字图像技术日益普及,传统感光化学工业开始走向没落,数码相机逐渐取代了胶片相机。显然,数字摄影在成像、存储、发送、收藏和检索等方面,有着胶片摄影无可比拟的巨大优势。

数码新时代的商业竞争

就如同许多科技产品一样,世界上第一台数码相机其实是柯达公司制造的。1975年,柯达公司的工程师史蒂文·赛尚研发出了全球首台数码相机,分辨率仅为100像素×100像素,且只能拍摄黑白照片。随后,柯达公司的科学家布莱斯·拜耳在1976年取得记录彩色影像的专利——拜耳阵列,绝大多数的数码相机、摄像机和手机摄像头都采用了这一技术。

20世纪70年代中后期,对市场敏感的富士胶片也意识到了数码化的未来,开始在企业集团内部研发数码技术。1977年,富士胶片中央研究所启动了数码相机研究立项,并由研究所的所长亲自挂帅。1981年,富士胶片足柄研究所则把目标指向数码相机的基干部件——CCD(将光线转变为电荷的电荷耦合器件)。这些都为富士胶片从容应对数码化浪潮奠定了坚实基础。

从数码相机相关的半导体专利申请数量来看,柯达公司和富士胶片的专利申请数量都是从1985年开始增长。1989—1993年,柯达公司甚至曾大幅领先于富士胶片的申请数量。1991年,柯达公司推出了首款数码单反DCS100,并确立了此后数码相机的一般模式。几年后,柯达公司又推出首款“傻瓜”数码相机。可以说,柯达公司这一时期还是数码影像的领导者。

然而,此时的柯达公司并没有意识到数码技术将会彻底改变传统影像技术和销售模式,将其收购的数码影像分享网站Ofoto依然定位成“吸引客户然后洗出相片”的平台。在推出数码相机时,柯达公司仍然为其胶卷和打印业务留下接口与宣传广告。柯达公司一直坚持的是“剃须刀模型”:出售便宜的相机并以昂贵的胶片盈利,就像吉列公司以刀片盈利,而不是以剃须刀盈利一样。

在数码时代,竞争的核心早已不局限于技术层面,而是更倾向于商业模式的较量。传统的胶片业虽然也有价格竞争,但只要能提高技术、画像质量,或是做出比竞争对手更优良的产品,即使高价也能畅销,使公司维持高利润。但是,数码化无情地摧毁了这种技术制胜模式,因为“技术黑箱”变得少之又少,技术差别化非常困难。然而,柯达公司仍以传统制造业的思维参与数码新时代的商业竞争。

柯达公司一直坚信获利的核心是胶片,而数码相机是不需要胶片的。就在柯达公司故步自封、止步不前时,从1997年开始,富士胶片在数码相机领域的专利申请数量进入快速拉升期，2005 年甚至突破 1200 件，而曾经的"领头羊"柯达公司则不到 300 件。从这时开始，两个胶片领域传统霸主的命运走向了不同的方向，一家欢喜一家愁。

2000 年，三井财团的富士胶片发布了搭载超级 CCD 的 FinePix4700Z 数码相机，这款产品十分成功，很快就取得全球市场 23%、日本国内市场 28% 份额的骄人佳绩。同一年，富士胶片数码相机的全球出货量已经位居世界第三，仅次于同属三井财团的奥林巴斯和索尼。其中，奥林巴斯是日本老牌光学厂商，索尼则是世界级的电子产品制造商。

2000年，富士胶片发布的FinePix4700Z数码相机凭借着同类产品中最小、最轻的特质，迅速取得了全球市场23%的份额

2000—2003 年，柯达公司的胶片利润下滑了 70%。2004 年 1 月，柯达公司宣布停止投资胶片业务，开始寻找转型之路，全力转向数字照相领域，更在 2007 年为表决心炸掉了胶片大楼。虽然柯达公司的数码相机也曾在美国占据一定市场份额，但由于技术更新缓慢，价格上也缺乏吸引力，在索尼、富士胶片、佳能、尼康等日本厂商的围剿下，柯达公司早已无力回天。

2019 年，根据日本数据部门对外公布的全球数码相机排名，佳能（45.4%）、索尼（20.2%）、尼康（18.6%）、富士胶片（4.7%）、松下（4.7%）五家日本企业位列全球前五强，日本厂商占总出货量的 90% 以上，其中佳能几乎占据了半壁江山，遥遥领先于其他对手。此外，另一日本相机品牌奥林巴斯原本排名第五，但由于相机业务已被出售故没有进入榜单。

只关心股票分红和价格涨跌

1997 年，柯达公司意识到了传统胶卷业务萎缩的必然趋势，并且开始积极尝试转型，这其实比富士胶片提出"二次创业"要早 3 年。然而，柯达公司的第一次转型很快便宣告失败了。除突然遭遇亚洲金融危机外，更重要的原因是当预测公司转型将削减 72% 红利，以及支付约 30 亿美元的巨额投资时，这一情况引发了部分股东的强烈抵制。

在美国企业的经营环境中，股东们通常扮演着十分重要的角色，甚至作为外行对企业经营指手画脚，百般掣肘。股东们持股大都完全出于经济目的，相较于企业的未来长期规划，他们似乎更关心的是分红和股票价格的涨跌。柯达公司的新闻发言人艾伦曾这样形容："当很多只为自己奖金考虑的副总出现时，开会、做决策就成了一件非常困难的事情。"

与之形成鲜明对比的是，日本企业的股东们普遍更关注企业的长期发展，而非短期利益。在日本财团体系,日本企业之间往往形成交叉持股方式,使得股东大部分是产业链相关方。他们更加理性,也更加关注长期利益,对带来阵痛但对企业有利的正确行动有较高的容忍度。同时,股东们能容忍企业持有巨额现金,这样也更有利于富士胶片这类制造型企业实施转型。

继1997年第一次转型后,2001年柯达公司再次尝试转型。3年后,柯达公司的数码业务首次超过公司总收入的一半,但柯达公司转型中的表面繁荣掩饰不了背后巨大的隐患。高达52亿美元营业额的数码影像业务当年给柯达公司带来的利润仅为4600万美元。柯达公司赖以生存的传统胶卷的销售额比2000年的143亿美元更是直接下跌了71%。

此后,2004—2010年,柯达公司仅有2007年一年实现全年盈利,其余年份均为亏损。2011年7月,柯达公司通过出售1100项专利组合来提高经营业绩,给柯达公司带来了20亿~30亿美元的收入。可是,这些仍无法抵御公司主营业务业绩下滑带来的冲击。2012年1月3日,因股价连续30个交易日位于1美元以下,纽约证券交易所向柯达公司发出了退市警告。

2012年1月19日,柯达公司正式向法院递交破产保护申请,这意味着此前该公司筹集新资金进行业务转型的努力宣告失败。虽然破产保护并不意味着柯达公司丧失了重生的希望,但是曾经的摄影行业"龙头老大"走到如此没落的境地,的确令人唏嘘。柯达公司申请破产保护也是无奈之举,公司市值早已从1997年巅峰时的310亿美元降至2011年的21亿美元,蒸发了93%。

拥有130多年历史的柯达公司曾经创造了商业神话,在最为辉煌的时期,一度占据全球2/3的胶卷市场,业务遍布150多个国家和地区。就像柯达公司的广告语那样:"凡有阳光的地方,你就能用到柯达,没有光,柯达为你提供闪光灯!"很长一段时间里,柯达公司都和通用电气、IBM等美国代表性的制造业企业一起,作为道琼斯工业股指数所采用的优良企业。

对于柯达公司的崩溃,有媒体将其归因于数字成像技术对传统成像技术的巨大冲击。诚然,数码相机对传统胶卷市场的挑战是毁灭性的,特别是进入21世纪以后,全球彩色胶卷的需求开始以每年10%的速度急速下滑,到2010年时,胶片市场更是下降到不足10%。但是,市场环境从来都不是企业走向成功或失败的决定性因素,战略决策的选择才是关键。

数据显示,2000—2010年的10年间,柯达公司的销售额下降了48%,仅2011年第三季度,柯达公司的亏损额就高达2.22亿美元。而与之形成鲜明对比的是,曾经60%的销售额也来自胶片市场的富士胶片却成功地实现了多元化,并且在这10年内,收入增长了57%。那么,在这段时间里究竟发生了什么,使这两家企业最终走向了不同的方向?

外来的和尚不一定念得好经

从1997年第一次转型到2006年第三次转型期间，柯达公司先后经历了乔治·费舍、邓凯达和彭安东三任CEO，于是战略决策和经营策略也随新任CEO的变动而变动。企业的转型应该是一个长期、稳健、有步骤、有计划的行动过程，回顾柯达公司的转型之路，展现出的更多是反复和犹豫不决，决策者的频繁转换成为这一时期的主旋律。

受美国市场化职业经理人任用习惯及基于美国样本的研究影响，美国企业的董事会倾向于为需要转型的企业雇用一个外来的CEO。其中不乏成功的案例，比如20世纪90年代美国IBM雇用了并不懂IT行业的郭士纳，结果郭士纳不负重托，接手第二年，IBM就实现了30亿美元盈利，此后更是连年丰收，创造了"郭士纳神话"的高潮。

2003年，为了更好地进行转型，柯达公司从惠普公司挖来了西班牙人彭安东担任CEO。2005年6月，彭安东接替在柯达公司工作了长达30年的邓凯达出任董事长，正式执掌柯达公司的帅印。实际上，彭安东完全算得上是一个柯达公司的"外人"。时年59岁的彭安东在西班牙和法国学习电子工程、市场营销以及企业管理，并拥有马德里大学的电子工程学士学位。

在加入柯达公司之前，彭安东担任过惠普公司的副总裁和公司执行委员会成员。在担任惠普公司消费业务总裁期间，彭安东主要负责数码耗材解决方案部门以及公司层面的市场营销，并领导惠普公司建立了数码影像和电子出版业务，全面负责在消费市场上有关全面客户体验的业务活动。这项工作涉及的消费产品线在全球范围内的销售额超过160亿美元。

在投资、软件等领域，彭安东有过担任高层领导职务的经历。在担任国际智能卡公司Gemplus的总裁兼CEO期间，他把该公司转变成为一家在快速增长的无线和金融市场上提供智能卡解决方案的领先厂商，使得Gemplus在第一个财政年度的营业收入增长71%，从7亿美元猛增到12亿美元，并领导该公司于2000年12月在巴黎和纳斯达克股市分别上市。

显然，彭安东是一个成功的职业经理人，但职业经理人并不一定是优秀的企业决策制定者，彭安东在柯达公司的一系列改革措施也证明了这一点。彭安东拒绝多元化，他表示："过去我们（柯达公司）甚至有自己的农场来饲养牛，以提供胶片生产所需要的原料。当然以后再也不会这么做了，现在我们只专注于自己擅长的部分，现实教会了我们必须专业化。"

同时，作为职业经理人，彭安东依然执着于短期可见的业绩利润，他认为柯达公司有着材料科学和数码科学方面深厚的积淀，创新并不是颠覆过去的一切，公司应该转换为数码冲印领域的巨头，坚持开发喷墨打印机这样的产品。彭安东还试图利用公司过去积累的知识产权赚钱，于是便有了2010年和苹果公司的专利官司，不过以败诉收场。

2012年，柯达公司申请破产。2013年8月，柯达公司脱离破产保护申请，并在出售相关业务后重组为一家新的小型数位影像公司，放弃相机与传统胶片产业，这也意味着柯达公司并没有真正地起死回生。当年柯达公司向美国法庭提交的文件中表示，公司拥有资产51亿美元，负债则接近68亿美元。最终，空降而来的彭安东并没有成为柯达公司的“救世主”。

2012年，拥有130多年历史的柯达公司宣布申请破产保护，公司拥有资产51亿美元，负债却接近68亿美元

截至2013年9月30日的季报，柯达公司营业收入同比下滑15%，至5.63亿美元，净亏损为1.55亿美元，曾经辉煌的柯达公司迎来的只是一地鸡毛。彭安东也选择适时结束自己8年柯达公司CEO的任期，抽身离去，对职业经理人而言改换门庭似乎并没有什么影响。不仅如此，据国外媒体报道，即便是在柯达公司陷入困境的2006年，彭安东的薪酬总额依然高达737万美元。

股东投资人需要回报，CEO需要业绩，这都没有错。关键问题是，你要长期的回报还是短期的利益？面对柯达公司的管理问题，一位富士胶片的高管表示，“我不太可能想象如果我们碰到胶卷不行、股东反对，把CEO炒了，再从别的地方调来一个，这是不太可以想象的。正因为原来的组织架构一直保持着稳定，大家才可能齐心协力渡过难关”。

实际上，日本企业由于传统上实行终身雇佣制度，员工的职业生涯主要是在公司内部，因此管理者也基本是从基层一步一步提拔上来的。在富士胶片，经营层中很多是这个企业培养出来的员工，鲜有“空降兵”。这种管理层选拔机制对富士胶片的最大好处，就是把来自基层、洞悉大势的古森重隆推上了公司CEO的位置，并让他一直带领富士胶片，最终成功转型。

第三节　多元化是成功转型的关键

“四象限战略”改革方案

2000年，彩色胶卷市场规模达到顶峰，以彩色胶卷等感光材料为主业的产品为富士胶片贡献了60%的销售额和2/3的利润。然而，敏锐的富士胶片意识到，随着新技术的不断涌现,未来的彩色胶卷市场必然会出现大规模的锐减,曾经的核心产业很可能辉煌不再。面临着可能丧失核心业务的巨大危机,富士胶片决定进行改革。

2000 年 6 月,在富士胶片内部成长起来的古森重隆出任公司首席运营官(COO)。以此为起点,三井财团的富士胶片开始谋求转型,果断地告别传统胶片业务进行"二次创业",转型的第一步就是从传统的感光胶片业务中脱离出来。从销售员做起的古森重隆深谙市场的法门,于是有着近 40 年工作经验的古森重隆肩负起了引领富士胶片改革的重任。

古森重隆想要引领富士胶片进行破釜沉舟式的转型发展,最大的阻力就是公司内部的保守势力,这是一批曾经将富士胶片发展成为一个全球性大企业的元老。对此,古森重隆向公司高层提交了一份长达 30 页的报告,清晰地指出富士胶片在数字时代将面临严峻的生存竞争挑战。最终,公司内部的元老被古森重隆说服,他们表示:"这个公司就交给你了,请第二次创业吧。"

"这是一场绝不能失败的搏击,我抱着'决不服输'的信念,迎战'丧失核心业务'这一自公司创立以来面临的最大危机。"古森重隆分析了富士胶片当时的各项业务,发现尽管公司面临经营危机,但是仍然拥有尖端的技术、充足的资金、信誉卓著的品牌以及各类人才,还有雄厚的经营资源,"如果能有效地组织这些经营资源,就可以规划出新的发展战略。"

古森重隆制定了"四象限战略"改革方案——用现有技术巩固现有市场,开发新技术应用于现有市场,将现有技术应用于新市场,研究新技术开拓新市场。依托于既有技术,富士胶片最终选择生物医药、化妆品、高性能材料等成长可能性较大的领域,并在数码影像、医疗健康、高性能材料、文件处理、光学元器件、印刷等行业进行转型或开拓。

富士胶片的这些行业选择并不是凭空想象出来的。为此,古森重隆在富士胶片内部设立了信息技术研究所(Informatics Research Laboratory),专门研究信息技术会如何变化,公司可以从中做些什么,同时还设立了研究创新战略的部门 ISP(Innovation & Strategy Planning Division),专门考虑针对新兴技术的变化,富士胶片该如何创造新的价值。

古森重隆认为,对于经营者而言,对未来做出正确的研判,其实也是一种必需的能力和素质。设定发展战略前,要根据有限的信息清晰把握现状,分析发展动向,准确预测未来。在古森重隆看来,决策失误的三大原因包括不正视现实、信息不准确及想当然和偏见等先入为主的观念。谋定而后动,情报的分析和研判是日本企业战略中极为重要的一环。

作为企业经营者,古森重隆认为快速决断力尤为重要,在确定了企业的改革方案后,能够大胆地、迅速地做出决断,并马上开展行动,才造就了今天成功的富士胶片。在外部环境急剧变化的情况下，像富士胶片这样大体量，达二三兆日元销售规模并且在全球开展业务的跨国公司，能够在短短10年内挽回局面继续生存下来的企业，在全球也并不多见。

到2002年，富士胶片的第一阶段转型初见成效，数码相关业务已经占据了总营业额的六成左右。除了数码相机业务，富士胶片还积极拓展周边业务，在2000年发布了魔术手系列彩扩机，并因为其技术先进且效果优异在市场上取得了不错的成绩。彩扩机即数码照片的冲洗设备，婚纱影楼后期一般以大幅面数码彩扩设备为主，图片社以小型设备为主。

追逐新兴产业的自我革新

2003年6月，古森重隆正式出任富士胶片的CEO。虽然当时富士胶片的数码转型正欣欣向荣，但古森重隆对这一状态持担忧态度。他清醒地意识到，数码化转型在短期内带来的利益远不足以支撑富士胶片未来长期的发展。要想使富士成为具有可持续发展能力的企业，就必须跳出影像行业的圈子，争取更多的机会和发展的空间。

对此，古森重隆表示："就任CEO后，我首先想到的就是如何构筑一流企业，持续百年经营，如果想苟延残喘，公司有多种选择，只要不断割肉放血，砍掉亏损业务，就可以维持生存。但我从一开始就排除了这个选项。作为经营决策首脑，我要思考公司今后的发展方向和奋斗目标，以及负责计划的具体实施，使富士胶片继续在21世纪占据国际领军地位。"

2004年，"VISION75"计划正式发布，明确了三个基本战略，即实施彻底的经营结构改革、构筑新的发展战略、强化关联经营，这也标志着富士胶片转型的第二阶段正式开始。"VISION75"计划是古森重隆为富士胶片制订的一个五年计划，目标是在公司成立75周年(2009年)之际摆脱以往核心业务和影像行业的束缚，成为一家多元化的综合性信息企业。

在数码化竞争激烈、无法永远保持独占市场地位的情况下，富士胶片第二阶段的转型重点就是要凭借相片胶卷的技术开拓新业务。这个时候最关键的就是要确认企业所拥有的技术究竟是什么，并且在哪些领域能够进一步应用这些技术。通过深入的调查分析，富士胶片最终确定了数码影像、医疗健康、高性能材料、文件处理、光学元器件、印刷六大重点事业领域。

古森重隆表示，选择这些事业领域有三点非常重要：首先，要考虑在这些领域富士胶片的技术能力是否有竞争力；其次，要考虑这些领域的市场是否有成长性潜力；最后，要考虑在这个市场中富士胶片是否不仅现在拥有竞争力，今后也能保持竞争力，并有能力持续投入资源、推动相关技术进步。明确方向后，富士胶片开始积极投入资本，重组研发架构，推进相关合并收购。

从2006年开始,为了加快多元化转型,三井财团的富士胶片先后进行了13起大型并购,同时还斥资七八千亿日元收购了约40家企业。富士胶片希望通过大规模的收并购,将核心技术据为己有。正是因为果断投身于新兴业务的自我革新,富士胶片迅速转型为一家多元化的技术导向型创新企业,同时销售额和营业利润也获得了大幅提升。

显然,多元化是富士胶片成功转型的关键。但是这种多元化并不是简单地开启完全不相关的新业务,而是一种基于自身优势的拓展。就像古森重隆说的那样:“胶卷现在虽然是公司众多的经营项目之一,但是胶卷技术依然是富士胶片的根基,这一点没有改变。企业脱离了自身的核心竞争力而无畏地去追求所谓的转型不能叫创新,而是对股东不负责任的冒险。”

到2010年,由古森重隆主导的富士胶片第二阶段转型计划的预期已经基本达成。其中,影像事业部的营业收入占比已经仅剩15%,并且因结构改造的支出导致了1.5亿美元的亏损。内含医疗系统业务的信息事业部营业收入占比则达到了40%以上,获得了高达12亿美元的净利润,超过文件处理事业部的40%,成为当时富士胶片利润最高的部门。

不难发现,即便是到了传统胶片市场极度萎缩的2010年,富士胶片仍然没有退出胶卷市场。在面对一些股东“为什么不停止胶卷生产”的批评和责问时,古森重隆表示:“企业不能只追求利润。照片是人类社会极为宝贵的文化,照片记录着充满喜悦、欢乐、辉煌、幸福的记忆,守护影像文化是富士胶片的使命,我认为富士胶片今后会坚持不懈地守护影像文化。”

富士胶片并没有停止胶卷的生产，因为企业不能只追求利润，守护影像文化是富士胶片的使命

2012年,就在柯达公司向法院递交破产保护申请的同时,日本富士胶片成功入围了《财富》杂志世界500强排行榜,名列第400。至此,富士胶片的“二次创业”战略转型基本宣告完成。10年后的2022年,富士胶片的财务报告显示,公司全年实现销售收入25258亿日元,同比增长15.2%;营业利润为2297亿日元,同比增长38.8%。富士胶片已然是千亿日元营业收入的产业巨头。

走上可持续发展的道路

2011年,富士胶片内部的影像事业部(胶片、照相机、化学品)、信息事业部(印刷系统、医疗系统、液晶材料)及文件处理事业部(复印机、打印机、耗材)等三大事业所占销售比重分别为16%、41%和43%。对此,时任富士胶片中国区总裁横田孝二表示:“富士胶片就像一座大楼,以前,我们只是用胶卷业务一个柱子来支撑着这座楼,但现在我们有了更多的支柱。”

对于富士胶片成功的多元化转型策略,掌舵人古森重隆在许多地方都曾不无自豪地说道,“今后的富士胶片既不是胶片企业,也不是数码相机企业,应该把它理解成一家综合信息技术公司”。显然,三井财团的富士胶片能够迅速实现“二次创业”的关键因素就是多元化经营。在规避风险方面,多元化经营对传统制造业企业顺利转型尤其具有重要意义。

通过多元化经营可以拓宽相关产业链,从而洞悉潜在的市场发展方向,便于在变革来临前嗅到气息,提前采取行动。随着科技日新月异的发展,产业边际也在逐渐模糊化,各种业务之间会出现越来越多的重叠与融合,一家企业的业务甚至可能会受到从前毫无关联的企业行动的影响。因此,多元化经营更加适合现在产业边界急剧变化的新时代。

同时,“不要把鸡蛋放在同一个篮子里”一直是三井商道“三生万物、井然有序”的理念。无数的实践已经证明,成功的多元化经营能够让企业规避单一业务突然衰退或者市场周期起伏带来的风险。通过多个明星业务积累起足够实力,让企业能经受较小的转型期阵痛,或者为企业离开已经衰退的产业,转向其他盈利产业领域提供足够多的选择机会。

既然多元化经营具有如此多的优势,那么为什么在日本富士胶片选择进行多元化“二次创业”的同时,美国柯达公司却拒绝多元化,坚守主营业务?因为日美两国企业的发展背景不同,相比于长期处于优势地位的美国企业,日本公司的危机意识更强。在日本,很少有企业会满足现状,它们坚信成功只是暂时的,挑战才是永远的。

富士胶片是三井财团体系内部的制造型企业,财团经济的特性使得其企业治理具有特殊性。倾向专业化的欧美企业在经济繁荣期的盈利能力优于日本企业,但在萧条期或危机期,多元化的日本企业的优势就显现出来了。和欧美企业不同,资本结构决定了日本企业并不以股东价值最大化为第一目标,这不仅对企业转型,对经济危机期的日本社会稳定也贡献颇多。

古森重隆曾表示:“经营决策者不仅要展望20年、30年,还要考虑更远的未来。”富士胶片耗时10余年,经历了数百亿日元的投资,数次大规模组织架构调整后才重新走上可持续发展道路。显然,以资本、利润为核心的美国市场无法为柯达公司提供如此大的转型空间,稳定且强大的三井财团体系才是富士胶片胜出的关键。

日本财团企业间往往是网状环形持股方式,形成了共度危机、共享繁荣的经济共同体,从而有效避免了恶性竞争,实现了分工合作。同时,日式财团还能协助政府,在市场经济环境下以类似民间企业的方式行使国家微观经济管理职能,从而有效减少市场化竞争中的内耗,提升资源、能源的合理利用效率,推动产业转型升级。

实现企业转型需要一批有长远眼光、有志向的企业管理者和决策者，不计眼前得失，更愿意在前面种树，让别人在后面摘果。美国式绩效考核跟收入挂钩，甚至高管一定要占多少股权，资本逐利就必然短视，往往是与企业成功转型方向背道而驰。正如古森重隆所说的那样："为公司的繁荣和兴盛，肩负起时代的使命，才是企业决策者的责任。"

"新世纪经营管理圣经"——《灵魂经营》

2013 年 11 月，古森重隆的著作《灵魂经营》(《魂の経営》)由日本东洋经济新报社出版，旋即在日本成了畅销书，接着被翻译成英文，同样也备受关注，迄今已重印 10 多次，被誉为"新世纪经营管理圣经"。该著作从富士胶片 CEO 古森重隆的角度，全面展示了全球创新百强企业富士胶片"起死回生"的全过程，还入选了哈佛商学院经典案例教学库。

作为成功引领大企业转型的典范，富士胶片掌门人古森重隆在书中将自己 70 多年的经营哲学与处世之道呈现给读者，为读者解答"如何在行业发生巨变之前预知危机的出现""如何先于市场创造'刚需'产品""如何在核心业务衰落的情况下力挽狂澜""如何在经济全球化时代中让自己的企业、自己的国家走得更远"等问题。

自 1997 年亚洲金融危机发生后，日本整体经济似乎一直陷于困境。媒体谈及最近 20 多年的日本经济时，用得比较多的一个词是"失去的二十年"。日本国内媒体也长期充斥着唱衰日本的极度悲观论调，可是，日本真的已经是夕阳西下的状态了吗？在《灵魂经营》一书中，古森重隆认为其实不然，虽然各类问题的确存在，但是，日本仍然拥有技术、人才以及经济增长潜力。

面对数码化大潮的冲击，三井财团的富士胶片可以通过果断实行经营改革实现经营结构的成功转型，让濒临亏损的企业浴火重生。同样，日本经济也可以，但要先认清当今的经济现状，才能确定今后的前进方向。通过《灵魂经营》一书，了解后泡沫经济时代富士胶片从强盛到危机到获新生的战略，可以让外界对日本实际的经济情况有新的认识。

新一代的日本企业总裁、CEO 等管理者们已经越来越公司职员化了，似乎缺少了曾经的企业家精神。古森重隆也表达了同样的忧虑："现在，日本不仅在政治和经济上，在所有领域里都面临着一个问题，那就是缺乏出色的领军人才，缺乏领导能力。"古森重隆在书中重点阐述了自己的观点：领军人才应该是什么样的人物，应该做什么，应该具备什么能力。

在面临企业变革时，作为企业经营的领导者，古森重隆认为，"有两个关键词：快速做出决策、快速掌握理解事实。如果一个人瞻前顾后，那他就无法胜任公司的决策者身份。行动果断是领导者最重要的品质，一旦做出了决策，一定要坚持到底，永不放弃，直到成功。最后就是敏感的商业嗅觉，领导者在利用大数据来分析的同时，还应该善于从一些很小的征兆中发现问题”。

2017年，富士胶片原CEO古森重隆在《灵魂经营：富士胶片的二次创业神话》一书中回顾了富士胶片在危机中推行的整个改革过程

2017 年 1 月，《灵魂经营：富士胶片的二次创业神话》由四川人民出版社翻译出版。当今中国企业面临着市场萎缩或产业老龄化问题，转型升级是唯一的出路。本书作者古森重隆将其转型前如何预测市场萎缩，转型中如何选择方向、如何取舍市场现有资产、合理管理人力资源的思维过程描述了出来，为企业领导者提供了借鉴的经验与学习的模板。

古森重隆认为：“只有适应环境的变化才能生存，如果不变就不会有未来。”世界瞬息万变，只有适应变化的世界才能谋求更长远的发展。古森重隆作为成功引领大企业转型的典范，更应该是中国企业家的模板教材。《周易》提道：“易穷则变，变则通，通则久。”这实际上是发展和变革的关系，在企业发展的道路上也是这样。

2017 年 4 月，《灵魂经营：富士胶片的二次创业神话》在北京举办新书发布会。在发布会上，作者古森重隆与听众们分享了在企业经营、管理方面的感悟。古森重隆表示，面对大改革、大变化，经营者要有速度和活力，“对老板来说，往哪个方向走、怎么办的决策与想法是非常重要和关键的。如果在这个方面失败了，他就失败了，我们必须有速度和活力，不能拖延”。

第四节　生产重心向中国转移

重新强化国际领军地位

2001 年底，中国政府在“98 协议”中对柯达公司的承诺到期，这被认为是富士胶片一个很好的反击机会。同年，富士胶片在上海成立了中国区业务统括机构——富士胶片（中国）投资有限公司，但并没有继续在传统冲印市场与柯达公司一较高下。当时，柯达公司在中国的胶卷销售正飞快增长，中国已经成为仅次于美国本土的第二大市场。

据富士胶片董事、常务副总经理嵇瑞康回忆:“2001 年,在日本打拼多年的我,被富士公司委派回中国。事实上,那个时候日本富士总部已经预测到了胶片市场即将衰退。因此,总部派我到苏州分公司可谓是‘明修栈道,暗度陈仓’。表面上我们还在与柯达公司争夺胶片市场,实际上派我回来只有一个目的——发展数码相机事业。”

2002 年,富士胶片在苏州新成立的合资公司苏州富士数码图像设备制造有限公司,拿到了数码相机在中国的内销权,并开始将其在苏州生产基地生产的30%~50% 的相机内销中国市场。这意味着富士胶片的数码相机在中国迅速实现了本土化生产。与此同时,富士胶片还投入了 1 亿元人民币进行品牌建设,其中包括投资 1506 万元人民币成为第九届中国全运会的赞助商。

就在富士胶片大举进军数码领域的同时,柯达公司却依然沉迷于庞大中国市场带来的巨额利益之中,继续做着胶片利润“千秋万世”的美梦。时任柯达公司全球副总裁的叶莺表示:“一部数码相机的利润,还不如两个黄盒子(柯达胶卷)。”即便到了 2003 年,柯达公司的主要精力还是放在斥巨资收购中国企业乐凯胶卷,目标依然是增加胶片的利润。

2005 年 12 月 7 日,在苏州富士胶片映像机器有限公司(以下简称“苏州富士胶片”)成立 10 周年的庆祝活动上,时任富士胶片全球总裁兼 CEO 的古森重隆接受了中国记者的采访。古森重隆在采访中表示:“富士胶片从 20 世纪 90 年代来中国投资,至今已有独资、合资公司 20 家。中国市场在富士胶片全球布局中的地位越来越重要,富士胶片的数码相机生产重心正从日本向中国转移。”

对于投资中国、押注苏州,古森重隆表示:“中国市场已经成为跨国公司新的最重要的市场和生产基地,从某种意义上说,在中国成功与否,决定了跨国公司在世界竞争中的胜负。”如此看来,当年富士胶片选择将全行业合资计划的机会拱手让给柯达公司,并不是因为其对中国市场的成长潜力和速度缺乏足够的信心,而是有着更深层次的思考。

伴随中国经济的逆势崛起,以及经济影响力的迅速扩大,一些西方国家开始认为以中国现在的经济发展速度发展下去将会对世界经济构成威胁。于是,记者在采访中询问古森重隆:“近年来,‘中国经济威胁论’‘中国投资风险论’等论调甚嚣尘上,(对)这些富士胶片不会没有耳闻,那么是什么在支撑富士胶片对华投资的决心和信心?”

对此,古森重隆的回答是:“我不相信‘中国风险论’。我是搞经济的,不善于谈论政治。但我知道,日中两国相邻而居,和则两利,斗则俱伤。巨大的消费市场、优秀的劳动力资源等是中国经济的魅力所在;有技术、懂经营是日本企业的长处。两者相互借鉴,优势互补,携手合作,就会实现互利共赢,并为亚洲和世界的经济发展做出贡献。”

2006年,三井财团的富士胶片数码相机年产量已从2001年前后的不过五六万台,增长至450万台,达到了当时的顶峰。短短几年内,富士胶片便占据了全球数码相机30%的市场份额,重新强化了在国际上的领军地位。自此,富士胶片并未因为数码相机时代的到来而被市场淘汰,而是顺应了时代潮流,数码相机也成了富士胶片未来事业发展与腾飞的基石。

分享多元化转型的经营哲学

2013年10月15日,古森重隆受北京大学和三井物产的邀请出席“北京大学三井创新论坛”,并在论坛上发表了题为“风起云涌之企业变革”的主旨演讲。他主要介绍了富士胶片从胶片领域转型、开展多元化经营的成功实战经验,以及如何积极开展企业收购以争取技术开发的时间优势、发挥企业间的协同效应等内容,并分享了自己作为这一企业战略转型掌舵人在此过程中的感悟。

2013年,古森重隆出席“北京大学三井创新论坛”

在回顾整个战略转型过程时,古森重隆认为领导变革的总指挥必须具备读取、构想、表达和执行这四大能力,即作为一名优秀的领导人,必须能够清醒且准确地了解现状,预测未来;在此基础上模拟计算数字,决定优先顺序;然后向员工发出明确的信息;最后就是率先示范,坚定实行。同时,领导还必须不断磨炼自己的智力、体力和心力,让自己变得更好。

“北京大学三井创新论坛”由北京大学与三井物产于2006年合作创立,并由北京大学国家高新技术产业开发区发展战略研究院和三井物产中国有限公司承办,得到了国家发展改革委、科技部、商务部、北京市政府、北京大学领导的大力支持。出席演讲的嘉宾是世界500强企业家、国家副部级以上专家、领导,还有在学术领域卓有贡献的学者。

2015年11月26日,时任三井物产社长的安永龙夫出席“北京大学三井创新论坛”,并以“过去的10年,未来的10年”为主题发表了演讲。在演讲中,安永龙夫对三井物产作为全球性课题的解决者和综合性贸易公司所开展的创新活动进行了介绍。他表示,三井物产的主要任务是加速向资源业务以外的其他领域推进多元化转型。

很长一段时间里,三井物产都被外界认为是日本综合商社中最侧重资源业务的一家,铜价、铁矿石供应和能源的地缘政治状况似乎决定了公司的成败。但实际上,多元化战略和产融结合哲学才是三井物产的本质。围绕着综合商社产业组织者角色的经营核心,无论在世界上哪一个国家、涉足哪一个产业,三井物产都能够将集团的多元化经营模式发展到极致。

过去,三井物产的发展历程见证了其从地区多元化、产品多元化到功能多元化的发展进程。如今,三井物产社长安永龙夫则在积极推动风投资本和私人股本运作,希望借此缔造新业务,并促使其投资更深入地进入消费市场以吸纳新技术。事实上,无论是业务多元化还是功能多元化,三井物产经营哲学的核心都是牢固地掌握商权。

2017 年 4 月 11 日,富士胶片全球总裁兼 CEO 古森重隆访问清华大学,并在清华大学苏世民书院达理礼堂发表了题为"富士胶片经营改革之灵魂经营"的主题演讲,与 300 多名师生进行了热烈的对话交流"这个会场使用六个半月以来,搞了 30 多场活动了,但是今天来的人最多"。作为活动主持人的清华大学苏世民书院常务副院长潘庆中这样说道。

在演讲中,古森重隆详细阐述了富士胶片如何从原来没有能力请外来技术指导、完全依靠自我研发技术,其间赶超竞争数十年的行业巨头,奋力抵抗数码化浪潮的袭击,成功实现多元化转型的故事。此外,古森重隆还谈到了企业经营战略的重要性,同时分享了他的经营改革哲学,其中充满了"三井商道"的思想。他认为经营者的气质最终会决定一家企业的调性。

随后的活动中,清华大学副校长杨斌教授进行了发言。杨斌教授向大家推荐了古森重隆的著作《灵魂经营:富士胶片的二次创业神话》。作为这本书中文版推荐序的作者,同时被古森重隆称为抓住了这本书灵魂的人,杨斌教授认为这本书中带有很强的东方式教育理念、教育智慧,而这也正是他想要推荐给普通大众阅读的理由,这本书能够为中国企业的领导力塑造、企业组织管理理念革新等提供一定的帮助。

苏州良好的营商环境

2018 年,苏州富士胶片的主营业务已经基本形成"三足鼎立"的状态:第一块是光电事业,主要指数码照相机及配套的交换镜头,包括车载镜头、CCTV 等专业镜头,占总产值的 45% 左右。第二块是一次成像照相机,也就是"拍立得"。第三块就是医疗器械,相关业务年产值规模已达 5 亿元,主要医疗器械产品包括超声检查机、读取机、胶片打印机、成像机、取片机等。

2018 年 8 月 7 日,富士胶片(中国)投资有限公司与苏州市立普医疗科技有限公司签订了战略合作协议。根据协议,双方共同为中国各级医疗卫生机构及广大患者提供更为安全便捷的临床超声介入解决方案,携手推进超声可视化技术培训和普及。苏州市立普医疗科技有限公司创建于 1994 年,专业研发超声技术,是中国第一个专业从事穿刺架研发的团队。

2020 年 4 月,在苏州医疗器械产业发展座谈会上,苏州富士胶片经营管理本部副本部长是雄提道:"10 年前,富士胶片生产一台数码相机,其中 95% 的零部件是从国外采购,然后来苏州组装生产。10 年后的今天,则实现了 95% 的零部件从苏州及周边地区采购。"两个"95%"的转变折射出苏州从依靠廉价劳动力的加工基地,向兼具广阔市场和技术合作新平台的转型升级。

产业链、供应链的本地化采购,正是富士胶片深耕中国市场推进本地化、现代化的战略布局的缩影。富士胶片长期坚持立足中国市场的实际需求,开展本土化产品研发,透彻分析中国以及苏州地区的经济和产业政策,发展具有长远潜力、面向未来的新技术、新产品。富士胶片一直认为,中国不仅是巨大的工厂,更是一个巨大的市场,同时也是技术合作的巨大平台。

2021 年 11 月 19 日,富士胶片欧文生物技术(苏州)有限公司在苏州高新区正式注册成立。以欧文科技(Irvine Scientific)为技术平台,新公司很快设立了创新合作中心(Innovation & Collaboration Center,ICC),以满足中国日益增长的市场需求,提供包括快速培养基服务、培养基开发和优化以及培养基筛选平台和分析服务在内的多种培养基定制服务。

欧文科技总部位于美国加利福尼亚州,于 2018 年加入富士胶片,成为富士胶片在生命科学领域布局的重要一环。资料显示,富士胶片欧文科技在细胞培养基研发领域积累了超过 50 年的知识和经验。培养基是生物制药/生物疗法研究生产不可或缺的原料之一。截至 2024 年,世界排名前 20 的制药公司中就有 15 家与富士胶片保持着长期稳定的合作关系。

从数码相机到医疗器械,再到如今的生命科学,富士胶片在苏州高新区不仅落地生根,还实现了转型发展,这与苏州良好的营商环境息息相关。苏州高新区招商部门的工作人员很多都精通日语,能够很好地交流并及时给企业传达高新技术企业减税、研发机构奖励等相关政策,这也使得苏州高新区成了名副其实的"日资高地"。

就在富士胶片所在的苏州高新区狮山横塘街道,集聚着三井住友银行、苏州日本人学校、森茂诊疗所、泉屋百货、日料一条街淮海街等配套服务设施,为区内常驻的 4000 多名日籍人士提供最舒适的生产生活环境。三井住友银行苏州分行原行长岩名地和夫就曾表示,"苏州对日本人而言是非常适合居住的城市,气候与日本接近,生活舒适宜人"。

不仅如此,作为一座拥有 2500 多年历史的文化名城,苏州以其园林和刺绣闻名世界,这里有很多与日本文化交融的地方。例如,中国的非物质文化遗产缂丝就与日本有很深的渊源。日本的和服以前叫吴服,吴服腰带的材质多为缂丝。唐代诗人张继写于苏州寒山寺的古诗《枫桥夜泊》,多年前在日本就被编入教科书,可谓家喻户晓,这首诗在民间的影响力远远超过了其他唐诗。

在进博会上展示重要战略

2018 年 11 月 5 日,第一届中国国际进口博览会(以下简称"进博会")在上海正式拉开帷幕。作为最早一批报名首届进博会的外资企业,富士胶片携旗下六大业务领域的全线产品亮相。进博会期间,富士胶片集中展示了公司的最新科技产品和技术,部分展品更是首次在中国亮相,医疗健康和高性能材料领域的技术解决方案,则构成了富士胶片展台最大的两个区域。

医疗健康领域的展品包括预防、诊断、治疗三大领域,具体包括:富士胶片的胶原蛋白技术、抗氧化技术、纳米化技术,这些技术衍生至皮肤和个人健康护理领域,应用于化妆品开发;最新推出的医疗人工智能,可结合富士胶片具有传统优势的图像处理技术,助力提升临床医疗诊断水平;曾在抗击埃博拉病毒中有较好疗效的抗流感病毒新药 T-705 片及再生医学技术;等等。

高性能材料区域划分为出行、生产、安全和生活四大方面,展示与智能汽车、制造业、防伪与信息安全以及与人们日常生活相关的新材料。具体包括:应用于自动驾驶及 AR 眼镜等新领域的 MEMS 技术;助力各行各业安全便捷地完成高效产品检测的无损检测设备;新一代大容量的数据存储磁带、防伪特殊油墨等;抗菌材料、手机屏幕必备的柔性触控导电膜;等等。

对于为什么积极报名参加第一届进博会,时任富士胶片(中国)投资有限公司总裁的武富博信表示:“富士胶片已经成功转型为一家多元化的技术导向型创新企业,这(进博会)是我们呈现崭新的富士胶片的绝佳机会。富士胶片希望通过这个平台深化本土化发展战略,发现中国市场的最新需求,加大针对性研发力度,逐步实现‘地产地销’。”

同时,武富博信也认为:“在中国市场仅仅依靠企业自身单打独斗,也会有遇到困难无法完成的时候。因此,富士胶片希望能够在中国寻找到理想的本土合作伙伴,将双方的技术和优势两相结合,发挥协同作用,共谋发展、贡献社会,达到‘1+1>2’的效果。当然,医疗健康和高性能材料都是富士胶片与中国相关产业制造商、供应链伙伴密切合作的领域。”

如今,中国市场已经成为仅次于日本及美国的富士胶片第三大市场。武富博信相信中国经济的规模还会进一步扩大,是一个高成长性的市场,富士胶片也必须进一步活用现有资源在中国进行深入发展。富士胶片在进博会上展示的两大重点领域高性能材料和医疗健康,对应的正是中国两大重要战略——先进制造业与健康中国。

2021年,第四届上海进博会上,位于技术装备展区4.1C3-003展位的富士胶片以全新形象完整亮相

2021 年 11 月,在上海举办的第四届进博会上,连续 4 年参展的富士胶片首次以完整的“All-Fujifilm”形象全面展示其重点解决方案。在展示形式上,富士胶片设立智慧医疗、多彩生活、绿色环保和智能办公四大场景展区,从重点产品和服务出发,依托自身多元

化技术产品优势,全面展现其解决社会课题的实力及做出的贡献。

其中,智慧医疗展区以医疗 IT/AI 为核心,用沙盘展示富士胶片的解决方案。多彩生活展区通过生活化场景,展示富士胶片影像、医疗以及材料各领域丰富的产品和服务。绿色环保展区通过设立大自然风格的场景,展示记录媒体数据流磁带、离子交换膜、印刷免处理版等环境友好型产品。智能办公展区则通过设立智能办公室场景,展示办公打印产品。

在进博会致辞中,三井财团的富士胶片全球 CEO 后藤祯一表示:“目前新冠疫情仍未结束,(这)对全球人民的生活和工作方式产生了重大的影响,但中国的经济恢复趋势领先全球。对于富士胶片,我认为中国既是重要的市场,也是重要的伙伴,今后我们将继续提供创新的产品和服务,满足中国大众的需求,同时为推动中国产业进步和提升人民生活水平做出贡献。”

第五节　自始至终贯彻创无止境

向外延伸到医疗器械领域

富士胶片从一开始就不是传统意义上的摄影胶片和照片公司,创立后的第二年,即 1935 年,它就已经开始拓展多元化业务。从胶片相关业务向外延伸,最先能想到的就是医学影像业务。1936 年,富士胶片推出了第一款医学 X 光胶片。1971 年,富士胶片实现内窥镜商品化,由此正式进入医疗器械领域,并逐渐占据了领先地位。

1983 年,富士胶片研制出世界上第一台数码 X 射线成像诊断系统。此后,富士胶片又继续活用其在影像事业中培养的图像处理技术和小直径技术,投放拥有高附加值的差异化产品,如 1999 年问世的 Sapientia 智能数字内窥镜系统、2003 年推出的经鼻内窥镜等。经过数十年的技术积累,富士胶片在以医学影像、内窥镜为代表的医疗诊断领域取得了巨大成功。

数据显示,由富士胶片推出的医用图像信息网络系统 SYNAPSE 在日本市场的占有率一直保持领先。该系统借助平台开放性高的优势,构建了庞大的数据库,可以将心血管、内窥镜、超声波、病理等医院各科室用到的各种检查图像整合起来,进行系统化网络管理,并最终通过对积累数据的多维度分析支援医生的图像诊断。

进入 21 世纪,传统胶卷行业受到冲击,不得不面临大幅转型。此时,富士胶片长期积累起来的技术根基便发挥了积极作用,企业不会像柯达公司那样在产业变革面前手足无措。凭借着过去在医疗影像产业链上的提早布局,医疗器械领域便顺理成章地成了富士胶片"二次创业"过程中的重点。与此同时,富士胶片还通过资本并购及产业化运作在医疗领域开疆拓土。

2008 年,富士胶片收购了美国 Empiric Systems 公司,这是一家放射信息系统制造商;2008 年,富士胶片又收购了富士胶片俄罗斯公司(FUJIFILM - RU),这是一家独立的俄罗斯医药和影像产品分销商;2011 年,富士胶片收购了一家土耳其的内窥镜产品销售公司。由此,富士胶片收购其他公司的资产,并与其专业技术结合起来,可以迅速、轻松地向市场推出新产品。

2012 年,富士胶片以 9. 95 亿美元的现金收购了美国索诺声(SonoSite),正式进军超声诊断市场。美国索诺声是全球领先的便携式彩色超声诊断系统制造商,经销网络遍及全球 100 多个国家,其所在的相关市场正以每年 10% 以上的速度递增。如今,富士胶片索诺声(原索诺声)在全球已拥有超过 10 万台装机,稳居临床超声第一。

2020 年,富士胶片推出首款 C 臂产品 Persona C surgical,宣布进入外科市场。Persona C 系统是一种先进的 C 臂解决方案(C 形臂 X 光机),旨在实现快速、精确的定位和先进的图像质量。同时,富士胶片与美国陆军和国防后勤局签订为期 4 年的合同,陆续在美国陆军基地多个医疗机构安装其 Persona C 移动透视系统。

富士胶片与美国军队机构合作已有相当长的时间了。除此次签订合同之外,富士胶片在 2017 年就曾与美国国防部和退伍军人事务部签订了为期 10 年的国防部数字成像网络 PACS (DIN - PACS) Ⅳ 协议,最高价值为 7. 68 亿美元。此外,2021 年 8 月,富士胶片与美国海军和国防后勤局签订了为期 10 年的独家采购合同,为其提供创新数字射线照相(DR)系统。

2021 年 3 月,富士胶片宣布正式完成对日立旗下影像诊断相关业务约 109 亿元人民币的收购程序,标志着新公司富士胶片医疗健康正式成为富士胶片集团全资子公司。通过此次收购,富士胶片旗下医疗器械的相关业务已扩展至 CT、MRI、X 线摄影系统、超声诊断设备、内镜、体外诊断系统和 PACS(影像归档和通信系统)等广泛的产品线。

布局生物制药与再生医学

2007 年,富士胶片推出了以抗衰老为主打理念的护肤品品牌艾诗缇 ASTALIFT,其中运用的技术,就是富士胶片的看家本领:胶原蛋白技术(胶片的主要原料正是明胶)、纳米分散技术和抗氧化技术。当时,富士胶片的研究人员发现,胶卷因活性氧氧化而褪色,需要顶尖的抗氧化技术,而这种技术与具有抗衰、抗氧化功能的化妆品,原理完全相同。

2008 年,富士胶片收购了日本国内著名的制药企业富山化学工业株式会社

(Toyoma Chemical),由此进入制药行业。富山化学工业生产的法匹拉韦(Avigan),曾被用于抗击埃博拉病毒。2009 年,富士胶片成立医药品研究所。2010 年,富士胶片又收购了富士胶片国际制药公司。把在胶卷时代积累的精细化学等核心技术延伸到医疗健康领域,是富士胶片"转型牌"中的又一大亮点。

富士胶片不仅涉足传统制药,在生物制药和再生医学领域也在积极布局。2015 年,富士胶片加大对再生医学领域的投入力度,收购了由 iPSC(诱导多功能干细胞)研究领域的先驱詹姆斯·汤姆森创立的开发干细胞治疗药物的公司 CDI。2016 年,富士胶片又从日本武田制药收购了和光纯药工业公司,成了全球知名的高端实验室生命科学及化学试剂供应商之一。

2018 年 3 月,富士胶片耗资 8 亿美元收购了全球领先的、具有超过 50 年历史的细胞培养基产品和服务供应商——美国欧文科技公司,并更名为"富士胶片欧文科技"。此项收购也使富士胶片一跃成为全球细胞培养基尤其是无血清培养基领域的重要玩家。作为全球顶尖的高科技公司,其产品涉及工业细胞培养、辅助生殖、细胞遗传学、细胞和基因治疗领域。

在生物制药和再生医学领域,富士胶片步步为营,累计投入近400亿元人民币,在美国、欧洲建了5个生产基地,相关技术的生产能力已跃居世界前列

2018 年 10 月,富士胶片集团正式启动富士胶片富山化学株式会社(以下简称"富士胶片富山化学")的运营,从事诊断用药、治疗用药的研究、开发、制造及销售。富士胶片富山化学是为了加快诊断用药、治疗用药的新药研发,将从事低分子药品研究、开发、制造、销售的富山化学工业株式会社和从事放射性药品研究、开发、制造、销售的富士胶片国际制药公司进行整合后的一家新公司。

富士胶片富山化学计划与从事新药研发等业务的富士胶片集团联手,在医疗需求较高的癌症、中枢神经疾病、传染病领域,研发新的放射性诊断用药与治疗用药以及独具作用机理的治疗用药。同时,除诊断用药外,富士胶片还充分利用既有的体外诊断设备、试剂等,为病患提供从诊断到治疗的全方位解决方案。

2019 年 8 月,富士胶片宣布,以 8.9 亿美元收购位于丹麦希勒勒市的大型生物制剂生产基地——Biogen Manufacturing ApS。成立于 1978 年的 Biogen,是世界上历史最悠久的独立生物技术公司,该公司致力于研发创新疗法,为全球患者提供针对神经退行性疾病、血友病和自身免疫性疾病的治疗方案。

2020 年 10 月,富士胶片富山化学向日本厚生劳动省提交了文件,申请批准在其生产的抗流感病毒药物 Avigan 中增加针对新型冠状病毒感染的适应症。此前,富士胶片富山化学于 2020 年 3 月起在日本针对非重症肺炎的新冠病毒感染患者实施 Avigan Ⅲ期临床试验,统计学表明,服用 Avigan 可以加速症状的改善。

2024 年 4 月,富士胶片宣布投资 12 亿美元(约 87 亿元人民币),用以扩建位于美国北卡罗来纳州霍利斯普林斯的大型生物制造工厂。该工厂属于富士胶片Diosynth生物技术公司，其是一家大型的CDMO企业（医药合同研发生产机构），主要提供细胞培养、微生物发酵、细胞疗法、基因疗法、疫苗、药品和成品、CMC（化学成分生产和控制）支持等服务。

进军汽车高性能材料市场

2018年11月，在第一届进博会上，富士胶片（中国）创新中心部部长内山圭司介绍了富士胶片在电动车用动力电池方面的进展，“日本组织了各家日本企业进行新一代动力电池的研发，富士胶片也参与了研发全动力电池的项目。新一代固态电池已经越来越受到车企和行业内相关人士的关注，富士胶片也希望公司的技术和材料能够在电池领域起到一定作用”。

近年来，高性能材料作为富士胶片进一步扩大中国市场的突破口备受关注，特别是新材料在智能汽车领域的应用。在谈及富士胶片为什么选择汽车市场时，内山圭司表示，因为中国汽车产业市场会越来越大，特别是在电动汽车领域，中国已经引领市场，所以富士胶片把电动汽车领域作为开拓中国市场的突破口，并着重分析中国的产业政策，来判断其发展趋势及随之产生的社会需求。

如今，随着新能源汽车和自动驾驶汽车技术的快速发展，车企对高性能材料的需求越来越迫切。只有当材料承载实现多功能性，做到一举多用，车辆的轻量化、安全化、智能化才能够融合。当然，富士胶片的高性能材料也有着数十年的技术积累。内山圭司表示：“富士胶片很多技术都是基于原来做胶片时代所积累下来的，在汽车领域可运用的技术根源也在胶卷技术上。举个例子，大家所熟知的富士胶片应该是以制造胶卷为主，但更准确地说，我们研究的是与光有关的技术。如何捕捉、记录、控制、分析光线，是我们所擅长的，而这正好也是自动驾驶领域所需要的。自动驾驶汽车通过摄像头、激光雷达、毫米波雷达等传感器来探知周边环境，这一过程需要用到能控制不同波长光线的高性能材料。”

事实上，这并不是富士胶片第一次参与电池的研究。早在2013年8月，富士胶片就与日本物质及材料研究机构（NIMS）合作，共同使用超级计算机“京”进行了化学反应模拟，在分子水平探明了锂离子充电电池内部的电解液还原和分解反应的机理，以及电解液在电极表面发生化学反应形成覆膜的反应机理，这一反应机理被认为是锂离子充电电池性能和安全性的“关键”。

2021年6月27日，第11届中国上海国际汽车内饰与外饰展览会（CIAIE 2021）召开，首次参展的富士胶片（中国）投资有限公司带来旗下创新高性能材料和技术，如CMF表面装饰材料、透明投影膜及Hydro Ag+抗菌技术等。此次携多款高性能材料参加中国上海国际汽车内饰与外饰展览会，标志着富士胶片正式进入中国汽车内外饰市场。

在汽车智能化、网联化、轻量化、电动化的“新四化”趋势下，富士胶片希望利用自身在高性能材料领域的技术为中国汽车内外饰领域开拓新应用、新功能。其中，汽车用装饰膜是由设立于富士胶片日本总部的高性能材料研究实验室，利用涂布技术开发出的一款彩色装饰膜。相较于传统镀膜工艺，该产品具有更好的无线信号、易于加工的薄膜层等特性。

透明投影膜是富士胶片(中国)投资有限公司此次参展的重磅展品之一，它依托于富士胶片多年来在传统胶卷研制中积累的制膜技术等尖端“黑科技”，兼顾高透明和高反射亮度，具有尺寸灵活、画面清晰明亮、色彩还原度高、可视角度更宽广等优点。借助这款透明投影膜，玻璃等透明固态介质可以“摇身一变”成为投影屏幕，能在多种场景内被灵活运用。

富士胶片旗下独家 Hydro Ag + 抗菌技术，面向车载后装膜材配件领域推出了防指纹、防眩、防爆、抗菌、抗病毒的“五合一”高性能薄膜产品，做到“触屏不触菌”。针对车内环境清洁，Hydro Ag + 抗菌技术还可以通过不同的载体方式，在汽车空气滤芯及空调滤芯的折叠曲面上形成一层抗菌薄膜，有效抑制滤网间隙中的细菌滋生，提升车内空气的洁净度。

永不停止创造全新价值

2021 年 4 月 1 日，富士施乐株式会社更名为“富士胶片商业创新有限公司”(以下简称“富士胶片商业创新”)。对此，富士胶片商业创新(中国)董事长内藤昌继介绍道：“新公司变更为富士胶片品牌后，加入了‘商业创新’四个字，展示了富士胶片商业创新将一如既往持续创新的决心。我们希望通过创新更好地为客户提供价值，从而让公司成为新的领军型企业。”

富士胶片商业创新的前身富士施乐株式会社是世界知名的数字印刷设备制造商，享有数字印刷行业领导者的美誉。富士胶片从 1962 年第一次与美国施乐公司合资合作，到 2021 年终止合作关系，先后推出了第一台数字印刷系统、第一台彩色生产型数字印刷系统等业界领先产品。每一项新技术的推出，不仅让数字印刷的整体水平大幅提升，也为印刷企业带来了实实在在的应用价值和新商机。

富士胶片商业创新将在富士胶片集团整体框架下，加强联系与合作，实现高效的研发与生产，同时利用自有品牌在全球市场拓展业务。该公司通过提供数字化工作空间服务及解决方案，为更多客户在数字化转型和全球化发展进程中创造价值。对于富士胶片商业创新来说，新名称意味着新价值和新征程。

2021 年 5 月，富士胶片公布了 2021 财年的财务报告：实现销售收入 25258 亿日元(约 1578 亿元人民币)，同比增长 15.2%；营业利润为 2297 亿日元，同比增长 38.8%，其中营业利润、税前净利润以及富士胶片集团所属净收益均达到了历史新高。多元化战略转型的成功给企业带来巨额利润，也进一步坚定了富士胶片通过创新融入各产业发展的决心。

2021 年 10 月，富士胶片成立了高性能材料战略总部，除进一步推动中长期新业务的开发外，还将通过跨部门战略管理和以客户应用为基础的业务组合，扩大高性能材料业务规模。随着 AI、物联网和 5G 应用的广泛普及以及数字化转型的加速，市场对半导体的需求将日益增长，而半导体在高性能所需的处理能力、小型化和集成度方面也有望进一步提升。

2022 年 3 月，在名为《追求创新》（*The Pursuit of Innovation*）的专访纪录片中，出任富士胶片集团全球 CEO 一年的后藤祯一表示："在商业环境中，只去采拾盛开的花朵、收获结出的果实是不可行的。必须为未来播下种子，为其浇水、发芽，让花朵绽放。正是基于这样的想法，富士胶片永远不会停止创造全新价值。"

曾和胶卷画等号的富士胶片，如今已经完全变身为多元化公司，开始构建属于自己的产业财团体系

在摄影胶片的全盛时期，三井财团的富士胶片在与全球强大对手的竞争中发展壮大起来。进入 21 世纪，数字时代的来临使摄影胶片需求急剧下降，富士胶片通过积极转型发展、开拓新事业成功度过危机。如今，富士胶片虽然依然深耕影像市场，但相关业务在公司总销售收入中只占据 13%，医疗健康（26%）、高性能材料（26%）以及商业创新领域（35%）所占营业收入的比重越来越大。

2022 年 6 月，据《日本经济新闻》报道，富士胶片计划在未来两年内投资大约 900 亿日元（约 45 亿元人民币），应用于芯片材料领域。事实上，这并非富士胶片第一次在芯片材料领域有所动作。2021 年 8 月，富士胶片刚刚宣布对其半导体材料业务投资大约 700 亿日元（约 35 亿元人民币）。此次增产，富士胶片计划强化中国台湾和美国工厂的生产设备。

增产项目主要聚焦生产应用于 5 纳米及更先进技术芯片的尖端极紫外抗蚀剂以及微影制程用显影剂等。相关投资除用于生产设备的强化之外，也会用于研究开发。富士胶片计划将自己芯片材料业务的销售额提高至少 30%，目标是在 2030 年度，半导体材料部门的营业收入要达到 4000 亿日元（约 200 亿元人民币），这个数字是 2022 年度的 3 倍。

参考文献及来源

1. 陈言.后泡沫时代的日本企业经营:如何看富士胶片的二次创业[J].经济,2017(13):100.
2. 大洋."黄""绿"之争升级,"富士""柯达"再战数码[J].数码世界,2004(4):42-43.
3. 付家欣.日本企业战略转型的成功经验与启示:以富士胶片为例[J].中国集体经济,2021(33):167-168.
4. 富士胶片:与其说是转型,不如说是进化[EB/OL].(2020-12-23)[2024-10-30].https://www.yicai.com/news/100887598.html.
5. 富士胶片官方网站,www.fujifilm.com.
6. 富士胶片与华润合作做中药 还要卖到日本[EB/OL].(2016-11-22)[2024-10-30].https://mp.weixin.qq.com/s/kkYAolHvh3ZYU5nkn8FKXQ.
7. 管浩.富士胶片:"不止"胶片[J].华东科技,2021(7):48-51.
8. 韩璐.富士胶片(中国)总裁武冨博信 富士新生[J].21世纪商业评论,2018(12):20-21.
9. 洪宇涵.古森重隆:富士成功转型背后的掌舵人[EB/OL].(2017-04-17)[2024-10-30].https://mp.weixin.qq.com/s/RSCDRkhWpAJoBBgMLpHkIw.
10. 刘荣珍.古森重隆:富士胶片的灵魂经营者[J].印刷经理人,2017(5):41-42.
11. 刘全保.富士胶片:成功转型医疗领域[J].经济,2014(12):144-146.
12. 刘一萌.柯达VS富士:胶片双雄的冰火两重天[J].公关世界,2012(3):46-51.
13. 涅槃重生的老牌日企,凭什么在中国市场多面开花?[EB/OL].(2022-05-25)[2024-10-30].https://www.sohu.com/a/551051308_121118712.
14. 钱磊.由内而生的设计驱动:以富士胶片的转型为案例[J].装饰,2018(12):20-24.
15. 屈丽丽.为什么富士活了下来[N].中国经营报,2013-11-25(D08).
16. 深化本土化战略 富士胶片全线产品亮相首届进博会[J].中国医学装备,2018,15(11):188.
17. 万慧.抱着绝不服输的信念战斗[EB/OL].(2017-07-16)[2024-10-30].https://baijiahao.baidu.com/s?id=1573048678927227&wfr=spider&for=pc.
18. 王琤,邢章萍.转型 遇见不一样的富士胶片[J].经济,2013(4):162-165.
19. 王森.富士胶片商业创新:新名称 新价值 新征程[J].印刷技术,2021(4):6-10.
20. 向驰宇.富士胶片:慢道上的动力[J].印刷经理人,2013(6):70-71.
21. 邢章萍,王琤.富士胶片:多元化创造无限可能[J].经济,2012(5):146-147.
22. 严学锋.央企财团:走歪了的多元化:专访日本经济研究专家白益民[J].董事会,2012(7):52-53.
23. 于青.我不相信"中国风险论"[EB/OL].(2005-12-25)[2024-10-30].ht-

tps://news. sina. com. cn/o/2005 – 12 – 25/06147809705s. shtml.
24. 张丽娅. 富士胶片(中国)总裁田中健一:深耕中国市场助力实现“健康中国 2030”[EB/OL]. (2021 – 11 – 10) [2024 – 10 – 30]. https://m. haiwainet. cn/middle/3541083/2021/1110/content_32271010_1. html.
25. 张玉来. 富士胶片的结构转型[J]. 董事会,2017(10):76 – 79.
26. 转攻半导体材料 昔日胶片王者富士胶片活成了万亿营收巨头[EB/OL]. (2021 – 08 – 23)[2024 – 10 – 30]. https://mp. weixin. qq. com/s/z – 4g3WFVmh48 aK5d PaUhPQ.

第十章

百炼成钢的三井模式

19世纪末，通过多种途径，中上川彦次郎致力于使三井拥有了除金融（三井银行）和贸易（三井物产）外的近代工业企业群，至此确立了“产商融”三位一体的体制。正是这种融入了三井商道智慧的经营模式，奠定了日本经济此后百年间的生生不息与发展壮大。

1959年，三井物产（综合商社）的旧商号正式恢复，也标志着三井财团体系的重组基本完成。通过重组综合商社与合并金融机构等手段，三井逐步形成了“产商融”相结合的二战后新财团体制，即以主办银行、综合商社和制造企业为核心的三位一体组织结构。

时至今日，有400多年历史、全球上万家关联企业的三井财团，不能单纯地将其理解为金融化和股份化的产物，而是通过成员企业间的相互持股、共同投资等手段形成的利益共同体和命运共同体。三井财团通过把产业、资本和贸易有机结合到一起，使实体产业发展随时都有金融和商业的支撑。

——作者题注

【阅读提示】

“三井”告诉了我们什么(10)

2020 年 8 月,素有“股神”之称的沃伦·巴菲特宣布,自己旗下的伯克希尔·哈撒韦公司已成功购入了日本五大综合商社的股票,且持股比例均达到 5%。这五家综合商社分别为三井物产、三菱商事、住友商事、伊藤忠商事和丸红,它们堪称日本经济的“命脉”,几乎垄断了日本的能源、矿产、食品等关键资源,控制着超 40% 的日本进出口贸易份额。

2025 年 5 月,在美国奥马哈市举行的伯克希尔年度股东大会上,巴菲特表示将其在三井物产、三菱商事、住友商事、伊藤忠商事和丸红的持股比例提高至最高的 9.8%。同时,巴菲特再一次强调了他对综合商社投资的承诺:“在未来 50 年内,我都不会考虑出售这些股份。”巴菲特认为,日本综合商社的表现是非同寻常的,并期待建立超长期合作关系。

巴菲特为什么选择长期持有日本综合商社的股份?高现金流、高股息回报,稳健治理和全球化资源布局,以及日本企业在财务管理上的审慎态度等等,都可以成为投资的关键因素,然而这些却不是根本的原因。事实上,巴菲特的投资选择从来都不是某个单一的企业,而是倾向于投资成熟的商业模式,日本综合商社正是“产商融”三位一体财团模式的典型。

日本的综合商社是财团模式最重要的核心,财团发挥的功能主要就体现在综合商社上。以三井物产、三菱商事等为代表的综合商社,在贸易、投资、金融、人才、情报和物流领域发挥着综合机能的特殊作用,实质上已经成为财团内部乃至日本社会的经济总参谋部(大本营)。因此,巴菲特投资综合商社是一次对财团经济模式的深度押注。

随着巴菲特对日本五大综合商社的投资,综合商社的概念开始被投资界所重新审视。综合商社到底是什么?这个问题的答案可能有很多种,但需要注意的是,综合商社一定是财团的综合商社。日本财团模式的成功根本就在于产业与金融的紧密结合,其正是通过综合商社(“商”)这个纽带与平台,将“产”和“融”有机结合起来的。

国际著名投资银行高盛集团 2025 年的报告指出,“日本五大综合商社合计持有海外资产价值达 3800 亿美元,相当于日本外汇储备的 68%。它们不仅是企业,还是国家经济主权的延伸”。如果说以三井物产、三菱商事为代表的综合商社是日本经济主权的延伸,那么其背后的财团生态便是汇集了各种资源而形成的全球化利益共同体和命运共同体。

本章导言

四川新希望集团创立于1982年，其前身是由刘永言、刘永行、陈育新(刘永美)、刘永好四兄弟创建的民营企业希望集团。当年四兄弟变卖手表、自行车等家产，筹集1000元人民币，从养殖鹌鹑和鸡起步。1986年，希望集团养殖的鹌鹑数量已经达到1000万只。1988年，公司又做起了饲料生产加工产业，并凭借着优质的产品在很短时间内打开了销路。

1995年，四兄弟明确产权，进行资产重组，分别成立了大陆希望集团、东方希望集团、华西希望集团、南方希望集团(后称“新希望集团”)，各自在相关领域发展。刘永言的大陆希望集团以高科技为主业，包含化工、能源和建筑行业。刘永行的东方希望集团则以矿山、电力、水泥等重化工业为主。而华西希望集团和南方希望集团则分别由陈育新(刘永美)和刘永好分管。

2009年3月，两会期间，新希望集团董事长刘永好提出有关食品安全的提案，他说道：“要想彻底解决食品安全问题，必须坚持走现代规模农牧业的道路，走产业链建设的道路。”一年后，新井物产宣告成立。2010年3月24日，新希望集团与日本三井物产(三井财团的综合商社)就合资设立新井物产贸易有限公司(以下简称“新井物产”)在成都正式签约。

新井物产总投资达1.5亿元人民币，计划先在国内从事饲料原料、添加剂贸易，此后将建立物流、饲料、乳业、化工、金融、人才、技术等全方位合作关系的平台。新井物产一开始的定位就不是简单的贸易公司。对此，新希望集团董事长刘永好表示，此次牵手日本最大的商社，主要是为了共同拓展全国乃至全球市场，实现新希望集团成为世界级农牧企业的目标。

作为中日双方企业全方位战略合作的核心平台，具有贸易职能和战略发展职能的新井物产不负众望，在成立的第一年便开始盈利，以6000万元人民币注册资金创造出6.2亿元人民币的销售收入。2012年销售额增长至10.3亿元人民币，并从一个起初只有20多人的公司，成长为拥有员工70余人、全国9个省(市)11个驻外办事处的颇具规模的贸易公司。

2011 年 11 月,新希望集团联合日本三井物产、美国粮食加工巨头 ADM、新加坡政府投资公司淡马锡控股,在北京正式设立了专门投资海外农业产业的投资基金——新希望产业基金。其中,新希望集团出资占 70%,其他 3 家企业各占 10%,重点投资食品安全、粮食保障等领域。随着新希望集团的发展壮大,集团开始将目光转向海外市场,寻求海外投资机会。

一年后,在新井物产第三季度总结培训会议上,新希望集团副总裁王航表示,新井物产是新希望集团向三井物产学习做国际化百年企业的重要媒介。新井物产致力于把员工培养为供应链管理专家,员工在这里受到训练,希望未来成长为新希望集团重要的管理干部。事实上,不仅是新井物产在学习三井物产,新希望集团也一直在学习三井物产背后的三井商道。

2016 年 12 月,新希望集团联合小米、红旗连锁等发起设立了四川首家民营银行——四川新网银行,致力于通过互联网技术为广大消费者和小微企业提供定制化的金融服务。其实,这并不是新希望集团第一次涉足银行金融业。早在 20 年前的 1996 年,新希望集团就是中国第一家由民间资本设立的全国性商业银行——民生银行的发起股东之一。

经过数十年的发展,刘永好的新希望集团已经从创业初期的单一饲料产业,逐步向上下游延伸,成为农、工、贸、科一体化发展的大型农牧业民营集团企业,旗下包含八大产业:农牧食品、乳品快消、智慧城乡、地产文旅、生态环保、医疗健康、化工资源、金融投资。新希望集团资产规模超 3400 亿元人民币,位列 2022 年《财富》杂志世界 500 强榜单第 356。

如果说新希望集团是打造世界级综合农牧商社的成功标杆,那么刘氏四兄弟的希望集团就是中国民营企业走向财团生态模式的一次认真尝试。企业由传统的"家族总公司—直系公司—旁系公司"血缘式结构,逐步向商业资本、金融资本和产业资本相结合的现代化企业转型。事实上,有 400 多年历史的三井财团就是由曾经的家族企业经过不断改革与创新,顺应时代趋势而发展形成的。

第一节 从家族企业到企业家族

资产管理与家族传承

1710 年，三井家族第二代掌门人三井高平（三井高利长子）在京都设立大元方制度，用来统辖管理三井家本店（和服店铺业务）、银两兑换店的经营。大元方制度实际上是一个经营组织，由三井家族的主要成员组成，有些类似于现在的控股公司。三井高平设立了“三井八郎右卫门”称号，该称号作为大元方的最高负责人及三井家族最高指挥者的袭名，被世代传承。

在具体形式上，大元方将三井同族的事业和资本作为共有财产进行统一管理，并以资本借贷的形式向各个店铺借出事业资本。各个营业店铺在半年结算之后，确保自身资金运转的同时，从利润里面按照一定的比率向大元方缴纳相应的红利。通过这一过程，大元方可以对三井同族事业的各个店铺的运营状况进行监督和管理，从而实现三井同族资产的整体增值。

与此同时，大元方还会每三年进行一次总决算，从总体利益中拿出一部分作为奖金发给奉公人，以此激励他们勤勉工作。所谓奉公人，是指封建的主从关系下，为日本武家、商家等尽各种义务的人，实际上就相当于现代意义上的职业经理人。如此一来就避免了三井同族资本的分散，对于三井家族共有财产管理意义重大，也为此后三井企业共同组建合名会社奠定了基础。

1722 年，作为三井家族的重要传承人，三井高平在去世之际著成了《宗竺遗书》，书中详细阐述了如何将三井同族的事业和资本作为共有财产进行统一管理。此后很长一段时间里，《宗竺遗书》都作为三井同族内部的最高法则。大元方制度是三井同族进行家族资产管理和家业传承时的解决方案，大元方实行的“总有制”思想就来自这本书。

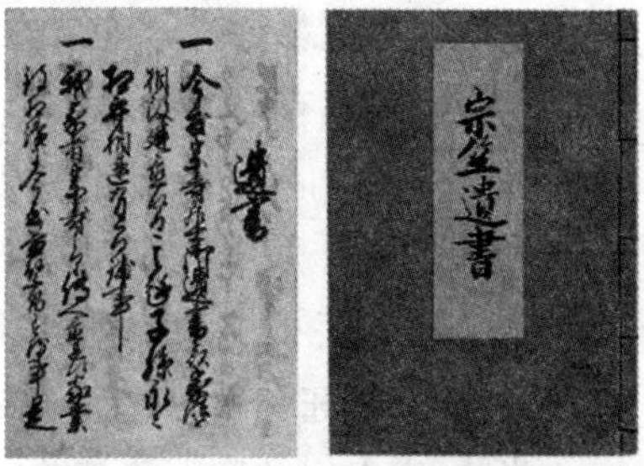

历史上，三井同族内部的最高法则——《宗竺遗书》，如今的许多经营思想都来源于此

三井家族这种视营业资产为一体的所有权方式被称为“总有制”，即大元方专设大元方勘定目录，将三井资产情况公示于三井同族。据此，三井同族可以按照《宗竺遗书》规定的同族分配利益比例得到经营红利，这种大元方负责管理的财务公开化避免了同族之间的怀疑，提高了彼此的信任程度，对三井家事业永久延续发挥了重要作用。

在三井家族看来，只有整体拧成一股绳才能形成竞争力，各自为政则有失势的风险。从所有权角度来看,“总有制”实际上是一个比较模糊的概念,其特征在于视所有的营业资产为一体,各家族出资者可以获得其中相应的份额,并以此为基础进行利益分配。但是,同族各家没有自由处置其所有份额的权利,如变卖、让渡等,因此大元方制度与近现代的股份制公司仍有本质的区别。

遵循以“总有制”为指导思想的大元方经营理念,三井家族在江户时代(1603—1868 年)取得了巨大的成功:从最初经营吴服店,到后来经营两替屋,代办政府金融业务,最终顺利把店铺开到了日本各地,成为当时日本的第一豪商。三井之所以能够实现事业的不断扩张,是因为其将营业资产视为一体,盈利增加的时候可以扩大再投资。

进入 19 世纪 60 年代的明治初期,三井凭借着与维新官僚的关系走上了新政商的道路。此时,“总有制”大元方的经营弊端开始暴露,三井发展面临的最大问题就来自内部同族的置喙干预,传统家族经营方式遇到瓶颈。对于直接从事经营的企业管理者(番头)而言,与同族各家就经营政策的调整打交道本身就是一件耗时耗力的工作。

大元方在强化三井同族的权限的同时,自然也降低了下属企业维持经营的自主权,其核心实际上就在于有经营管理能力的专业经营者与作为出资者的三井同族之间的矛盾关系。因此,在事业发展过程中,如何处理有财力的投资者与有能力的经营者之间的权力平衡问题,就成了三井更进一步发展的关键所在。显然,家族企业经营模式改革势在必行。

家政改革与《三井家宪》

1890 年,在三井陷入经营体制危机之时,三井家族新任家主找到井上馨寻求帮助。井上馨是日本著名的政治家、实业家,在财界有强有力的话语权,并与三井家族一直都有着密切的联系,因此有着“三井大掌柜”的称号。在详细了解了三井出现的各种问题后,井上馨为三井提出了改革三大方针:物色经营人才、着手家政改革、制定《三井家宪》。

1891 年 4 月,经由井上馨推荐,中上川彦次郎进入三井财阀,先是担任三井银行的理事,在取得时任三井家主三井高栋的同意后,成为三井银行的总长代理。此后,中上川彦次郎便被井上馨赋予了全盘改革三井体系的大权。井上馨身兼数职,既是三井银行、三井物产、三井矿山的理事,又是三井吴服店的调查委员、大元方的参事,就此开启了长达 10 年的改革之路。

1891 年 12 月,以三井旗下各产业番头(公司或企业中的领导者)为中心设立了名为“临时评议会”的组织,主要审议三井事业重组、改革的基本方针。1893 年,经过两年的审议,最终决定设立三井家同族会,由三井 11 家同族构成,旨在统一整合同族意见。同时,过去的大元方更名为“三井元方”,并作为指挥实际经营的机构与同族会分离。

三井家同族会以涩泽荣一为顾问，从各个企业单位的管理要员中遴选了益田孝、中上川彦次郎等7人作为列席人员（无投票权），成为统辖三井银行、三井物产、三井矿山、三井吴服店及其营业店、三井家族家务、人事方面的最高管理机关。三井元方是隶属三井家同族会的专务机构，统括全体事务，是最高经营管理方针的决策机构。

不难发现，这种家政改革形成的金字塔形组织结构一旦确立，三井家同族会便被置于金字塔的顶端，相当于战略智库。实际的经营则由中上川彦次郎（三井银行）、益田孝（三井物产）等人承担，这些经营高层聚在一起决定三井全体事业的经营决策。三井家同族会虽然已经脱离经营现场，但依然具有一定的话语权，经营方针最终需要上报同族会获得承认方可生效。

1893年，中上川彦次郎又参考了顾问涩泽荣一的意见，促成三井家族内部达成决议，将三井银行、三井物产、三井矿山、三井吴服店改为合名公司。合名公司体制下，三井下辖的一个公司破产并不会牵连全体同族成员，这使企业得以更好地实现近代化自主经营。改革后的三井家同族会、三井元方及其相关家族机构，充分保证了企业群能够维持自主的多样化经营模式。

过去200多年的时间里，《宗竺遗书》的精神支撑着三井家业的发展壮大。时代是在不断发展变化的，组织改革的过程需要明确具体的职责分工，也就需要制定相关的规程和经营管理框架。《宗竺遗书》也因此需做出相应的修改，特别是将组织改革以明文的形式确立下来，这就是现代《三井家宪》涉及的内容，更好地约束家族成员、职业经理人，从而形成更牢固的凝聚力和强烈的认同感。

1900年7月，经过长达10年的制定周期，由日本著名法学家穗积陈重等人制定的《三井家宪》最终完成。完整的《三井家宪》共分10章109条，举凡同族范围、家族资格、同族义务、同族会组织乃至婚姻、养子、分家、继承、制裁等内容，无所不包，堪称近代日本最系统、最完整的家规家训。显然，《三井家宪》既是三井家族的经营理念，也是三井商道的具体表现。

其中，对于同族经营管理事业，《三井家宪》设置了五大约束条件：第一，不得插手政治；第二，不得负债；第三，不得做债务保证人；第四，不得私自涉足组织外其他领域的经营；第五，不允许同族成为三井系统外公司的股东。同时，《三井家宪》中依然承认“总有制”，包括控制盈利外流从而将其扩大再投资的原则，但是不希望同族插手经营管理。

构建“产商融”三位一体模式

1892年，在进行家政改革的同时，中上川彦次郎也开始对三井企业的经营模式进行调整，明确各个企业的经营范畴。中上川彦次郎把过去归三井物产管辖的三池煤矿划分出来，并与其他收购的矿山合并，设立三井矿山合资公司。三井矿山合资公司聘请了三池煤矿的原主任技师团琢磨担任事务长，提升了日本煤矿的现代化程度，并使三井矿山合资公司取得了巨大的收益。

然而，由于三井银行与政府传统的政商关系，三井产业的资金支柱常常受制于政府。此前受1882年成立的日本银行的影响，三井银行经办的公款业务减少了，加之政府高官私人贷款的长期拖欠，造成了三井银行呆账日益增多。中上川彦次郎以雷霆手段迅速结束了三井银行与政府官金业务的关系，为下一步开展独立自主的近代化业务做准备。

凭借着中上川彦次郎的一系列改革措施，三井银行一改过去传统单一的业务模式，积极开展新的业务，不断适应明治政府新的工业化政策，经营业绩也逐步增长。在增强金融实力的同时，三井银行的成功也为三井发展其他工业企业准备了充足的产业资金。三井银行实际上成了三井资产运营的中枢，之后推行的工业化路线所需的资金大部分出自三井银行。

1894年，中上川彦次郎在三井内部特设工业部，管辖改革期间收并的各个企业，全面推行工业化路线，使三井家族的企业具备了近代工业企业的实力。结合历史的后续发展，三井在中上川彦次郎改革期间所拥有的企业群，在日本产业革命中占据了极其重要的地位，为三井发展成为近代综合型企业奠定了主要基础，并成为其最终形成财阀的重要工业力量。

三井的近代工业企业群主要包括三部分：一是将无法收回债权的企业、工厂形式的抵押品收归己有，加以改造之后成为三井家自身经营所有的近代企业，如前桥纺织所、大崎缨丝厂、田中制造所（东芝前身）等；二是以银行贷款的形式逐渐掌控放贷对象的经营权，如钟渊纺织公司和王子制纸；三是对官售企业的竞拍，如新町丝绸纺织所等。

有着“三井中兴之祖”之称的中上川彦次郎（1854—1901年），第一次确立了“产商融”三位一体的财阀格局体系

通过多种途径，中上川彦次郎致力于使三井拥有了除金融（三井银行）和贸易（三井物产）外的产业——近代工业企业群，至此确立了“产商融”三位一体的体制。不仅仅是三井，这一时期在日本政府“专在厚殖民产，振兴民业”的政策下，来自土佐国（现高知县）的岩崎家族（三菱财阀）也逐渐形成了类似于三井财阀的“产商融”体系。

以三井、三菱为代表的日本财阀，在政府的扶持下，围绕着全套完整产业链构造组织结构，不断发展进步，并最终形成了“产（制造企业）商（综合商社）融（主办银行）”三位一体的经济模式。这其实就是一种产业、商业与金融的完美共生模式，正是这种融入了三井商道智慧的“产商融”模式，促进了日本商业此后百年间的生生不息与发展壮大。

事实上，正是由于中上川彦次郎的改革，三井才实现了由传统政商模式到近现代集团体系的转变：从过去在政商关系之下依靠政府特权业务的单一银行，发展成了一个从事金融、贸易、矿业、纺织和造纸等多种行业的综合企业集团。因此，中上川彦次郎也赢得了“三井中兴之祖”的高度评价，日本著名史学家白柳秀湖更是称赞其为“日本产业界的恩人”。

1901 年，中上川彦次郎去世，这位精明强干的商人用 10 年的时间对三井进行了一次“大手术”，促使三井实现了由政商到近代工业资本的转变，并奠定了“产商融”相结合的体系。与同时期安田、藤田和大仓等传统政商经营工矿企业屡屡受挫不同，三井采取多元化经营策略获得了成功。中上川彦次郎去世后，出身于三井物产的益田孝升任三井大掌柜，继续三井的扩张之路。

三井财阀的正式确立

1907 年 6 月，三井大掌柜益田孝与三井领家三井三郎助等一同踏上了考察欧美之旅。回到日本后，益田孝综合了各方面的意见，提交了《欧美出差复命书》和《三井营业组织改革意见书》两份报告。在这两份报告书中，益田孝强调三井旗下的三大事业应改组为股份有限公司，然后在三大事业之上通过设置合伙公司，来持有其股票，以求统辖管理三大事业。

1909 年，在三井总领家三井高栋的支持下，益田孝对三井再一次进行组织革新：将以三井同族 11 家为成员的无限责任的三井合名会社作为持股总公司，资本为 5000 万日元；把原有的合名公司三井银行、三井物产两大企业分别改组为资本为 2000 万日元的股份公司；使原为三井银行兼营的仓库业独立出来，组成资本为 200 万日元的东神仓库股份公司。

1911 年，原为三井合名会社所直接管理的三井矿山公司独立，组成资本为 2000 万日元的股份公司。至此，三井家族原始积累时期以来的三大直系企业全都改组为股份公司。这时，三井合名会社下有四个直系分公司，即三井银行股份公司、三井物产股份公司、三井矿山股份公司、东神仓库股份公司，这四大公司的全部股份都为三井合名会社所持有。

益田孝所确定的这种通过控股公司来控制旗下事业的组织方式，实际上也标志着三井财阀的正式确立。随着三井事业的持续发展，三井家族成了当时日本最大的财阀，这种模式也逐渐为日本的其他家族企业所采用。到 1913 年时，三井合名会社的资本合计达 1.1 亿日元，而三菱合资会社及其直属企业的资本合计为 3300 万日元，住友和安田的资本则更少。

在财阀模式确立后，三井开始采取新的策略，在发展金融、商贸的同时，大力向重工业和化学工业发展。虽然出身三井物产(综合商社)的益田孝具有重商主义的倾向,但是鉴于中日甲午战争(1894—1895 年)以后日本政府推行鼓励军事重工业发展的政策,同时也为了三井自身的利益,益田孝在采矿业的基础上,继续率领三井向新兴的重工业和化学工业发展。

一战(1914—1918 年)给日本财阀带去了"神话"般的巨额垄断利润,在纺织、造船、贸易和海运等部门尤为突出。一战前,属于三井财阀系统的企业一共才 11 家,资本金 1.64 亿日元,而到了一战结束 10 年后的 1928 年,这一数值已增为 97 家,如包括虽无控制权但与其关系密切的企业在内,则达到了 130 家,实缴资本总额更是高达 8.5 亿日元。

三井财阀企业以仅占当时日本公司总数的 0.24%,控制了全国公司实缴资本总额的 6.22%。此时,日本财阀的组织形态就是一个典型的大金字塔形,下面层层扩大、渗透到各个部门的直系和旁系子公司、孙公司,构成了一个庞大的康采恩式企业集团。它们的中枢统辖机构是位于金字塔顶端的控股公司,如三井合名会社、三菱合资会社、住友合资会社、安田保善社等。

1930 年,资本主义经济史上最严重的周期性世界经济危机爆发,使得此前严重依赖海外市场的日本经济遭到了致命的打击。位于日本经济核心地位的垄断资本——三井、三菱、住友等大财阀首当其冲。两年后,针对三井所面临的形势,临危受命的池田成彬,采取了家族退出经营第一线、公开出售三井股票和积极参与社会事业等财阀转型政策。

此后,在日本经济危机的不断催发下,在国家扶植下发展起来的封闭性很强的家族垄断财阀,开始依靠其雄厚的金融实力积极地向适应战争经济要求的重工业和化学工业扩张,并利用军需生产实力迅速膨胀。到 1945 年二战结束时,三井的直系、旁系和子公司共有 273 家,实缴资本 35 亿日元,其国内实缴资本占当时全国公司实缴资本的 9.4%。

第二节　交叉持股的命运共同体

财阀体制的破灭与重生

1945 年 11 月,驻日盟军总司令部根据美国总统杜鲁门的声明,正式对日本政府发出了解散财阀的基本指令,首先就是以三井、三菱、住友、安田四大财阀为对象。与此同时,三井财阀发表声明称,"今后三井的中枢机构将撤销,各附属公司自主经营",这意味着三井财阀失去了对下属企业的控制权,并且失去了下属企业利害调整、交流信息的场所。

二战结束后，日本财阀被强制解散。据估计，当时从财阀家族转让到公众手中的股份总量占日本公司股本总量的40%

二战前，日本财阀金字塔形控制的核心组织——持股公司，持有所属直系公司的绝大部分股票。而这些直系公司又持有它们属下的众多子公司的股票，所有公司最上端的持股公司股票的大多数又为财阀家族所占有。因此，解散财阀家族的首要任务就是要解散这些持股公司。于是，驻日盟军总司令部共先后5次用指定的办法解散了包括三井、三菱、住友财阀总公司在内的83家持股公司。

随后，根据盟军规定的标准，日本财阀家族中有56人被排除出支配管理层，其中三井、三菱有22人，约占总人数的39.3%。这些人所持有的有价证券的约半数，以实物缴税的方式纳财产税，其余的则转让给持股公司整理委员会，并公开出售。财阀系的家族成员在大企业中不再担任要职，在三井、三菱大公司的董事会中，再也找不到姓三井、岩崎的人。

1951年，日本政府宣布"解散财阀的任务已经终结"。在一定程度上，驻日盟军总司令部解散财阀的目标基本实现了。对财阀家族人事和资本（股票）两方面的"手术"，基本瓦解了传统日本财阀内部的金字塔形控制结构，切断了财阀组织及人事上的纵横关系，使二战前以"血缘式"为特征的传统财阀垄断形态不复存在，取而代之的是更为现代化的企业结构。

然而，从更广义上看，盟军解散日本财阀的目标并没有完全实现。首先，进入20世纪50年代，随着美苏两个大国主导的冷战局面形成，为维护美国在远东地区的利益，美国对日本财阀解体的诸多政策出现重大转折，不再追求完全解体财阀。其次，当时日本出现了经济衰退、失业率上升的情况，被美国控制的日本经济秩序发生混乱，变相的经济殖民无法继续。

在这种背景下，传统日本财阀家族虽然被"处理"了，所属企业也被实施"分割""排除集中"等措施，其实力却几乎是完整地保存了下来，这也为后来的重组奠定了基础。根据盟军颁布的《经济力量过度集中排除法》，被指定应拆散的日本公司最初多至582家，可在盟军对日政策调整后，实际上这些指定的公司陆续被撤销、拆散的只有18家。

不仅如此，作为传统日本财阀中占支配地位的金融资本（主办银行）并未被盟军指定为持股公司，也未列为分散化小的对象。当财阀系统的总公司丧失了控制下属企业的统辖机能时，旧财阀银行则通过本系统企业的贷款关系，直接和财阀原来的各企业结合起来，迅速形成了银行居于优越核心地位的体制。这就为日本以金融资本为中心重组垄断企业提供了可能。

1955年9月,由三井银行发起的三井系公司总经理会(三井系的恳谈会)——月曜会正式成立,后于1960年改名为“二木会”。成立后,月曜会先后开展了一系列活动,以推动“新三井”的诞生,并为集团的重新集结提供资金支撑。三井、三菱以主办银行对本系统贷款为轴心,积极重新网罗了一批企业,从而推动了新型三井、三菱金融资本企业集团(财团)的形成。

1959年,三井物产的旧商号正式恢复,也标志着三井的重组基本完成。通过重组综合商社与合并金融机构等手段,三井、三菱、住友继承了二战前日本传统财阀谱系内的各个企业,并逐步形成了“产商融”相结合的战后新财团体制,即以主办银行、综合商社和制造企业三位一体的组织结构,重组后的三井实际上与传统的日本财阀有着本质上的区别。

从金字塔形到网状球体

二战后重新聚集起来的三井财团,无论是从经营模式还是组织结构上,都不同于原先的传统财阀。一方面,在原来的家族成员被赶走之后,经营企业的都是职业经理人;另一方面,为适应美国出台的《反垄断法》,三井财阀由原来的一家公司直接控股转为多家公司联合持股。三井财团发展到这一阶段,已由原来的金字塔形持股形式,转变成网状球体持股结构。

20世纪50年代,日本加入《关税及贸易总协定》时,日本股市出现低迷,有远见的职业经理人抱团将抛售的股票收购,通过交叉持股进行融资。这种民间资本的私有制形式,通过集合和相互持股形成了一种混合所有制形式。由于这些上市公司的大股东主要还是金融机构,所以日本企业还是更多地与银行资本联系在一起,这也造就了其大生产机制。

大企业形成的财团在产业链上进行分工的同时,一些中小企业围绕这些大企业运作,这就形成一种秩序,一种利益共同体。因而,这种相互持股制度成了财团赖以存在的重要基础和最强有力的结合手段,构成了日本企业的基本体制形态。财团的成员企业之间形成了圆环形相互持股,这使财团各成员企业之间的资本联系都得到了空前加强。

在日本,共生共荣是普遍的价值观,财团体制最大的意义就是建立庞大的生产体系,企业通过交叉持股形成了共度危机、共享繁荣的命运共同体,从而有效避免了恶性竞争,实现了分工合作。日本六大财团每家都掌控着数十家大型企业,也正是凭借着这套“产商融”结合的三井商道与财团体制,日本才在二战后与美国进行了卓有成效的经济对抗。

这种交叉持股的方式,可以通过债转股帮助企业处理债务问题;通过集体监督减少腐败;通过信息共享减少信息不对称,并实现共同决策;通过在企业间建立信用关系,来降低信用成本;通过建立内部人才流动机制,为职业经理人提供更好的学习机会和成长空间;通过为中小企业搭建可依托的平台,解决就业和融资问题。相互持股的比例越高,财团的凝聚力也就越强。

从现代意义上看,以三井为代表的日本六大财团通常采取横向联合方式,由3个核心部分组成,即金融机构(包括银行、信托、基金等)、综合商社(主要业务是贸易和投资,以贸易为平台实现物流控制)、装备制造企业(包括基础设施建设和大型装备制造等)。除此之外,一些现代金融机构如保险公司和证券公司也通常被划归至某一财团,但它们的独立性更强。

日本六大财团内的企业群体会将集团外部的中小企业群作为长期稳定的交易对象纳入业务经营体系,在主要的制造商和全国几千个零售商之间还存在着销售联盟。日本财团通过成员企业间的交叉持股、共同投资等手段,形成命运共同体和利益共同体。它十分强调"和"与"团结",虽以国际通用、标准化形式出现,但带有明显的东方儒家文化的烙印。

值得注意的是,不同于传统财阀的金字塔形结构,现代的日本六大财团内部各成员企业之间并不存在上下级的支配关系,在经营决策方面保持着各自的独立性。因此,财团也被称为"横向集团企业群"。以三井财团为例,联系三井财团横向集团企业群中各企业的是总经理会(二木会)、三井业际研究所、三井广报委员会、纲町三井俱乐部等机构。

正是这些机构的协调作用,才使得表面松散的三井财团可以成为一个联系紧密的整体。其中,二木会作为三井财团的总经理会,是三井财团的统筹领导机构,由26家核心企业构成,其中三井银行、三井物产、三井不动产的首脑为二木会的核心。二木会并不是财团的管理者,而是一个提供决策和协调财团战略发展的作战联席会议总参谋部。

单打独斗不是长久之计

1961年,现代意义上的三井财团最终形成,实际上已经完全摆脱了传统财阀的家族血缘式结构,其在化工、重型机械、综合电机、汽车制造、房地产、核电、半导体、医疗及办公电子设备等行业拥有重点布局。三井财团内部企业除三井物产、三井住友银行、三井不动产外,还包括王子制纸、丰田、东芝、东丽、石川岛播磨重工等。

三井财团非常注重以人为本,日本商界一直以来都有"人的三井"的说法。三井财团内部各成员企业之间存在大量的人事互派,这种高级经理人在财团内部流动,在过去和现在的三井财团中都十分普遍。三井物产作为综合商社则承担起了为财团企业培养人才的责任,很多三井财团成员企业的社长(总经理)都来自三井物产的各营业部门。

同三井财团类似,这一时期的三菱和住友也延续了曾经财阀的商号,实现了重新聚集。住友财团的前身是17世纪以别子铜山的铜矿石开采起家的住友家族，内部经理会称为“白水会”，由20家大企业组成。核心企业有三井住友银行（住友银行）、住友金属、住友化学、住友商事、松下电器、NEC等。住友财团在金属业、金融业以及电气产业方面有较强的实力。

三菱财团起始于岩崎弥太郎在1873年创立的三菱商会，主要业务类似于今天的物流。三菱财团以汽车、成套设备、军火、电子、石油化学、飞机、造船、核能等产业为重点，并致力于城市住宅开发和新材料开发等，同时还控制着日本的军火工业。经理会则称为“金曜会”，成员有29家公司，包括三菱银行、三菱商事、三菱重工、三菱电机、尼康等。

进入20世纪60年代中后期，日本迎来了二战后经济高速增长阶段，越来越多的日本企业意识到了单打独斗不是长久之计，抱团取暖才能实现共同发展。为了适应新时代产业体系化的需要，模仿三井而形成的抱团式民间财团逐渐出现，富士、三和和第一劝银三大财团就是在此时出现的，相比于继承了财阀制度和文化遗产的三井，新的财团结构相对松散。

三井财团（二木会）	住友财团（白水会）	三菱财团（金曜会）
富士财团（芙蓉会）	三和财团（三水会）	第一劝银财团（三金会）

掌握日本经济命脉，控制着日本全国60%以上总资产的六大财团：三井财团、住友财团、三菱财团、富士财团、三和财团、第一劝银财团

1966年，以富士银行为首，开始集合二战前安田财阀所属的企业，组建起芙蓉开发组织，富士财团正式形成。富士财团的综合商社是有着150多年历史的丸红株式会社。作为日本具有代表性的大型综合商社，丸红是一个综合性企业集团。此外，富士财团成员还包括日产、日立制作所、安田信托银行、安田人寿保险等日本企业。

就在富士财团成立的第二年，以关西为据点的数十家企业公司在三和银行董事长的倡导下组成总经理级的组织——三水会，由此正式组建起了三和财团。实际上，三和财团的性质与富士财团有些相似，都是为了适应产业体系化的需要而适时转变为财团的，旗下企业的历史派系零散，甚至像宇部兴产、阪急电铁、大林组等集团，几乎就是东拼西凑的产物。

1978年，第一劝银财团成立，由48家大企业组成，是日本六大财团中成立时间较晚而成员最多的一个财团，其在化工纤维、金融、光通信、计算机、石油开发、食品等方面较有优势。经理会称为“三金会”，其核心企业有第一劝业银行、伊藤忠商事（综合商社）、富士通、清水建设、川崎制铁、旭化成工业、富士电机、横滨橡胶等。

如今，三井、住友、三菱、富士、第一劝银、三和六大财团控制着日本的大量公司，在日本拥有的50余家世界500强企业中，出身六大财团的就有40多家，占比超八成。据统计，六大财团共计控制日本全国60%以上的总资产、55%以上的总资本、60%以上的销售额、20%左右的就业人员，因此说财团控制着日本的经济命

脉，一点都不为过。

新时代的财团生态体系

从发展的历史过程中不难发现，二战后形成的日本六大财团实际上完全可以分为两种类型。如果说三井、三菱和住友是继承了传统财阀文化基因的“亲兄弟”们自然团结在一起的，那么富士、三和和第一劝银就属于模仿前者而形成的“结拜兄弟”。事实上，延续了传统商号的三井、三菱和住友，在一定程度上也传承了商业文化遗产和企业经理的情感要素。

这种财阀遗产也就成了三井、三菱和住友这三大财团比富士、三和、第一劝银这三家新财团凝聚力更强，更像“一个集体”的根本原因。仅三井、三菱和住友主要核心企业共享来自前财阀且传承数百年的同一商号这一特点，便是其他以银行为中心的新财团所不能比的重要优势来源。因此，富士、三和、第一劝银等财团本质上更类似于互助会或者企业俱乐部。

财阀是指在同一金融寡头控制下，结合同族、近亲而形成的垄断资本集团，以家族总公司为中心，形成“家族总公司—直系公司—旁系公司”的特殊持股关系。虽然旧财阀已经初步具有了商业资本、金融资本和产业资本相结合的特点，但并不符合新时代的发展趋势。所以，新财团在继承旧财阀文化遗产的同时也要不断改革与创新。

新时代的日本财团，不能用西方经济理论来进行解读，因为这是由东方三井商道孕育的较为特殊的事业形态。因此，在英语、法语或者德语等使用拉丁字母的语言中，在学术性的场合或者其他要求精确的场合，“财团”通常使用罗马字拼写的日语 Zaibatsu，而不是西方定义的 Consortium（银团）、Plutocrats（财阀）或者 Konzern（康采恩）。

20 世纪 80 年代，以丰田、索尼、日立、东芝、富士通等为代表的日本企业逐渐崛起。这些新兴大型日本集团企业已经不再主要依靠财团的主办银行进行融资，而是进入了全球资本市场，通过全球发股、发债来融资，并且由此成长为新的日本企业集团。于是，一些学者认为研究这些国际化大公司的治理结构已经不能算是研究日本的公司治理问题了。

恰恰相反，这些从制造业中成长起来的新兴大型国际化的日本集团企业也正在逐渐走向财团化，其中尤以丰田为核心代表。由传统制造业成功向现代化财团生态转型，丰田汽车之所以与一般制造业企业不同，主要是因为其深受三井商业文化的熏陶。从一开始，丰田汽车就是三井财团二木会（总经理会议）的重要成员，其与三井财团之间有着割舍不断的历史渊源。

以三井物产为核心的三井财团是日本产业、商业力量的代表和象征，而丰田财团可以看成制造型企业成功学习三井商道，升级为财团的典型案例。不知不觉中，深受三井商业文化影响的丰田集团内部已经悄然孕育出了一个“小三井物产”——丰田通商（丰田财团的综合商社）。像三井物产一样，丰田通商承担起了培育和构建全球汽车产业链的重任。

日本社会有着“丰田 GROUP 17 社”的说法，指的是由丰田财团控制的复合型企业的总称，包括但不限于丰田汽车、丰田通商、丰田金服、丰田纺织公司、丰田自动织机制作所、爱知制钢、爱信精机、丰田合成、电装、丰田车体、丰田工业、捷太格特、东和不动产、丰田中央研究所、大发工业、日野汽车、斯巴鲁等企业。这些企业构成了庞大而密集、涉及更多领域的“产业互联网”体系。

“丰田 GROUP 17 社”已基本定型了“产商融”财团模式，即以汽车相关制造业为产业基础，以丰田通商为综合商社及纽带，金融主体则包括丰田金服和自有储备资金，因此有人习惯将丰田称为“大财阀”。但事实上，与其将丰田称作财阀，倒不如将其看作一个新时代的财团，因为两者之间存在本质上的区别：一个是历史的产物，另一个是顺应时代发展的必然。

第三节 “产商融”立体作战

综合商社落实贸易立国战略

二战结束后初期，美国对日本经济的全面接管，导致出现了极度混乱的时期。如何维护和平和重建经济成了日本政府及社会的当务之急，以一桥大学校长中山伊智郎为代表的学者们提出了“贸易立国主义”。他们认为，从日本经济自身固有的特点来看，日本只能走贸易立国之路，即通过扩大出口增加所需的进口物资，实现经济的恢复与发展。

1946 年 3 月，《重建日本经济的基本问题》报告出台，指出：日本要把战时的统治经济体制转变成为和平的自由经济体制，实现经济的民主化和技术的高度化，发展具有国际竞争力的新型出口产业，振兴国际贸易，走加工贸易的道路。随后，占领军当局和日本政府逐步恢复了民间对外的进出口贸易，这也表明贸易立国论最终在政策上得到了体现。

1953 年，随着日本政府实施了旨在给予商社税制优待、改善外汇分配和放宽进出口管制等政策，财团的综合商社开始成为日本贸易立国战略的主力军团，以三井物产（属三井财团）、三菱商事（属三菱财团）为代表的综合商社更成了其中的佼佼者。这一时期的日本商社基本上摆脱了二战前单一的专门化模式，逐渐向经营综合化商社发展，以适应不断变化的国际贸易市场。

当时，日本的钢铁工业发展很快，由1946年的生产粗钢56万吨开始，到1973年高达1亿1900万吨，仅次于美国和苏联，居世界第三。激增的钢铁产量需要足够的出口量相匹配，开拓出口渠道的正是财团的综合商社。1969年，日本出口钢材1550万吨，成了世界第一钢铁出口国。20世纪70年代，日本钢铁出口贸易一直占世界钢铁贸易的30%左右。

通过遍布世界各国的营业网，综合商社把收集到的世界各地顾客对钢铁的需求信息传送给日本国内的钢铁厂商。从商品运输到交货、结算，商社要承担许多风险。不仅汇兑行市和海上运费经常会发生变动，而且随着世界形势的发展，各国政治、经济和贸易政策也往往会发生变化。能够从容应对这些风险的同时，还能完成钢铁贸易的也只有强大的综合商社。

1963—1972年，不仅仅是钢铁资源的出口，9年间日本的外贸总额也增长了4倍，其中以三井物产（属三井财团）、三菱商事（属三菱财团）和住友商事（属住友财团）为代表的十大综合商社就垄断了总出口量的50%和总进口量的60%以上。可以说，那些关系到日本经济存亡的主要能源资源贸易，基本上集中控制在日本各大财团的综合商社手里。

综合商社的作用还在于促进国内流通的合理化、效率化，并且建立起了一套体系化的国内流通体制，导致国外势力无法打进日本市场。其中，最具代表性的就是三井物产的甲南食品联合企业。作为组织方，三井物产组合了磨面、制糖和食油加工等多家二次加工厂商，建立了面条、方便面、乳制品、冷冻食品和香肠等的产销联合体制。

除主导资源贸易和构建国内流通体制外，财团的综合商社还肩负着引进国际先进设备与高科技的使命，这也为此后日本的产业崛起奠定了基础。数据显示，1955—1977年，日本从美国和西欧国家共引进甲种技术19680件，同时还进口了一些一般机械、电子机器、原子能机器、化学、光学、医药、钢铁等行业的先进设备制品。

无论是引进技术还是引进设备，大多需要依靠三井物产、三菱商事这样的财团综合商社。从侦悉技术、设备的国际行情到交涉繁复的引进条件，再到签订引进合同、安排设备进口及协调安装等，能一手承办如此庞杂业务的机构，非综合商社莫属。即便有的引进项目并未交给综合商社全权代理，但在引进的个别环节上也需要得到它们的协助才能顺利完成。

超级联盟助力产业崛起

1972年，美国政府借口卡西欧公司违反《反倾销法案》，拒绝向日本继续提供核心集成电路（半导体技术的核心材料）。日企在美国受到重大打击，卡西欧公司的计算器份额也直接掉到了27%。面对这一局面，日本国内决定“不卖给我，

（我）就自己做”。然而，想要自主生产谈何容易，当时最关键的半导体制程设备和生产原料都要从美国进口，日本相关的技术完全落后于美国。

虽然20世纪70年代的日本已经成了新的“世界工厂”，成为世界市场大规模提供工业品的生产制造基地，但日本还没有确立起产业技术领域的优势。通过技术引进，将国际先进技术与国内的工业生产相结合，的确可以迅速成为“世界工厂”。可想要真正提高本国的工业生产水平，就必须拥有属于自己的关键技术，财团的制造业企业在这一过程中起到了关键性的作用。

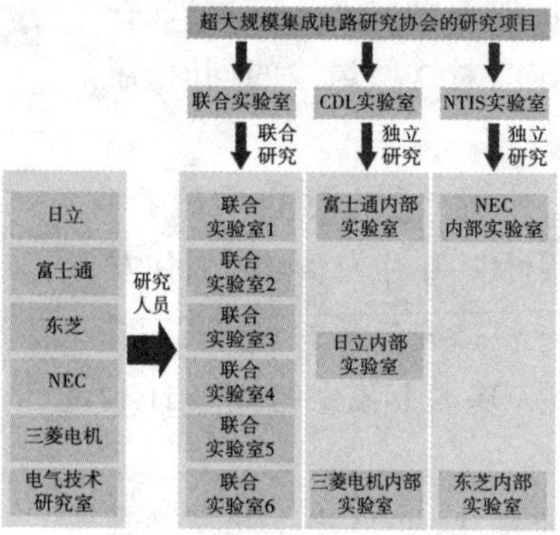

日本超大规模集成电路（VLSI）项目组织设置，其科研经费的大部分由日本各大财团的科技企业提供

1976年3月，由日本通产省牵头，以东芝（属三井财团）、日立（属富士财团）、三菱电机（属三菱财团）、富士通（属第一劝银财团）、NEC（属住友财团）五大公司为骨干的国家性科研机构超大规模集成电路（VLSI）技术研究所正式成立。由日本著名的半导体专家垂井康夫担任研究所所长，专门进行半导体产业核心技术的研发工作。

1976—1979年，超大规模集成电路技术研究所的研究经费总额达737亿日元，其中政府补贴291亿日元，只占科研经费总额的40%，剩下的大部分研究经费由日本各大财团企业提供。研究所在不同的年份的研发费用分别占日本半导体产业研发总费用的22%～66%。根据研发项目与商业化应用的距离不同，项目的研究工作分别在联合实验室和成员企业的实验室进行。

项目的联合实验室主要关注对所有成员企业都有用的通用技术和面向未来的不需要利用企业现有知识的基础技术。财团成员企业的实验室负责项目的应用性技术的开发工作，占用总体预算资金的85%。成员企业的研究室分为两组：富士通、日立和三菱组成计算机开发实验室（CDL），NEC和东芝组成日本电气—东芝信息系统（NTIS）。

半导体产业超级联盟的形成也在很大程度上展现了日本财团企业的一大特色，即平时相互竞争的日本企业也可以很好地组织融合在一起，共同开展研发工作。这种财团企业之间的联盟不仅集中了各自的人才优势，也促进了平时在技术层面沟通甚少的日本企业之间的相互交流、相互启发，推进日本在半导体芯片领域的技术革新和产业发展。

正是超大规模集成电路技术研究所和几大财团企业的共同努力，才奠定了日本在20世纪中后期半导体芯片行业的霸主地位。针对难度较大的高风险研究课题，日本半导体产业超级联盟采用多个企业实验室联合作战的方式，充分调动各财团企业进行良性竞争，又在一定程度上考虑了参加项目企业的利益，从而保证了研发的积极性和成功率。

三井、三菱各大财团企业之间的技术整合是日本半导体芯片产业迅速崛起并走向巅峰的秘诀。1970—1985年的15年间,日本电子产业产值增长了5倍,国内需求增长了3倍,而相关产品出口则增长了11倍之多。不仅如此,日本制造的品质也在快速提升。1980年美国惠普公司的芯片测试结果显示,“日本的良品率远远高于美国”。

日本财团企业联盟模式的成功得到了国际同行和观察家的广泛关注,其他国家纷纷仿效日本式合作研究。1984年,欧洲启动了数十亿美元的欧洲信息技术研究开发项目的战略计划(ESPRIT)。1987年,美国14家半导体公司组成了半导体制造技术战略联盟,美国政府为其提供50%的研发经费,其余则由企业自行筹措。

跃居世界第一投资大国

20世纪80年代初,在多年贸易立国战略的指导下,日本已经成为仅次于美国的世界第二大贸易国,但对外投资规模仍然较小。随着国内外经济形势的改变,创造日本二战后经济奇迹的贸易出口拉动型增长模式难以为继,日本经济面临增速放缓和结构转型的挑战。为此,日本将经济发展战略逐步由贸易立国向投资立国转变。

在此之前,日本对发达国家的投资主要集中在商业、金融与保险等第三产业,对发展中国家的投资则主要集中在轻纺等劳动密集型和资源开发型产业。从20世纪80年代中后期开始,日本增加了对发达国家制造业及发展中国家机械、电器行业的投资。海外投资增长带动日企内部贸易尤其是母公司与子公司间的贸易额不断上升,进而推动日本对外贸易进一步增长。

当时,东南亚地区仍处于经济起飞阶段,按照小岛清的“雁阵模型”,日本将国内相对落后的技术通过投资的方式转移到这些地区,可以带动当地生产技术和管理水平的提高。同时,对外投资收益和落后产业转出也为日本国内科技创新与产业向价值链高端迈进提供了资金和空间,二者形成良性互动。这不仅是生产技术、管理资源的转移,也是金融资本的转移。

投资立国表面上看是日本制造业企业在调整国内产业结构,将低技术水平、低附加值、高能耗、高污染的产业转移到海外,并扩大国内高技术水平、高附加值产品的生产规模,实际上也是日本的金融资本在全球范围内寻求最佳资源配置的一种趋势。因此,强大的国内金融实力才是日本投资立国战略的根本,而为其保驾护航的正是财团内的银行金融机构。

虽然在20世纪70年代日本也开启了金融自由化,但日本财政部和中央银行依然对银行业实行较为严格的监管,对日本银行系统形成100%的安全网。当时的日本银行业以安全著称,银行破产是不被允许的,银行可以持有公司客户1%~5%的股份,客户也可以持有银行的股份。同时,日本强调关系银行,银行对关键的公司借款客户可以收取很低的贷款利率。

对于海外投资的资金来源,除企业自身的资金积累和银行贷款外,日本政府一方面与金融机构等一同为企业海外投资提供大量优惠的信贷政策;另一方面鼓励金融机构加大企业对外投资的支持力度,鼓励金融机构发展海外分支机构,加强与受资国金融机构的合作。以三井银行、三菱银行、住友银行为代表的财团金融机构正是日本政府海外投融资政策的有力执行者。

在三井、三菱等几大财团的主办银行全力支持下,日本对外经济结构开始从以商品输出为主转向以资本输出为主。1984 年,日本第一次取代美国,成为全球最大的债权国,甚至有美国人惊呼,“日本时代到来了”。1989 年,日本三菱财团斥巨资买下了位于美国纽约的洛克菲勒中心大厦,这也成为日本资本对外投资的一个标志性事件。

1990 年,日本跃居世界第一对外直接投资大国,2005 年所得收支盈余首次超过贸易盈余,成为日本国际收支经常项目的最大顺差来源。截至 2023 年,日本海外净资产已达 471 万亿日元,连续 33 年保持全球最大海外净资产国地位。拥有大量海外资产以及资产收益,确保了日本仍然是一个非常富裕的国家,而日本的国民也成了这一战略的最大受益者。

当然,也有分析认为日本虽然常年位居世界第一大对外投资国,但由于其对外投资结构的问题,日本对外投资的收益率一直偏低。事实上,这正是日本财团金融机构主导海外投资的特点之一,相比于更快且收益更高的金融证券投资和短期获利项目,日本财团更加注重具有成长性的长期项目和产业链投资,因此日本财团的投融资模式更加符合“产业投行”的定义。

“抱团出海”的正向聚集效应

进入 20 世纪 80 年代中后期,为了避免贸易摩擦进一步激化,同时受日本国内劳动力成本上升、日元急剧升值等因素的影响,日本企业开始将目光转向海外市场,“走出去”成为当时的热门话题。面对国际大市场,日本企业并没有选择单兵出击,而是从一开始就采取了“抱团出海”的策略,并在信息获取、产业协同、融资助商等方面产生了正向的聚集效应。

以日本在东南亚开展的“新干线外交”为例,日本财团在其中起到了至关重要的作用。三井物产等综合商社通过贸易活动与东南亚国家的政府官员和工商界人士建立良好关系,并向前往建厂的日本企业传授东南亚国家的政治、经济、法律和税务等领域知识,财团的主力银行则为各类产业项目提供资金支持,这些实际都为日后新干线铁路在东南亚的铺设奠定了坚实的基础。

日本财团实行立体作战：金融是空军，商业是海军，产业是陆军，空军和海军为产业发展护航。三井、三菱等财团实力雄厚，通过参股的方式掌握着众多产业，这样就能够把产业、资本和贸易有机结合到一起，实体产业发展随时都有金融和商业的支撑。要出海就必须有航空母舰“海陆空”的立体配合，就是“产商融”的财团体系，这也是日本企业能够在海外立足的原因。

日本财团出海战略实行立体作战：金融是空军，商业是海军，产业是陆军，“海陆空”配合，就是“产商融”的财团体系

出海投资不仅仅是单一的业务领域，它其实涉及所在国政情、社情、民情的方方面面。如何缓解当地国家的民族情绪，如何改善所在国媒体的负面形象，如何完美地将商业合作与政治关系进行有效融合，中国和中国的企业需要更好地向日本和日本财团学习。

日本财团企业之所以能够在国际上风生水起，主要是因为日本财团独特的海外投资艺术。在海外投资过程中，日本财团很少在当地建立分公司，也几乎不追求“控股”，更多的时候是以一种参与者、合作者的身份开展活动。日本财团习惯将自己在当地的关联企业推到台前，自己则隐藏起来，这样既避免了与民族主义产生冲突，也在很大程度上降低了与投资国当地政府的敌对程度。

在产业资本和金融资本联手“走出去”的过程中，日本中小企业需要一个起纽带作用的商业组织。三井物产这样的综合商社在日企“抱团出海”过程中发挥了核心纽带作用。回顾日本企业走向全球化的过程，其中无不伴随着三井、三菱、住友等财团的贴身服务。如今，中国企业“走出去”也需要产业力量和金融支持架桥开路，嫁接海外优势资源。

综合商社作为连接产业（制造公司）和金融（主力银行）的重要环节，通过情报数据和市场需求，就能发挥金融投资和帮助企业融资功能。一方面，综合商社能够帮助有长期产业价值的制造企业获得融资，从而保持企业经营的稳定性；另一方面，综合商社也可以为主力银行寻找到可靠的投资对象，在降低整体风险的同时实现产业、金融和商业多方面的互惠互利。

在日本财团内部，银行之所以愿意为制造企业大量融资，是因为其同属一个财团，常常相互持有股票甚至管理层相互流通。在制造型企业中，如主机厂和配件厂也愿意抱团进入海外市场，这是因为其往往存在着长期的交易关系，甚至共同享有资产。在这一过程中，作为组织者的综合商社并没有对产业与资本的方向进行政策性引导，而是完全遵循经济关系自然推进。

由于同属一个财团，因此日本企业在海外发展时很少展开过度竞争。即使不同财团之间，也往往存在表面竞争却私下合作的情况，综合商社和财团企业的负责人会定期聚首共商，并通过协商和利益均分，确定各自的客户群体和目标市场。

这也使得日本各大财团的企业在国际谈判上能够实现高度团结，形成更庞大的利益共同体，提升国际话语权。

第四节　向“世界第一”学什么

《财富》榜单曝光三井财团

1994 年，在美国《财富》杂志世界 500 强排行榜（不含美国公司）中，日本三井物产排名第一。此外，排在第二到第五名的也都是日本财团的综合商社，分别为三菱商事、住友商事、伊藤忠商事以及丸红。美国《财富》杂志以严谨态度评估推出的这份企业榜单，超越了国家、民族、文化而成为全球经济的一个标准。迄今为止，没有任何一种媒体的“排行榜”能望其项背。

1995 年 8 月，美国《财富》杂志首次发布世界 500 强企业榜单，这是一份包含了美国和其他各国企业在内的综合性榜单。当时日本共有 149 家企业上榜，仅次于美国的 151 家，约占榜单总数的 30%。而从营业总额方面来看，日本企业占比高达 37%，高于美国企业的 29%。那时的日本经济正值巅峰，GDP 高达 5.45 万亿美元，经济总量相当于德英法三国总和。

在首届世界 500 强的榜单前十名企业中，日本占据了六个名额，分别是第 1 名的三菱商事、第 2 名的三井物产、第 3 名的伊藤忠商事、第 4 名的住友商事、第 6 名的丸红和第 9 名的日商岩井，它们都是财团的综合商社，可以说日本是名副其实的初代霸主。1996 年的《财富》榜单中，虽然日商岩井跌落到第 11 名，但与三井物产同属三井财团的丰田汽车升至第 8 名。

当然，由于《财富》杂志评选的最主要标准是企业的规模和销售收入，因此并不能简单地以排名论高下。事实上，衡量一个企业的实力应该是多维度的，比如盈利能力、核心竞争力等。同时，这份企业榜单实际上是按照欧美的经济概念和西方企业的逻辑进行排名的，很难客观地解读与分析日本企业，特别是日本的财团体制。

以 1996 年的《财富》杂志榜单为例，上榜的 100 多家日本企业看似相互独立、各不相干，其实它们之间往往存在诸多联系。例如，在这份榜单中，冠以“三井”商号的企业就有 5 家，分别是第 2 名的三井物产、第 130 名的三井生命保险、第 329 名的三井不动产、第 394 名的三井信托银行以及第 433 名的三井海上火灾保险，显然这些企业都隶属三井财团。

不仅如此，榜单中第 8 名的丰田汽车、第 21 名的东棉、第 32 名的东芝、第 40

名的索尼、第88名的新日铁、第108名的樱花银行(现三井住友银行)、第209名的丰田通商,也同样隶属三井财团。但是,因为现代的日本财团内部各成员企业之间并不存在上下级的支配关系,在经营决策和盈利预算等方面保持着各自的独立性,所以并不会以三井财团的形式出现在榜单之中。

《财富》杂志只是通过简单的资产数字、销售数额、股东权益等指标对这些日本企业进行了排名,似乎企业的成功标志就是单纯的实现利润,但很显然这些数字无法全面且真实地评价日本的财团企业。仅仅按照西方的经济逻辑无法理解,为什么日本财团这个看似松散的组织,却能协调一致地掌控着整个日本经济的命脉,并将触手延伸到了世界每一个角落。

1997年,亚洲金融危机爆发,而美国金融资本的目标实际上就是这些在世界500强榜单前列的日本财团企业。当时,像三井物产这类日本经济的"领头羊"企业的大规模投资正在东南亚地区有条不紊地进行着,大型建设项目也纷纷上马。美国金融资本正是通过这次对东南亚地区的打击,直接削弱了日本的海外投资及其在国际经济领域的影响力。

进入21世纪以后,受日美贸易摩擦逐渐升级的影响,也为了在全球更好地进行产业布局,日本财团企业开始纷纷隐身,将重要产业机构独立核算并设立独立法人公司,在世界500强的排名迅速下降,其真正的实力和活动则被隐藏了起来。到2000年,日本世界500强企业已降至107家。2006年,日本只有70家公司进入世界500强,但日本财团的实力在暗中增强。

全球产业链的"中国大活用"

2000年前后,刚刚经历了亚洲金融危机的日本经济界(主要指财团)提出了"中国大活用""超制造业""国际垂直分业体制"等构想。"中国大活用"是指实现中日两国关系产业互补。"超制造业"是指日本脱离制造工业,从事研发和部件制造,在中国进行组装。"国际垂直分业体制"则是生产一个产品需要很多的工序,把这些工序垂直地安排到全球产业链上。

2001年12月,中国正式加入WTO,这标志着中国的产业对外开放进入了一个全新的阶段。此后,伴随着国际企业在华的抢滩布点,许多日本大型企业也逐渐实施把制造重心转移到中国的计划,以实现其东亚"超制造业"的构想。在这一过程中,以三井物产等综合商社为首的日本财团成了这一计划重要的力量。

以三井物产为代表的综合商社是日本产业资本、商业资本、金融资本的纽带,是民间与政府对接的桥梁

在日本,三井物产等综合商社被称为"产业组织者",是日本产业资本、商业资本、金融资本的纽带,是民间与政府对接的桥梁。

从历史发展轨迹看，三井财团的发展就是由其核心的三井物产（综合商社）进入贸易开始的，后来随着财团贸易和经营规模的不断扩大，所接触的行业不断增多，并积累了大量的政商情报，三井物产也就顺势做起其他企业的中介人。

以日本东芝在中国大连开设工厂为例，当时东芝在大连的第一个办公场所就是大连三井物产的一间办公室而已。此后，也正是在三井物产的统筹串联下，东芝大连才逐渐在中国成长起来。一般来讲，三井物产参加投资的企业或项目本身就是三井财团内部的企业或者三井财团多年的合作伙伴，这样三井物产才能够为此与该企业建立长期合作关系。

2002 年，东芝大连开始开展医疗器械部件、组件的生产及销售事业。2004 年，日本东芝医疗系统株式会社参股东芝大连，此时参与东芝大连初创的三井物产持有的股份仅为 3.6%。到 2005 年时，三井物产更是完全退出东芝大连。这实际上也是三井财团的特点之一，在与财团所属企业共同投资时，三井物产并不做大股东，所占股份一般都低于 10%。

与此同时，三井物产也并不直接进行生产活动，它会让财团所属企业控股，之所以这样做，是因为它认为，财团所属对口企业才是该行业的专家，这样才能确保经营决策的科学性与正确性。当然，这并不意味着三井物产就失去了重要性，综合商社的核心目的是打通产业链，利用对渠道的控制来掌握该企业的原材料供给和运输，从而谋求稳定地确保商权。

虽然三井物产在 2005 年就退出了东芝大连，但当时的三井物产已经在中国布局成立了 157 家合资公司，其影响力对于东芝在中国业务的拓展作用不言而喻。可以说，是三井物产扶植了同属三井财团的东芝大连在中国站稳了脚跟并帮助其走向了成功。东芝在大连的成功投资，也拉动了一大批日资企业来到大连。显然，三井财团投资东芝大连并不追求利润第一，而追求长远的发展空间。

在开拓中国市场方面，三井物产一般会邀请自身财团所属的企业共同投资，如被邀请的某个企业不愿意参与该项目也没有关系，反正三井财团的成员众多，领域也涉及了粮油、机械、能源、化纤、物流等方方面面，总会有成员企业对已考察项目感兴趣。甚至，三井物产也会邀请其他财团的企业加入合适的项目，这种倾向实际上在日本各大财团综合商社中相当普遍。

进入 21 世纪后，除以东芝大连为代表的电子产业外，综合商社三井物产及隐藏在其背后的三井财团不断以准军事化的行为方式部署着它们的全球战略，并在芯片、汽车、农业、稀土等国民经济的重要产业上开辟出一个又一个的阵地。日本财团的全球谋略不容小觑，笔者于 2020 年出版的《三井帝国在布局——揭开日本财团的“一带一路”》一书中对此有详细记述。

“失去的二十年”是哀兵之策

2012 年，日本财经记者池田信夫的《失去的二十年》一书在中国出版。全书共分9章，从日本的现状、历史和经济学的角度出发，分析了日本经济停滞二十年的原因。在作者池田信夫看来，许多极具日本特色的经济制度，的确曾经在日本战后的恢复时期发挥了积极作用，但在全球化迅猛发展的当今世界，却已经成了严重阻碍日本发展潜力的枷锁桎梏。

作为在日本经济界和民间享有盛名的经济学者，池田信夫对日本经济无论是宏观、微观还是理论政策、现实运行，都有比较深切的研究，因此其对日本“失去的二十年”原因的分析极具实际意义。但是，池田信夫的学习背景（东京大学经济专业）和工作经历（财经记者），也导致他或多或少地被西方经济思想和传媒体系所影响。

在书中，池田信夫最为推崇的就是美国垃圾债券大王——迈克尔·米尔肯。池田信夫认为，米尔肯的掠夺式融资手段，用毁灭的方式为创新提供了足够的空间，最符合资本主义的精神。正是米尔肯的杠杆收购摧毁了许多美国的大型联合企业，从而使更多的精英人才脱离了这些大企业的束缚，选择自主创业，才有了后来的英特尔、思科和甲骨文等新的独角兽公司。

显然，池田信夫将日本“失去的二十年”的矛头指向了所谓的“僵化的经济体制”，甚至认为应该运用现代化的金融技术手段对其予以彻底摧毁，只有建立新的经济制度才能拯救日本。不仅如此，池田信夫还对曾经在日本股市上呼风唤雨的“金融强盗”村上世彰表示了同情，认为他具有和米尔肯一样的资本主义精神。（村上世彰及村上基金内容详见本书第八章。）

然而，就像侦办村上世彰案件的日本检察官所说的那样：“我们不能任由社会不公正的现象发展猖獗，有那么多人辛勤流汗工作还保不住饭碗，有那么多企业遵纪守法却遭遇打劫。”掠夺式的金融手段不应该成为“拯救”日本经济的法宝，日本传统的经济体制也从来都不是“失去的二十年”的原罪。那么究竟该如何看待“失去的二十年”这一话题呢？

中国社会科学院日本研究所副所长张季风认为，“日本现在仍然是一个国民生活富庶的发达国家，所谓‘失去的二十年’或许只是一个过分夸大日本经济衰退的伪命题。在这段时间里，尽管日本经济增长速度很低，但仍取得了‘没有水分’的发展。同时，标志国民富裕程度的人均GDP仍一直处于上升状态，日本的经济实力和国民生活水平绝不逊色于欧美主要发达国家”。

事实上，持有此类观点的学者并不在少数。2013年，美国著名经济杂志《福布斯》刊登了专栏作家埃蒙·芬格尔顿所写题目为《日本失去了20年的说法是个大骗局》的文章，认为“日本失去二十年”的说法是荒诞的无稽之谈，在经济界引起很大反响。此外，诺贝尔经济学奖得主保罗·克鲁格曼也持有相同的见解，他认为关于日本经济萧条的看法缺乏经济学依据。

在一定程度上，“失去的二十年”可以说是日本明退暗进的哀兵之策。正是日本的示弱与长期的低调宣传，使得美国放弃了与这个昔日的“经济宿敌”较劲，从而采取了不恰当的对日政策，结果导致美国在很长一段时间里丧失了很多的经济利益。日本虽然放弃了表面的张扬，但是一直没有停止自己在经济、产业和科技领域的全面发展。

实际上，在日本经济被股市和房市搞得焦头烂额的艰难时期，正是财团企业扛起了日本产业经济软着陆和升级转型的重任。日本产业依靠着财团强大的体系支持，基于产业链发展进行合理布局，而不盲目追求利益，真正把资金和资源投入那些投资回报慢但附加值高的高精尖行业。可以说，日本“失去的二十年”正是其完成经济转型、产业升级、苦练内功的二十年。

产业转型升级的二十年

在进入“失去的二十年”之前，日本的繁荣是看得见的，数字上如 GDP、股价，生活上最出名的则要数当时的日本电器，无论是索尼彩电还是松下音响，在当时都是品质的代名词。如今在全球彩电、冰箱、洗衣机和空调等家电行业的排行榜上，日本企业早已不再名列前茅，这实际上就是日本产业转型升级的最佳代表之一，从品牌产品逐渐向核心制造扩展并转型。

日本产业升级的路径并非一帆风顺，而是伴随着许多的现实困境。首先，日本过去“模仿—改进—创新”的模式，难以适应 20 世纪 90 年代兴起的信息技术革命。其次，日本老龄化愈加明显，劳动年龄人口增速放缓，人口结构变化造成经济内部需求疲弱。此外，外汇升值以及资源禀赋劣势也加速了日本制造业海外建厂步伐，从而导致日本国内一定程度上出现“产业空心化”现象。

日本作为典型的东亚国家，其经济体制事实上基本属于财团主导型，因此其产业转型升级规划的制定者是财团智库。日本政府产业政策具有强烈的目标性和延续性，不仅会以一年为一个周期，编制出一个总体的产业规划，也会依据产业发展规律和日本的经济发展状况，确定每个时期所需要发展的主导产业，这实际上是产业转型升级的基础和政策保证。

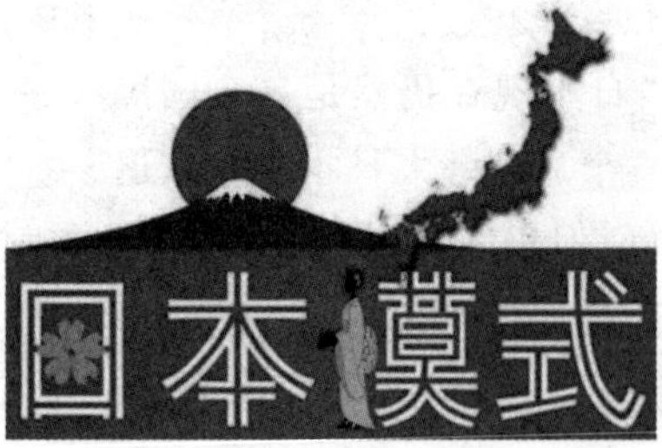

事实上，日本“失去的二十年”同时也是日本实现产业升级转型的二十年

制定了规划就需要有执行者，日本的经济是大财团经济，而日本的财团与政界、财界又有着千丝万缕的联系。日本大财团、大企业自然就成了主导产业的支柱。各大财团之间的相互交叉持股更是将各大财团紧密联系在一起，形成庞大的利益共同体，并依靠强大的财力、技术支持在国际竞争中与外国大资本抗衡，引导日本国内产业的转型升级。

三井财团旗下的索尼，20 世纪 90 年代凭借着一系列成功产品，一跃成为全球消费者电子业的巨人,被誉为“盈利机器”,更是日本经济高速增长和走向国际化的象征。进入21世纪以后,索尼的盈利能力开始衰退,苹果公司的iPod抢走了索尼随身听的份额,美国微软公司的Xbox开始和PlayStation在游戏机市场分庭抗礼,韩国三星的许多产品甚至逐渐取代索尼……

似乎和日本经济一样,索尼也陷入了“失去的二十年”。然而,今天的索尼早已不再是单纯的电子家电制造企业,而是发展成了一家横跨电子、半导体、游戏、音乐、影视、金融六大行业的综合性国际集团。不仅如此,索尼还推出了配备自动驾驶功能的纯电动汽车,利用其在车载图像传感器领域占据的五成市场份额,探索进入电动汽车产业的可能性。

三井财团旗下的富士胶片,在20世纪的胶片时代曾和美国柯达公司是一对老冤家,它们之间的“黄绿之争”和两大可乐之间的“红蓝之争”,更是被并称为世界商战史的现象级较量。后来,随着电脑科技的突飞猛进,数字图像技术日益普及,传统感光化学工业开始走向没落,数码相机逐渐取代了胶片相机,富士胶片的辉煌貌似迎来了终结。

2012年,拥有130多年历史的柯达公司申请破产,这也意味着胶片时代的结束。可是,富士胶片非但没有没落,反而因为“二次创业”而成功实现产业转型。现在,传统影像相关业务只占富士胶片总销售的13%左右,医疗健康(26%)、高性能材料(26%)等业务所占营业收入比重则在逐渐增大,富士胶片的产业领域早已不止于胶片。

不仅是索尼和富士胶片,作为日本国家战略的执行者,财团的制造业企业在产业转型升级过程中都起到了非常关键的作用。以财团大企业作为主导产业的支柱,依靠财团体制的团结互助优势,可以有效地抵御外来的冲击,防止外国资产的渗透,始终保持日本国内资产的属性。在依靠自身力量实现产业升级的同时,财团体制在一定程度上也保护了日本国内中小企业的发展。

第五节　财团体系即产业生态

无处不在的“影子帝国”

2004年,三井物产将企业内部经营份额最大的能源和矿产部门分立出去,这也直接导致其世界500强企业排名从前一年的第11跌到第177。作为三井财团的综合商社,三井物产通过拆分业务和分散经营的方式将自身实力隐藏起来的做法,正是三井财团在进入21世纪后所执行的一种隐身策略,即不断弱化大众对财团庞大身躯的感知。

无论是农作物、矿产资源还是消费品,无论是原材料、中间件抑或终端商品,在所有的生产、贸易和物流环节,三井财团都扮演着“幕后推手”的角色,将自己的下属公司以及关联企业推到台前,通过这些企业不断地拓展市场、整合资源,掌控着产业链条的主导权,谋求利润最大化,而三井自己则隐藏起来,像极了“影子帝国”里的王者。

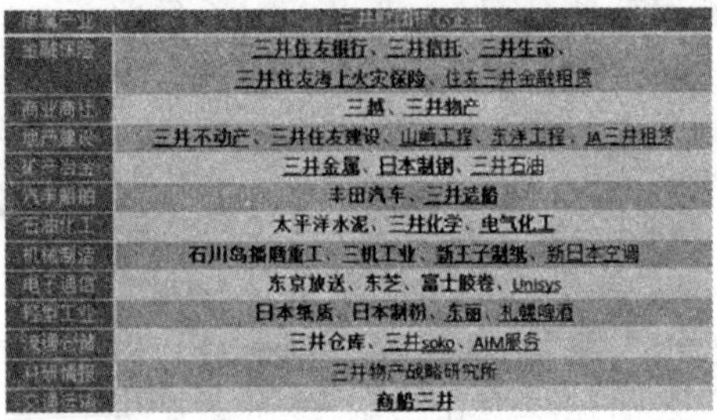

[illegible]	[illegible]
[illegible]	三井住友银行、三井信托、三井生命、三井住友海上火灾保险、住友三井金融租赁
[illegible]	三越、三井物产
[illegible]	三井不动产、三井住友建设、山崎工程、东洋工程、JA三井租赁
[illegible]	三井金属、日本制钢、三井石油
[illegible]	丰田汽车、三井造船
[illegible]	太平洋水泥、三井化学、电气化工
[illegible]	石川岛播磨重工、三机工业、新王子制纸、新日本空调
[illegible]	东京放送、东芝、富士胶卷、Unisys
[illegible]	日本纸质、日本制粉、东丽、札幌啤酒
[illegible]	三井仓库、三井soko、AIM服务
[illegible]	三井物产战略研究所
[illegible]	商船三井

日本六大财团之首——三井财团:“影子帝国”的庞大体系。它掌控着产业链条的主导权,谋求利润最大化

时至今日,大众对于三井财团的认知依旧是陌生的,如果依然将三井财团定义为三井家族统治的传统财阀显然是错误的。二战后,重新聚集起来的日本财团,无论是从经营模式还是组织结构上,和原先的传统财阀都有着本质的区别:现在的财团实际上更像一个不存在上下级支配关系的利益共同体和命运共同体。三井财团总经理会(二木会)资料显示,现在财团内部的26名核心成员企业如下:

三井物产、三井住友金融集团、三井住友信托银行、三井生命保险、三井不动产、三越百货、丰田、东芝、东丽(Toray)、石川岛播磨重工、富士胶片、王子制纸(OJI)、三井化学、三机工业、三井金属矿业、商船三井、三井住友海上火灾保险、太平洋水泥、三井住友建设、日本电化(Denka)、三井仓储、三井造船、日本制钢、日本制纸、日本制粉(NIPPN)、东京放送。

这些三井财团企业的经营范围堪称覆盖了社会生产生活的各个方面,可以说,人们每天都在与各种各样的三井企业打交道,却浑然不觉。当然,这些三井财团旗下的众多企业也并非三井财团完全所有,如果抛开“三井企业”这一标签,它们仍然是一家家各自独立的公司。三井财团可以理解为是一张由众多企业节点编织而成的大网,不动声色地助力着产业发展和时代进步。

2020年3月,中国国务院联防联控机制召开新闻发布会,介绍药物疫苗和检测试剂研发攻关最新情况。发布会上介绍,法匹拉韦已完成临床研究,显示出良好临床疗效,未出现明显不良反应,正式向医疗救治组推荐。法匹拉韦的英文商品名为“Avigan”,最早由日本的富士胶片富山化学研发生产,富士胶片正是三井财团旗下26名核心成员企业之一。

2020年10月,中国哔哩哔哩网站独家播出了由堺雅人主演的日剧《半泽直树》,该剧在日本平均收视率为28.7%,刷新了日本民放台日剧“零收视下降”的纪录。这部现象级的日剧是由TBS(东京放送)电视台拍摄的。东京放送是日本五大民营无线电视台之一,也是日本历史最悠久的民营无线广播公司。当然,东京放送也是日本三井财团的重要企业。

2021年5月,索尼的新一代家用电子游戏机PlayStation 5在中国正式发售,截至2022年5月,PlayStation 5在中国销量就已超67万台,全球范围内销量更是超过了2000万台。PlayStation系列作为全球最畅销游戏机品牌,其游戏主机的累计销量已经接近6亿台。不只是索尼,另一家日本游戏主机厂商任天堂在成立之初也得到过三井财团的大力支持。

2021年12月,位于上海一号线莲花路站上的车站型购物中心啦啦荟城(LaLa station)正式开业。车站、商业、办公一体化的复合型设施,将使一站式解决交通、购物、工作问题成为可能。LaLa station也是三井不动产的海外首个车站大楼商业设施。对于三井财团的商业版图而言,除三越伊势丹和7-11便利店以外,三井不动产一直都是不可忽视的重要力量。

从产业链到产业生态

近年来,那些曾经红极一时的日本品牌逐渐消失在大众消费者的视野里,于是"日本制造业衰落"成了新的话题。对此,日本综合研究所主任研究员野木森稔认为,"这并不意味着日本企业完败,中国在产品制造方面有优势,但很多零件是日本制造的。日本品牌逐渐消失令人遗憾,但零件制造也是激活日本技术发展的一种方式"。

不可否认的是,如今越来越多的日本制造业企业离开了终端消费市场。一方面的确是中韩两国相关企业的迅速崛起,使得部分日本企业被迫退出了激烈的市场竞争。但另一方面这又何尝不是日本制造业的主动选择呢?通过制造业产业链的结构调整,转型至需要更高技术门槛且竞争尚不激烈的高端商用市场,在那里日本企业仍然是市场中最有竞争力的选手。

尽管日本品牌不再如曾经那般辉煌,但日本在全球制造业领域仍然名列前茅,特别是在全球产业链上游的材料、零部件、装备制造等核心技术、高附加价值产品制造方面,日本仍无可争议地处于领先地位。中国科学技术发展战略研究院发布的《国家创新指数报告2021》显示,日本仅次于美国和瑞士位居第3,中国与发达国家之间仍有一定的差距,位列第13。

很长一段时间里,构建完善的产业链结构是二战后日本经济得以迅速恢复与发展的关键。但是,随着新一轮科技革命和产业变革突飞猛进,创新要素资源成为现代产业集群的核心竞争力,单一的产业链条模式很难适应新时代的要求,如何推动产业相关各方构建协同创新的产业生态就成了增强制造业高质量发展核心竞争力的关键,而这恰好是日本财团模式的优势所在。

日本的企业发展就是要成为"森林",和更多的企业共生,像丰田就是大树型企业,而在它身边的"灌木小草"(中小企业)也都活得很好,于是,许多棵这样的大树就构成了日本独有的产业生态体系——产业财团。美国的跨国企业虽然自身也是一棵参天大树，却遮挡住了“灌木小草”的阳光，抢夺了它们的资源营养，时间一长生态也就逐渐荒漠化了。

日本财团体系以垂直整合的方式，把研发、材料和零部件制造、物流、仓储、结算、销售等环节进行整合，实现了成百上千家企业与主导企业的水平分工，又实现了上、中、下游产业链的整合，推动企业在行业内、产业链内、区域内的互联互通。如果再在其间嵌入物联网、大数据、云计算等现代科技因素，便可形成一个稳定的产业生态系统，也就具有了持久的竞争力和生命力。

如今，三井、三菱、住友、三和、第一劝银、富士六大财团控制着日本的支柱产业，把控日本60%以上的总资产和20%的就业人员。这些财团企业便是日本产业生态中的主导企业，也可以理解为多条产业链上的“链主”企业，具备着行业标准的话语权、产品技术的主导权、终端市场的控制权以及关键资源的整合权等诸多产业链上的权力。

日本财团一改其过去咄咄逼人的强大气势，借助经济泡沫破裂后的颓势，营造出“无威胁的国际生产环境”，却一直在默默延伸着产业链条，构建起产业生态，并成为产业生态的真正主导者。表面上看，日本像是一个始终无法从过去走出来、失去二十年美好光景的虚弱巨人，实际上却是产业发展的规则制定者、生态构建者和利益获取者。

中国也要形成自己的财团

1978年10月，邓小平对日本进行访问，这也是新中国成立后国家领导人首次访问日本。访问期间，邓小平专门对日本具有国际先进水平的现代化企业、高科技设施等进行详细考察。在参观日产汽车座间工厂时，邓小平题词：“向伟大、勤劳、勇敢、智慧的日本人民学习、致敬。”当然，学习的不仅有先进的技术设备，还有优秀的经营管理方法，特别是日本的财团体制。

1979年，招商局集团在深圳蛇口打响了中国改革开放的第一枪——创办招商局蛇口工业区。1987年，招商局创办了中国自1949年以来的第一家股份制商业银行——招商银行，成为中国银行业经营体制改革的起点。次年，招商局又倡导成立了中国第一家由企业合股兴办的保险公司——中国平安保险公司。截至2021年底，招商局的资产总额达到了11.68万亿元人民币。

招商局蛇口工业区的经济发展特征和经济管理体制被称为“蛇口模式”，即实行“以工业为主，积极引进，内外联合，综合发展”的方针，重点发展工业，相应地发展商业、房产业、旅游业、运输业等，这实际上就是一种产业财团的发展模式。除了招商局，当时在邓小平的指导下，中国还先后在深圳、香港等地成立了中信、华润、光大等一系列财团性质的国有企业。

1979年10月，经改革开放总设计师邓小平亲自倡导和批准，国家原副主席荣毅仁于中国香港创办了中信集团。1987 年，中信集团又在深圳设立全资子公司中信深圳。成立以来，中信集团充分发挥经济改革试点和对外开放窗口的重要作用，成功开辟出一条通过吸收和运用外资，引进先进技术、设备和管理经验为中国改革开放和现代化建设服务的创新发展之路。

如今，中信集团确立了以金融为主业、涉及诸多领域的国有大型跨国集团的目标，试图通过做产业组织者让其在金融、资源、能源和制造业上的资源得到有机整合，从而形成全产业链竞争力。中信集团旗下的主力银行为中信银行，其总资产超 8 万亿元人民币，更是在 2022 年英国《银行家》杂志公布的全球银行 1000 强中位列第 19。

1983 年 5 月，光大集团在中国香港创办，成立之初企业以经营外贸和实业投资为主。自 20 世纪 90 年代开始，光大集团积极开办金融业务，回归内地市场并探索融入香港资本市场，先后成立了光大银行、光大证券等金融企业。从 2003 年开始，经过两轮改革重组，光大集团又成立了光大实业、光大金控资产等企业。至此，“光大系产业财团”已初具雏形。

现在的光大集团在境内外拥有光大银行、光大证券、光大控股、光大环境、中青旅、嘉事堂、光大永年、光大水务、光大绿色环保等上市公司。未来，光大集团还将继续以“做精金融、做优实业、做强集团”作为总体产业战略，全面构建大财富、大投资、大投行、大旅游、大健康、大环保六大战略单元和生态圈的协同发展机制。

1983 年 9 月，华润集团在中国香港改组成立。改组后的华润集团在做贸易的同时，开始有计划、大规模地进行实业投资，走上了贸易与实业相结合的发展道路。华润集团通过一系列实业化投资，推动企业逐步发展成为在香港和内地颇具影响力的、以实业化为核心的企业集团。如今，华润集团主营业务包括消费品制造与分销、地产及相关行业、基础设施及公用事业三大领域。

作为中国最大的产业财团之一，华润集团的多元化业务具有良好的市场竞争优势和产业基础：华润零售、华润燃气的经营规模全国第一；华润电力在中国是业绩增长最快、运营成本最低、经营效率最高的独立发电企业；华润置地是中国综合地产开发商最具实力的企业之一；雪花啤酒、怡宝矿泉水、万家超市、万象城则都是享誉全国乃至国际的著名品牌。

遵循三井商道的内在本质

在中国企业学习日本财团模式的实践过程中，究竟由谁来起步一直都是被探讨最多的问题。有的提出应依托大的商业公司、外贸公司建立自己的商社，有的提出应该依靠银行的主导作用来建立财团，也有的通过实施企业吞并与联合策略，探索构建财团的路径。当然，无论最初的母体是产业、是商业还是金融，发展过程都必须不断向以“商”为中心转变。

此外,有人寄希望于国企,认为国企应承担起建立中国自己产业财团的大任。又有一种观点认为,基于西方对国有性质企业的敌视,民企更适合成为“走出去”的中国财团母体。实际上,民企和国企都可以也都应该是财团体制探索和实践的主体。民企的主战场更多的在日常消费品及其他普通产业,国企的主战场则是在能源、资源及其他战略性产业。

无论是国企还是民企,无论由谁来走出学习财团的第一步并不是最重要的。在感叹日本财团模式的巨大优势和精妙架构,感慨其在国际竞争中斩获丰硕战果的同时,不要忘记日本财团也是一步步发展起来的。从无到有、由小到大的财团发展过程是靠试点摸索、积累经验来完成的。因此,财团结构如何只是表象,拥有和财团一样的战略思维才是关键。

近年来,一些国资央企的财团化趋势已然十分明显,它们向银行、证券、保险、信托、期货等金融业的拓展举措也屡见不鲜。不难发现,所谓的央企财团化,似乎大都只对产融结合更加热衷,十分重视产业与金融的发展,却忽视了商业的重要性。事实上,商业相当于产业投行,金融并不懂产业,因此,在两者的结合过程中就需要商业发挥纽带作用。

中国自己的财团体系实际上应该是“航空母舰群”,是战斗平台,是生态体系。央企打造的财团不仅要有产业、商业、金融的三位一体,还要和众多的中小企业进行捆绑发展,以便让更多的中小企业发挥作用。未来,央企财团的战略定位应该在“服务”二字上,中小企业则会变成一架架“专业战斗机”,在这个平台体系上安全稳定地实施起降。

完善的财团生态体系,其本质就是一个长期稳定、从事专业化分工和协作,相互紧密依赖,有共同文化理念的人群的集合体。它围绕全套完整的产业链而构造,使整个产业协调统一发展。因此,中国的财团建设并不是简单的合并,而是应该把不同的,又有产业链关联的产业集合在一起,再配备与之协助的金融机构和综合商社,真正实现合纵连横、三位一体。

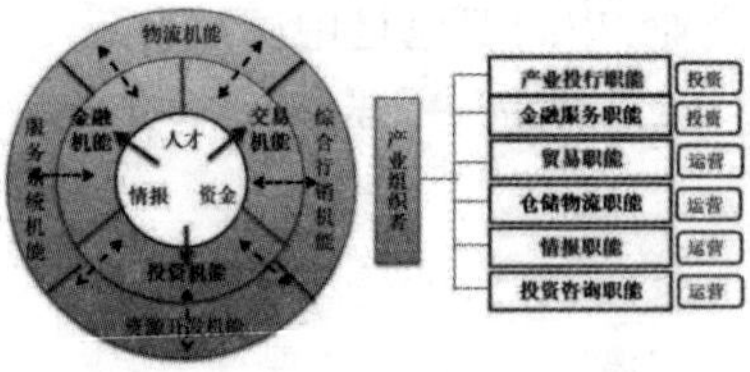

综合商社在财团体系中担当产业组织者的角色,三井物产是综合商社的鼻祖

综合商社在财团体系中担当产业组织者的角色,人们往往容易把它理解成控制者、领导者,这其实是错误的,外来的控制来自自身的缺失。用现在的话来讲,综合商社就相当于财团产业链的“链主”企业,对体系内的其他企业不是支配控制关系,而是提供联结条件或者资本支撑,更多担当的应该是服务奉献角色而非索取角色。

实际上,“产商融”三位一体财团生态模式的本质是三井商道,可以理解为利益共同体和命运共同体。生态体系中的企业相互持股,捆绑在一起,因此当任何一家企业遇到问题时,财团都会对陷入困境的企业施以援手。之所以能够做到快速调动、积极营救，就在于日本财团都是金融、产业和商业的结合体，资金、产业和市场之间可以实现相互配合和协调。

财团实际上是由综合商社、主办银行为代表的金融企业以及众多不同领域分工的制造业企业聚拢而形成的商帮。其实，无论是财团还是商帮，其中的“团”和“帮”都表示的是一种集合体，都在说明“团结就是力量”这个道理。日本财团不能单纯地理解为金融化和股份化的产物，而是通过成员企业间的相互持股、共同投资等手段形成的利益共同体和命运共同体。

参考文献及来源

1. 白益民. 三井财团投资秘籍[J]. 资本市场,2016(Z5):108 - 111.
2. 陈红进. 产业结构转型升级的国际比较研究[D]. 上海:上海社会科学院,2013.
3. 陈宏伟. 产业结构升级、内需增长与中等收入陷阱的跨越:以日本产业结构调整为例[J]. 知识经济, 2017(8):26 - 27.
4. 陈建军,邵捷. 产业升级的日本“镜像”[N]. 浙江日报,2004 - 10 - 28.
5. 讲述日本的财团文化:丰田为何能顺利控股斯巴鲁? [EB/OL]. (2020 - 02 - 14)[2024 - 10 - 30]. https://news. m. yiche. com/hao/wenzhang/32278462.
6. 橘川武郎. 面向21世纪的日本经营史学[J]. 东南学术,2017(3):25 - 33.
7. 李俊,王芝,刘文倩. 浅析日本财团模式[J]. 技术与市场,2011,18(5):231.
8. 李正楠,张杨. 战后初期对日解散财阀政策研究:以三井、三菱财阀为例[J]. 洛阳理工学院学报(社会科学版),2010,25(5):78 - 82.
9. 梁宵. 日本“财团模式”利于企业复苏[N]. 中国经营报,2011 - 03 - 28(A11).
10. 林官宝. 日本从贸易立国向投资立国转型:兼论对中国经济的借鉴[D]. 北京:外交学院,2009.
11. 刘伟岩. 战后科技革命推动日本产业升级研究:基于创新体系的视角[D]. 长春:吉林大学,2020.
12. 鹿朋. 产业升级视角下日本泡沫经济反思[J]. 现代日本经济,2008(4):13 - 17.
13. 罗凯文. 日本经济结构转型与产业升级的途径分析[J]. 时代金融,2013(18):305.
14. 日本命脉的真正“掌控者”:攥着日本60%资产的四大财阀有多牛[EB/OL]. (2020 - 07 - 15)[2024 - 10 - 30]. https://baijiahao. baidu. com/s? id = 1672209020681675203&wfr = spider&for = pc.
15. 王硕. 日本经济结构转型与产业升级浅析[J]. 中国经贸导刊,2016(32):26 - 27.
16. 徐静波. 日本三井企业集团为何能够存续350余年 [EB/OL]. (2021 - 02 - 06)[2024 - 10 - 30]. https://m. thepaper. cn/baijiahao_11162765.
17. 薛楠. 日本财团企业的相互持股制度发展对我国的启示[J]. 东方企业文化,2013(15):95.

18. 叶雷. 中国经济会重蹈日本覆辙吗?:读池田信夫的《失去的二十年》[J]. 时代金融. 2012(16):64 – 65.

19. 袁璐. 招商局集团:中国财团的雏形[J]. 董事会, 2009(7):54 – 56.

20. 张栋. 1970—1980 期间三井财团的国际化措施[J]. 济南职业学院学报,2016(5):102 – 104.

21. 张季风. 日本经济真的"失去了二十年"吗[J]. 世界知识,2017(13):28 – 30.

22. 张立源. 财团模式:日本新能源的"产业组织者"[J]. 宁波经济(财经视点),2011(12):51 – 52.

23. 张文. 吴寄南:中国央企不同于日本财团[J]. 现代国企研究,2011(6):46.

24. 郑京淑. 借鉴日本经验 力促广东产业转型升级:中日经济研讨会综述[J]. 国际经贸探索,2011,27(6):77 – 80.

25. 中国真正的"四大财团",个个资产超万亿,阿里腾讯都得靠边站[EB/OL]. (2022 – 10 – 11)[2024 – 10 – 30]. https://baijiahao. baidu. com/s? id = 1746389991821112434&wfr = spider&for = pc.

26. 朱丽娜. 日本财团模式对中国国有资本投资运营公司的发展借鉴[J]. 产权导刊,2023(1):38 – 42.

后记

日本智库之源

日本著名战略经济学家、三井物产战略研究所所长寺岛实郎认为，“美国式金融资本主义已经病入膏肓”，日本应告别“市场万能论”，学习日本近代著名实业家涩泽荣一，推行“义利合一”的资本主义。寺岛实郎的这种主张得到了时任日本民主党党魁鸠山由纪夫的认可，并成为其日后重要的执政方针。

2009 年 8 月，由鸠山由纪夫率领的日本民主党赢得众议院选举，就此终结了日本自民党 50 多年一党独大的地位。随即民主党党魁鸠山由纪夫开始憧憬改变日本。就在选举前三天，鸠山由纪夫于《纽约时报》上发表文章，强烈批评了“美式资本主义”等，认为此前的日本政府追随美国，破坏了区域社会。

鸠山由纪夫领导的日本民主党上台以后，便迅速开始实行变革，试图脱美入亚。事实上，鸠山由纪夫的这种对美排斥且主张东亚共同体的外交思想正是受到了寺岛实郎的影响。那么，为什么日本首相会听从寺岛实郎的建议，他背后的三井物产战略研究所又是一个什么样的组织呢？

三井物产战略研究所是日本三井财团内部的一家智库机构，主要解决阻碍集团公司经济发展的各类问题。在三井财团内部，这样的智库机构还有很多，除三井物产战略研究所这样的综合性智库外，还有三井业际研究所、日本综合研究所株式会社等机构，它们共同构成了“三井的大脑”，并成为日本财团经济转型升级的行动总指挥。

发挥智囊集团的机制作用

1955年9月，日本三井银行正式发起成立了月曜会，起初就是一个过去三井财阀成员企业董事间进行交流和信息交换的聚会。之所以称为“月曜会”，是因为会议固定在每周的星期一举行。日本采用星象制，星期一就是月曜日，火、水、木、金、土、日则分别对应星期二到星期日。

此后，以促进三井物产（综合商社）的合并为目的的企业间总经理一级会议——五日会得以组建，并开展了一系列的活动。到了20世纪50年代末期，二战前的原三井财阀直系、旁系公司以企业集团的形式逐渐集结而组建成为新的三井财团，经理会成员公司及其子公司和连带公司曾达150多家。

1960年，五日会改名为“二木会”，并逐渐成为三井财团的统筹领导机构。因为总经理会议是在每月的第二个星期四举行，所以称之为“二木会”。作为财团内部总经理一级会议的二木会成立后，其前身月曜会得以保留，成为较低一级的存在，成员也基本包括了三井财团的诸成员企业。

三井财团并没有权力集中统一的管理机构，表面看上去更像一个超级企业联盟。然而，这个看似松散的组织，却能协调一致地掌控着整个日本经济的命脉，并将触手渗透到了世界每一个角落。以二木会（总经理会议）为代表的财团内部各式各样的组织协调机构，在将财团凝聚成一个坚不可摧的经济共同体过程中，起到了关键作用。

出于特殊的历史原因，日本财团并不能成立控股公司。因此，财团内部的最高决策组织为总经理会议（社长会），即由财团内主要企业的总经理组成并召开的定期例行会议。在日本，除了三井财团的二木会，还有三菱财团的金曜会、住友财团的白水会、富士财团的芙蓉会、三和财团的三水会，以及第一劝银财团的三金会。

以二木会、金曜会等为代表的总经理会议，是日本财团各成员企业总经理定期聚会交换信息（情报）和交流情感的场所。同时，总经理会议也是各公司领导统一决策和协调财团战略发展的“总参谋部”。因此，在“总参谋部”下就需要一个专门的“作战指挥部”，负责跨企业、行业、产业的战略研究工作。

1978年10月1日，作为财团总经理会议二木会的直属机构，三井业际问题研究所宣告成立。1979年10月，三井业际问题研究所更名为“三井业际研究所”，会员由三井财团的31家成员企业组成，主要在跨行业的业际领域发挥智囊集团的机制作用，研究三井财团内常见问题和财团内企业间的各类课题。

随着以往产业框架下不同行业、不同领域间企业的合作加深，业际研究变得越来越重要。“业际”这一概念的引入，使财团内不同行业、不同企业间的经营资源实现高效整合，同时各财团成员通过协同协作在开展新领域、新业际调查研究的过程中，完成财团内部信息的收集和共享。

三井业际研究所的运营委员会主要由三井财团内重要公司的高层领导组成，负责制定整个集团的营运方针，收集和管理有关信息，进行业务调研，促进国内外各机构间的交流合作等。现任三井业际研究所运营委员长的是三井住友海上火灾保险原董事长江头敏明，副委员长则分别来自三井物产、东芝、三井不动产和三井化学等企业。

三井业际研究所的 31 家会员企业名单如下：

三井物产、三井不动产、三越伊势丹、三井仓库、三井化学、三井矿业金属、三井住友银行、三井住友信托银行、三井住友建设、三井住友海上火灾保险、三井E&S、富士胶片、商船三井、三机工业、石川岛播磨重工、东芝、丰田、日本制钢、东丽、藤仓（FUJIKURA）、日本制纸、揖斐电（IBIDEN）、BIPROGY、大树生命保险、王子制纸、太平洋水泥、TBS 电视台、三井制糖、日本电化、日本制粉、东洋工程。

情报分析升级到战略研究

1991 年 10 月，三井物产将原来企业内部的情报调研部分离出来，升格为三井物产贸易经济研究所。1999 年，三井物产贸易经济研究所正式更名为“三井物产战略研究所”，性质是三井物产的控股独立法人研究单位，主要从事经济方面相关的调查研究。

事实上，早在 20 世纪 60 年代，三井物产就已经涉足情报分析领域，并提出了一个在当时很超前的概念——“知识产业”（Knowledge Industry）。随着网络与信息技术、数据处理技术的应用更加广泛，世界上出现了信息大爆炸的趋势。来自不同层次的信息源源不断，单纯的情报分析无法满足企业集团的发展需求，战略研究成为关键。

所谓战略，就是一种从全局考虑谋划实现整体目标的规划。战略研究的目的就是揭示这一全局规律并提出指导方针。对于企业而言，战略研究还可以细分为产品战略、经营战略和资金战略等。战略研究是情报分析的升级版，需要从浩如烟海的信息情报中准确抓取有用的内容，并提炼出一系列支持企业集团健康持续发展的工作原则。

三井物产战略研究所作为民间研究机构，以综合商社本身从事广泛的行业领域，更为熟悉市场情况，因此从研究的深度、广度和企业的接受程度来看，很多时候都要比政府的官方研究机构更有效率。特别是宏观经济研究领域，三井物产战略研究所的成果更是被日本企业界认为是经济变化的风向标，就连日本政府也经常利用它的信息。

在这一过程中，三井物产战略研究所实际上扮演了日本政府智库的角色，为其决策提供智力支持，从而补齐了政府等部门调查分析研究能力不足的短板。当然,除了开展研究和为政府建言献策,三井物产战略研究所等机构还会利用各种媒介通过引导社会舆论、形成民意的方式间接影响政府决策和公共政策活动。

2002 年 12 月 17 日,三井物产战略研究所在日本的《经济学人》周刊上发表了一篇题为《中国真的通货紧缩吗?》的文章,开始表现出对中国市场的关注。2004 年 3 月 24 日,三井物产战略研究所又在日本的《世界周报》上发表了题为《中国经济进入新的扩张期》的文章,从而正式吹响了日本企业大规模进军中国市场的号角。

2009 年 10 月 20 日,“北京大学三井创新论坛”2009 年度第三次讲座举办,论坛主要讨论的是自 2008 年世界性的金融危机爆发后,世界经济格局有了哪些显著变化。在讲座上,时任三井物产战略研究所所长的寺岛实郎发表了主题为“世界潮流与日本及日本企业——综合商社所扮演的战略性角色”的演讲。

在演讲中,寺岛实郎以日本综合商社的概念及特点为切入点,结合当今世界经济新格局及可持续发展的三个重要问题,逐一分析了美国、亚洲及欧洲的政治影响和经济活动。最后寺岛实郎认为,中国与亚洲区内贸易规模的增长及区域经济联系的加深,对中国经济的可持续发展具有重要意义,并提出中日应在能源和环保等先进技术开发领域共同推进合作,为实现东亚共同体一起努力。

2014 年 2 月,针对时任日本首相安倍晋三的外交政策,寺岛实郎在接受采访时表达了自己的观点,他认为安倍外交的内核是表面“贡美”实际“反美”。寺岛实郎还认为,日本在重视与美国的关系、利用美国的遏制力强大自身的同时,也应当重视与近邻国家的关系。

寺岛实郎作为当代日本国际政治与经济领域的著名学者,他的思想对日本前首相鸠山由纪夫的影响颇大。时至今日,鸠山由纪夫都被称为“日本难得的清醒者”。鸠山由纪夫在接受采访时表示,“日本越发无脑追随美国,这种做法是不正确的,但悲哀的是,现在没有日本首相敢于对美国说‘不’”。

向企业和政府做政策进言

1998 年 9 月,三井物产战略研究所研究员市川周与日本政经学者石原慎太郎共同出版了《对美宣战:说“不”的日本经济,从美国金融奴隶的身份中解放出来》一书,以日本经济战略为题,矛头直指美国金融霸权,此书在日本国内产生了不小的影响。当时正值亚洲金融危机时期,而美国金融资本的真正目标正是日本。

作为三井物产战略研究所的资深研究员,同寺岛实郎一样,市川周自 1975 年加入三井财团旗下的三井物产后,便一直在综合商社工作。市川周先后在三井物产纽约本店、情报调研部工作,1991 年加入了三井物产战略研究所前身的三井物产贸易经济研究所,后出任研究所咨询事业室长。

除关心、研究日美经济关系外,市川周也非常重视中国,在与人合著《对美宣战:说"不"的日本经济,从美国金融奴隶的身份中解放出来》的同时,还出版了一本名为《战胜中国》的书,不过由于书中强调通过分化策略制衡中国等理念,此书仅限于在日本销售。《战胜中国》在日本是由 PHP 研究所出版的,而 PHP 研究所实际上正是一家隶属日本住友财团的民间智库和出版社。

PHP 由英文"Peace and Happiness through Prosperity"的首字母组成,意思是通过繁荣实现和平与幸福。日本松下电器在中国几乎家喻户晓,实际上,PHP 研究所也是由日本著名实业家松下幸之助创办的。作为企业智库,其主要任务是经常举办论坛等活动,并通过研究向企业和政府做政策进言。

松下幸之助被称为"经营之神",这是因为他所考虑的并不是使生意兴隆的层面,而是通过推动日本政治经济的发展,来实现松下事业的繁荣。二战结束后,日本陷入战败的混乱。面对混乱,松下幸之助长时间地思考:战争给人民带来的只是巨大的不幸,那么人类为什么还要进行战争?

松下幸之助并不认可"战争是人类的命运"这一观点,他认为过幸福的生活才是人类的命运,要通过繁荣来实现人民的和睦和幸福。1946 年 11 月 3 日,松下幸之助创立了一个研究机构,并用 PHP 来命名。1967 年 11 月,位于日本京都车站前的 PHP 京都总部大楼落成。1968 年,月刊杂志《PHP》销售突破 100 万本。

松下幸之助在创建 PHP 研究所之前,只是单纯考虑如何进行企业的经营,而在创建 PHP 研究所之后,他将人类应有的命运同经营结合起来。他认为,经营就是从"无"当中制造"有",为人类创造富足、丰富的生活,这就是松下幸之助的经营思想暨 PHP 思想,也是 PHP 研究所的基本理念。

对于中国的话题,PHP 研究所研究顾问山口彻表示,"1979 年和 1980 年,松下幸之助先生曾两次访问中国,每次从中国回到日本,他都非常兴奋,并感叹中国真了不起,中国与其说是一个国家,不如说是一个世界。中国包括了更多的内容,21 世纪一定是中国取得更大发展的世纪"。

作为政策智囊团的 PHP 研究所,能够从相对独立自由的民间立场出发,在政治、经济、外交、教育等领域向日本政府献策。2011 年 2 月,PHP 研究所开办了以学习松下幸之助的经营哲学为主题的松下幸之助经营塾。谈到经营塾,实际上其与松下幸之助创办的松下政经塾也是姐妹社团关系。

松下政经塾是松下幸之助于 1978 年个人投资 70 亿日元建立的,目的就是为国家培养具有国家观的政治人才,培养建设新国家的日本领导者。松下政经塾众多毕业生中最为出名的就是野田佳彦(2011 年出任第 95 任日本首相)。同前任鸠山由纪夫一样,出身日本民主党的野田佳彦也心怀"改造日本、引领世界"的梦想。

企业智库的优越性与独特性

1969 年 2 月,日本信息服务株式会社从住友银行中独立出来,宣告成立;1989

年12月正式更名为“日本综合研究所株式会社”（以下简称“日本综合研究所”），并一直沿用至今。日本综合研究所是一家隶属三井住友金融集团体系的综合性智库机构，主要从事调查研究、咨询等涉及经济、社会等多个领域的工作。

2001年4月，三井财团的樱花银行与住友财团的住友银行进行合并，组建为三井住友银行。与此同时，日本综合研究所也与樱花综合研究所进行了合并。樱花综合研究所隶属三井财团，前身是1981年成立的三井银行综合研究所。2005年1月，日综（上海）投资咨询有限公司成立，日本综合研究所正式进入中国智库领域。

2010年，著名智库机构日本综合研究所做出推算，年收入在5000～35000美元的所谓的中产阶层在亚洲的人口已经接近9亿，10年以后这个数字将会增加到14.3亿，亚洲地区迅速成长的中产阶层是亚洲内需的坚强后盾。此前，受国际金融危机的影响，日本经济一度出现负增长。从某种意义上说，亚洲的需求拯救了日本经济。

以日本综合研究所为代表的精英智库机构认为，日本与亚洲共同成长的时代已经到来。而事实也的确如此，2010年日美贸易占日本贸易总额的比重已经降到了13.5%，与此相对应的是日中贸易的比重上升到了20.5%。日本综合研究所还表示，中日关系所涉及的不仅是两国，应将其放在更广阔的视野下。

在三井、住友财团内部，不仅设有三井物产战略研究所这样的综合性智库，其所属的三井住友金融集团也设有相应的智库——日本综合研究所。不仅如此，财团所属的企业同样也拥有专业性的企业智库，如前文提到的松下电器PHP研究所，还有丰田的丰田中央研究所、三井住友海上火灾保险的MSK基础研究所等。

这些拥有日本金融、商业和制造业血统的财团智库，应日本经济在全球范围内的扩展而生，为日本政府和企业提供智力支持与政策服务，对日本走向世界舞台发挥了重要的作用。它们不仅有资金雄厚的财团企业做靠山，大多也以营利为目的，更加贴近市场，除了与企业、政府保持密切联系，还接受社会各界的有偿委托项目。

资料显示，日本智库机构中近一半是民间智库，而其中的大部分是日本财团大型企业集团所属的智库，也被称为“企业智库”，这显然不符合西方一直以“独立、公益、客观”为标榜的典型智库形象。因此，日本的智库体系，乃至以此为基础构建的社会经济发展治理模式也一直受到欧美等西方国家的诟病。

长期以来，欧美等西方国家的智库经常以政府或政党政策批评者的身份出现，并公开发表其独立的政策观点，凸显政治性。当然，在日本社会中也存在这样的智库，但三井物产战略研究所、日本综合研究所则在与政府保持良好关系的同时，将更多的注意力放在商业经营领域，以展现其作为“企业智库”的优越性和独特性。

2022年11月,在中国企业智库建设平行论坛上,时任国务院国资委党委委员、秘书长彭华岗表示,"智库是国家治理能力的重要体现"。放眼海外,日本三井财团智库凭借精准情报与深度政策分析,为企业出海和政府决策提供有价值的参考。以此为镜鉴,中国企业智库更应在服务国家战略、担当社会责任中凝练中国思想,向世界发出独立而响亮的中国声音。

(声明:本书稿写作过程中,为更加形象地再现一些客观事实,笔者参考使用了一些图片。限于客观条件,笔者无法与图片作者取得联系,未能及时支付报酬,在此深表歉意,并请相关图片作者与本人联系。)